Julia Heilen
Erbschaft in Marokko zwischen
mālikitischem *fiqh*, amazighischem *azerf* und *taqnīn*

AF810532

Leipzig Middle East Studies
Herausgegeben von Sebastian Maisel
Band 12

Julia Heilen

Erbschaft in Marokko zwischen mālikitischem *fiqh*, amazighischem *azerf* und *taqnīn*

Frank & Timme
Verlag für wissenschaftliche Literatur

peer reviewed content

ISBN 978-3-7329-1162-2
ISBN E-Book 978-3-7329-8753-5
ISSN 2699-6715

© Frank & Timme GmbH Verlag für wissenschaftliche Literatur
Berlin 2025. Alle Rechte vorbehalten.

Das Werk einschließlich aller Teile ist urheberrechtlich geschützt. Jede Verwertung außerhalb der engen Grenzen des Urheberrechtsgesetzes bedarf der Zustimmung des Verlages. Das gilt insbesondere auch für Vervielfältigungen, Übersetzungen, die Einspeicherung und Verarbeitung in elektronischen Systemen, Text- und Data-Mining sowie Einsatz und Training von KI-Systemen.

Herstellung durch Frank & Timme GmbH
Wittelsbacherstraße 27a, 10707 Berlin
info@frank-timme.de
Gedruckt auf säurefreiem, alterungsbeständigem Papier.

www.frank-timme.de

Für meine Großmütter Hanna und Eva
sowie für Mohamed

INHALTSVERZEICHNIS

 © Frank & Timme Verlag für wissenschaftliche Literatur

DANKSAGUNG

Die vorliegende Schrift, welche die Erbschaft in Marokko mit ihren unterschiedlichen Facetten zum Gegenstand hat, ist meinen Großmüttern Hanna und Eva gewidmet, die mich – eine jede auf ihre Art – geprägt und inspiriert haben und mir somit ein unerschöpfliches immaterielles Erbe mit auf den Lebensweg gaben. Sie ist zugleich meinem Lebensgefährten Mohamed gewidmet, der mich geduldig und bestärkend auf diesem Lebensweg begleitet.

Bedanken möchte ich mich bei Professor Dr. jur. habil. Hans-Georg Ebert für seine Freundschaft, Unterstützung und Inspiration, durch die mein wissenschaftlicher Werdegang von Beginn an geprägt und unterstützt wird, und dessen akademisches Wirken und Menschlichkeit mir stets ein Vorbild sind.

In ganz besonderem Maße danke ich Irene Müller für ihre unverbrüchliche Freundschaft, mit der sie meinen Lebensweg bereichert und die mir von unschätzbarem Wert ist, sowie für ihre unerschöpfliche Geduld und ihren Scharfblick beim Korrekturlesen des Manuskriptes. Zu weiterem Dank für Korrekturen des Textes und der Umschrift sowie für inhaltliche Diskussionen einzelner Passagen bin ich darüber hinaus Mohamed Oucharah und Professor Dr. jur. habil. Hans-Georg Ebert verpflichtet. Für dennoch verbleibende Fehler und Unstimmigkeiten trage ich indes die alleinige Verantwortung.

Neben meinen Eltern Ulrich und Susanne, denen mein immerwährender Dank gilt, möchte ich weiteren Familienmitgliedern und Freunden, speziell Ruth und Dirk Cramer, Malte, Constance, Lennart und Johanna Heilen, Brigitte und Sophie Niederlöhner, Günter und Ulrike Tasche, Véronique Charles, Franziska Dormann, Jörg und Uschi Finke, Dr. Nur Güneli, Claudia Jonas, Milena Schulz-Gärtner und Sten Wallor für ihren Rückhalt wie auch ihre beständige Freundschaft danken.

Mein Dank richtet sich an dieser Stelle gleichfalls wieder an die Universitätsbibliothek Leipzig, und hier vor allem an Ute Nietzschner und ihre Mitarbeiterinnen und Mitarbeiter des Teams Fernleihe, sowie an alle bei der Fernleihe kooperierenden Bibliotheken, welche mich zuverlässig mit der gewünschten und benötigten Literatur versorgt haben.

© Frank & Timme Verlag für wissenschaftliche Literatur

Ebenfalls bedanke ich mich bei Dr. Karin Timme, Astrid Matthes, Oliver Renner sowie den Mitarbeiterinnen und Mitarbeitern des Verlages Frank & Timme für die vertrauensvolle und konstruktive Zusammenarbeit.

Julia Heilen

Leipzig, im Mai 2025

© Frank & Timme Verlag für wissenschaftliche Literatur

Prolog

Es erscheint eine anthropologische Grundkonstante, dass sich mit dem Tod einer Person auch die Frage nach der verbindlichen Regelung der Rechtsnachfolge in ihr Vermögen stellt. Die Beantwortung dieser Frage hängt indessen von unterschiedlichen rechtlichen, religiösen, politischen, historischen, soziokulturellen u. ä. Faktoren ab, welche die gesellschaftlich akzeptierten und rechtlich geltenden Normen formen und ausprägen.

Die vorliegende Schrift behandelt die Erbschaft im heutigen Königreich Marokko, welche anhand historisch gewachsener religiöser, rechtlicher und sozialer Normen vollzogen wird, und sich derzeit zugleich in einem neuen gesellschaftlichen und politischen Aushandlungsprozess befindet. Noch zeichnet sich nicht final ab, welche konkreten Konturen das Ergebnis dieses Reformprozesses annehmen wird, es sollen jedoch Hintergründe und Zusammenhänge dieser Debatte aufgezeigt werden, indem drei Themenkomplexe in den Blick genommen werden: Die klassischen Normen der islamischen Jurisprudenz des für die marokkanische Gesellschaft maßgeblichen mālikitischen *fiqh*[1] (*al-fiqh al-mālikī*), besondere Bestimmungen aus regionalem amazighischen bzw. berberischen[2] Gewohnheitsrecht

---

1 Die Umschrift des Arabischen in der vorliegenden Arbeit erfolgt in Anlehnung an das Transliterationssystem der Deutschen Morgenländischen Gesellschaft (DMG). Siehe Brockelmann, Carl; Fischer, August; Heffening, Willi; Taeschner, Franz (Hrsg.): Die Transliteration der arabischen Schrift in ihrer Anwendung auf die Hauptsprachen der islamischen Welt. Denkschrift dem 19. internationalen Orientalistenkongreß in Rom vorgelegt von der Transkriptionskommission der Deutschen Morgenländischen Gesellschaft. Wiesbaden: Kommissionsverlag Franz Steiner, 1969, abrufbar unter: http://www.dmg-web.de/page/transliteration_de/denkschrift.pdf (letzter Zugriff: 10.02.2021).
Arabische Begriffe werden, abgesehen von Verben, Nunationen auf *alif* als Trägerbuchstaben oder im Zusammenhang mit Personalsuffixen, i. d. R. ohne Endvokalisierung angegeben; transliterierte wörtliche Zitate werden nur dann mit voller Endvokalisierung wiedergegeben, wenn der arabische Originaltext vollständig vokalisiert vorliegt.
Wichtige arabische Fachtermini werden, sofern sie nicht direkt in den Fließtext integriert sind, bei der ersten Nennung in Klammern ergänzt; zum besseren Verständnis wird eine solche ergänzende Angabe ggf. wiederholt. Dies gilt analog ebenso für Sterbedaten der im Text erwähnten Personen.

2 Amazigh (Sg.) bzw. Imazighen (Pl.) ist verbreitet – teilweise neben weiteren regionalspezifischen Termini – die Eigenbezeichnung der autochthonen Bevölkerung Nordafrikas, die in der Vergangenheit und bis in die Gegenwart hinein auch unter der vom Griechischen ins Lateinische und später ins Arabische übergegangenen Fremdbezeichnung Berber firmiert; in manchen Gegenden stellt das erwähnte Begriffspaar, laut Chaker, einen Neologismus dar, der neben regionale Eigenbezeichnungen tritt, vgl. Chaker, Salem: Amaziɣ (le/un

(Tamazight: ⴰⵣⴻⵔⴼ[3] / *azerf*[4]; Arabisch: *al-ʿurf*) sowie aktuelle Forderungen nach einer Reform der kodifizierten erbrechtlichen Normen des geltenden Familiengesetzbuchs (*Mudauwanat al-usra*), welche inhaltlich immer noch in besonderem Maße durch die Normen der mālikitischen Jurisprudenz geprägt sind.

Die Bestimmungen des klassisch-islamischen Erbrechts[5] speisen sich aus dem Koran (*al-qurʾān*), den Prophetenüberlieferungen (*al-aḥādīṯ*) sowie Entscheidungen der ersten islamischen Kalifen (*al-ḫulafāʾ*).[6] „Upon the caliphs and their advisers fell the duty of further implementing the Qur'ānic provisions in the same spirit as their former leader. Once again instructing examples of this activity are provided by the subject of inheritance."[7] Diese Bestimmungen sind je nach islamischer Strömung bzw. sunnitischer Rechtsschule von den islamischen Rechts- und Religionsgelehrten in Abhängigkeit von der jeweiligen Rechtsquellenlehre (*uṣūl al-fiqh*) mehr oder weniger heterogen ausgestaltet worden.[8] „Deutliche Unterschiede bestehen [insbesondere] zwischen sunnitischem und zwölferschiiti-

Berbère). In: Encyclopédie berbère, Bd. 4 (Alger – Amzwar). Aix-en-Provence: Online-Edition (document A183, mis en ligne le 01 décembre 2012), 1986, o. S. [Abs.-Nr.: 1–12], abrufbar unter: https://doi.org/10.4000/encyclopedieberbere.2465 (letzter Zugriff: 03.04.2025). Die vorliegende Schrift gibt grundsätzlich dieser verbreiteten Eigenbezeichnung den Vorzug, erwähnt mitunter jedoch auch ergänzend die Fremdbezeichnung zur besseren Orientierung der damit noch nicht vertrauten Leser.

3 Die vorliegende Arbeit verwendet für die Darstellung der (Neo-)Tifinagh-Schrift das Alphabet gemäß Tifinaghe-IRCAM, vgl. Institut Royal de la Culture Amazighe (IRCAM): Alphabet Tifinaghe, abrufbar unter: https://www.ircam.ma/fr/alphabet-tifinaghe (letzter Zugriff: 02.03.2025).

4 In der phonologischen Umschrift ohne den Zentralvokal e-Schwa würde der Terminus ebenfalls korrekt als *azrf* (ⴰⵣⵔⴼ) wiedergegeben werden. Die hier verwendete Sprech- und Schreibweise orientiert sich an: Adghirni, Ahmed; Afulay, A.; Fouad, Lahbib: Amawal azerfan. Lexique juridique: Français – Amazighe. Rabat: Imprial, 1996, S. 11. Weitere Varianten lauten *azref* (ⴰⵣⵔⴻⴼ) oder *izref* (ⵉⵣⵔⴻⴼ), vgl. Chaker, Salem: Azref: „droit coutumier". In: Encyclopédie berbère, Bd. 8. Aix-en-Provence: Online-Edition (document A350, mis en ligne le 20 avril 2011), 1990, S. 1223 [Abs.-Nr. 1–3], abrufbar unter: https://doi.org/10.4000/encyclopedieberbere.227 (letzter Zugriff: 02.03.2025).

5 Zum islamischen Erbrecht siehe auch Ebert, Hans-Georg: Islamisches Familien- und Erbrecht der arabischen Länder. Herausforderungen und Reformen. Berlin: Frank & Timme, 2020; Pattar, Andreas Kurt: Islamisch inspiriertes Erbrecht und deutscher Ordre public. Die Erbrechtsordnungen von Ägypten, Tunesien und Marokko und ihre Anwendbarkeit im Inland. Berlin: Duncker & Humblot, 2007; sowie Ebert, Hans-Georg: Das Erbrecht arabischer Länder. Frankfurt a. M.: Peter Lang, 2004.

6 Vgl. Ebert: Das Erbrecht, S. 10–16 sowie ergänzend Benchekroun, Siham (Hrsg.): L'héritage des femmes en islam. Exemple du Maroc. Paris: L'Harmattan, 2021, S. 335–337.

7 Coulson, Noel James: A History of Islamic Law. London: AldineTransaction, 2011, S. 23.

8 Vgl. Ebert: Das Erbrecht, S. 16.

© Frank & Timme Verlag für wissenschaftliche Literatur

schem Erbrecht […].“[9] Die vorliegende Schrift widmet sich dem sunnitischen Erbrecht gemäß der Lehre der mālikitischen Rechtsschule[10] (*al-maḏhab al-mālikī*), welche insbesondere für den Maghreb[11] prägend war und noch immer ist. Präsentiert wird eine Synthese der dazugehörigen Rechtsnormen, welche aus verschiedenen Kapiteln der *Risāla*[12] (Epistel), einem besonders populären klassischen mālikitischen Rechtswerke, des Kairouaner Rechtsgelehrten Ibn Abī Zaid al-Qairawānī (gest. 996)[13] extrahiert werden. Dieses Werk wird exemplarisch ausgewählt, da die Normen des klassischen Islamischen Rechts vor dem 19. bzw. 20. Jahrhundert weder im Maghreb noch anderenorts in der islamisch geprägten Welt in kodifizierter Form vorlagen.

Anschließend wird die gewohnheitsrechtliche Praxis der *tamazzalt* (Tamazight: ⵜⴰⵎⴰⵣⵣⴰⵍⵜ; Hocharabisch: *al-kadd wa-s-si ʿāya*) vorgestellt, welche historisch belegt die Normen des *fiqh* auf regionaler Ebene ergänzt und in Teilen auch modifiziert hat, da dem Islamischen Recht die Fähigkeit zur Absorption lokalen Gewohnheitsrechts durchaus inhärent ist. Die *tamazzalt* entstammt bestimmten Ausprägungen des lokalen amazighischen Gewohnheitsrechts. Beim *azerf* (Pl.: *izerfan*) handelt es sich um ein je nach Region variierendes Stammesgewohnheitsrecht[14], wovon manches in die angewandte Sitten (*al- ʿādāt al-muḥkama*) gemäß den Grundsätzen des Gewohnheitsrechtsschiedspruches und dem Prinzip der sog.

9 Rohe, Mathias: Das islamische Recht. Geschichte und Gegenwart. München: C. H. Beck, 2011, S. 102. Für einen Überblick über die Bestimmungen der 12er schiitischen Erbfolge siehe Ebert, Hans-Georg; Heilen, Julia: Islamisches Recht. Ein Lehrbuch. Leipzig: Hamouda, 2016, S. 183–185.

10 Zu den verschiedenen sunnitischen Rechtsschulen sowie islamischen Strömungen siehe beispielsweise Vikør, Knut Sigurdsson: Between God and the Sultan. A History of Islamic Law. London: Hurst & Company, 2012, S. 89–139 sowie ergänzend dazu Abu Zahra, Muhammad: The Four Imams. Their Lives, Works and their Schools of Thought. London: Dar Al Taqwa, 2001.

11 Daneben dominiert sie auch in Westafrika sowie in einigen Herrscherhäusern am Golf, deren sunnitische Bevölkerungsteile dadurch mālikitisch geprägt sind; historisch betrachtet, war sie überdies in al-Andalus die vorherrschende Rechtsschule.

12 Siehe Ibn Abī Zaid al-Qairawānī, Abū Muḥammad ʿAbd Allāh: Ar-risāla fī fiqh al-imām Mālik. Taʾlīf al-imām Abī Muḥammad ʿAbd Allāh b. Abī Zaid al-Qairawānī, al-mutawaffā sanat 386 H. [Die Epistel über die Jurisprudenz des Imām Mālik. Verfasst vom Imām Abī Muḥammad ʿAbd Allāh b. Abī Zaid al-Qairawānī, gestorben im Jahr 386 H.]. Vokalisiert und korrigiert von aš-Šaiḫ ʿAbd al-Wāriṯ Muḥammad ʿAlī. Beirut: Dār al-Kutub al-ʿIlmīya, o. J.

13 Sämtliche Jahreszahlen beziehen sich, soweit nicht anders vermerkt, auf die christliche Zeitrechnung.

14 Stamm im Sinne von *taqbilt* (ⵜⴰⵇⴱⵉⵍⵜ).

ungeschützten Interessen (*al-maṣāliḥ al-mursala*) aufgenommen wurde; die Maghrebiner haben es seit der Antike von Generation zu Generation weitergegeben – einiges davon schriftlich fixiert, doch das meiste mündlich tradiert:

> „[…] *ʿurf qabalī yatanawwaʿu bi-tanawwuʿ al-ǧihāt, yandariǧu al-baʿḍ minhu fi-l-ʿādāt al-muḥkama ṭibqan li-qāʿida taḥkīm al-ʿurf wa-mabdaʾ al-maṣāliḥ al-mursala, tawāraṯahu al-maġāriba munḏu al-qidam ḫalafan ʿan salaf, baʿḍuhu tadwīnan, wa-aġlabuhu mušāfaha.*"[15]

Die Rechtsfigur der *tamazzalt* fand daneben auch affirmativ bzw. negierend Eingang in islamische Rechtsgutachten (Pl.: *al-fatāwā* oder *an-nawāzil*), welche zu ihrer Veranschaulichung herangezogen werden, und sie ist dadurch, wie noch aufzuzeigen sein wird, ebenfalls für zeitgenössische marokkanische Reformbefürworter einer der Anknüpfungspunkte ihrer Argumentation. Außerdem entfaltet sie inzwischen über die Grenzen Marokkos und des Maghrebs hinaus eine Wirkung, wovon ihre Berücksichtigung – freilich unter ihrer hocharabischen Denomination *al-kadd wa-s-siʿāya* – durch Gelehrte der Kairiner Azhar-Universität zeugt.

Die mālikitischen Erbrechtsnormen werden abschließend im Rahmen der aktuellen Debatte über die Reform des positiven[16] Erbrechts des Königreichs Marokko, auf dessen erstmalige Kodifikation (*taqnīn*) im 20. Jahrhundert zuvor eingegangen werden wird, kontextualisiert. In den Ländern des Maghreb gab und gibt es z. T. intensive Debatten über Reformen des jeweiligen nationalen Personalstatuts bzw. Familiengesetzbuches, welche beispielsweise in Marokko vor allem im Hinblick auf das Ehe- und Kindschaftsrecht im Jahr 2004 bereits in eine erste weitreichende Gesetzesänderung mündeten (siehe UNTERKAPITEL 6.1.2). Von nicht zu unterschätzender Bedeutung ist dabei der Einfluss gut organisierter und mobilisie-

---

15 Ǧīdī, ʿUmar al-: Izraf [Gewohnheitsrecht]. In: Al-Ḥaǧǧī, Muḥammad; at-Taufīq, Aḥmad; al-Ǧamʿīya al-Maġribīya li-t-Taʾlīf wa-t-Tarǧama wa-n-Našr (Hrsg): Maʿlamat al-Maġrib. Qāmūs murattab ʿalā ḥurūf al-hiǧāʾ yuḥīṭu bi-l-maʿārif al-mutaʿalliqa bi-muḫtalaf al-ǧawānib at-tārīḫīya wa-l-ǵuġrāfīya wa-l-bašarīya wa-l-ḥaḍārīya li-l-Maġrib al-aqṣā [Die Enzyklopädie Marokkos. Ein alphabetisch geordnetes Lexikon zur Bewahrung des Wissens verschiedener historischer, geographischer, anthropologischer und zeitgenössischer Aspekte Marokkos], Bd. 1. Salé: Maṭbaʿ Salā, 1989, S. 334.

16 Im Sinne des gesetzten Erbrechts.

 © Frank & Timme Verlag für wissenschaftliche Literatur

render Frauenrechtsbewegungen im Maghreb.[17] Zwar nahm Tunesien[18] hinsichtlich derartiger Reformen im Maghreb[19] zunächst eine gewisse Vorreiterrolle ein, doch reformierten auch Marokko und Algerien[20] im Laufe der Zeit ihre Bestim-

---

17 Zu den maghrebinischen Frauenrechtsbewegungen im Allgemeinen siehe z. B. Mahfoudh, Dorra: Le Collectif Maghreb-Égalité 95: pour un mouvement féministe maghrébin. In: Nouvelles Questions Féministes, Vol. 33, Nr. 2 [Féminismes au Maghreb] (2014), S. 132–135, abrufbar unter: https://www.jstor.org/stable/24586419 (letzter Zugriff: 29.04.2022).
Zu Tunesien im Speziellen siehe Mahfoudh, Dorra; Mahfoudh, Amel: Mobilisations des femmes et mouvement féministe en Tunisie. In: Nouvelles Questions Féministes, Vol. 33, Nr. 2 [Féminismes au Maghreb] (2014), S. 14–33, abrufbar unter: https://www.jstor.org/stable/24586408 (letzter Zugriff: 29.04.2022).
Zu Marokko siehe Naciri, Rabéa: Le mouvement des femmes au Maroc. In: Nouvelles Questions Féministes, Vol. 33, Nr. 2 [Féminismes au Maghreb] (2014), S. 43–64, abrufbar unter: https://www.jstor.org/stable/24586410 (letzter Zugriff: 29.04.2022) sowie Alami M'Chichi, Houria: Les féminismes marocains contemporains. Pluralité et nouveaux défis. In: Nouvelles Questions Féministes, Vol. 33, Nr. 2 [Féminismes au Maghreb] (2014), S. 65–79, abrufbar unter: https://www.jstor.org/stable/24586411 (letzter Zugriff: 29.04.2022).
Zu Algerien siehe Lalami, Feriel: Algérie, pause dans les mobilisations féministes? In: Nouvelles Questions Féministes, Vol. 33, Nr. 2 [Féminismes au Maghreb] (2014), S. 34–42, abrufbar unter: https://www.jstor.org/stable/24586409 (letzter Zugriff: 29.04.2022).

18 Vgl. Ellyas, Akram; Stora, Benjamin: Les 100 portes du Maghreb. L'Algérie, le Maroc, la Tunisie, trois voies singulières pour allier l'islam et modernité. Paris: Les Éditions de l'Atelier / Éditions Ouvrières, 1999, S. 160–162.
Zum tunesischen Erbrecht siehe u. a. Silini, Naila: Les successions dans le Code du Statut Personnel tunisien: Problèmes et solutions. In: Benchekroun, Siham (Hrsg.): L'héritage des femmes en islam. Exemple du Maroc. Paris: L'Harmattan, 2021, S. 293–311 sowie Papi, Stéphane: L'influence juridique islamique au Maghreb. Algérie – Libye – Maroc – Mauritanie – Tunisie. Préface de Robert Charvin. Paris: L'Harmattan, 2009, S. 251–254.
Grundlegend zum tunesischen Eherecht siehe Waletzki, Stephanie: Ehe und Ehescheidung in Tunesien. Zur Stellung der Frau in Recht und Gesellschaft. Berlin: Klaus Schwarz, 2001, abrufbar unter: https://menadoc.bibliothek.uni-halle.de/download/pdf/365075?name=Ehe%20und%20Ehescheidung%20in%20Tunesien (letzter Zugriff: 29.04.2022) sowie Schönberger, Simone: Tunesien (Stand: 1.12.2011). In: Bergmann, Alexander; Ferid, Murad; Henrich, Dieter; Dutta, Anatol; Ebert, Hans-Georg (Hrsg.): Internationales Ehe- und Kindschaftsrecht mit Staatsangehörigkeitsrecht. Loseblattsammlung, 195. Lfg. Frankfurt a. M.: Verlag für Standesamtswesen, 2012, S. 1–66.

19 Zu Reformen des Ehe- und Erbrechts im Maghreb siehe beispielsweise Papi: L'influence juridique, S. 199–254.

20 Grundlegend zum Ehe- und Erbrecht in Algerien siehe u. a. Dennerlein, Bettina: Islamisches Recht und sozialer Wandel in Algerien. Zur Entwicklung des Personalstatuts seit 1962. Berlin: Klaus Schwarz, 1998, abrufbar unter: https://menadoc.bibliothek.uni-halle.de/download/pdf/359156?name=Islamisches%20Recht%20und%20sozialer%20Wandel%20in%20Algerien (letzter Zugriff: 29.04.2022); Bras, Jean-Philippe: La réforme du code de la famille au Maroc et en Algérie: quelles avancées pour la démocratie? In: Critique international, Nr. 37 (Okt.–Dez. 2007), S. 93–125, abrufbar unter: https://www.jstor.org/stable/24565009 (letzter Zugriff: 29.04.2022); Nelle, Dietrich: Algerien (Stand: April 2014). In: Ferid, Murad; Firsching, Karl; Hausmann, Rainer (Hrsg.): Internationales Erbrecht. Quellensammlung mit systematischen Darstellungen des materiellen Erbrechts sowie des Kollisionsrechts der wichtigsten Staaten, Bd. 1. Loseblattsammlung, Lfg. XCII.

mungen zum Familien- und Erbrecht seit dessen jeweiliger Kodifikation. Das tunesische Personalstatut (*Maǧallat al-aḥwāl aš-šaḫṣīya*) wurde erstmals 1956, wenige Monate nach dem Erreichen der Unabhängigkeit von der französischen Protektoratsmacht im selben Jahr, kodifiziert und trat am 01. Januar 1957 in Kraft. Es ist die erste derartige Kodifikation im Maghreb und wurde in den folgenden Jahrzehnten mehrfach reformiert und ergänzt.[21] Es „[…] blieb so über die Jahrzehnte hinweg immer wieder die wichtigste Referenz für die modernistische Ausprägung des islamischen Familienrechts überhaupt."[22] Der Jurist Dietrich Nelle hebt zudem ihre namentliche Anlehnung an die osmanische *Mecelle* hervor.[23]

Da eine umfassende Skizzierung der Landkarte und Chronologie der einzelnen Reformbemühungen und -erfolge im Maghreb nicht das Ziel der vorliegenden Schrift ist, wird exemplarisch die derzeitige Debatte über die Reform des marokkanischen Erbrechts aufgegriffen, um die klassischen mālikitischen Erbrechtsnormen vor diesem Hintergrund zu reflektieren. Marokko wurde indes nicht nur wegen dieser aktuellen Diskussion ausgewählt, sondern zugleich, weil dort die o. g. lokale Gewohnheitsrechtspraxis historisch verwurzelt ist, welche von manchen heutigen Reformbefürwortern gezielt aufgegriffen wird. Zudem wird

> „[i]n Marokko […] die Bedeutung der malekitischen Lehre zusätzlich dadurch gestärkt, dass der König neben seinen weltlichen Aufgaben zugleich – dank der Ableitung seiner Abstammung vom Propheten Mohammed – das geistliche Amt des Anführers der Gläubigen (amir al muminine)[[24]] versieht."[25]

Somit erscheint die Diskussion über das Erbrecht des Königreichs zur Reflexion der mālikitischen Normen besonders geeignet. Zumal durch die mehrere Jahrhunderte währende historische Präsenz des Osmanischen Reiches in anderen Teilen des Maghrebs, so etwa den Gebieten des heutigen Algeriens und Tunesiens, die von den Osmanen präferierte ḥanafitische Rechtsschule dort gleichsam ihre

München: C. H. Beck, 2022, S. 1–49 sowie Nelle, Dietrich: Algerien (Stand: 1.5.2011) In: Bergmann, Alexander; Ferid, Murad; Henrich, Dieter; Dutta, Anatol; Ebert, Hans-Georg (Hrsg.): Internationales Ehe- und Kindschaftsrecht mit Staatsangehörigkeitsrecht. Loseblattsammlung, 192. Lfg. Frankfurt a. M.: Verlag für Standesamtswesen, 2011, S. 1–75.

21 Vgl. Nelle, Dietrich: Neue familienrechtliche Entwicklungen im Maghreb (Marokko, Algerien, Libyen, Mauretanien und Tunesien). In: Das Standesamt (StAZ), 57. Jg., Nr. 9 (Sep. 2004), S. 254.

22 Vgl. ebd., S. 254.

23 Vgl. ebd., S. 254, Fn. 15.

24 In Umschrift: *amīr al-muʾminīn*.

25 Nelle: Neue familienrechtliche Entwicklungen, S. 253.

© Frank & Timme Verlag für wissenschaftliche Literatur

Spuren hinterlassen hat. So berichtet der Orientalist Joseph Schacht z. B. von einem gescheiterten tunesischen Kodifizierungsprojekt zum Familienrecht aus dem Jahr 1947, „[...] which should aim at harmonizing the doctrines of the Mālikī and the Hanafī schools, both of which enjoyed equal status in Tunesia."[26]

Nachdem im ersten KAPITEL die islamisch-jurisprudentiellen Quellen, welche einerseits der Extrahierung der mālikitischen Normen zum Erbrecht und andererseits der Analyse der Inkorporierung gewohnheitsrechtlicher amazighischer Normen in die lokale Rechtspraxis zugrunde liegen, vorgestellt werden, dienen die folgenden drei KAPITEL dem Zweck, eine Synopse der, wie in UNTERKAPITEL 1.1.2 aufzuzeigen sein wird, z. T. dispersen, Normen des mālikitischen Erbrechts auf der Grundlage der *Risāla* zu erstellen. Das zweite KAPITEL erörtert die grundsätzliche Aufteilung der Hinterlassenschaft (*at-tarika*) des Verstorbenen[27] unter gesonderter Betrachtung der rein historisch relevanten sklavenrechtlichen Bestimmungen. Im dritten KAPITEL werden die Rechtsnormen der gewillkürten Erbfolge in Form des Vermächtnisses (*al-waṣīya*) dargelegt. Dabei wird in der hier gewählten Darstellung anders als in der *Risāla* zwischen allgemeinen sowie spezifisch sklavenrechtlichen Bestimmungen unterschieden, da letztere lediglich für das historische Verständnis des mālikitischen Erbrechts von Bedeutung sind und keine aktuelle Relevanz mehr entfalten. Das vierte KAPITEL präsentiert die Normen zu den Erbteilen (*al-farāʾiḍ*) und folgt in seiner Darstellung im Wesentlichen der Struktur und Abfolge, die von Ibn Abī Zaid al-Qairawānī im 39. Kapitel seines Werkes gewählt wurde. Um die Orientierung zu erleichtern, werden themenbezogene Zwischenüberschriften eingefügt.

Das fünfte KAPITEL wendet sich von den Ausführungen der *Risāla* ab und richtet sein Augenmerk auf eine amazighische Praxis namens *tamazzalt*, welche in die arabische Rechtssprache unter der Bezeichnung *al-kadd wa-s-siʿāya* Eingang gefunden hat. Sie ist in Form konkreter Rechtsfälle (*an-nawāzil*) zwischen dem 15. und 17. Jahrhundert aus Nord-Marokko dokumentiert; und im Süden das Landes bis heute anzutreffen. Hierbei handelt es sich um eine regionale Besonderheit, die zu ihrem besserem Verständnis in den Kontext der mālikitischen Jurisprudenz

26 Schacht, Joseph: An Introduction to Islamic Law. Oxford: Clarendon Press, 1993, S. 108.

27 Wie auch in dem als Hauptquelle der Normen dienenden arabischen Text der *Risāla* verwendet die vorliegende Schrift das generische Maskulinum. Lediglich für ein bestimmtes Geschlecht geltende Vorschriften werden entsprechend als solche kenntlich gemacht.

eingeordnet wird, wozu sowohl der Stellenwert des Gewohnheitsrechts innerhalb der Rechtsquellenlehre (*uṣūl al-fiqh*) des mālikitischen *maḏhab* als auch eine kursorische Verortung innerhalb der von ihr tangierten Rechtszweige (*furū' al-fiqh*) zählen. Diese Praxis ist insofern von besonderem Interesse, da sie, wie erwähnt, auch im Zuge der aktuellen Debatte über die Reform des zeitgenössischen kodifizierten marokkanischen Erbrechts angeführt wird, und somit interessanterweise sowohl den Gegenstand rechtshistorischer als auch gegenwärtiger Debatten bildet.

Eben jene laufende Debatte bildet im Kontext der Kodifikation (*at-taqnīn*) erbrechtlicher Bestimmungen und deren späteren Reformen zugleich den Kern des sechsten KAPITELS. In ihm sollen klassische islamisch-rechtliche mālikitische Normen exemplarisch im Lichte der aktuellen Reformforderungen in Marokko betrachtet werden. Zu diesem Zweck werden einleitend die erbrechtliche Gesetzeslage im Königreich Marokko seit der Wiedererlangung seiner Unabhängigkeit im Jahr 1956 und die darauf folgende erstmalige Kodifikation schariatrechtlicher Bestimmungen zur Erbschaft skizziert. Berücksichtigung finden dabei sowohl die historische Kontextualisierung in Form der *Mudauwanat al-aḥwāl aš-šaḫṣīya* als auch das derzeit in Kraft befindliche Familiengesetzbuch (*Mudauwanat al-usra*). Alsdann werden drei zentrale Kritikpunkte der Reformbefürworter, nämlich die erbrechtliche Ungleichstellung von Frauen und Männern (insbesondere von Töchtern und Söhnen des Erblassers), die Verteilung der agnatischen Resterbschaft (*at-ta'ṣīb*) außerhalb der Kernfamilie insbesondere beim Fehlen von Söhnen sowie die Nichterbberechtigung nichtmuslimischer Ehefrauen, schlaglichtartig beleuchtet, wobei den beiden erstgenannten mit Sicherheit breitere gesellschaftspolitische Relevanz zukommt. Es folgt ein Ausblick auf das aktuelle, nach derzeitigem Stand (Mitte Mai 2025) noch nicht finalisierte Reformvorhaben zum Familiengesetzbuch.

Der abschließende Epilog resümiert und bilanziert die Erbschaft in Marokko vor dem Hintergrund der Rechtstrias aus Islamischem Recht (*aš-šarī'a wa-l-fiqh*), Gewohnheitsrecht (*azerf / al-'urf*) und kodifiziertem Recht (*al-qānūn*). Eine derart differenzierte und breit angelegte kulturhistorische Analyse ermöglicht eine neuartige Annäherung an zeitgenössische soziale Fragen im Königreich. Die Schlaglichter, mit denen Hintergründe dieser anhaltenden Reformdebatte erhellt werden sollen, können selbstverständlich die finalen Ergebnisse des vom König

 © Frank & Timme Verlag für wissenschaftliche Literatur

Muḥammad VI. (geb. 1963; reg. seit 1999) im Jahr 2022 angestoßenen und noch andauernden Reformprozesses nicht vorweg nehmen, doch mögen sie zu einem besseren Verständnis dieses komplexen politischen und gesellschaftlichen Aushandlungsprozesses beitragen.

1. ÜBER QUELLEN ZUM FIQH UND ZUM AZERF

Den inhaltlichen Beschreibungen und Analysen seien einige Informationen zu den in diesem Buch verwendeten islamisch-rechtlichen Quellen vorangestellt, welche den KAPITELN 2 bis 5 zugrunde liegen. Da die Normen der islamischen Jurisprudenz in der Vergangenheit nicht in kodifizierter Form vorlagen, wird dafür exemplarisch auf eines der angesehensten Rechtshandbücher zurückgegriffen. In UNTERKAPITEL 1.1 wird diese ausgewählte Hauptquelle für das Erbrecht mālikitischer Provenienz vorgestellt, auf deren Inhalten KAPITEL 2 ÜBER DIE AUFTEILUNG DER HINTERLASSENSCHAFT IM MĀLIKITISCHEN FIQH, KAPITEL 3 ÜBER DAS VERMÄCHTNIS IM MĀLIKITISCHEN FIQH sowie KAPITEL 4 ÜBER DIE ERBTEILE IM MĀLIKITISCHEN FIQH basieren.

Die darauf folgenden UNTERKAPITEL eruieren biographische Details zu muslimischen Rechtsgelehrten aus Nordmarokko, welche für die rechtshistorischen Fälle (*an-nawāzil*) aus UNTERKAPITEL 5.2 bedeutsam sind, und helfen sollen, etwaige Beziehungen dieser Gelehrten zueinander offenzulegen bzw. ihr jeweiliges Milieu zu verstehen. UNTERKAPITEL 1.2 setzt sich mit der Quelle auseinander, aus welcher die konsultierten Rechtsgutachten aus Nord-Marokko zur Frage der islamisch-rechtlichen (Il-)Legitimität der als *al-kadd wa-s-siʿāya* in die mālikitisch-marokkanische Jurisprudenz eingegangene gewohnheitsrechtliche amazighische (berberische) Rechtspraxis namens *tamazzalt* für den zweiten Teil von KAPITEL 5 ÜBER REGIONALE BESONDERHEITEN AUS DEM AZERF bezogen werden. Denn auch die Normen des *azerf* wurden nicht kodifiziert und i. d. R. noch dazu nicht systematisch schriftlich fixiert; amazighisches Gewohnheitsrecht hinterließ jedoch – wie in dem hier untersuchten Beispiel – bisweilen in Rechtsgutachten muslimischer Gelehrter durchaus seine Spuren.

UNTERKAPITEL 1.3 stellt eine akzessorische Quelle vor, aus welcher Anmerkungen zu einem der Rechtsgutachten aus der zuvor erwähnten islamisch-jurisprudentiellen Quelle zum *azerf* im marokkanischen *fiqh* extrahiert werden. Das abschließende UNTERKAPITEL 1.4 skizziert ergänzend biographische Abrisse der behandelten prinzipalen Rechtsgutachter aus den später behandelten *nawāzil*.

1.1 Ibn Abī Zaid al-Qairawānī und die Risāla

Den Darlegungen zu den klassisch mālikitischen Erbrechtsnormen des zweiten, dritten und vierten Kapitels dieser Arbeit liegen die Ausführungen des Kairouanischen Rechtsgelehrten Ibn Abī Zaid al-Qairawānī zugrunde, welche er im 10. Jahrhundert in seinem, bis zum heutigen Tage populären, *Ar-risāla* betitelten Werk niedergeschrieben hat. Sowohl der Rechtsgelehrte (*al-faqīh*) als auch seine Schrift sollen aus diesem Grund in gebotener Kürze vorgestellt werden.

1.1.1 Der Rechtsgelehrte Ibn Abī Zaid al-Qairawānī

Der berühmte, aus Ifrīqiya stammende, mālikitische Rechtsgelehrte Abū Muḥammad ʿAbd Allāh b. Abī Zaid ʿAbd ar-Raḥmān an-Nafzī al-Qairawānī[28] (gest. 996) legte mit seiner *Risāla* (Epistel)[29] sicherlich eines der bedeutendsten mālikitischen Rechtswerke vor, dessen überaus große Beliebtheit – auch aufgrund seines klaren und gut verständlichen Schreibstils – seit nunmehr über 1.000 Jahren im Maghreb und in Westafrika anhält.[30] Eine Derivation der Normen aus ähnlich populären mālikitischen Werken, wie z. B. dem *Muḫtaṣar* (Kompendium) des als Sīdī Ḫalīl bekannten Kairiner Gelehrten Ḫalīl b. Isḥāq al Ǧundī (gest. ca. 1374) oder der *Tuḥfat al-ḥukkām* (Die Rarität der Richter) des Andalusiers Ibn ʿĀṣim (gest. ca.

28 Für einen Überblick über sein Leben in deutscher Sprache siehe Heilen, Julia: Entwicklung strafrechtlicher Normen im Sultanat und Königreich Marokko. Berlin: Frank & Timme, 2021, S. 86–99. Für eine ausführliche Darstellung siehe Darqāš, al-Hādī ad-: Abū Muḥammad ʿAbdallāh Ibn Abī Zaid al-Qairawānī. Ḥayātuhu wa-āṯāruhu, wa-Kitāb an-Nawādir wa-z-ziyādāt [Abū Muḥammad ʿAbdallāh Ibn Abī Zaid al-Qairawānī. Sein Leben, seine Werke und das Buch An-nawādir wa-z-ziyādāt]. Beirut: Dār al-Qutaiba li-ṭ-Ṭibāʿa wa-n-Našr wa-t-Tauzīʿ, 1989; sowie Idris, Hady Roger: Deux juristes kairouanais de l'époque zîrîdes: Ibn Abî Zaid et Al-Qâbisî (X^e^–XIe siècle). In: Annales de l'Institut d'Études Orientales, Bd. XII (1954), S. 122–198.

29 Für detaillierte Informationen zur *Risāla* siehe Darqāš, ad-: Abū Muḥammad ʿAbdallāh Ibn Abī Zaid al-Qairawānī, S. 347–370. Für einen deutschsprachigen Überblick zu Inhalt, Aufbau und Bedeutung des Werkes siehe Heilen: Entwicklung strafrechtlicher Normen, S. 100–108.

30 Vgl. Idris, Hady Roger: La Berbérie Orientale sous les Zīrīdes. X^e^–XIIe siècle, Bd. 2. Thèse pour le doctorat ès Lettres présentée à la Faculté des Lettres et Sciences Humaines de l'Université de Paris. Paris: Adrien-Maisonneuve, 1959, S. 718; sowie Lemu, Ahmed: Foreword. In: Ibn-Abî-Zayd al-Qayrawânî, ʻAbdallâh; Kenny, Joseph (Übers.): The Risâla. Treatise on Mâlikî Law of ʻAbdallâh Ibn-Abî-Zayd al-Qayrawânî (922–996). An annotated translation by Joseph Kenny. Minna: Islamic Education Trust, 1992, S. VII.

 © Frank & Timme Verlag für wissenschaftliche Literatur

1426), wäre alternativ oder in einem weiter gesteckten Rahmen ergänzend möglich gewesen.

In der ersten *nisba* seines Namens, an-Nafzī (mitunter auch als an-Nafzāwī[31] bezeichnet), manifestiert sich die Zugehörigkeit des Verfassers zum amazighischen Stamme der Nafza. In der wissenschaftlichen Debatte, ob damit der Stammeszweig aus al-Andalus[32] oder der Zweig des Stammes aus dem in Ifrīqiya östlich des Chott el-Djerid (Šaṭṭ al-Ǧarīd) und südwestlich der Stadt Gabès (Qābis) gelegenen Oasengebiet Nefzaoua (Nafzāwa)[33], gemeint ist, ergreift sein Biograph al-Hādī ad-Darqāš Partei für die Sichtweise von Hady Roger Idris, dessen Argument folgend, dass sich nie eine – dann doch zumindest gelegentlich zu erwartende – zusätzliche Benennung als al-Andalusī nachweisen lässt.[34]

Den Großteil seines Lebens verbrachte Ibn Abī Zaid, ausweislich seiner zweiten *nisba*, in der Stadt Kairouan (Qairawān) in Ifrīqiya.[35] Er soll dort auch zwischen 922 und 928, also nur wenige Jahre nach der Errichtung des ismailitischen (7er schiitischen) Gegenkalifats der Fatimiden (*al-Fāṭimiyūn*; 909–1171) im zentralen und östlichen Maghreb ab dem Jahr 909, geboren worden sein.[36] Ihnen voraus ging im zentralen Maghreb zwischen 800 und 909 die Dynastie der Aghlabiden (*al-Aġāliba* oder *Banū al-Aġlab*), welche formal dem Kalifen in Bagdad huldigte und die später im Maghreb verschwundene ḥanafitische Rechtsschule favorisierte.

> „The Fāṭimids engaged in active propaganda as well as persecution to win the people to their cause. The Ḥanafī entourage of the Aghlabids consequently rallied to the Shīʿī cause, leaving all opposition in the hands of Mālikī scholars, based namely in Qayrawān."[37]

---

31 Vgl. Rašīd, Muḥammad b. ʿAbd Allāh ar-: Al-iʿlām bi-taṣḥīḥ kitāb al-aʿlām [Unterrichtung über die kritische Revision des Buchs der Koryphäen]. Beirut: Dār Ibn Ḥazm, 2001, S. 90.

32 So z. B. postuliert von Ben Cheneb, Mohammed: Ibn Abī Zaid. In: Houtsma, Martijn Theodoor; Wensinck, Arent Jan; Heffening, William; Arnold, Thomas Walker; Lévi-Provençal, Évariste (Hrsg.): Enzyklopaedie des Islām. Geographisches, ethnographisches und biographisches Wörterbuch der Muhammedanischen Völker im Verein mit hervorragenden Orientalisten, Bd. II. Leiden: Brill, 1927, S. 380.

33 So z. B. Idris: Deux juristes kairouanais, S. 125.

34 Vgl. Darqāš, ad-: Abū Muḥammad ʿAbdallāh Ibn Abī Zaid al-Qairawānī, S. 99.

35 Vgl. Kenny, Joseph: Mālikī Law and the Risāla of Ibn Abī Zayd al-Qayrawānī. In: Hamdard Islamicus, Vol. VI, Nr. 3 (1983), S. 66.

36 Vgl. Darqāš, ad-: Abū Muḥammad ʿAbdallāh Ibn Abī Zaid al-Qairawānī, S. 100f.

37 Kenny: Mālikī Law, S. 66f.

© Frank & Timme Verlag für wissenschaftliche Literatur

In diesem Milieu der oppositionellen Sunniten mālikitischer Rechtsschulzugehörigkeit wuchs der Verfasser der *Risāla* heran und entwickelte sich zum „[…] porte-parole de l'orthodoxie mâlikite aux prises avec le chî'isme."[38]

Über seine Kindheit sind keine besonderen Details bekannt.[39] Er studierte in Kairouan, doch im Zuge seiner Pilgerfahrt (*al-ḥağğ*) nach Mekka auch bei namhaften Gelehrten außerhalb seiner Heimatstadt.[40] Die Liste seiner Lehrmeister ist lang, besonders hervorzuheben sind beispielsweise der als Ibn al-Labbād bekannte Abū Bakr Muḥammad b. Muḥammad b. Waššāḥ (gest. ca. 944), bei dem er den *fiqh* hörte, sowie Abū al-Faḍl al-ʿAbbās b. ʿĪsā al-Mumsī[41] (gest. ca. 944).[42] Zugleich entwickelte sich Ibn Abī Zaid al-Qairawānī selbst im Laufe der Zeit zu einem äußerst gefragten Lehrer, dem Schüler aus dem Westen und Osten der islamischen Welt zuströmten.[43]

Der Verfasser der *Risāla* trug mit seinen Lehren, und nicht zuletzt auch mit dieser Schrift, maßgeblich zum Triumph der mālikitischen Rechtslehre in Ifrīqiya bei.[44] Politisch wurde dieses Ziel indes erst nach seinem Tod verwirklicht. Die initial von den Fatimiden nach deren Eroberung Ägyptens im Jahre 969 als ihre Statthalter im zentralen Maghreb eingesetzte sunnitische Ṣanhāğa-Berberdynastie der Ziriden (*az-Zīrīyūn* oder *Banū Zīrī*; 973–1156) sagte sich im Jahr 438 H. (1047 / 48 n. Chr.) unter al-Muʿizz b. Bādis (gest. ca. 1062), dem vierten Oberhaupt der Ziriden-Dynastie, endgültig von ihnen los und erkannte fortan wieder

38 Idris: Deux juristes kairouanais, S. 122.

39 Vgl. Darqāš, ad-: Abū Muḥammad ʿAbdallāh Ibn Abī Zaid al-Qairawānī, S. 101.

40 Vgl. Idris: La Berbérie Orientale, Bd. 2, S. 718; und Maḫlūf, Muḥammad b. Muḥammad b. ʿUmar b. Qāsim: Šağarat an-nūr az-zakīya fī ṭabaqāt al-mālikīya [Der reine Baum des Lichts in den mālikitischen Biographie-Klassen], Bd. 1. Annotiert und kommentiert von ʿAbd al-Mağīd Ḫayālī (gest. 1360 H.). Beirut: Dār al-Kutub al-ʿIlmīya, 2003, S. 143.

41 So zu finden bei Ziriklī, Ḫair ad-Dīn az-: Al-aʿlām. Qāmūs tarāğim li-ašhar ar-riğāl wa-n-nisāʾ min al-ʿarab wa-l-mustaʿribīn wa-l-mustašriqīn [Die Koryphäen. Lexikon der Biographien der bekanntesten Männer und Frauen der Araber, Arabisierten und Orientalisten], Bd. 3. Beirut: Dār al-ʿIlm li-l-Malāyīn, 2002, S. 263. Idris schreibt: al-Mammasī, vgl. Idris: Deux juristes kairouanais, S. 126. Maḫlūf hingegen verwendet die Schreibweise al-Mamīsī, vgl. Maḫlūf: Šağarat an-nūr, Bd.1, S. 143.

42 Vgl. Idris: Deux juristes kairouanais, S. 126f. Für eine ausführliche Darstellung seiner Studienzeit und seiner Lehrer siehe Darqāš, ad-: Abū Muḥammad ʿAbdallāh Ibn Abī Zaid al-Qairawānī, S. 102–175; für einen konzisen Überblick in deutscher Sprache siehe Heilen: Entwicklung strafrechtlicher Normen, S. 90–93.

43 Über seine Lehre und seine Schüler siehe Darqāš, ad-: Abū Muḥammad ʿAbdallāh Ibn Abī Zaid al-Qairawānī, S. 176–254.

44 Vgl. Idris: Deux juristes kairouanais, S. 124.

 © Frank & Timme Verlag für wissenschaftliche Literatur

formal die Oberhoheit des sunnitischen Abbasidenkalifen in Bagdad an.[45] „Ce n'est qu'après cette date […] qu'on peut légitimement parler de triomphe définitif du mālikisme en Berbérie Orientale."[46]

Neben der hier behandelten *Risāla* umfasst das Œuvre des berühmten *fāqih* zahlreiche weitere Schriften, zu denen z. B. sein vielbeachteter *Muḫtaṣar Al-mudauwana* (Die Kurzfassung der *Mudauwana*) oder sein renommiertes *Kitāb an-nawādir wa-z-ziyādāt ʿalā Al-mudauwana* (Buch der Seltenheiten und Hinzufügungen zur Mudauwana) gehören.[47]

Ibn Abī Zaid al-Qairawānīs soll schließlich – so die vorherrschende Meinung – am 17. September 996 im Alter von 76 Jahren verstorben und am folgenden Tage in seinem Haus in Kairouan beigesetzt worden sein, wo sich noch bis heute sein Mausoleum innerhalb der der Stadtmauern, nahe des Bāb al-Ǧallādīn, befindet.[48] Sein überaus hohes Renommee drückt sich e. c. in Beinamen wie „Führer der Rechtsschule" (*yulaqqabu biquṭb al-maḏhab*) und „Mālik der Jüngere" (*Mālik aṣ-Ṣaġīr*) aus.[49]

1.1.2 Sein Werk Ar-risāla

Der französische Jurist Benjamin Vincent erachtet die *Risāla* (Epistel)[50] bereits im 19. Jahrhundert als das meistkopierte und -kommentierte mālikitische Rechts-

---

45 Vgl. Barthel, Günter; Stock, Kristina (Hrsg.): Lexikon Arabische Welt. Kultur, Lebensweise, Wirtschaft, Politik und Natur im Nahen Osten und Nordafrika. Wiesbaden: Reichert, 1994, S. 648 und 200f; und Idris, Hady Roger: L'aube du mālikisme ifrīqiyen. In: Studia Islamica (SI), Nr. 33 (1971), S. 40, abrufbar unter: https://www.jstor.org/stable/1595026 (letzter Zugriff: 29.03.2025)

46 Idris: L'aube du mālikisme, S. 40.

47 Für einen Überblick über seine Werke siehe Heilen: Entwicklung strafrechtlicher Normen, S. 95–98. Für eine ausführliche Darstellung siehe Darqāš, ad-: Abū Muḥammad ʿAbdallāh Ibn Abī Zaid al-Qairawānī, S. 333–439.

48 Vgl. Idris: Deux juristes kairouanais, S. 168. Für einen Überblick über abweichende Sterbedaten, einen alternativen Bestattungsort sowie weitere Einzelheiten zu seiner Trauerfeier siehe Darqāš, ad-: Abū Muḥammad ʿAbdallāh Ibn Abī Zaid al-Qairawānī, S. 329–331.

49 Vgl. Rašīd, ar-: Al-iʿlām, S. 90.

50 Siehe Ibn Abī Zaid al-Qairawānī, Abū Muḥammad ʿAbd Allāh: Ar-risāla fī fiqh al-imām Mālik. Taʾlīf al-imām Abī Muḥammad ʿAbd Allāh b. Abī Zaid al-Qairawānī, al-mutawaffā sanat 386 H. [Die Epistel über die Jurisprudenz des Imām Mālik. Verfasst vom Imām Abī Muḥammad ʿAbd Allāh b. Abī Zaid al-Qairawānī, gestorben im Jahr 386 H.]. Vokalisiert und korrigiert von aš-Šaiḫ ʿAbd al-Wāriṯ Muḥammad ʿAlī. Beirut: Dār al-Kutub al-ʿIlmīya, o. J.

werk.[51] Es liegt heutzutage nicht nur in zahlreichen arabischen Editionen, sondern auch in diversen Übersetzungen bzw. Teilübersetzungen in verschiedene europäische Sprachen vor.[52]

Über die Genese des Werkes kursieren, insbesondere aufgrund unterschiedlicher Widmungen, widersprüchliche Informationen, welche mithilfe einer von Idris aufgestellten Hypothese indes plausibel synchronisiert werden können. So habe Ibn Abī Zaid al-Qairawānī im Alter von 17 Jahren, womöglich auf Anregung seines damaligen Lehrers as-Sabāʾī (gest. ca. 966), dem eine erste Widmung gegolten haben solle, ein Handbuch zur mālikitischen Rechtslehre für junge Muslime abgefasst, welches zu diesem Zeitpunkt eventuell sogar noch unter dem Titel *Bākūrat as-Saʿd* (Der Anfang des Glücks) firmiert haben könnte.[53] Dann im reifen Alter von über 60 Jahren widmete er die heute vorliegende Fassung der *Risāla* in ihrem Vorwort seinem jüngeren Cousin Muḥriz b. Ḫalaf (gest. ca. 1022), der als Sīdī Maḥriz, dem Schutzpatron (*sulṭān al-madīna*) von Tunis, Bekanntheit erlangte, und zu diesem Zeitpunkt als Schullehrer (*muʾaddib*) tätig war.[54] Eine derartige Werkgenese würde laut Idris auch besser zum Tonfall des heutigen Textes passen, der weniger danach klinge, dass ein Schüler zu seinem Meister spricht, sondern viel eher einem Meister auf der Höhe der Gelehrsamkeit anstehe, der einen jüngeren Verwandten adressiert, welcher selbst Schüler unterweist.[55] In jedem Falle richtete sich sein Werk an eine noch junge Leserschaft und nicht etwa, wie viele andere berühmte Rechtstraktate, an bereits hochgebildete Juristen; aus diesem Umstand resultiert die besonders gute Lesbarkeit und Verständlichkeit seiner Ausführungen.

Die Epistel Ibn Abī Zaid al-Qairawānīs ist in insgesamt 45 Kapitel gegliedert, von denen die ersten rund zwei Drittel den gottesdienstlichen Handlungen (*al-ʿibādāt*)

---

51 Vgl. Vincent, Benjamin: Études sur la loi musulmane (Rit [sic!] de Malek). Législation criminelle. Paris: Joubert, 1842, S. 45.

52 Vgl. Heilen: Entwicklung strafrechtlicher Normen, S. 106f. sowie Bercher, Léon: Avant-propos du traducteur. In: Ibn Abî Zayd al-Qayrawânî; Bercher, Léon (Übers.): La Risâla ou Epître sur les éléments du dogme et de la loi de l'Islâm selon le rite mâlikite. Texte arabe et traduction française avec un avant-propos, des notes et trois index par Léon Bercher. Algier: Éditions Populaires de l'Armée, 1975, S. 10.

53 Vgl. Idris, Hady Roger: Note sur l'identification du dédicaire de la Risâla d'Ibn Abî Zaid al-Qairawânî. In: Les Cahiers de Tunisie, Vol. 1, Nr. 1 (1953), S. 67.

54 Vgl. ebd., S. 67f. und 63; sowie ergänzend dazu Idris: Berbérie Orientale, Bd. 2, S. 722f.

55 Vgl. Idris: Note sur l'identification, S. 68.

 © Frank & Timme Verlag für wissenschaftliche Literatur

gewidmet sind, während sich der Rest der Schrift der übrigen Rechtszweige (*furūʿ al-fiqh*) annimmt. Die Mehrheit der erbrechts- bzw. vermächtnisrelevanten Normen konzentrieren sich in zwei einschlägigen Kapiteln der *Risāla*: dem 39. über die Erbteile (*al-farāʾiḍ*) sowie dem 35. über die Vermächtnisse, den beim Tod des Herren freizulassenden Sklaven, den sich durch Vertrag selbst freikaufenden Sklaven, den Freigelassenen, die Kindsmutter[56] sowie das Klientelverhältnis (*al-waṣāyā wa-l-mudabbar wa-l-mukātab wa-l-muʿtaq wa-umm al-walad wa-l-walāʾ*).

Darüber hinaus werden ergänzend auch in weiteren Kapiteln Normen thematisiert, welche einen Bezug zur hier behandelten Thematik aufweisen und für eine umfassende Betrachtung des Rechtsgebietes somit unerlässlich sind. Hervorzuheben sind dabei bestimmte Passagen aus dem 38. Kapitel der *Risāla* zu den Prozessen und Zeugenaussagen (*al-aqḍiya wa-š-šahādāt*). Doch auch im 32. Kapitel über die Ehe, die Verstoßung, die Widerrufbarkeit der Verstoßung, die Demütigungsformel, den Enthaltsamkeitseid, die Ehebruchsbezichtigung, den Loskauf der Frau und das Stillen (*an-nikāḥ wa-ṭ-ṭalāq wa-r-rağʿa wa-ẓ-ẓihār wa-l-īlāʾ wa-l-liʿān wa-l-ḫulʿ wa-r-riḍāʿ*) sowie im 33. der Wartezeit, dem Unterhalt und dem Freisein des Uterus einer Sklavin beim Eigentümerwechsel (*al-ʿidda wa-n-nafaqa wa-l-istibrāʾ*) gewidmeten Kapitel verbergen sich entsprechende Rechtsnormen. Daneben können relevante Informationen außerdem noch im 36. Kapitel zum Vorkaufsrecht, zur Schenkung, zur freiwilligen Spende, zur Religiösen Stiftung, zum Pfand, zur Leihe, zum hinterlegten Gut, zum gefundenen Gut und zum unrechtmäßigen Besitz (*aš-šufʿa wa-l-hiba wa-ṣ-ṣadaqa wa-l-ḥubus wa-r-rahn wa-l-ʿāriya wa-l-wadīʿa wa-l-luqaṭa wa-l-ġaṣb*) identifiziert werden. Und auch im 37. Kapitel über die Bestimmungen zu den Tötungs- und Körperverletzungsdelikten sowie den Grenzstrafen (*aḥkām ad-dimāʾ wa-l-ḥudūd*) finden bestimmte Fragen der Erbschaft im Zusammenhang mit beiden Straftatkategorien Erwähnung.

56 Der deutsche Islamwissenschaftler Rainer Oßwald charakterisiert die sogenannte Kindsmutter (*umm walad*) als „[…] eine Sklavin, die von ihrem Eigentümer ein Kind hat und mit dessen Tod die Freiheit erlangt. […] Kinder aus einer solchen Verbindung sind nicht nur von Geburt an frei, sondern rechtlich vollkommen mit ehelichen Kindern des Vaters gleichgestellt." Oßwald, Rainer: Das islamische Sklavenrecht. Würzburg: Ergon Verlag, 2017, S. 278.

Das 40. Kapitel der *Risāla* ist hingegen, obgleich in seiner Überschrift, wie auch im vorausgehenden 39. Kapitel der Terminus *al-farāʾiḍ* steht, für die vorliegende Untersuchung nicht von Bedeutung, da dieser Begriff im dortigen Kontext[57] die religiösen Pflichten und nicht die Erbteile bezeichnet.

Die Erfolgsgeschichte der Epistel von Ibn Abī Zaid al-Qairawānī resümiert Idris wie folgt: „[...] la *Risāla* fut un coup de maître. [...] Elle venait à son heure et connut un succès inouï en Ifrīqiya et au dehors. Elle n'a cessé depuis lors d'être étudiée et commentée."[58] Diesen bis zum heutigen Tage unangefochtenen Sukzess verdankt das Werk neben seinen inhaltlichen Vorzügen mit Sicherheit auch seiner außergewöhnlichen sprachlichen und stilistischen Klarheit.

1.2 Al-ʿAlamī und das Kitāb an-nawāzil

Die diachrone Betrachtung der Rechtspraxis der *tamazzalt* in UNTERKAPITEL 5.2, welche später auf Hocharabisch unter der Bezeichnung *al-kadd wa-s-siʿāya* firmiert, stellt im Wesentlichen auf Rechtsgutachten (*fatāwā* bzw. *nawāzil*) ab, mit deren Hilfe gewohnheitsrechtlichen Normen islamisch-rechtliche Anerkennung zuteilwurde, die mitunter allerdings auch der Ablehnung einer derartigen Inkorporation Ausdruck verliehen. Der Kompilator der hierfür primär genutzten *nawāzil*-Sammlung wie auch sein Werk selbst werden daher vorab vorgestellt.

1.2.1 Der Rechtsgelehrte [ʿAlī b.] ʿĪsā b. ʿAlī al-Ḥasanī al-ʿAlamī

Über die Person des Kompilators ist bisher bedauerlich wenig bekannt und vieles liegt noch im Unklaren. Diese Unklarheiten beginnen bereits bei seinem Namen. In der Titelei seines edierten Werkes wird als Autor ʿĪsā b. ʿAlī al-Ḥasanī al-ʿAlamī ausgewiesen, wobei ʿĪsā den eigentliche Personenname (*al-ism*) repräsentiert und sein Elternname (*an-nasab*) ihn als Sohn des ʿAlī benennt, beides wird ferner durch die Anfügung der Gentilnamen (Sg.: *an-nisba*) al-Ḥasanī und al-ʿAlamī ergänzt, auf welche noch zurückzukommen sein wird.

[57] Das 40. Kapitel über die Gesamtheit der religiösen Pflichten, die für den Muslim obligatorischen Handlungsweisen des Propheten und das Empfohlene (*ǧumal min al-farāʾiḍ wa-s-sunan al-wāǧiba wa-r-raġāʾib*).

[58] Idris: Berbérie Orientale, Bd. 2, S 718. [Hervorhebung im Original].

 © Frank & Timme Verlag für wissenschaftliche Literatur

Doch bereits in der Vorrede des Ministers zur Edition wird als sein Name aš-Šaiḫ Abū al-Ḥasan ʿAlī b. aš-Šaiḫ ʿĪsā b. ʿAlī al-Ḥasanī al-ʿAlamī genannt. Die signifikante Abweichung ist dabei weder die Ergänzung des Nachkommenschaftsnamens (*al-kunya*) Abū al-Ḥasan, noch die Beifügung der Ehrentitel aš-Šaiḫ, sondern die Veränderung des *ism* in ʿAlī sowie die Änderung und Erweiterung des *nasab* in Sohn des ʿĪsā und Enkelsohn des ʿAlī.[59] Diese zweite Namensvariante findet sich mit einem genealogisch noch viel weiter zurückreichendem *nasab* ebenso in dem biographischen Abriss, den die Herausgeber dem Werk beigefügt haben: So handele es sich um Abū al-Ḥasan ʿAlī b. ʿĪsā b. ʿAlī b. al-Imām aš-Šahīr Sīdī Aḥmad b. ʿAlī b. Aḥmad b. ʿAlī b. ʿĪsā b. ʿAlī b. Saʿīd b. ʿAbd al-Wahhāb b. ʿAllāl b. al-Maulāy[60] ʿAbd as-Salām b. Mašīš.[61] Wieder wird er durch die ergänzte *kunya* zum Vater von al-Ḥasan erklärt und sein *ism* wird abermals mit ʿAlī angegeben. Die genealogisch aufsteigende Filiation stellt sich folgendermaßen dar: Er sei der Sohn von ʿĪsā, der Enkelsohn von ʿAlī, der Urenkel von Aḥmad, der Ururenkel von ʿAlī, der Urururenkel von ʿĪsā, der Ururururenkel von ʿAlī, der Urururururenkel von Saʿīd, der Ururururururenkel von ʿAbd al-Wahhāb, der Urururururururenkel von ʿAllāl, der Ururururururururenkel von Maulāy ʿAbd as-Salām und der Urururururururururenkel von Mašīš. An vorletzter Stelle dieses *nasab* findet sich mit dem islamischen Mystiker ʿAbd as-Salām b. Mašīš (gest. 1227 / 28) ein äußerst berühmter Vorfahr, dessen Grabstätte am Ǧabal al-ʿAlam im Rifgebirge bis heute verehrt wird.[62] Zu guter Letzt führen die Editoren noch einen dem betreffenden Kompilator zugeschriebenen Brief an, in welchem dieser sich als ʿAlī b. ʿĪsā aš-Šarīf, sprich ʿAlī Sohn des Scherifen ʿIsās, bezeichnet.[63]

59 Vgl. Filālī Amīn, al-Hāšimī al-: Taṣdīr [Vorrede]. In: ʿAlamī, ʿĪsā b. ʿAlī al-Ḥasanī al-: Kitāb an-nawāzil [Das Buch der Rechtsfälle], Bd. 1. Herausgegeben von al-Maǧlis al-ʿIlmī bi-Fās. [Rabat]: Wizārat al-Auqāf wa-š-Šuʾūn al-Islāmīya, 1983, S. 3.

60 Im biographischen Abriss der Herausgeber orthographisch inkorrekt: al-Maulā, vgl. Maǧlis al-ʿIlmī bi-Fās, al-: Nubḏa min ḥayāt al-muʾallif [Traktat über das Leben des Verfassers]. In: ʿAlamī, ʿĪsā b. ʿAlī al-Ḥasanī al-: Kitāb an-nawāzil [Das Buch der Rechtsfälle], Bd. 1. Herausgegeben von al-Maǧlis al-ʿIlmī bi-Fās. [Rabat]: Wizārat al-Auqāf wa-š-Šuʾūn al-Islāmīya, 1983, S. 12.

61 Vgl. ebd., S. 12.

62 Vgl. Tourneau, Roger le: ʿAbd al-Salām b. Ma<u>sh</u>ī<u>sh</u>. In: Bearman, Peri (Hrsg.): Encyclopaedia of Islam New Edition Online. Leiden: Brill, 2012, o. S., abrufbar unter: https://doi.org/10.1163/1573-3912_islam_SIM_0127 (letzter Zugriff: 30.03.2025); sowie Mezzine, Mohamed: Le passé médiéval du Rif Ghmara, Jbala. Variances et récurrences. Paris: L'Harmattan, 2021, S. 233f.

63 Vgl. Maǧlis al-ʿIlmī bi-Fās, al-: Nubḏa min ḥayāt, S. 15.

Dennoch beklagen auch die Herausgeber seines Werkes, dass über dessen Urheber, obgleich er in einem gelehrten Umfeld und einer der Familien von Ehre und Huld, Gottesfurcht und Vornehmheit, Rechtschaffenheit und Frömmigkeit gelebt hat, keine vollständige Biographie zu finden ist: „*Bi-r-raġm anna ar-rağul ʿāša fī bīʾa ʿilmīya, wa-fī bait min buyūtāt aš-šaraf wa-l-faḍl, wa-t-tuqā wa-n-nubl, wa-l-istiqāma wa-ṣ-ṣalāḥ, lam naʿṯur ʿalā tarğama lahu wāfiya* […].“[64]

Bekannt über ihn ist, dass er Imām, Rechtsgutachter und gewandter Schriftsteller war, und dass er einer Familie entstammt, die in Chefchaouen (Šafšāwan) für ihre scherifische Abkunft geachtet wurde.[65] Scherifen (*šurafāʾ*; Sg.: *šarīf*) führen ihre Herkunft auf die Familie des Propheten Muḥammad (gest. 632), insbesondere über dessen Deszendenten, die Kinder seiner Tochter Fāṭima (gest. 632) mit seinem Schwiegersohn und Cousin ʿAlī (gest. 661), zurück; in manchen muslimischen Gesellschaften – wie z. B. im Maghreb – entwickelten sich aus dem Scherifentum einflussreiche lokale bzw. regionale Eliten mit besonderem sozialen Prestige, aber auch monetären Vorteilen.[66] So verzeichnet Marokko mit den Idrisiden (*al-Adārisa*; 788–985), den Saaditen (*as-Saʿdīyūn*; 1509–1659) und der bis heute regierenden Dynastie der Alawiten (*al-ʿAlawīyūn*: seit 1659) beispielsweise gleich drei scherifische Herrschergeschlechter. Doch es war vor allem die Berberdynastie der Meriniden (Marīnīyūn / Banū Marīn / Aït Mrin / Imrinen; 1244–1465), welche die daran anknüpfenden Privilegien und Alimentierungen institutionalisierte, aber desgleichen damit begann, die entsprechende Zugehörigkeit zu erfassen und somit zu kontrollieren.[67] Anhand der Söhne Fāṭimas und ʿAlīs, al-Ḥusain (gest. 680) und al-Ḥasan (gest. 670), lassen sich zwei alidische Linien unterscheiden: die Husainiden und die Hasaniden.

> „Au début du XIVe siècle, ceux-ci étaient divisés en deux grands groupes: d'abord, très nombreux, les descendants des Idrissides – ou Hasanides, descendants d'al-Hasan, fils aîné de ʻAlî, gendre et cousin de Muhammad –, disséminés un peu partout au Maghreb et souvent assimilés aux Berbères autochtones, dont ils partageaient la langue, par exemple chez les Ghumâra (Rîf occidental) et à Fès; ensuite,

64 Mağlis al-ʿIlmī bi-Fās, al-: Nubḏa min ḥayāt, S. 12.
65 Vgl. ebd., S. 12.
66 Vgl. Powers, David Stephan: Law, Society, and Culture in the Maghrib 1300-1500. Cambridge: Cambridge University Press, 2002, S. 13.
67 Vgl. ebd., S. 13f.

 © Frank & Timme Verlag für wissenschaftliche Literatur

> arrivés au XIIIe siècle, les membres de la Famille, issus d'al-Husayn, fils puîné de 'Alî (les Husaynides).“[68]

Die o. g. erste *nisba* des Verfassers des *Kitāb an-nawāzil*, al-Ḥasanī, weist ihn also als Abkömmling der ḥasanidischen Scherifenlinie aus.

> „In Morocco, the surname of Ḥasanī is particularly reserved to those *sharīf*s descended from Muḥammad al-Nafs al-Zakiyya, son of ʿAbd Allāh al-Kāmil [...] in order to distinguish them from their Idrīsid [...] cousins. The Ḥasanī family have played a considerable part in the history of the Maghrib [...].“[69]

Auch sein berühmter Ahn ʿAbd as-Salām b. Mašīš war bereits Träger dieser Nisbe, doch der Orientalist Roger Le Tourneau kommentiert dazu: „[...] little more is known of the saint than his genealogy, which, through several ancestors with typically Berber names, attaches him to the house of the Prophet.“[70]

Seine zweite Nisbe, al-ʿAlamī, hingegen kündet von der regionalen Herkunft seiner Familie aus der Gegend des zum Land der Ġumāra gehörenden Ǧabal al-ʿAlam im Rifgebirge, im Norden Marokkos. Dort findet sich auch – wie erwähnt – das Mausoleum seines hochverehrten sufischen Vorfahren. Seine Familie soll ihre Heimatregion in Richtung Chefchaouen verlassen haben, nachdem diese Stadt im 15. Jahrhundert von ihren Verwandten aus der Onkellinie väterlicherseits gegründet worden war.[71]

Al-ʿAlamī entstammt zugleich einer bedeutenden Traditionslinie der Rechtsgelehrsamkeit. In seiner Familie soll das Richteramt (*al-qaḍāʾ*) und das Muftiamt (*al-iftāʾ*) üblicherweise vom Vater auf den Sohn übergegangen sein.[72] Besonders sticht dabei sein (Ur-)Großvater väterlicherseits, der hochgelehrte Imām Sīdī Aḥmad b. ʿAlī[73], bekannt als Aḥmad b. ʿAbd al-Wahhāb, (gest. 1617 / 18) hervor

---

68 Buresi, Pascal; Ghouirgate, Mehdi: Histoire du Maghreb médiéval. XIe–XVe siècle. Paris: Armand Colin, 2014, S. 133.

69 Deverdun, Gaston: Ḥasanī. In: Bearman, Peri (Hrsg.): Encyclopaedia of Islam New Edition Online. Leiden: Brill, 2012, o. S., abrufbar unter: https://doi.org/10.1163/1573-3912_islam_SIM_2780 (letzter Zugriff: 30.03.2025). [Hervorhebung im Original].

70 Tourneau, Roger le: ʿAbd al-Salām b. Mas͟hīs͟h, o. S.

71 Vgl. Maǧlis al-ʿIlmī bi-Fās, al-: Nubḏa min ḥayāt, S. 12f.

72 Vgl. ebd., S. 13.

73 Die im Text der Herausgeber gemachte Angabe des Großvaters (*al-ǧadd*) korrespondiert leider nicht mit dem zuvor von ihnen präsentierten *nasab*, demgemäß es sich um den Urgroßvater handeln müsste, der dort auch durch Ehrentitel (al-Imām aš-Šahīr Sīdī Aḥmad b. ʿAlī) besonders hervorgehoben wurde, vgl. ebd., S. 12f.

© Frank & Timme Verlag für wissenschaftliche Literatur

(siehe UNTERKAPITEL 1.4.5).[74] Dessen (Ur-)Enkel, der hier im Mittelpunkt des Interesses stehende al-ʿAlamī, studierte seinerzeit gleichfalls in Fès; zu seinen Lehrern zählten beispielsweise der u. g. ʿAbd al-Qādir b. ʿAlī al-Fāsī (gest. 1680), der hochangesehene Richter Muḥammad al-ʿArabī Bardalla[75] (gest. 1721), der Gelehrte Muḥammad b. Saʿīd Qarrīš (gest. 1691 / 92) aus Tétouan (Tiṭwān), der dortige Richter ʿAbd ar-Raḥmān b. ʿAlī az-Zallāl (gest. 1717 / 18) sowie viele andere mehr, die er allesamt in seiner *nawāzil*-Sammlung anführt und dort mit der Bezeichnung „unser Šaiḫ" (*šaiḫunā*) kenntlich macht.[76] Des Weiteren ist über ihn bekannt, dass er in Chefchaouen das Richteramt bekleidete und auf diesem Wege dem guten Beispiel seiner Aszendenten folgte, denn wie ein arabisches Sprichwort besagt: ‚Dieses Löwenjunge stammt von jenem Löwen ab'(*hāḏa aš-šibl min ḏāka al-asad*)[77].[78]

Die Herausgeber des Werkes inkludieren in ihrem biographischen Abriss abschließend ein Schreiben al-ʿAlamīs an den Gouverneur des Sultans (*ʿāmil as-sulṭān*) Maulāy Ismāʿīl (gest. 1727) in Tétouan, in welchem er – über Sittenverfall und politische Wirrungen seiner Zeit klagend – um die Entlassung aus seinem Richteramt ersucht, und zugleich, unter Zurücklassung seiner Kinder und Familie, seinen Rückzug aus Chefchaouen ankündigt.[79] Laut den Editoren verliert sich daraufhin seine Spur, so dass weder sein späterer Aufenthaltsort, noch sein Sterbeort und -datum bekannt sind.[80] Somit liegen derzeit weder Informationen zu seinem Geburts- noch zu seinem Sterbejahr vor; es bleibt aus den wenigen bekannten Fakten zu mutmaßen, dass er irgendwann im 18. Jahrhundert verstorben ist. Auch über andere Schriften außer seinem *Kitāb an-nawāzil* bestehen keine Erkenntnisse.[81]

---

74 Vgl. Maǧlis al-ʿIlmī bi-Fās, al-: Nubḏa min ḥayāt, S. 13.

75 Der in Fès geborene angesehene Rechtsgelehrte, Richter und Rechtsgutachter Abū ʿAbd Allāh Muḥammad al-ʿArabī b. Ahmad Bardalla [eventuell alternativ: Burdalla] al-Analusī entstammte einer aus al-Andalus (re-)migrierten Familie, vgl. Latham, John Derek: Bardalla, Abū ʿAbd Allāh Muḥammad. In: Bearman, Peri (Hrsg.): Encyclopaedia of Islam New Edition Online. Leiden: Brill, 2012, abrufbar unter: https://doi.org/10.1163/1573-3912_islam_SIM_8402 (letzter Zugriff: 01.04.2025).

76 Vgl. Maǧlis al-ʿIlmī bi-Fās, al-: Nubḏa min ḥayāt, S. 14.

77 Zu Deutsch etwa: Der Apfel fällt nicht weit vom Stamm.

78 Vgl. Maǧlis al-ʿIlmī bi-Fās, al-: Nubḏa min ḥayāt, S. 14.

79 Vgl. ebd., S. 15–16.

80 Vgl. ebd., S. 16.

81 Vgl. ebd., S. 16.

 © Frank & Timme Verlag für wissenschaftliche Literatur

Selbst wenn es bislang nur spärliche konkrete Auskünfte zum Leben dieses Kompilators und Rechtsgelehrten gibt, und vertiefende Forschungsarbeiten zu seiner Person und seinem Wirken somit dringend angezeigt scheinen, konnte die vorgelegte Darstellung (siehe ergänzend dazu UNTERKAPITEL 1.4) doch teilweise wichtige Bezüge zu manchen der später zu untersuchenden Rechtsgutachter wie auch zur betreffenden Ġumāra-Region offenlegen.

1.2.2 Seine Rechtsgutachtensammlung Kitāb an-nawāzil

Die zweiseitige Vorrede (*taṣdīr*) zum ersten Band des *Kitāb an-nawāzil* (Das Buch der Rechtsfälle)[82] stammt von dem damaligen marokkanischen Minister für Religiöse Stiftungen und islamische Angelegenheiten (*wazīr al-auqāf wa-š-šu'ūn al-islamīya*) al-Hāšimī al-Filālī Amīn (gest. 2008), in der er u. a. verlautbart, dass diese Buchausgabe im Rahmen einer von Seiner Majestät dem König Ḥasan II. (gest. 1999), dem *amīr al-mu'minīn*, veranlassten Initiative zur Neubelebung des islamischen Erbes erfolgte.[83] Herausgegeben wurde das Werk vom Rat der Religionsgelehrten von Fès (*al-mağlis al-'ilmī bi-Fās*) im Auftrag des marokkanischen Ministeriums für Religiöse Stiftungen und islamische Angelegenheiten in insgesamt drei Bänden zwischen 1983 und 1989.

Die Editoren stellen ihm ein Vorwort (*muqaddima*) voran, das neben einer Reihe allgemeiner islamisch-jurisprudentieller Ausführungen darüber Auskunft gibt, dass dieses Werk – abgesehen von Handschriften – bislang lediglich als Lithographie vorlag und es sich somit um seine gedruckte Erstedition handelt.[84] Ergänzend machen sie im Anschluss daran noch eine fünfseitige Zusammenschau der raren biographischen Information zu seinem Verfasser und dessen Milieu verfügbar.[85]

Der erste Band des *Kitāb an-nawāzil* umfasst auf rund 400 Seiten Textteil Rechtsgutachen zur Ehe (*an-nikāḥ*), zum Loskauf der Frau aus der Ehe und zur

---

82 Siehe 'Alamī, 'Īsā b. 'Alī al-Ḥasanī al-: Kitāb an-nawāzil [Das Buch der Rechtsfälle], 3 Bde. Herausgegeben von al-Mağlis al-'Ilmī bi-Fās. [Rabat]: Wizārat al-Auqāf wa-š-Šu'ūn al-Islāmīya, 1983 / 1986 / 1989.

83 Vgl. Filālī Amīn, al-: Taṣdīr, S. 4.

84 Vgl. Mağlis al-'Ilmī bi-Fās, al-: Muqaddima [Vorwort]. In: 'Alamī, 'Īsā b. 'Alī al-Ḥasanī al-: Kitāb an-nawāzil [Das Buch der Rechtsfälle], Bd. 1. Herausgegeben von al-Mağlis al-'Ilmī bi-Fās. [Rabat]: Wizārat al-Auqāf wa-š-Šu'ūn al-Islāmīya, 1983, S. 11.

85 Siehe Mağlis al-'Ilmī bi-Fās, al-: Nubḏa min ḥayāt, S. 12–16.

Verstoßung (*al-ḫul' wa-ṭ-ṭalāq*), zu Fragen des Unterhaltes und der tatsächlichen Personensorge (*masā'il an-nafaqa wa-l-ḥaḍāna*), zur Ehebruchsbezichtigung und der Wartezeit der Frau (*al-li'ān wa-l-'idda*), zum Enthaltsamkeitseid (*al-īlā'*), zu Fragen des Verschollenen (*masā'il al-mafqūd*) sowie zu Fragen der Verkäufe (*masā'il al-buyū'*). Der Textedition schließen sich auf ca. 50 weiteren Seiten eine Reihe von Indexen zu Koranversen, Hadithen, Personen in den Rechtsgutachten, Themen, Orten, Literatur, Personen im Fußnotenapparat sowie Quellen der angefügten biographischen Informationen an.

Im zweiten Band sind auf ebenfalls ungefähr 400 Textteilseiten Rechtsgutachten zu Fragen der Verkäufe (Fortsetzung), zu Fragen des Pfandes (*masā'il ar-rahn*), zu Fragen des Vergleichs (*masā'il aṣ-ṣulḥ*), zu Fragen der Bürgschaft (*masāil aḍ-ḍamān*), zu Fragen des Geständnisses (*masāil al-iqrār*), zum gesetzlichen Vorkaufsrecht (*aš-šuf'a*), zur Teilung (*al-qisma*), zu Fragen des unrechtmäßigen Besitzes, des Rechtsbruchs, des Schadens, der Bebauung, der Vindikation und des Wassers (*masā'il min al-ġaṣb wa-t-ta'addī wa-ḍ-ḍarar wa-l-i'timār wa-l-istiḥqāq wa-l-miyāh*), zum Wasser (*al-miyāh*), zu Fragen der Gesellschaft und der Partnerschaft für die Landwirtschaft (*masā'il aš-šarika wa-l-muzāra'a*), zu Fragen der Partnerschaft für Bewässerung und Pflege (*masā'il al-muġārasa*), zu Fragen der Miete, der Vermietung u. ä. (*min masā'il al-iǧāra wa-l-akriya wa-naḥwihā*), zu Fragen der Wiederbelebung von Ödland (*min masā'il iḥyā' al-mawāt*), zu Fragen der Religiösen Stiftung (*min masā'il al-ḥubs*) sowie zu Fragen der Schenkung, des Nießbrauchs u. ä. (*masā'il al-hiba wa-l-'umrī wa-naḥwihimā*) versammelt. Auch hier folgen auf etwa 50 Seiten Verzeichnisse zu Koranversen, Prophetenhadithen, Personennamen aus den *fatāwā*, Personen aus dem Fußnotenapparat, Orten und Literatur. Außerdem findet sich ganz am Ende dieses Bandes noch eine Tabelle zur Erläuterung von Abweichungen zwischen der lithographischen und der gedruckten Version des Werkes.

Der finale dritte Band verzeichnet in seinem rund dreihundertseitigen Textteil Rechtsgutachten zu Fragen der Prozesse und der Zeugenaussagen (*masā'il al-aqḍiya wa-š-šahādāt*), zu Fragen der Eide (*masā'il al-aimān*), zu Fragen der Bevollmächtigungen (*masā'il al-wakālāt*), zu Fragen des Erbrechts (*masā'il al-mawāriṯ*), zu Fragen der Grenzstrafen, der Tötungs- und Körperverletzungsdelikte und der Ermessensstrafen des Richters (*masā'il al-ḥudūd wa-d-dimā' wa-t-ta'zīr*)

 © Frank & Timme Verlag für wissenschaftliche Literatur

sowie zu diversen weiteren Fragen (*masāʾil al-ǧāmiʿ*). Dieser Band schließt auf ca. 20 weiteren Seiten mit Indexen zu Koranversen, Hadithen sowie den im Fußnotenapparat erwähnten Personen.

Für die vorliegende Arbeit wurden bestimmte Rechtsgutachten des zweiten Bandes aus dem Abschnitt der Teilung (*al-qisma*) herangezogen, welche im UNTERKAPITEL 5.2 analysiert werden.

1.3 Al-Wazzānī und die Nawāzil al-ǧadīda al-kubrā

Der mālikitische Rechtsgelehrte al-Wazzānī greift einige der *nawāzil* aus der Sammlung von al-ʿAlamī auf und fügt teilweise kritische Kommentare und Erläuterungen zu denjenigen Gutachten an, welche die Legitimität der gewohnheitsrechtlichen Praxis der *tamazzalt* bzw. von *al-kadd wa-s-siʿāya* in Zweifel ziehen. Vermutlich da auch er, wie als nächstes aufzuzeigen sein wird, aus dem Gebiet der Ġumāra-Berber stammt, bezeichnet er sie nicht mit den in Süd-Marokko geläufigen Terminologien; die aus dem Norden geschilderten Praxis deckt sich jedoch mit derjenigen, die im Sūs mit diesen Begriffen bezeichnet wird.

Für die vorliegende Arbeit stellen die Ausführungen al-Wazzānīs daher eine inhaltliche Ergänzung zur Illustration des Umgangs mit der aus regionalem *azerf* stammenden Rechtspraxis der *tamazzalt* seitens mālikitischer Gelehrter sowie der Inkorporation oder Ablehnung dieser gewohnheitsrechtlichen Normen durch Rechtsgelehrte der Vergangenheit in UNTERKAPITEL 5.2 dar. Aus diesem Grunde werden der Autor und Kompilator wie auch sein zu Rate gezogenes Werk im Sinne der Quellenkunde in gebotener Kürze vorgestellt.

1.3.1 Der Rechtsgelehrte Muḥammad al-Mahdī al-Wazzānī

Bei Abū ʿĪsā Muḥammad al-Mahdī b. Muḥammad b. Muḥammad b. al-Ḫaḍir b. Qāsim b. Mūsā al-ʿImrānī al-Wazzānī al-Fāsī[86] (gest. 1923) handelt es sich laut

[86] Vgl. Ziriklī, az-: Al-aʿlām, Bd. 7, S. 114. Für einen Überblick über sein Leben in deutscher Sprache siehe Heilen: Entwicklung strafrechtlicher Normen, S. 144–153. Siehe auch Mispoulet, Pierre: Al-Mîʿyâr al-Djadîd „La nouvelle Pierre de touche des Fatwâs“ du Faqîh Al-Mahdî Al-Ouazzânî Al-ʿImrânî. In: Revue du Monde Musulman, 7. Jg., Vol. XXIV (Sep. 1913), S. 298–310; und Terem, Etty: Al-Mahdī al-Wazzānī (d. 1342/1923). In: Arabi,

dem französischen Islamwissenschaftler, Soziologen und ehemaligen Kolonialbeamten Jacques Berque (gest. 1995) um einen der letzten großen traditionellen Rechtsgelehrten.[87] Zugleich bescheinigt er ihm eine „personnalité bien marocaine"[88], und sieht in ihm die mustergültige Verkörperung des marokkanischen Gelehrten.[89]

Ausweislich seiner drei o. g. Nisben ist er erstens ein Scherif (*šarīf*) aus der berühmtem ʿImrānī-Linie, die ihre Abkunft über den Begründer der Stadt Fès (Fās), Maulāy Idrīs II. (gest. 828), auf den Propheten Muḥammad zurückführt.[90] Zweitens stammt er aus der nordmarokkanischen Stadt Ouazzane (Wazzān), ist jedoch – wie der französische Arabist Pierre Mispoulet (gest. 1929) hervorhebt – eben kein Angehöriger der dortigen Scherifen-Linie, welche die gleiche Nisbe trägt.[91] Und drittens offenbart die letzte *nisba* seine Verbindung zur Stadt Fès, in der er studiert und anschließend als Gelehrter gewirkt hat.

Zur Welt kam dieser Gelehrte zwischen 1846 und 1850 in Ouazzane.[92] Dort wuchs er auf und wurde schon jung in den Sufi-Orden (*aṭ-ṭarīqa*) al-Wazzānīya initiiert.[93] Ferner ist zu erwähnen, dass er dem Berberstamm der Masmūda vom Ǧabāl Ġumāra angehört.[94] Dies wird im Hinblick auf seine vehement affirmative Haltung zur Praxis der *tamazzalt* bzw. von *al-kadd wa-s-iʿāya*, welche in UNTERKAPITEL 5.2 ausgeführt wird, in Erinnerung zu rufen sein.

Oussama; Powers, David Stephan; Spectorsky, Susan Ann (Hrsg.): Islamic Legal Thought. A compendium of Muslim Jurists. Leiden: Brill, 2013, S. 435–455.

87 Vgl. Berque, Jacques: Ville et université. Aperçu sur l'histoire de l'École des Fes. In: Revue Historique de Droit Français et Étranger, 27. Jg. (1949), S. 102.

88 Berque, Jacques: Les Nawâzil el muzâraʿa du Miʿyâr Al Wazzânî étude et traduction. Préface de R. Maunier de l'Académie des Sciences Coloniales, Professeur à l'Université de Paris. Rabat: Édition Félix Moncho, 1940, S. 12.

89 Vgl. ebd., S. 12.

90 Vgl. Terem, Etty: Redefining Islamic Tradition: Legal Interpretation as a Medium for Innovation in the Making of Modern Morocco. In: Islamic Law and Society (ILS), Vol. 20, Nr. 4 (2013), S. 429, abrufbar unter: https://www.jstor.org/stable/43304504 (letzter Zugriff: 10.02.2021).

91 Vgl. Mispoulet: Al-Mîʿyâr al-Djadîd, S. 301.

92 Vgl. Terem: Al-Mahdī al-Wazzānī, S. 438; Ziriklī, az-: Al-aʿlām, Bd. 7, S. 114; Berque: Les Nawâzil el muzâraʿa, S. 12.

93 Vgl. Terem, Etty: Old Texts New Practices. Islamic Reform in Modern Morocco. Stanford: Stanford University Press, 2014, S. 22.

94 Vgl. Ziriklī, az-: Al-aʿlām, Bd. 7, S. 114.

 © Frank & Timme Verlag für wissenschaftliche Literatur

Al-Wazzānī zog es bereits als Jugendlichen zum Studium des Islamischen Rechts an die Qarawīyīn-Universität nach Fès.[95]

> „The training al-Wazzānī received at the Qarawiyyîn was representative of turn-of-the-century Mālikī scholarship and characteristic of Muslim pedagogy. [...] Intellectual life and culture were strongly associated with Islamic knowledge.[...] Studies at the Qarawiyyîn focused on religious sciences (*al-ʿulūm al-sharʿīya*) and supporting disciplines (*al-ʿulūm al-musāʿida*). The jurisprudence of the sharīʿa was the primary subject of training, and *riwāya,* or oral transmission through recitation, was the foremost mode of learning.“[96]

Er studierte bei einer Vielzahl namhafter Lehrmeister.[97] Nach dem Ende seiner Ausbildung verblieb er in Fès, wo er jurisprudentielle Abhandlungen verfasste und als Lehrer an der Qarawīyīn sowie als Rechtsgutachter (*al-muftī*) tätig war.[98] „As a professional jurist and thinker, he was deeply embedded in the Mālikī legal tradition, which through the centuries established dominance in the Maghrib.“[99]

Zu seinen Schülern zählen z. B. der marokkanische Sultan ʿAbd al-Ḥafīẓ (reg. 1908–1912) oder der Historiker ʿAbd ar-Raḥmān b. Zaidān (gest. 1946).[100] Ein weiterer Schüler, der marokkanische Literat, Historiker und Biograph ʿAbd as-Salām b. Qādir b. Sūda (gest. 1980), berichtet nicht nur von dessen großer Gelehrsamkeit, sondern auch von dem ihm eigenen Sinn für Humor sowie der ihn auszeichnenden Bescheidenheit.[101] Al-Wazzānīs Feder entstammen zahlreiche Schriften, welche den mālikitischen *fiqh*, die Grammatik, aber auch den Sufismus zum Gegenstand haben; darunter auch eine *Ar-radd ʿalā aš-Šaiḫ Muḥammad ʿAbduh* (Die Replik auf den Šaiḫ Muḥammad ʿAbduh) betitelte Abhandlung (*risāla*)

---

95 Vgl. Terem: Redefining Islamic Tradition, S. 429.
96 Ebd., S. 429f. [Hervorhebungen im Original].
97 Für einen Überblick siehe Heilen: Entwicklung strafrechtlicher Normen, S. 146–149.
98 Vgl. Terem: Redefining Islamic Tradition, S. 430.
99 Ebd., S. 430f.
100 Vgl. Terem: Al-Mahdī al-Wazzānī, S. 440.
101 Vgl. Ibn Sūda, ʿAbd as-Salām b. ʿAbd al-Qādir: Sall an-niṣāl li-n-niḍāl bi-l-ašyāḫ wa-ahl al-kamāl. Fihris aš-šuyūḫ [Zücken der Speerspitzen für den Wettstreit der Scheichs und der Vollkommenen. Index der Scheichs], Teil 1. In: Ḥağğī, Muḥammad (Hrsg.): Mausūʿat aʿlām al-Maġrib (Dictionnaire des Célébrités Marocaines), Bd. 8 von 10 (1301–1360 H. / 1884–1941). Beirut: Dār al-Ġarb al-Islāmī, 1996, S. 2935f.

zur Verteidigung des *tawassul*[102] gegen den Reformislamer und Großmufti Ägyptens Muḥammad ʿAbduh (gest. 1905).[103]

Al-Wazzānī gehörte der marokkanischen Elite (*al-ḫāṣṣa*) an und zählte nachweislich mehrfach zum Ratgeberkreis des Sultans ʿAbd al-ʿAzīz (reg. 1894–1908).[104] Das Wirken dieses mālikitischen Rechtsgelehrten erstreckte sich somit sowohl auf die Zeit vor der kolonialen Abhängigkeit als auch auf die Anfänge eben jener Phase der französischen Fremdherrschaft über das Sultanat (1912–1956).

Im Alter von rund 76 Jahren verstarb al-Wazzānī am 13. September 1923.[105] Dem Bericht seines o. g. Schülers Ibn Sūda zufolge, welcher dessen Begräbnis persönlich beiwohnte, wurde er auf dem Friedhof aš-Šāmīyīn in Fès beigesetzt.[106]

1.3.2 Seine Rechtsgutachtensammlung An-nawāzil al-ǧadīda al-kubrā

Berühmt wurde al-Wazzānī für seine monumentale Rechtsgutachtensammlung *An-nawāzil al-ǧadīda al-kubrā fīmā li-ahl Fās wa-ġairihim min al-badw wa-l-qurā. Al-miʿyār al-ǧadīd al-ǧāmiʿ al-muʿrib ʿan fatāwā al-mutaʾaḫḫirīn min ʿulamāʾ al-Maġrib* (Die neuen großen, die Leute aus Fès und andere, Beduinen wie Sesshafte, betreffenden Fälle. Das neue gesammelte aussagekräftige Eichmaß von Rechtsgutachten der späteren Gelehrten des Maghreb)[107], welche er selbst in eine Traditionslinie mit dem Opus[108] von Aḥmad al-Wanšarīsī (gest. 1508) rückt, und welche diesem in Umfang und Bedeutung in nichts nachsteht. „Al-Wazzānī's

---

102 Als *at-tawassul* wird eine Fürbitte mittels Gottesfreunden (*aulīyāʾ Allāh*) bezeichnet, vgl. hierzu Seesemann, Rüdiger: Sufismus und Volksreligion. In: Brunner, Rainer (Hrsg.): Islam. Einheit und Vielfalt einer Weltreligion. Stuttgart: Kohlhammer, 2016, S. 303.

103 Siehe Berque: Les Nawâzil el muzâraʿa, S. 11–13, insbes. Fn. 4.

104 Vgl. Terem: Al-Mahdī al-Wazzānī, S. 436 und 441–444.

105 Vgl. ebd., S. 444.

106 Vgl. Ibn Sūda: Sall an-niṣāl, S. 2936.

107 Siehe Wazzānī, Abū ʿĪsā al-Mahdī al-: An-nawāzil al-ǧadīda al-kubrā fīmā li-ahl Fās wa-ġairihim min al-badw wa-l-qurā. Al-miʿyār al-ǧadīd al-ǧāmiʿ al-muʿrib ʿan fatāwā al-mutaʾaḫḫirīn min ʿulamāʾ al-Maġrib [Die neuen großen, die Leute aus Fès und andere, Beduinen wie Sesshafte, betreffenden Fälle. Das neue gesammelte aussagekräftige Eichmaß von Rechtsgutachten der späteren Gelehrten des Maghreb], 12 Bde. Hrsg. von ʿUmar b. ʿAbbād. Mohammedia: Maṭbaʿat Faḍāla, 1996–2000.

108 Siehe Wanšarīsī, Abū al-ʿAbbās Aḥmad b. Yaḥya al-: Al-miʿyār al-muʿrib wa-l-ǧāmiʿ al-muġrib ʿan fatāwā ahl Ifrīqiya wa-l-Andalus wa-l-Maġrib [Das aussagekräftige Eichmaß und die Sonderbares sagende Sammlung von Rechtsgutachten der Leute aus Ifrīqiya, al-Andalus und dem Maghreb], 13 Bde. Hrsg. von mehreren Gelehrten unter Leitung von Muḥammad Ḥaǧǧī. Beirut: Dār al-Ġarb al-Islāmī, 1981.

 © Frank & Timme Verlag für wissenschaftliche Literatur

compilation resembles al-Wansharīsī's in its massiveness, chronological span, format, and apparatus."[109] Für die Historikerin Etty Terem stellt al-Wazzānīs *fatwā*-Kompilation zugleich auch eine Gegenreaktion auf den Reformislam dar.[110]

Verfasst wurde dieses Werk von ihm zwischen ca. 1902 und 1910.[111] Es umfasste in seiner in Fès erschienenen Erstausgabe elf Bände.[112] Eine zweite, zwölfbändige Edition wurde von ʿUmar b. ʿAbbād zwischen den Jahren 1996 und 2000 zugleich in Mohammedia bei dem Verlag Maṭbaʿat Faḍāla wie auch in Rabat als Ausgabe des Ministeriums für Religiose Stiftungen und islamische Angelegenheiten (*wizārat al-auqāf wa-š-šu'ūn al-islāmīya*) herausgegeben.[113] Auf diese stützt sich auch die vorliegende Arbeit. Es entstand im libanesischen Beirut beim Verlag Dār al-Kutub al-ʿIlmīya im Jahr 2014 unter Leitung von Muḥammad as-Saiyid ʿUṯmān noch eine dritte, gleichfalls zwölfbändige Ausgabe.

Die vorliegende Schrift rekurriert in ihrem Fortgang in UNTERKAPITEL 5.2 – ergänzend zu dem o. g. *Kitāb an-nawāzil* von al-ʿAlamī – auf einige Anmerkungen al-Wazzānīs zu Rechtsgutachten aus al-ʿAlamīs Kompilation, welche offenkundig sein größtes Missfallen erregt haben, da sie sich gegen die gewohnheitsrechtliche Praxis der *tamazzalt* aussprechen. Innerhalb seines zwölfbändigen Werkes[114] befassen sich die Bände fünf bis acht mit Fällen aus dem Bereich des Zivil- und Handelsrechts: Beginnend im fünften Band mit den Verkäufen (*al-buyūʿ*), dem Zwangsverkauf u. ä. (*al-maḍġūṭ wa-mā ašbahahu*), dem Vertragsabschluss (*aṣ-ṣafaqa*), der beidseitigen Vertragsaufhebung und dem Verkauf mit Ausnahme (*al-iqāla wa-ṯ-ṯunyā*), dem Betrug (*al-ġabn*), der Abtretung (*at-taṣyīr*), den Mängeln (*al-ʿuyūb*), den Beiwerken des verkauften Gutes (*at-tanāwul*) und den Fruchtschäden (*al-ǧawāʾiḥ*), setzt der sechste Band das Zivil- und Handelsrecht fort mit dem Terminkauf (*as-salam*), dem Darlehn (*al-qarḍ wa-s-salaf*), dem Pfand (*ar-rahn*), dem Schuldner (*al-midyān*), dem Verbotenem (*al-ḥiǧr*), dem Vergleich (*aṣ-ṣulḥ*), der Bürgschaft (*aḍ-ḍamān*), der Gesellschaft (*aš-šarika*), der Partnerschaft in der Landwirtschaft (*al-muzāraʿa*) sowie den Vollmachten (*al-*

109 Terem: Old Texts, S. 2.
110 Vgl. ebd., S. 70.
111 Vgl. Terem: Redefining Islamic Tradition, S. 426.
112 Zu deren Aufteilung siehe Mispoulet: Al-Mîʿyâr al-Djadid, S. 303–310.
113 Siehe Wazzānī, al-: An-nawāzil al-ǧadīda al-kubrā.
114 Siehe ebd.; sowie ergänzend dazu Heilen: Entwicklung strafrechtlicher Normen, S. 154–157.

wakālāt); im siebten Band folgen das Geständnis (*al-iqrār*), das Gut und die Leihe (*al-waḍīʿa wa-l-ʿāriya*), der Schaden (*aḍ-ḍarar*), der unrechtmäßige Besitz und der Rechtsbruch (*al-ġaṣb wa-t-taʿaddī*), die Vindikation (*al-istiḥqāq*), das gesetzliche Vorkaufsrecht (*aš-šufʿa*) und die Teilung (*al-qisma*). Einige zivil- und handelsrechtlichen Fälle finden sich dergleichen noch zu Beginn des achten Bandes.

Fernerhin sind die ersten beiden Bände verschiedenen ritualrechtlichen Fragen gewidmet. Der dritte Band erstreckt sich auf den *ǧihād*[115], einige Besonderheiten (*al-ḫaṣāʾiṣ*) sowie das Eherecht. Fälle zum Ehe- und Familienrecht setzen sich im vierten Band fort. Der achte Band bildet nicht nur den Abschluss der zivil- und handelsrechtlichen Fälle, sondern beinhaltet zugleich *nawāzil* zum Stiftungsrecht, welche sich bis in den neunten Band hineinziehen, woraufhin sich Rechtsgutachten zum Verfahrensrecht anschließen. Der zehnte Band behandelt das Strafrecht, während der elfte Band Fälle zum Erbrecht präsentiert. Abschließend finden sich im zwölften Band diverse Fragen, die vor allem um Glaubensfragen und den Sufismus (*at-taṣauwuf*) kreisen, doch es wird darin beispielsweise auch die Staatskasse thematisiert.

Das Augenmerk bei der Zusammenstellung seiner Sammlung lag sowohl auf aktuellen, d. h. relevanten, als auch auf diffizilen Fällen. „With respect to the large number of fatwās potentially available to him, al-Wazzānī was attracted to those dealing with issues that were both current and difficult – what Western jurists call hard cases."[116] Und wie das für die vorliegende Schrift ausgewählte Fallbeispiel illustriert, scheut al-Wazzānī ggf. auch nicht davor zurück, manche Rechtsgutachten kritisch zu kommentieren.[117]

---

[115] Zum Begriff *al-ǧihād* siehe Ebert, Hans-Georg; Heilen, Julia: Islamisches Recht. Ein Lehrbuch. Leipzig: Hamouda, 2016, S. 106–109.

[116] Powers, David Stephan; Terem, Etty: From the *Miʿyār* of al-Wansharīsī to the New *Miʿyār* of al-Wazzānī: Continuity and Change. In: Jerusalem Studies in Arabic and Islam (JSAI), Vol. 33 (2007), S. 236.

[117] Solche kritischen Anmerkungen sind nach der bisherigen Erfahrung der Verfasserin eher selten in al-Wazzānīs Werk anzutreffen. Allerdings bräuchte die Frage, wie häufig und deutlich seine eigene Rechtsmeinung dort zutage tritt, sicherlich weitere Untersuchungen.

 © Frank & Timme Verlag für wissenschaftliche Literatur

1.4 Ausgewählte Rechtsgutachter aus den nawāzil

Aus dem *Kitāb an-nawāzil* werden in UNTERKAPITEL 5.2 eine Reihe von Rechtsgutachten zur Veranschaulichung der diachronen Entwicklung der islamisch-rechtlichen Inkorporation der amazighischen (berberischen) gewohnheitsrechtlichen Praxis der *tamazzalt,* welche später auch auf Arabisch dialektal als *ḥaqq š-šqā* oder hocharabisch als *al-kadd wa-s-si ʿāya* firmiert, in lokalen marokkanischen Rechtsbrauch mālikitischer Prägung bzw. der islamisch-rechtlichen Negierung der Gültigkeit derartiger Normen herangezogen. Das vorliegende UNTERKAPITEL wird zur besseren Verortung der Akteure konzise biographische Überblicke zu relevanten Rechtsgutachtern (Sg.: *al-muftī*) geben. Rechtsgelehrte, die im Rahmen ihrer *nāwazil* lediglich erwähnt oder zitiert werden, finden an dieser Stelle hingegen keine Berücksichtigung; soweit möglich, werden sie aber bei ihrer ersten Erwähnung in UNTERKAPITEL 5.2 im Fußnotenapparat konkretisiert.

1.4.1 Ibn ʿArḍūn al-Kabīr und Ibn ʿArḍūn aṣ-Ṣaġīr

An dieser Stelle sollen zunächst die Gebrüder Ibn ʿArḍūn vorgestellt werden. Ein jeder von ihnen – sowohl der ältere Ibn ʿArḍūn al-Kabīr als auch der jüngere Ibn ʿArḍūn aṣ-Ṣaġīr – haben Rechtsgutachten (*fatāwā*) erteilt, welche auf die lokale gewohnheitsrechtliche Praxis der *tamazzalt* abstellen. Der marokkanische Rechtswissenschaftler ʿUmar al-Ǧīdī (gest. ca. 2014) vertritt mehr noch die These, dass lediglich der jüngere Bruder an die hergebrachte amazighische Rechtspraxis anknüpfte und diese in den *fiqh* integrierte, wohingegen der ältere Bruder weitergegangen sein und gewissermaßen Rechtsfortbildung betrieben haben soll.[118] Für Letzteres finden sich bislang jedoch keine schriftlichen Belege, wohingegen die Rechtsmeinungen des jüngeren Bruders eindeutig dokumentiert sind (siehe UNTERKAPITEL 5.2). Al-Ǧīdī weist darauf hin, dass es aufgrund ihrer Namensähnlichkeit sowie der Tatsache, dass beide Richter und Rechtsgelehrte waren und parallel zu ähnlichen Sachverhalten Rechtsauskünfte gaben, in den Quellen mitunter zu Konfusionen der beiden kommen kann.[119]

---

[118] Vgl. Ǧīdī, ʿUmar al-: Ibn ʿArḍūn al-Kabīr. Ḥayātuhu wa-āṯāruhu, ārāʾuhu wa-fiqhuhu [Ibn ʿArḍūn al-Kabīr. Sein Leben und seine Werke, seine Meinungen und seine Jurisprudenz]. O. O.: Manšūrāt ʿUkāẓ, 1987, S. 205.

[119] Vgl. ebd., S. 195.

Bei Ibn ʿArḍūn al-Kabīr handelt es sich um Abū al-ʿAbbās Aḥmad b. al-Ḥasan b. Yūsuf b. Muḥammad b. ʿUmar b. Yaḥyā b. ʿUmar aš-Šahīr b. ʿArḍūn az-Ziǧlī al-Mūsawī aṣ-Ṣāliḥī al-Qurašī al-Ġumārī aš-Šafšāwī.[120] Seine erste Nisbe az-Ziǧlī verweist auf die Zugehörigkeit zu den Banū Ziǧl, einem von neun Stämmen, aus denen sich die Ġumāra zusammensetzen.[121] Al-Musawī rekurriert ebenfalls auf eine Person des Ziǧl-Stammbaums, und aṣ-Ṣāliḥ nimmt Bezug auf den Stammeszweig Banū Ṣāliḥ der Aġzāwī.[122] Zwar soll die Nisbe al-Qurašī auf eine (vermeintliche) Abstammungslinie zum arabischen Stamm der Quraiš hindeuten, ohne dass die Familie zugleich die Scherifenwürde für sich reklamiert hätte, doch erscheint dies in Anbetracht der amazighischen Stammesnamen – entgegen der Spekulationen al-Ǧīdīs – als äußerst unwahrscheinlich; außerdem erwähnt sie der Sohn des jüngeren und zugleich der Neffe des älteren Bruders bereits nicht mehr.[123] Die beiden übrigen Nisben drücken die Zugehörigkeit zu den Ġumāra sowie die Verbundenheit mit der Stadt Chefchaouen aus.

Als Geburtsjahr von Ibn ʿArḍūn al-Kabīr rekonstruiert al-Ǧīdī das Jahr 948 H. (1541 / 42 n. Chr.) und weist das Dorf Adeldal (Adldāl) des Stammes az-Ziǧl in den Bergen rund 60 km östlich von Chefchaouen als seine Geburtsstätte aus.[124] In seiner Jugend soll er mit seinem Vater in das zum selben Stamme gehörende Dorf Talanbūṭ[125] gezogen sein, wo dieser den Posten des Predigers an der ʿAbd-Allāh-al-Habṭī-Moschee bekleidete, ohne dass bekannt wäre, ob die restliche Familie mit ihnen dorthin umsiedelte.[126] Der Editor ʿAbd as-Salām az-Zayānī plädiert hingegen für Talanbūṭ als Geburtsort.[127] Ibn ʿArḍūn al-Kabīr verstarb wohl am 18. Juli 1584 in Chefchaouen; gelegentlich wird auch Fès zu seinem Sterbeort

120 Vgl. Ǧīdī, al-: Ibn ʿArḍūn al-Kabīr, S. 93.
121 Vgl. ebd., S. 59.
122 Vgl. ebd., S. 93, Fn. 5 und 6.
123 Vgl. ebd., S. 94.
124 Vgl. ebd., S. 102.
125 Es müsste wohl korrekt Talambote (Talambūṭ) heißen, denn dies ist eine Ortschaft in der Provinz Chefchaouen, die im Übrigen heutzutage über eine Grundschule namens École Ibn Aardoune verfügt.
126 Vgl. Ǧīdī, al-: Ibn ʿArḍūn al-Kabīr, S. 102.
127 Zayānī, ʿAbd as-Salām az-: Dirāsa [Studie]. In: Ibn ʿArḍūn, Abū al-ʿAbbās Aḥmad b. al-Ḥasan: Muqniʿ al-muḥtāǧ fī ādāb al-azwāǧ [Die Beratung der Bedürftigen über das gute Benehmen der Ehepartner], Bd. 1. Hrsg. von ʿAbd as-Salām az-Zayānī. Beirut: Dār Ibn Ḥazm, 2010, S. 42.

 © Frank & Timme Verlag für wissenschaftliche Literatur

deklariert, wobei es sich aber wahrscheinlich um eine Verwechslung mit seinem Bruder handelt.[128]

Der jüngere der beiden Brüder, welcher als Ibn ʿArḍūn aṣ-Ṣaġīr firmiert und dessen Namen Abū ʿAbd Allāh Muḥammad b. al-Ḥasan b. ʿArdūn – der o. g. erweiterte *nasab* sowie die Nisben seines Bruders gelten selbstverständlich genauso für ihn – lautet, soll nach dem Jahr 950 H. (1543 / 44 n. Chr.) zur Welt gekommen sein.[129] Er studierte in Fès, war später als der Richter (*al-qāḍī*) von Chefchaouen tätig und soll zum Ende seines Lebens aufgrund gewisser, nicht näher ausgeführter zeithistorischer Ereignisse nach Fès umgesiedelt sein, wo er schließlich am 14. Januar 1604 verstarb und außerhalb der Bāb al-Futūḥ bestattet wurde.[130]

Ihrem *nasab* gemäß ist ihr Großvater väterlicherseits Yūsuf und ihr Vater der Rechtsgelehrte al-Ḥasan.[131] Doch auch ihre Abstammung von der Mutterseite verdient Beachtung, denn ihre Mutter, deren Namen bedauerlicherweise im Dunkeln liegt, entstammt der Familie der Banū Ḫaǧǧū und deren Vater, d. h. der Großvater mütterlicherseits der Gebrüder, ist der geachtete mālikitische Rechtsgelehrte sowie Rechtsgutachter der Ġumāra und der Ländereien von al-Habṭ namens Abū al-Qāsim b. ʿAlī b. Ḫaǧǧū al-Ḥasānī (gest. ca. 1549).[132] Desgleichen war ihre Tante mütterlicherseits (*al-ḫāla*), die Tochter von Ibn Ḫaǧǧū und Frau von ʿUmar b. ʿAbd al-Wahhāb al-Ḥasanī, von berichtenswerter Bildung, ebenso wie ihre Großtante mütterlicherseits (*ʿammat al-umm*), die Schwester des erwähnten Ibn Ḫaǧǧū und Ehefrau von ʿAbd Allāh al-Habṭī.[133] Die Brüder wuchsen demnach im Schoße einer Familie heran, die sowohl über die Vater- als auch die Mutterseite die Rechtsgelehrsamkeit kultivierte.[134]

Ibn ʿArḍūn al-Kabīr nahm um die Mitte des 17. Jahrhunderts herum seine weiterführenden Studien in Fès auf, zu den von ihm erlernten Wissenschaften zählten wohl neben der Jurisprudenz u. a. arabische Sprache und Literatur, Arithmetik,

---

128 Vgl. Ǧīdī, al-: Ibn ʿArḍūn al-Kabīr, S. 103–105.

129 Vgl. Ibn al-Qāḍī, Abū al-ʿAbbās Aḥmad b. Muḥammad al-Miknāsī: Durrat al-ḥiǧāl fī asmāʾ ar-riǧāl. Ḏail Wafayāt al-aʿyān [Die Perle der Brautzelte über das Ansehen der Männer. Supplement zum Wafayāt al-aʿyān], Bd. 2. Hrsg. von Muḥammad al-Aḥmadī Abū an-Nūr. Kairo: Dār at-Turāṯ, 1971, S. 237.

130 Vgl. Ǧīdī, al-: Ibn ʿArḍūn al-Kabīr, S. 76–78.

131 Siehe den Familienstammbaum bei ebd., S. 67.

132 Vgl. ebd., S. 83f.

133 Vgl. ebd., S. 84.

134 Vgl. ebd., S. 84.

Metrik, Koranauslegung, Hadithwissenschaft, Erbrecht, scholastische Theologie, Logik und Medizin, aber auch die Lehre des Sufismus.[135] Nachdem er seine grundlegende Ausbildung zuvor in seiner Heimatregion, u. a. bei seinem Vater, seinem Onkel väterlicherseits und zahlreichen regionalen Autoritäten erhalten hatte, studierte er anschließend u. a. bei dem frommen Šaiḫ und Hadithgelehrten Abū an-Naʿīm Riḍwān b. ʿAbd Allāh al-Ǧinwī (gest. 1583 / 84), dem als al-Qaṣṣār al-Qaisī al-Fāsī bekannten Rechtsgelehrten, Hadithgelehrten, Genealogen, Korankenner und Prediger sowie Imām der Qarawīyīn-Moschee von Fès Abū ʿAbd Allāh Muḥammad b. Qāsim (gest. 1012) und dem Rechtsgelehrten Abū Zakarīyāʾ Yaḥyā b. Muḥammad as-Sarrāǧ ar-Rundī al-Fāsī[136] (gest. 1598).[137] Dass Ibn ʿArḍūn al-Kabīr selbst später in signifikanter Weise als Lehrer in Erscheinung trat, lässt sich nicht eruieren, fest steht jedoch, dass er einen seiner Söhne unterwies, auch sind darüber hinaus einige wenige Schüler namentlich bekannt.[138] Er soll eine ganze Reihe von Schriften verfasst haben, darunter beispielsweise das Werk *Muqniʿ al-muḥtāǧ fī ādāb al-azwāǧ*[139] (Die Beratung der Bedürftigen über das gute Benehmen der Ehepartner).[140]

Der ältere der beiden Brüder kehrte nach Beendigung seines Studiums in seine Heimatregion zurück, wo er das Richteramt von Chefchaouen übernahm.[141] Weder ist jedoch das genaue Jahr seines Amtsantritts, noch die exakte Amtszeit mehr bekannt, allerdings gibt es Berichte darüber, dass ihm sein jüngerer Bruder, Ibn ʿArḍūn aṣ-Ṣaġīr, in diesem Amte nachfolgte und beide gemeinsam es für insgesamt rund dreißig Jahre inne hatten.[142]

Ebenfalls Ibn ʿArḍūn aṣ-Ṣaġīr vervollkommnete seine Studien zuvor in der Stadt Fès, in welche er zu diesem Zwecke noch vor Eintritt in die Pubertät zog.[143] Auch

---

135 Vgl. Ǧīdī, al-: Ibn ʿArḍūn al-Kabīr, S. 116f.

136 Siehe auch UNTERKAPITEL 1.4.3.

137 Für weitere Einzelheiten zu seinen Lehrern siehe z. B. Ǧīdī, al-: Ibn ʿArḍūn al-Kabīr, S. 123–133.

138 Vgl. ebd., S. 133f.

139 Siehe Ibn ʿArḍūn, Abū al-ʿAbbās Aḥmad b. al-Ḥasan: Muqniʿ al-muḥtāǧ fī ādāb al-azwāǧ [Die Beratung der Bedürftigen über das gute Benehmen der Ehepartner], 2 Bde. Hrsg. von ʿAbd as-Salām az-Zayānī. Beirut: Dār Ibn Ḥazm, 2010.

140 Vgl. Ǧīdī, al-: Ibn ʿArḍūn al-Kabīr, S. 209–218.

141 Vgl. ebd., S. 179.

142 Vgl. ebd., S. 179f.

143 Vgl. ebd., S. 77.

 © Frank & Timme Verlag für wissenschaftliche Literatur

zu seinen Lehrern zählte unter anderem der o. g. Sīdī Riḍwān b. ʿAbd Allāh al-Ǧinwī, bei welchem er bis zu dessen Tod studierte.[144] Ebenso war der u. g. Aḥmad al-Baʿl[145] (gest. ca. 17. Jh.), seinerseits ein Schüler des zuvor erwähnten as-Sarrāǧ, sein Lehrmeister, wie Ibn ʿArḍūn aṣ-Ṣaġīr selbst es in einer *nāzila* erwähnt.[146] Weiterhin lernte er z. B. von dem ursprünglich aus Meknès (Miknās) stammenden Rechtsgelehrten Abū ʿAbbās Aḥmad b. ʿAlī b. ʿAbd ar-Raḥmān al-Manǧūr (gest. 1586 / 87).[147] Ibn ʿArḍūn aṣ-Ṣaġīr tritt als Gelehrter auf verschiedenen Gebieten in Erscheinung, neben der islamischen Jurisprudenz gleichfalls für die arabische Sprache, die Beurkundung, die Metrik, die beiden Quellen der Jurisprudenz und der Überlieferungen, die Logik und die Rhetorik.[148] Überdies galt er als Experte für das Grammatikgedicht *Al-alfīya* (Der Tausendzeiler) von Ibn Mālik (gest. 1274).[149] Sein Œuvre umfasst neben Rechtsgutachten ebenso verschiedene Schriften und Gedichte, u. a. auch über den Sufismus.[150] Es ist des Weiteren über ihn bekannt, dass er selbst nicht nur zum Recht, sondern auch zu Sprache, Logik und Sufismus unterrichtet hat.[151]

Beide Brüder Ibn ʿArḍūn waren somit aus ihrer Kindheit sowie aus ihrer späteren richterlichen Berufspraxis bestens mit den gewohnheitsrechtlichen Bräuchen im Ġumāra-Gebiet wie auch mit den Normen des mālikitischen *fiqh*, welchen sie in der Gelehrtenmetropole Fès studierten, vertraut und genossen aufgrund ihrer Gelehrsamkeit wie auch ihrer persönlichen Qualitäten höchstes Ansehen.

1.4.2 Sīdī Aḥmad al-Baʿl

Bei Aḥmad b. ʿAlī al-Baʿl handelt es sich um einen Rechtsgelehrten (*al-faqīh*) und Rechtsgutachter (*al-muftī*) aus der Region al-Habṭ.[152] Das Toponym Habṭ

144 Vgl. Ǧīdī, al-: Ibn ʿArḍūn al-Kabīr, S. 77.
145 Siehe auch UNTERKAPITEL 1.4.2.
146 Vgl. ʿAlamī, al-: Kitāb an-nawāzil, Bd. 2, S. 104.
147 Vgl. Ibn al-Qāḍī: Durrat al-ḥiǧāl, Bd. 2, S. 237.
148 Vgl. ebd., Bd. 2, S. 237.
149 Vgl. ebd., Bd. 2, S. 237.
150 Vgl. Ǧīdī, al-: Ibn ʿArḍūn al-Kabīr, S. 78.
151 Vgl. ebd., S. 79.
152 Vgl. Ibn al-Qāḍī: Durrat al-ḥiǧāl, Bd. 1, S. 169.

© Frank & Timme Verlag für wissenschaftliche Literatur

umfasst ein historisches Gebiet in Nord-Marokko, welches sich vom nordwestlichen Rīf-Gebirge bis in die Ebene erstreckt.[153]

Zu seinen Lehrern zählte neben anderen der Rechtsgelehrte, Rechtsgutachter (*an-nawāzilī*), Erbrechtsexperte (*al-farḍī*) und Arithmetiker (*al-ḥisābī*) Abū Rāšid Yaʿqūb b. Yaḥyā al-Yadrī[154] (gest. 1591).[155] Aus den weiter unten behandelten Rechtsfällen geht ferner hervor, dass auch Yaḥyā as-Sarrāǧ (siehe UNTERKAPITEL 1.4.3 und 5.2) zu seinen Lehrmeistern gehörte. Wie sich dort ablesen lässt, zeigte sich Aḥmad al-Baʿl – beeinflusst durch die Meinung seines zitadinen Lehrers Yaḥyā as-Sarrāǧ – im Hinblick auf die der *tamazzalt* gegenüber favorablen Rechtsmeinung seines eigenen Schülers Ibn ʿArḍūn aṣ-Ṣaġīr skeptisch. Dennoch scheint seine persönliche Kunde der amazighischen Lebensweise in den ländlichen Gebieten zu keiner so radikalen Ablehnung wie bei manch anderem muslimischen Rechtsgelehrten zu führen.

Sein genaues Sterbejahr konnte bisher nicht identifiziert werden. Dies ist u. a. dem kuriosen Umstand geschuldet, dass Aḥmad al-Baʿl zwar in dem hochangesehenen Nachschlagewerk *Durrat al-ḥiǧāl* (Die Perle der Brautzelte) von dem als Ibn al-Qāḍī Bekanntheit erlangten Šihāb al-Dīn Abū al-ʿAbbās Aḥmad b. Muḥammad b. Aḥmad b. ʿAlī b. ʿAbd ar-Raḥmān b. Abī al-ʿĀfiya al-Miknāsī (geb. 1553, gest. 1616) aufgeführt wird, dort allerdings noch kein Sterbedatum erwähnt werden konnte, da er ein Zeitgenosse des Autors und zum Zeitpunkt des Verfassens des Buches ergo noch am Leben war. So erwähnt Ibn al-Qāḍī ein Treffen mit Aḥmad al-Baʿl in der nordmarokkanischen Stadt Qaṣr Kutāma (dem heutigen Ksar-el-Kebir / al-Qaṣr al-Kabīr) im Jahre 997 H. (1588 / 89).[156] Es bleibt daher derzeit nur zu mutmaßen, dass er im 17. Jahrhundert verstorben ist.

1.4.3 Yaḥyā as-Sarrāǧ

Der Rechtsgelehrte Abū Zakarīyāʾ Yaḥyā b. Muḥammad al-Ḥumaidī as-Sarrāǧ an-Nafzī ar-Rundī, schlicht bekannt als as-Sarrāǧ, war der Mufti der von Gott

[153] Siehe z. B. Ricard, Robert: Une description du Habt en 1648. In: Hespéris – Archives berbères et Bulletin de l'Institut des Hautes Études Marocaines, Bd. XXIV, 3. Trimester (1937), S. 193–199.
[154] Vgl. Ibn al-Qāḍī: Durrat al-ḥiǧāl, Bd. 3, S. 360f.
[155] Vgl. ebd., Bd. 1, S. 169.
[156] Vgl. ebd., Bd. 1, S. 169.

 © Frank & Timme Verlag für wissenschaftliche Literatur

geschützten Stadt Fès (*muftī madinat Fās al-maḥrūsa*) und der Prediger an der dortigen al-Qarawīyīn-Moschee (*ḫaṭīb al-Qarawīyīn*).[157] Sein Name weist Bezüge nach al-Andalus auf: So stellt die *nisba* ar-Rundī eine Verbindung zu den andalusischen Stadt Ronda in der heutigen Provinz Málaga her, und auch die *nisba* an-Nafzī scheint – anders als oben[158] bei Ibn Abī Zaid al-Qairawānī diskutiert – auf den andalusischen Stammeszweig der Nafza hinzudeuten. Seine Familie bzw. er selbst könnte somit zu der Gruppe der andalusischen (Re-)Migranten in Fès zählen.

Zu seinen Lehrmeistern zählten beispielsweise Abū Muḥammad ʿAbd al-Wahhāb b. Muḥammad az-Zaqqāq at-Tūǧībī[159] (gest. 1552 / 53) und Abū Mālik ʿAbd al-Wāḥid[160] b. Aḥmad al-Wanšarīsī[161] (gest. 1549), der Sohn des berühmten Rechtsgelehrten, *nawāzil*-Sammlers und Verfassers des bedeutenden Werkes *Al-miʿyār al-muʿrib* (Das aussagekräftige Eichmaß), Abū al-ʿAbbās Aḥmad b. Yaḥyā b. Muḥammad al-Wanšarīsī at-Tilimsānī (gest. 1508).[162] Er galt nebstdem als äußerst bewandert in der Kenntnis des höchst komplexen Werkes *Al-Muḫtaṣar* (Das Kompendium) von Sīdī Ḫalīl al-Ǧundī (gest. ca. 1374).[163]

Yaḥyā as-Sarrāǧ repräsentiert somit den urbanen Typus des mālikitischen Rechtsgelehrten aus dem Gelehrtenzentrum Fès, ohne sichtbare Beziehungen zum ländlichen Alltagsleben oder den Gepflogenheiten der Ighmaren (ⵉⵖⵎⴰⵔⵏ)[164], d. h. den Berberstämmen des Ġumāra-Gebietes. So erteilte er denn auch gleich zwei kolportierte Rechtsgutachten, welche der amazighischen Rechtspraxis der *tamazzalt*

---

157 Vgl. Ibn al-Qāḍī: Durrat al-ḥiǧāl, Bd. 3, S. 341; sowie Ibn al-Qāḍī al-Miknāsī, Aḥmad: Ǧiḏwat al-iqtibās fī ḏikr man ḥalla min al-aʿlām madīnat Fās. Rabat: Dār al-Manṣūr, 1973, S. 540; und Vidal Castro, Francisco: ʿAbd al-Wāḥid al-Wanḫšarīsī (m. 1549): adul, cadí y muftí de Fez. In: Escobedo Rodríguez, Antonio (Hrsg.): Homenaje a la profesora Elena Pezzi. Granada: Universidad de Granada, 1993, S. 151.

158 Siehe UNTERKAPITEL 1.1.1.

159 Siehe Ibn al-Qāḍī: Durrat al-ḥiǧāl, Bd. 3, S. 150.

160 Bei Ibn al-Qāḍī findet sich versehentlich – in einer Mischung aus Schreibfehler und Konfusion mit dem zuvor genannten Lehrer – „ʿAbd al-Wahhāb", vgl. ebd., Bd. 3, S. 341. Korrekt ist jedoch: ʿAbd al-Wāḥid, da as-Sarrāǧ nachweislich zu den Schülern von ʿAbd al-Wāḥid al-Wanḫšarīsī gehörte, vgl. Vidal Castro: ʿAbd al-Wāḥid al-Wanḫšarīsī, S. 151.

161 Vgl. Vidal Castro: ʿAbd al-Wāḥid al-Wanḫšarīsī, S. 141–157.

162 Vgl. Ibn al-Qāḍī: Durrat al-ḥiǧāl, Bd. 3, S. 341.

163 Vgl. Vidal Castro: ʿAbd al-Wāḥid al-Wanḫšarīsī, S. 151.

164 Siehe Camps, Gabriel; Vignet-Zunz, Jacques: Ghomâra. In: Encyclopédie berbère, Bd. 20 (Gauda – Girrei). Aix-en-Provence: Online-Edition (document G44, mis en ligne le 01 juin 2011), 1998, S. 3110–3119 [Abs.-Nr. 1–22], abrufbar unter: https://doi.org/10.4000/encyclopedieberbere.1923 (letzter Zugriff: 02.03.2025).

ablehnend gegenüberstehen (siehe UNTERKAPITEL 5.2).[165] Die konsultierten Rechtsgutachten (s. u.) geben zudem Auskunft darüber, dass er der Lehrer des o. g. Rechtsgelehrten Aḥmad al-Baʿl (gest. ca. 17. Jh.) gewesen ist, welcher in seinen eigenen Rechtsgutachten daher mitunter Bezug auf ihn nahm.[166]

Ferner ist über Yaḥyā as-Sarrāǧ bekannt, dass er im Jahr 921 H. (1515 / 16) geboren worden sein soll, sowie dass er am Freitag den 17. Dezember 1598 verstarb.[167]

1.4.4 Sīdī ʿAbd al-Qādir al-Fāsī

Bei Sīdī ʿAbd al-Qādir al-Fāsī handelt es sich um einen Rechtsgelehrten, der, wie in UNTERKAPITEL 5.2 aufgezeigt werden wird, ein leidenschaftlicher Gegner der gewohnheitsrechtlichen Praxis der *tamazzalt* war. In Erinnerung gerufen werden soll zudem, dass es sich hierbei um einen der Lehrer al-ʿAlamīs, des Kompilators des *Kitāb an-nawāzil*, handelt (siehe UNTERKAPITEL 1.2.1).

Sein vollständiger Name lautet Abū Muḥammad ʿAbd al-Qādir b. ʿAlī b. Yūsuf al-Fāsī.[168] Geboren wurde er am 29. März 1599 in der nordmarokkanischen Stadt Ksar-el-Kebir (al-Qaṣr al-Kabīr), wo er bis zum Jahr 1616 lebte und aufwuchs, bis es ihn zum Studium bei namhaften Lehrmeistern[169] nach Fès (Fās) zog.[170] Dort studierte er u. a. bei seinem Großonkel väterlicherseits (*ʿamm abīhi*), ʿAbd ar-Raḥman al-ʿĀrif al-Fāsī (gest. 1626), der ihn auch in die Lehren des Sufismus initiierte.[171]

---

165 Vgl. ʿAlamī, al-: Kitāb an-nawāzil, Bd. 2, S. 102f.

166 Vgl. ebd., Bd. 2, S. 104.

167 Vgl. Ibn al-Qāḍī: Durrat al-ḥiǧāl, Bd. 3, S. 341; sowie Ibn al-Qāḍī al-Miknāsī: Ǧiḏwat al-iqtibās, S. 540f.

168 Vgl. Maḫlūf: Šaǧarat an-nūr, Bd. 1, S. 455.

169 Siehe ebd., Bd. 1, S. 455f.

170 Vgl. Rodríguez Mediano, Fernando: ʿAbd al-Qādir b. ʿAlī b. Yūsuf al-Fāsī. In: Fleet, Kate; Krämer, Gudrun; Matringe, Denis; Nawas, John Abdallah; Stewart, Devin J. (Hrsg.): Encyclopaedia of Islam Three Online. Leiden: Brill, 2009, o. S., abrufbar unter: https://doi.org/10.1163/1573-3912_ei3_COM_22591 (letzter Zugriff: 29.03.2025).

171 Vgl. Maḫlūf: Šaǧarat an-nūr, Bd. 1, S. 455; und Vimercati Sanseverino, Ruggero: Fès et sainteté, de la fondation à l'avènement du Protectorat (808–1912). Hagiographie, tradition spirituelle et héritage prophétique dans la ville de Mawlāy Idrīs. Rabat: Centre Jacques-Berque, 2014, o. S. [Abs.-Nr. 90], abrufbar unter: https://doi.org/10.4000/books.cjb.498 (letzter Zugriff: 29.03.2025).

 © Frank & Timme Verlag für wissenschaftliche Literatur

Doch Maḫlūf weist darauf hin, dass die Nisbe seines Namens nicht, wie vielleicht anzunehmen, auf seine persönliche Beziehung zur Stadt Fès verweist.[172] Denn er gilt als eines der bekanntesten Mitglieder der al-Fāsī-Familie.[173] Diese Familie (re-)migrierte im 15. Jahrhundert aus al-Andalus und verdankt ihren Namen, wie der Islamische Theologe Ruggero Vimercati Sanseverino berichtet, den folgenden Umständen:

> „En dépit du rôle considérable que va jouer la famille des Fāsī[...] dans l'histoire de Fès, elle n'en est pas originaire. Les al-Fihrī[...] al-Fāsī, représentés par deux frères, ont fait partie de cette vague d'immigrés andalous qui se sont installés à Fès peu avant la chute du règne nasride à la fin du IXe/XVe siècle. Si en al-Andalus ils faisaient partie des notables, au Maroc ils décident d'utiliser les avoirs qu'ils ont pu ramener pour se lancer dans le commerce de chandelles à Ksar El Kabīr, un centre économique important de l'époque. C'est là que l'on commence à les appeler ‚al-Fāsī', à cause de leur premier séjour à Fès après leur départ d'al-Andalus et en vertu de leur lien commercial avec l'ancienne capitale."[174]

Diese – zu seinen Lebzeiten sicherlich noch äußerst präsente – familiäre Bindung nach al-Andalus scheint im Übrigen auch ihren Niederschlag in dem unten behandelten Rechtsgutachten von ihm zu finden und seine Ansichten des *fiqh* besonders zu prägen.

In Fès wurde er zum Šaiḫ al-Ǧamāʿa der Stadt, d. h. „[...] the most respected and celebrated teacher of the town, both as an *ʿālim* and later as a saint, the chief of the family *zāwiya* in the al-Qalqaliyyūn quarter of Fez at the time of the rise of the ʿAlawī dynasty in Morocco."[175] Trotz seines umfangreichen Wissens entsprang seiner Feder – wie Maḫlūf berichtet – kein spezielles Werk; doch zeichneten einige seiner Schüler die Antworten (*al-aǧwiba*) auf ihm gestellte Fragen (*masāʾil*) auf und sammelten diese in einem Band; ferner verfasste sein Sohn ʿAbd ar-Raḥmān eine ausführliche Biographie über ihn, welche den Titel *Tuḥfat al-akābir bi-manāqib aš-Šaiḫ ʿAbd al-Qādir* (Rarietät der Vornehmen: Über die Tugenden des Šaiḫ ʿAbd al-Qādir) trägt.[176] Das Fehlen eigener Schriften steht

---

172 Vgl. Maḫlūf: Šaǧarat an-nūr, Bd. 1, S. 455.
173 Vgl. Rodríguez Mediano: ʿAbd al-Qādir b. ʿAlī b. Yūsuf al-Fāsī, o. S.
174 Vimercati Sanseverino: Fès et sainteté, o. S. [Abs.-Nr. 9].
175 Rodríguez Mediano: ʿAbd al-Qādir b. ʿAlī b. Yūsuf al-Fāsī, o. S.
176 Vgl. Maḫlūf: Šaǧarat an-nūr, Bd. 1, S. 456.

© Frank & Timme Verlag für wissenschaftliche Literatur

allerdings in deutlichem Kontrast zur schriftstellerischen Produktivität eines Gelehrten wie al-Wazzānī.

Bereits ʿAbd al-Qādir al-Fāsīs Großvater väterlicherseits Abū al-Maḥāsin Yūsuf al-Fāsī (gest. 1604) gründete den ersten mystischen Konvent (*az-zāwiya*) der Familie in Fès, welche sich zum Zentrum des Ǧazūlī-Zweiges des Ṣūfī-Ordens (*aṭ-ṭarīqa*) aš-Šāḏilīya entwickelte.[177] „En tant que voie initiatique, la *ṭarīqat al-Fāsiyya* s'inscrit pleinement dans la tradition shādhilite telle qu'elle s'est transmise par les filiations jazūlites et zarrūqites."[178] Im Hinblick auf die spätere Analyse seines Rechtsgutachtens sei noch angemerkt, dass sein oben erwähnter Großonkel väterlicherseits und Lehrmeister, der eine weitere *zāwiya* der Familie in Fès, im al-Qalqalīyūn Viertel der Stadt gelegen, begründete, in Konfrontationen zwischen den Lamṭī-Berbern von Fès und den sog. Andalusiern, also der sozialen Gruppe der (Re-)Migranten, welcher er selbst angehörte, involviert war.[179] Dessen führende Rolle dabei bekräftigt auch der spanische Islamwissenschaftler Fernando Rodríguez Mediano: „[…] la importancia de la *zāwiya* de ʿAbd ar-Raḥmān al-ʿĀrif al-Fāsī dentro del grupo de los andalusíes, y en la confrontación de éstos con los Lamṭíes, confrontación cuyas cosas exactas deconosemos."[180] Obgleich die genauen Ursprünge dieser Konfrontation von Andalusiern und Lamṭa noch im Unklaren liegen, vermutet Rodríguez Mediano ethnische und ökonomische Hintergründe sowie Auseinandersetzungen um Wasserressourcen als mögliche Ursachen.[181] Fest steht jedoch, dass diese Auseinandersetzungen gewalttätig geführt wurden.[182]

ʿAbd al-Qādir al-Fāsī genoss ein überaus hohes Ansehen, so gilt er als „[…] un des trois savants qui ont sauvé la science sacrée au Maghreb dans une époque fortement troublée. Avant ʿAbd al-Qādir, dit-on, on vendait la science au marché

[177] Vgl. Rodríguez Mediano: ʿAbd al-Qādir b. ʿAlī b. Yūsuf al-Fāsī, o. S.

[178] Vimercati Sanseverino: Fès et sainteté, o. S. [Abs.-Nr. 20]. [Hervorhebung im Original].

[179] Vgl. ebd., o. S. [Abs.-Nr. 25 und 28].

[180] R[odríguez] Mediano, Fernando: Familias de Fez (SS. XV–XVII). Madrid: Consejo Superior de Investigaciones Cientificas, 1995, 119.

[181] Vgl. ebd., S. 119.

[182] Für Beispiele siehe ebd., S. 117–119.

 © Frank & Timme Verlag für wissenschaftliche Literatur

et personne ne voulait l'acheter[...]."[183] Doch erst an seinem Lebensende stand er im Rufe einer Wunder wirkenden Heiligkeit.[184]

In politischer Hinsicht sei noch erwähnt, dass ʿAbd al-Qādir al-Fāsī ein Zeitgenosse des berühmten Sultans Maulāy Ismāʿīl (gest. 1727) der seit 1659 regierenden Dynastie der Alawiten (*al-ʿAlawīyūn*) war. Dessen Regierungssitz war die Stadt Meknès (Miknās) und er sah sich zeitweise mit einer Revolte in Fès konfrontiert, welche er erfolgreich niederschlug; ʿAbd al-Qādir al-Fāsī gehörte anschließend zu denjenigen Repräsentanten der *zāwiya fāsīya*, die sich um eine Rekonziliation mit dem Sultan bemühten.[185] „Mais cette expérience pousse Ismāʿīl à rester toujours méfiant par rapport à d'éventuelles prétentions indépendantistes de la ville de Mawlāy Idrīs[...]."[186]

ʿAbd al-Qādir al-Fāsī verstarb am 02. Oktober 1680 und wurde in der von seinem Großonkel gegründeten *zāwiya*, welche er selbst später persönlich geleitet hat, in Fès beigesetzt.[187] „He and his son ʿAbd al-Raḥmān al-Fāsī (an author of *al-ʿAmal al-Fāsī* [...]), were key figures in the consolidation of al-Fāsiyyūn as one of the most important families of the modern Moroccan religious elite"[188]

1.4.5 Sīdī Aḥmad b. ʿAbd al-Wahhāb aš-Šarīf

Basierend auf den Informationen zu al-ʿAlamī, dem Kompilator des *Kitāb an-nawāzil*, welche dessen Herausgeber der Edition vorangestellt haben (siehe UNTERKAPITEL 1.2.1), sollte es sich bei dem Rechtsgutachter Sīdī Aḥmad b. ʿAbd al-Wahhāb aš-Šarīf um dessen (Ur-)Großvater väterlicherseits, den erwähnten hochgelehrten Imām Sīdī Aḥmad b. ʿAlī, welcher als Aḥmad b. ʿAbd al-Wahhāb bekannt war, handeln, der im Jahr 971 H. (1563 / 64 n. Chr.) geboren wurde und im Jahr 1027 H. (1617 / 18 n. Chr.) verstarb.[189] So entstammt denn auch er der ḥasanidischen Scherifenlinie, wie es sein in der u. g. *nāzila* angeführter Name überdies bestätigt. Wie sein (Ur-)Enkelsohn ist auch er familiär im Rīf-Gebirge und der

183 Vimercati Sanseverino: Fès et sainteté, o. S. [Abs.-Nr. 88].
184 Vgl. ebd., o. S. [Abs.-Nr. 93].
185 Vgl. ebd., o. S. [Abs.-Nr. 86].
186 Ebd., o. S. [Abs.-Nr. 86].
187 Vgl. Rodríguez Mediano: ʿAbd al-Qādir b. ʿAlī b. Yūsuf al-Fāsī, o. S.
188 Ebd., o. S.
189 Vgl. Maǧlis al-ʿIlmī bi-Fās, al-: Nubḏa min ḥayāt, S. 13.

© Frank & Timme Verlag für wissenschaftliche Literatur

Stadt Chefchaouen verwurzelt und mit den amazighischen Rechtsbräuchen dieser Region daher bestens vertraut.

Anders als für den Verfasser des *Kitāb an-nawāzil* liegen für dessen (Ur-)Großvater somit konkrete Lebensdaten vor, jedoch bleibt die zuvor in Fn. 73 geäußerte Unsicherheit bestehen, ob zwischen den beiden eine oder vielmehr zwei Generationen liegen. Über diesen (Ur-)Großvater sind zudem weitere biographische Details bekannt. So soll er vor dem Jahre 996 H. (1587 / 88 n. Chr.) zum Studium nach Fès aufgebrochen und dort zu einem profilierten Rechtsgelehrten gereift sein, der eine Vielzahl von Büchern verfasst hat.[190]

Nach seiner Rückkehr in die Stadt Chefchaouen übernahm er allda nach dem Tod von Abū Muḥammad b. al-Ḥasan b. ʿArḍūn im Jahr 1012 H. (1604 n. Chr.) dessen Richteramt.[191] Hierbei handelt es sich um Ibn ʿArḍūn aṣ-Ṣaġīr (siehe UNTERKAPITEL 1.4.1 und 5.2). Es kann daher konstatiert werden, dass der (Ur-)Großvater des Kompilators des *Kitāb an-nawāzil* mit einem der für die vorliegende Untersuchung zentralen Rechtsgutachter, dessen *fatāwā* Eingang in eben jene Kompilation gefunden haben, höchstwahrscheinlich persönlich bekannt gewesen ist.

Die in den UNTERKAPITELN 1.2 bis 1.4 aufgezeigten Hintergründe und Beziehungen der hier behandelten Rechtsgelehrten untereinander werden insbesondere für die Ausführungen in UNTERKAPITEL 5.2 noch bedeutsam sein. Zunächst wendet sich die vorliegende Schrift jedoch in den folgenden drei KAPITELN den mālikitischen Bestimmungen des Erbrechts nach Ibn Abī Zaid al-Qairawānī zu. Dadurch wird der nichtkodifizierte islamisch-rechtliche Hintergrund der Erbschaft in Marokko erhellt, vor dem sowohl die gewohnheitsrechtliche *tamazzalt* (KAPITEL 5) als auch die modernen Kodifikationen und Reformen (KAPITEL 6) zu betrachten sein werden.

190 Vgl. Maǧlis al-ʿIlmī bi-Fās, al-: Nubḏa min ḥayāt, S. 13.
191 Vgl. ebd., S. 13.

 © Frank & Timme Verlag für wissenschaftliche Literatur

2. ÜBER DIE HINTERLASSENSCHAFT IM MĀLIKITISCHEN FIQH

Den Kern des vorliegenden KAPITELS bilden die allgemeinen Bestimmungen zur Aufteilung der Hinterlassenschaft (*at-tarika*). Informationen zu den an der Hinterlassenschaft festmachenden Ansprüchen sowie der Reihenfolge, in welcher sie zu begleichen sind, werden am Ende des 38. Kapitels der *Risāla* zu den Prozessen und Zeugenaussagen verzeichnet und somit erst nach den grundlegenden Bestimmungen zum Vermächtnis im 35. und kurz vor den Bestimmungen zu den Erbteilen im 39. Kapitel benannt.

Zusätzlich werden ergänzende Informationen zur Hinterlassenschaft, welche dem sklavenrechtlichen Kontext entspringen und sich gemeinsam mit den Bestimmungen zum Vermächtnis im 35. Kapitel der *Risāla* finden, anschließend in einem eigenen UNTERKAPITEL 2.2 zusammengestellt.

2.1 Bestimmungen zur Aufteilung der Hinterlassenschaft

Ibn Abī Zaid al-Qairawānī legt dar, dass mit dem Leichentuch (*al-kafan*), oder anders ausgedrückt: mit den Begräbniskosten, zu beginnen ist.[192] Der Kommentator al-Ġumārī unterstreicht, dass das Leichentuch sowie die Vorbereitungskosten der Bestattung unabdingbar sind und deswegen dem Erbe vorangestellt werden: „[…] *wa-l-kafan wa-l-muʾnat at-taǧhīz lā yustaġnā ʿanhu fa-quddima ʿalā al-irṯ* […].“[193] Als zweites wird gemäß den mālikitischen Bestimmungen die Schuld (*ad-dain*) bedient, als drittes folgt das Vermächtnis[194] (*al-waṣīya*) –

[192] Vgl. Ibn Abī Zaid al-Qairawānī, Abū Muḥammad ʿAbd Allāh: Ar-risāla fī fiqh al-imām Mālik. Taʾlīf al-imām Abī Muḥammad ʿAbd Allāh b. Abī Zaid al-Qairawānī, al-mutawaffā sanat 386 H. [Die Epistel über die Jurisprudenz des Imām Mālik. Verfasst vom Imām Abī Muḥammad ʿAbd Allāh b. Abī Zaid al-Qairawānī, gestorben im Jahr 386 H.]. Vokalisiert und korrigiert von aš-Šaiḫ ʿAbd al-Wāriṯ Muḥammad ʿAlī. Beirut: Dār al-Kutub al-ʿIlmīya, o. J., S. 100.

[193] Ġumārī, Abū-l-Faiḍ Aḥmad b. Muḥammad b. aṣ-Ṣiddīq al-: Masālik ad-dalāla fī šarḥ masāʾil ar-Risāla. [Die Wegweiser für den Kommentar der Angelegenheiten der Risāla]. Vokalisiert und korrigiert von ʿAbd al-Ǧalīl ʿAbd as-Salām. Beirut: Dār al-Kutub al-ʿIlmīya, 2015, S. 379.

[194] Sofern denn der Verstorbene ein (rechtswirksames) Vermächtnis errichtet hat, vgl. Ābī al-Azharī, Ṣāliḥ ʿAbd as-Samīʿ al-: Aṯ-ṯamar ad-dānī. Šarḥ Risālat Ibn Abī Zaid al-Qairawānī [Die nähergebrachte Frucht. Kommentar der Risāla des Ibn Abī Zaid al-Qairawānī]. Beirut: Dār al-Fikr, 2014, S. 411.

selbstverständlich im Rahmen des dafür Zulässigen (siehe UNTERKAPITEL 3.1) – und an vierter Stelle steht die Erbschaft (*al-mīrāṯ*).[195] Die mālikitische Reihenfolge der Aufteilung der Hinterlassenschaft entspricht somit sowohl der ḥanbalitischen[196] als auch der šāfiʿitischen[197], sie unterscheidet sich hingegen von der ḥanafitischen[198] insofern, als dass diese den Schulden Vorrang vor den Bestattungskosten einräumt. Wie nun die Priorisierung dieser beiden Ansprüche von der jeweiligen Rechtsschule auch vorgenommen wird, ist es wichtig hervorzuheben, dass gemäß islamischen Erbrecht unter Freien[199] immer nur Aktiva vererbt werden und ein Ausschlagen des Erbes aufgrund der prinzipiell nicht in ihm enthaltenen Passiva somit nicht notwendig wird.[200]

Hinsichtlich des Leichentuchs finden sich ergänzende Informationen im 33. Kapitel der *Risāla* zur Wartezeit, zum Unterhalt und zum Freisein des Uterus einer Sklavin beim Eigentümerwechsel. Dem Eigentümer obliegt es, seine Sklaven zu unterhalten und dazu gehört auch, sie in das Leichentuch hüllen zu lassen (*wa-yukaffinahum*), wenn sie sterben.[201] Unter dem Gesichtspunkt des Sklavenrechts werden die Kosten des Leichentuchs also dem Eigentümer zur Last gelegt. Es stellt sich die Frage, ob es darüber hinaus Fälle gibt, in denen die Kosten des Leichentuchs nicht aus dem Nachlass der verstorbenen Person bestritten werden. Ibn Abī Zaid al-Qairawānī unterstreicht hierzu die ambivalente Haltung der mālikitischen Rechtsschule. Es gibt nämlich eine Meinungsverschiedenheit (*iḫtilāf*) über

---

195 Vgl. Ibn Abī Zaid al-Qairawānī: Ar-risāla, S. 100.

196 Vgl. Ebert, Hans-Georg: Das Erbrecht arabischer Länder. Frankfurt a. M.: Peter Lang, 2004, S. 76–78.

197 Vgl. Sachau, Eduard: Muhammedanisches Recht nach schafiitischer Lehre. Stuttgart: W. Spemann, 1897, S. 228 und 245. Wobei es sich bei der zweite Belegstelle um eine deutsche Übersetzung aus dem Werk *Minhāǧ aṭ-ṭālibīn wa-ʿumdat al-muftīn* (Der Weg der Wissenssuchenden und die Stütze der Rechtsgutachter) von Abū Zakarīyā Yaḥyā b. Šaraf an-Nawawī (gest. 1277) handelt.

198 Vgl. Ebert: Das Erbrecht, S. 76–78 sowie Ebert, Hans-Georg; Heilen, Julia: Islamisches Recht. Ein Lehrbuch. Leipzig: Hamouda, 2016, S. 171. Interessanterweise gibt jedoch die sogenannte *Qadrī-Pāšā-Kodifikation* den Bestattungskosten den Vorzug vor den Schulden, vgl. Ebert, Hans-Georg: Die Qadrî-Pâshâ-Kodifikation. Islamisches Personalstatut der hanafitischen Rechtsschule. Frankfurt a. M.: Peter Lang, 2010, S. 187.

199 Zum grundsätzlichen Erbhindernis der Sklaverei siehe die UNTERKAPITEL 2.2 und 4.5.

200 Vgl. Spies, Otto; Pritsch, Erwin: Klassisches islamisches Recht. In: Spuler, Berthold (Hrsg.): Handbuch der Orientalistik. Erste Abteilung: Der Nahe und Mittlere Osten, Ergänzungsband III: Orientalisches Recht. Leiden: Brill, 1964, S. 230f.

201 Vgl. Ibn Abī Zaid al-Qairawānī: Ar-risāla, S. 74.

 © Frank & Timme Verlag für wissenschaftliche Literatur

das Leichentuch der Ehefrau (*kafan az-zauǧa*): Ibn al-Qāsim[202] (gest. ca. 806) sagt, es stamme aus ihrem Vermögen (*fī mālihā*), ʿAbd al-Malik[203] (gest. ca. 854) sagt hingegen, es stamme aus dem Vermögen des Ehemannes (*fī māl az-zauǧ*), und Saḥnūn[204] (gest. ca. 854) sagt wiederum, es stamme, wenn sie vermögend (*malīya*) ist, aus ihrem Vermögen, und wenn sie arm (*faqīra*) ist, stamme es aus dem Vermögen des Ehemannes.[205]

Zu den Schulden werden im 38. Kapitel von Ibn Abī Zaid al-Qairawānī noch weitere Einzelheiten spezifiziert. Eine jede Schuld wird beim Tod des Schuldners (*maut al-maṭlūb*) oder seiner Insolvenz (*taflīsihi*) fällig; was ihm von anderen

[202] Hierbei handelt es sich um den im Jahr 128 H. in Ägypten geborenen ʿAbd ar-Raḥmān b. al-Qāsim al-ʿUtqī, dessen Familie aus Palästina stammt und deren familiäre Wurzeln in die Stadt aṭ-Ṭāʾif im Hedschas (Ḥiǧāz) zurückreichen, vgl. Mansour, Mansour Hasan: The Maliki School of Law: Spread and Domination in North and West Africa 8th to 14th Centuries C.E. San Francisco: Austin & Winfield, 1995, S. 25. Er gilt als der wichtigste Schüler des eponymen Gründervaters der mālikitischen Rechtsschule Mālik b. Anas (gest. 795) und legte mit der *Mudauwana* (Aufzeichnung) den Grundstein für eines der vier Grundlagenwerke (*al-ummahāt*) der mālikitischen Rechtsschule, welches sich in der Rezension seines Schülers Saḥnūn (siehe Fn. 204) verbreitete, vgl. Barthel, Günter; Stock, Kristina (Hrsg.): Lexikon Arabische Welt. Kultur, Lebensweise, Wirtschaft, Politik und Natur im Nahen Osten und Nordafrika. Wiesbaden: Reichert, 1994, S. 482.

[203] Hierbei handelt es sich umʿAbd al-Malik b. Ḥabīb as-Sulamī, den Verfasser des Werkes *Al-wāḍiḥa* (Das Deutliche), einem weiteren der vier Grundlagenwerke der mālikitischen Rechtsschule, vgl. Ǧabartī az-Zailaʿī, Ibrāhīm al-Muḫtār Aḥmad ʿUmar al-: Al-madḫal al-waǧīz fī iṣṭilāḥāt maḏhab as-sāda al-mālikīya li-š-Šaiḫ Ibrāhīm al-Muḫtār Aḥmad ʿUmar al-Ǧabartī az-Zailaʿī min ʿulamāʾ at-taḫaṣṣuṣ bi-kullīyat aš-šarīʿa bi-l-Ǧāmiʿ al-Azhar [Die kurze Einführung in die Begrifflichkeiten der Rechtsschule der verehrten Mālikiten des Šaiḫs Ibrāhīm al-Muḫtār Aḥmad ʿUmar al-Ǧabartī az-Zailaʿī, einem der Experten an der šarīʿa-Fakultät der Azhar-Universität]. Hrsg. von Doktor ʿAbd Allāh Taufīq aṣ-Ṣabbāġ. [Kairo]: [Maktabat an-Nūr], [1993], S. 7f. Die Übersetzerin Aisha Bewley vermeint indes in ihrem Personen- und Ortsverzeichnis ihrer rezenten englischen Übersetzung der *Risāla*, dass es sich bei dem hier erwähnten ʿAbd al-Malik um den umaiyadischen Kalifen ʿAbd al-Malik b. Marwān (gest. 705) handelt, vgl. Ibn Abi Zayd al-Qayrawani; Aisha Bewley (Übers.): The Risalah. Arabic-English Edition. Bradford: Diwan Press, 2019, S. 347. Dies erscheint im vorliegenden Kontext mit Ibn al-Qāsim und Saḥnūn jedoch nicht plausibel; so identifiziert ihn auch der Kommentator al-Ābī al-Azharī als den Verfasser der *Wāḍiḥa*, vgl. Ābī al-Azharī, al-: Aṯ-ṯamar ad-dānī, S. 324.

[204] Hierbei handelt es sich um den Kairouaner Gelehrten ʿAbd as-Salām b. Saʿīd, welcher unter dem Beinamen (*al-laqab*) Saḥnūn zu Berühmtheit gelangte, er war u. a. in Ägypten Schüler von Ibn al-Qāsim (siehe Fn. 202) und seine Rezension der *Mudauwana* ist bis heute mit seinem Beinamen assoziiert, vgl. Mansour: The Maliki School, S. 36f. Siehe auch Brockopp, Jonathan Eugene: Saḥnūn b. Saʿīd (d. 240/854). In: Arabi, Oussama; Powers, David Stephan; Spectorsky, Susan Ann (Hrsg.): Islamic Legal Thought. A compendium of Muslim Jurists. Leiden: Brill, 2013, S. 65–84.

[205] Vgl. Ibn Abī Zaid al-Qairawānī: Ar-risāla, S. 74.

geschuldet wird, wird indes nicht fällig.[206] Die sofortige Fälligkeit der Schulden des Verstorbenen kann dadurch erklärt werden, dass Schulden, wie oben ausgeführt, gemäß der islamisch-rechtlichen Bestimmungen grundsätzlich nicht vererbt werden, sondern vor der Erfüllung der Vermächtnisse und der Aufteilung des Erbes beglichen werden müssen. Insofern ist die sofortige Fälligkeit von Schulden des Verstorbenen unabdingbar, für die anschließende Verteilung seiner Aktiva, und die Wahrung ursprünglich vereinbarter Laufzeiten der Schulden würde hierbei Verzögerung bedeuten. Der umgekehrte Fall scheint weniger problematisch, da länger laufende Schulden beim Erblasser zu einem späteren Zeitpunkt mit demselben Verteilschlüssel wie der unmittelbar zur Verfügung stehende Teil des Nachlasses unter den Erbberechtigten verteilt werden können.

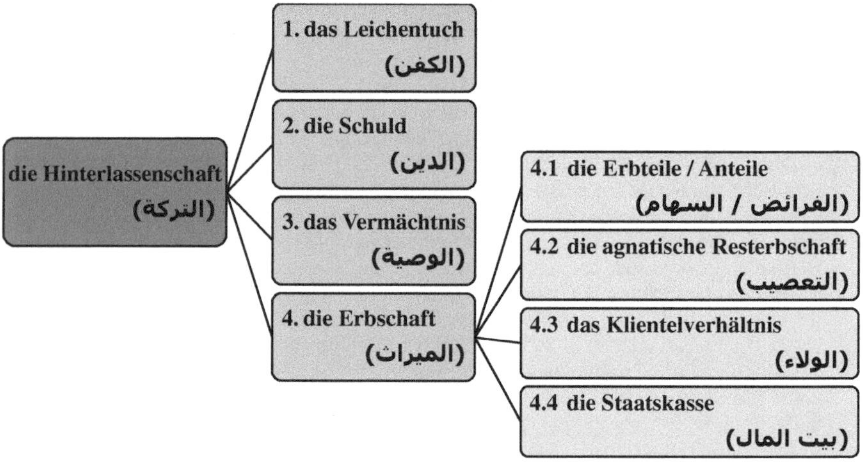

Abb. 1: Aufteilung der Hinterlassenschaft gemäß mālikitischer Rechtsschule

Der Autor der *Risāla* verweist ferner ausdrücklich darauf, dass das Schuldanerkenntnis des Kranken (*iqrār al-marīḍ*) gegenüber seinem Erben (*li-wāriṯihi*) oder das Anerkenntnis des Geldempfangs von ihm (*bi-qabḍihi*) nicht statthaft ist.[207] Im ersten Fall würde einem Erben willkürlich mit Hilfe der vor der Erbaufteilung zu begleichenden Schuld Vermögen zugesprochen, welches somit der Teilung entzogen werden würde. Der zweite Fall bezieht sich auf die vorgebliche Tilgung

206 Vgl. Ibn Abī Zaid al-Qairawānī: Ar-risāla, S. 99.
207 Vgl. ebd., S. 100.

© Frank & Timme Verlag für wissenschaftliche Literatur

einer bestehenden Schuld, was einem Schuldenerlass gegenüber dem Erben gleich käme und somit dessen Begünstigung bzw. die Schädigung der übrigen Erben oder auch der Vermächtnisnehmer bedeuten würde. In beiden Fällen soll einer derartigen Bevorzugung auf Kosten der andern Erbberechtigten verhindert werden.

„Der Tod, d. h. der Erbfall, macht die verbindliche Regelung der Rechtsnachfolge in das Vermögen (unter Beachtung der Schulden) des Verstorbenen notwendig."[208] Eben um die Ausgestaltung dieser Rechtsnachfolge innerhalb der mālikitischen Rechtsschule auf Basis der in der *Risāla* festgehaltenen Bestimmungen wird es in den folgenden beiden KAPITELN sowohl in Form der statthaften gewillkürten wie auch der vorgeschriebenen gesetzlichen Erbfolge gehen. Die koranischen Bestimmungen haben auf der Arabischen Halbinsel – also am Geburtsort der islamischen Religion – die Verteilung des Erbes im Vergleich zur vorislamischen Zeit, in der das Bestreben der Erhaltung des Vermögens im Stammesverbund galt, wodurch lediglich wehrfähige männliche Verwandte der männlichen Linie als Erben in Frage kamen, grundlegend rekonfiguriert.[209] So stellten sich in vorislamischer Zeit auf der Arabischen Halbinsel die erbrechtliche Stellung der übrigen Familienmitglieder wie folgt dar:

> „Alle weiblichen Verwandten also, wie auch minderjährige männliche waren von der Erbfolge ausgeschlossen. Die Witwen waren ausgeschlossen, weil sie als ein Teil des Erbguts galten und als solches in die Hände der Erben ihrer Männer übergingen."[210]

Von der Erbschaft ausgeschlossen wurden in vorislamischer Zeit also diejenigen, die i. d. R. nicht wirksam zur Verteidigung der Familie und des Stammes beitragen konnten.[211]

Die durch den Islam etablierte neue Verteilung der Erbschaft unter einem deutlich erweiterten Personenkreis von potentiell Erbberechtigten wird im übernächsten KAPITEL gemäß der Lehre der mālikitischen Rechtsschule dargelegt. Der

---

208 Ebert: Das Erbrecht, S. 9.

209 Vgl. Roberts, Robert: Das Familien-, Sklaven- und Erbrecht im Qorân. Unveränderter Nachdruck. Leipzig: Zentralantiquariat der DDR, 1968, S. 49.

210 Ebd., S. 49.

211 Vgl. Cilardo, Agostino: Studies on the Islamic Law of Inheritance. Neapel: Instituto Universitario Orientale, 1990, S. 33.

Orientalist Agostino Cilardo charakterisiert die Veränderung des Erbrechts durch die islamischen Bestimmungen wie folgt: „According to the ‚superimposition theory', a new system of heirs by quota was superimposed on the pre-Islamic agnatic customary law of inheritance. The ancient system was not abolished, but only modified."[212] Bevor auf die Details dieser Modifizierung eingegangen wird, soll jedoch im dritten KAPITEL herausgearbeitet werden, inwiefern und unter welchen Bedingungen gemäß mālikitischer Lehre letztwillentlich über den eigenen Nachlass verfügt werden kann.

2.2 Spezifisch sklavenrechtliche Bestimmungen zur Hinterlassenschaft

Ergänzend zu der bereits angeführten Übernahme der Bestattungskosten für einen Sklaven durch dessen Eigentümer sind die nachfolgenden erbrechtsrelevanten Aussagen aus dem 35. Kapitel der *Risāla*, welches sich der Vermächtnisse, des beim Tod des Herren freizulassenden Sklaven, des sich durch einen Vertrag selbst freikaufenden Sklaven, des Freigelassenen, der Kindsmutter sowie des Klientelverhältnisses annimmt, entnommen.

Eine dem sich durch einen Vertrag selbst freikaufenden Sklaven (*al-mukātab*)[213] gewidmete Textpassage beinhaltet dem ersten Anschein nach eine Reihe interessanter Implikationen. Falls dieser verstirbt und ein Kind (*walad*) hat, erfüllt es, gemäß den Aussagen Ibn Abī Zaid al-Qairawānīs, dessen Stellung und bezahlt unverzüglich aus dessen Vermögen, was von ihm noch aussteht.[214] Und es erben mit ihm seine – sc. des Verstorbenen übrige – Kinder das, was (danach) verbleibt.[215] Die hier angesprochene Begleichung der Schuld vor der Verteilung der Hinterlassenschaft unter den Erben steht mit den o. g. allgemeinen Ausführungen zum Erbe bzw. Vermächtnis von Freien im Einklang.

Falls jedoch, so führt der *faqīh* weiter aus, das (hinterlassene) Vermögen nicht zur Begleichung (der Schuld) ausreicht, ist es an dessen Kindern, sich um sie zu

212 Cilardo: Studies, S. 33.

213 Da für die nachfolgenden Passagen keinerlei Hinweis auf Geschlechtsspezifik vorliegt, kann – wie so häufig im *fiqh* – von einem generischen Maskulinum ausgegangen werden, so dass die Bestimmungen analog für die *mukātiba* gelten.

214 Vgl. Ibn Abī Zaid al-Qairawānī: Ar-risāla, S. 84.

215 Vgl. ebd., S. 84.

 © Frank & Timme Verlag für wissenschaftliche Literatur

bemühen; sie bezahlen die Raten, falls sie erwachsen sind.[216] Und falls sie minderjährig sind und das Vermögen nicht dem Ausmaß der Raten entspricht, bleiben sie bis zu ihrem Erreichen der Arbeitsfähigkeit versklavt.[217] Hierbei handelt es sich auf den ersten Blick um eine gleich in zweifacher Hinsicht bemerkenswerte sklavenrechtsspezifische Abweichung von der allgemeinen Norm: Zum einen werden normalerweise gemäß islamischer Jurisprudenz grundsätzlich keine Schulden, sprich Passiva, vererbt; zum anderen stellt der Sklavenstatus – wie in UNTERKAPITEL 4.5 aufgezeigt wird – ein grundsätzliches Erbhindernis[218] dar, auch wenn es sich lediglich, wie im vorliegenden Fall, um Hybridsklaventum[219] handelt. In den in der *Risāla* enthaltenen Ausführungen „erben" Kinder hingegen scheinbar die Zahlungsverpflichtung ihres verstorbenen Vaters (analog auch der Mutter) und verbleiben so lange im Sklavenstatus, bis sie das Alter zur Abbezahlung der „geerbten" Schuld erreichen. Doch handelt es sich dabei auf den zweiten Blick gar nicht um das Erben von Schulden. In einem ähnlichen Szenario, welches im Werk *Al-muwaṭṭaʾ* des eponymen Rechtschulgründervaters Malik b. Anas (gest. 795) enthalten ist, wird nämlich apostrophiert, dass es sich entweder um in den Vertrag hineingeborene oder um von vornherein in den Vertrag einbezogene Kinder handelt.[220] Die betroffenen Kinder werden somit gleichsam von dem Freilassungsvertrag tangiert und sind an ihrer Vater statt zu seiner Erfüllung erst nach dem Erreichen der eigenen Arbeitsfähigkeit verpflichtet.

Zum Abschluss dieses Themenkomplexes führt Ibn Abī Zaid al-Qairawānī noch eine dritte Variante an: Wenn der verstorbene *mukātab* kein Kind hat, welches mit ihm in dem Vertrag inkludiert ist, beerbt ihn sein Herr.[221] Da in diesem Szenario niemand die Vertragserfüllung vollendet und wenn, wie der französische Arabist Léon Bércher (gest. 1955) ergänzt, das hinterlassene Vermögen für die

[216] Vgl. Ibn Abī Zaid al-Qairawānī: Ar-risāla, S. 84.
[217] Vgl. ebd., S. 84.
[218] Weder erbt ein Sklave, noch wird er beerbt, vgl. Cliardo: Studies, S. 48. Und dies gilt sowohl für die sunnitischen Rechtsschulen, als auch für die Schiiten, Ẓāhiriten und Ibāḍiten, vgl. ebd., S. 56.
[219] Siehe zu Hybridsklaven auch die in UNTERKAPITEL 4.5 angeführten Erläuterungen.
[220] Vgl. Mālik b. Anas: Kitāb al-muwaṭṭaʾ li-l-imām Mālik b. Anas 179–95 H. Bi-riwāyat Yaḥyā b. Yaḥyā b. Kaṯīr al-Laiṯī al-Qurṭubī al-mutawaffā sanat 243 H. [Buch des geebneten Pfades des Imams Mālik b. Anas 179–95 H. In der Überlieferung von Yaḥyā b. Yaḥyā b. Kaṯīr al-Laiṯī al-Qurṭubī gest. im Jahr 243 H.]. Hrsg. von Naǧīb Māǧidī. Beirut: Al-Maktaba al-ʿAṣrīya, 2012, S. 440 [Nr. 1529].
[221] Vgl. Ibn Abī Zaid al-Qairawānī: Ar-risāla, S. 84.

Vertragserfüllung unzureichend ist, verhindert das Erbhindernis der Sklaverei die Berücksichtigung etwaiger Anverwandter und das Vermögen fällt dem Eigentümer des Hybridsklaven zu.[222]

Die nächsten beiden KAPITEL werden die Normen der Erbaufteilung gemäß der mālikitischen Rechtsschule gestützt auf die *Risāla* detailliert ausführen. Das dritte KAPITEL ist dabei der Frage gewidmet, in welchem Ausmaß und unter welchen Bedingungen die mālikitische Rechtslehre die gewillkürte Erbfolge gestattet, während das vierte KAPITEL die Bestimmungen der gesetzlichen Erbfolge erörtert.

[222] Vgl. Ibn Abî Zayd al-Qayrawânî; Bercher, Léon (Übers.): La Risâla ou Epître sur les éléments du dogme et de la loi de l'Islâm selon le rite mâlikite. Texte arabe et traduction française avec un avant-propos, des notes et trois index par Léon Bercher. Algier: Éditions Populaires de l'Armée, 1975, S. 227.

© Frank & Timme Verlag für wissenschaftliche Literatur

3. ÜBER DAS VERMÄCHTNIS IM MĀLIKITISCHEN FIQH

Die grundlegenden Bestimmungen zum Vermächtnis gemäß mālikitischer Rechtsschule finden sich in dem einschlägigen 35. Kapitel der *Risāla* über die Vermächtnisse, den beim Tod des Herren freizulassenden Sklaven, den sich durch Vertrag selbst freikaufenden Sklaven, den Freigelassenen, die Kindsmutter sowie das Klientelverhältnis (*al-waṣāyā wa-l-mudabbar wa-l-mukātab wa-l-muʿtaq wa-umm al-walad wa-l-walāʾ*). Darüber hinaus lassen sich jedoch auch in weiteren Kapiteln, wie dem 38. über die Prozesse und Zeugenaussagen (*al-aqḍiya wa-š-šahādāt*) und dem 36. zum Vorkaufsrecht, zur Schenkung, zur freiwilligen Spende, zur Religiösen Stiftung, zum Pfand, zur Leihe, zum hinterlegten Gut, zum gefundenen Gut und zum unrechtmäßigen Besitz (*aš-šufʿa wa-l-hiba wa-ṣ-ṣadaqa wa-l-ḥubus wa-r-rahn wa-l-ʿāriya wa-l-wadīʿa wa-l-luqaṭa wa-l-ġaṣb*), relevante Informationen zum Vermächtnis lokalisieren.

Weitere erbrechtsrelevante Ausführungen aus dem 35. und 36. Kapitel der *Risāla* werden, sofern sie keinen direkten Bezug zum Vermächtnis aufweisen, in UNTERKAPITEL 2.2 bzw. alternativ an entsprechenden Stellen des vierten KAPITELS der vorliegenden Arbeit integriert, falls sie sich thematisch in eines der dort aufgeführten UNTERKAPITEL einfügen.

3.1 Bestimmungen zum Vermächtnis

Es obliegt demjenigen, der etwas hat, worüber er letztwillentlich verfügen kann, dass es als sein Vermächtnis[223] (*waṣīyatuhu*) erachtet wird.[224] An diese eröffnende Definition schließt Ibn Abī Zaid al-Qairawānī unmittelbar die Einschränkung an, dass es kein Vermächtnis zugunsten eines gesetzlichen Erben geben kann: „[…]

[223] Die Übersetzung des Begriffes *waṣīya* als „Vermächtnis" orientiert sich an Eberts Auffassung, dass ihr der Vorzug vor „Testament" zu geben sei, da es sich bei der *waṣīya* eben nicht um eine Erbeinsetzung handelt, vgl. Ebert, Hans-Georg: Das Erbrecht arabischer Länder. Frankfurt a. M.: Peter Lang, 2004, S. 133.

[224] Vgl. Ibn Abī Zaid al-Qairawānī, Abū Muḥammad ʿAbd Allāh: Ar-risāla fī fiqh al-imām Mālik. Taʾlīf al-imām Abī Muḥammad ʿAbd Allāh b. Abī Zaid al-Qairawānī, al-mutawaffā sanat 386 H. [Die Epistel über die Jurisprudenz des Imām Mālik. Verfasst vom Imām Abī Muḥammad ʿAbd Allāh b. Abī Zaid al-Qairawānī, gestorben im Jahr 386 H.]. Vokalisiert und korrigiert von aš-Šaiḫ ʿAbd al-Wāriṯ Muḥammad ʿAlī. Beirut: Dār al-Kutub al-ʿIlmīya, o. J., S. 82.

wa-lā waṣīyata li-wāriṯin […].“[225] Dies ist die charakteristisch mālikitische Position, welche, wie der Jurist Andreas Kurt Pattar unterstreicht, von den Ẓāhiriten, einer Minderheit der Šāfiʿiten und einzelnen Ḥanbaliten geteilt wird, während die Ḥanafiten sowie die Mehrheit der Šāfiʿiten und Ḥanbaliten eine Autorisierung eines solchen Vermächtnisses durch die übrigen Erben akzeptieren.[226]

Es folgt die zentrale Bestimmung, dass die Vermächtnisse dem Drittel (der Hinterlassenschaft) entnommen werden und dass das, was es übersteigt, zurückzuweisen ist, außer wenn es von den gesetzlichen Erben autorisiert wird: „[…] *wa-l-waṣasāyā ḫāriğatun min aṯ-ṯuluṯi wa-yuraddu mā zāda ʿalaihi illā an yuğīzahu al-waraṯatu* […].[227] Hinsichtlich der internen Rangfolge mehrerer Vermächtnisse legt der Rechtsgelehrte zunächst dar, dass das, was für die Freilassung (siehe UNTERKAPITEL 3.2) und Ähnliches bei Gesundheit Geplante Vorrang vor dem bei Krankheit Geplanten genießt.[228] Auch das, was von der Almosensteuer (*az-zakāt*) vernachlässigt und daher letztwillentlich angeordnet wurde, wird aus dem Drittel entnommen und hat Vorrang vor den (übrigen) Vermächtnissen, aber das bei Gesundheit Geplante – bezogen auf die Freilassung – genießt seinerseits Vorrang davor.[229] Obgleich an dieser Stelle nicht erwähnt, findet sich im 32. Kapitel der *Risāla*, welches u. a. die eherechtlichen Normen beinhaltet, eine weitere Priorisierung: Die nicht statthafte und daher aufgehobene Eheschließung eines Todkranken mit einer Frau, mit welcher er die Ehe jedoch vollzogen hat, berechtigt diese Frau zwar nicht, einen Erbteil zu beanspruchen, räumt ihr allerdings einen vorrangigen (*mubaddaʿan*) Anspruch auf ihr Brautgeld aus dem für das Vermächtnis vorgesehene Drittel des Nachlasses ein (siehe UNTERKAPITEL 4.1).[230] Für Vermächtnisse im Allgemeinen gilt: Wenn das Drittel nicht ausreicht, teilen es die Vermächtnisnehmer (*ahl al-waṣāyā*), welche keinen Vorrang haben, (anteilig) unter sich auf.[231] Weiterhin führt der Verfasser der *Risāla* aus, dass für

225 Ibn Abī Zaid al-Qairawānī: Ar-risāla, S. 82f.
226 Vgl. Pattar: Islamisch inspiriertes Erbrecht, S. 258f.
227 Ibn Abī Zaid al-Qairawānī: Ar-risāla, S. 83.
228 Vgl. ebd., S. 83.
229 Vgl. ebd., S. 83.
230 Vgl. ebd., S. 68.
231 Vgl. ebd., S. 83.

 © Frank & Timme Verlag für wissenschaftliche Literatur

jedermann[232] der Widerruf (*ar-ruǧū'*) seines Vermächtnisses zur Freilassung wie auch zu anderem möglich ist.[233]

Im Kapitel über die Prozesse und Zeugenaussagen ist ergänzend zu dem bisher Genannten vom testamentarischen Vormund (*al-waṣī*) die Rede. Er kann Handel mit den Vermögenswerten der Waisenkinder (*amwāl al-yatāmā*) treiben sowie ihre Sklavinnen verheiraten.[234] Letzteres ist insofern von Bedeutung, als dass dem männlichen Eigentümer, sobald er mannbar geworden ist, der Geschlechtsverkehr mit seinen unverheirateten Sklavinnen gestattet ist; und dies auch noch neben bis zu vier Ehefrauen. Die Ermächtigung des testamentarischen Vormundes zur Verheiratung der Sklavin seines Mündels schränkt demnach den potentiellen künftigen Nutzen für das männliche Mündel ein, weshalb diese Kompetenz ergänzend zur Handelsbefugnis, welcher nicht nur eine Gewinnchance sondern zugleich auch ein Verlustrisiko innewohnt, erwähnenswert zu sein scheint. Der Beauftragte des testamentarischen Vormundes (*waṣī al-waṣī*) ist ihm gleichgestellt.[235] Zusätzlich wird für den Fall, dass jemand, der letztwillentlich einen Nichtvertrauenswürdigen hierzu ernannt hat, betont, dass dieser dann abgesetzt wird.[236] Durch diese Bestimmung soll Schaden von den Waisen bzw. von ihrem Vermögen abgewendet werden, für den Fall, dass der Testator einer ungeeigneten Person sein Vertrauen geschenkt hat.

Zum Ende des 38. Kapitels der *Risāla* werden noch weitere interessante Besonderheiten angesprochen. Ibn Abī Zaid al-Qairawānī verweist darauf, dass wenn jemand letztwillentlich eine Pilgerfahrt (*ḥaǧǧ*) verfügt, diese auch auszuführen ist.[237] Er apostrophiert allerdings zugleich, dass das Vermächtnis zugunsten einer

232 Wörtlich steht hier *ar-raǧul*. Da sich kein Hinweis dafür findet, dass es sich hierbei um eine Spezialvorschrift exklusiv für Männer handeln soll, ist von einer Verwendung dieses Terminus im Sinne eines generischen Maskulinums auszugehen. Ich danke dem Islamwissenschaftler, Arabisten und Berberologen Mohamed Oucharah für den Hinweis, dass diese Begriffsverwendung als Synonym zu *al-mar'* verstanden werden kann, was nicht nur „der Mann" sondern auch „der Mensch" bedeuten kann, vgl. zum Terminus *al-mar'* Wehr, Hans: Arabisches Wörterbuch für die Schriftsprache der Gegenwart. Und Supplement. Unter Mitarbeit mehrerer Fachgenossen. Beirut: Librairie du Liban, 1976, S. 803. Siehe ergänzend dazu auch die entsprechenden Überlegungen im folgenden UNTERKAPITEL 3.2.

233 Vgl. Ibn Abī Zaid al-Qairawānī: Ar-risāla, S. 83.

234 Vgl. ebd., S. 100.

235 Vgl. ebd., S. 100.

236 Vgl. ebd., S. 100.

237 Vgl. ebd., S. 100.

freiwilligen (Almosen-)Spende (*ṣadaqa*) den Mālikiten lieber ist: „[...] *wa-l-waṣīyatu bi-ṣadaqati aḥabbu ilainā* [...].“[238] Und falls der für die Pilgerfahrt Entlohnte (*aǧīr al-ḥaǧǧ*) verstirbt, bevor er (in Mekka) ankommt, steht ihm die In-Rechnung-Stellung für das, was er an Wegstrecke zurückgelegt hat, zu, doch er gibt zurück, d. h. seine Erben erstatten, was (vom Lohn) verbleibt.[239] Was in seinen[240] Händen untergeht, ist von ihm zu erstatten, außer wenn er das Vermögen (*al-māl*) unter der Voraussetzung erhielt, dass es zum Auskommen (*al-balāġ*; Sg.: *al-bulġa*) verbraucht wird, da dann die Haftung (*aḍ-ḍamān*) bei denen liegt, die ihn entlohnen, aber es wird dabei zurückgegeben, was übrig bleibt, falls etwas übrig bleibt.[241]

Aus dem Werk *Al-muḫtaṣar* des zumeist als Sīdī Ḫalīl firmierenden mālikitischen Rechtsgelehrten Ḫalīl b. Isḥāq al-Ǧundī (gest. ca. 1374) soll noch ergänzt werden, dass ein Muslim einen Angehörigen einer Buchreligion (*aḏ-ḏimmī*) qua Vermächtnis an seiner Hinterlassenschaft teilhaben lassen kann, und umgekehrt, sofern es sich um für einen Muslim verkehrsfähige Sache handelt, seinerseits ein Vermächtnis eines Angehörigen einer Buchreligion annehmen kann.[242] Diesem Hinweis kommt in Anbetracht des im vierten KAPITEL noch auszuführenden gegenseitigen interreligiösen Erbverbotes – bei gleichzeitiger Zulässigkeit der Ehe eines muslimischen Mannes mit einer Angehörigen einer Buchreligion – besondere Bedeutung zu. Und auch für Kinder einer nicht-muslimischen Mutter aus einer derartigen Ehe eröffnet sich durch ein von ihr zu ihren Gunsten errichtetes Vermächtnis eine rechtskonforme Möglichkeit, zumindest in einem gewissen Umfang Zugang zu ihrer Hinterlassenschaft zu erlangen.

Im Kontext des Vermächtnisses – wie auch des Erbrechts im Allgemeinen – ergeben sich mitunter Berührungspunkte mit bzw. Abgrenzungsfragen zu der Schenkung (*al-hiba*)[243], der freiwilligen Spende (*aṣ-ṣadaqa*) und der Religiösen Stiftung (*al-ḥubs*), auf welche – ohne auf alle Details dieser Rechtsinstitute

---

238 Vgl. Ibn Abī Zaid al-Qairawānī: Ar-risāla, S. 100.
239 Ebd., S. 100.
240 Gemeint ist nun wieder der dafür Entlohnte im Allgemeinen und nicht mehr der auf der Pilgerfahrt verstorbene Entlohnte im Speziellen.
241 Vgl. Ibn Abī Zaid al-Qairawānī: Ar-risāla, S. 100.
242 Vgl. Ḫalīl b. Isḥāq al-Mālikī: Muḫtaṣar al-ʿallāma Ḫalīl [Kompendium des hochgelehrten Ḫalīl]. Ediert von Aḥmad Ǧād. Kairo: Dār al-Ḥadīṯ, 2005, S. 256.
243 Siehe ergänzend auch UNTERKAPITEL 4.3.

 © Frank & Timme Verlag für wissenschaftliche Literatur

einzugehen – ergänzend noch verwiesen werden soll. Weder eine Schenkung, noch eine freiwillige Spende, noch eine Religiöse Stiftung sind vollendet, außer durch die Inbesitznahme; und falls er – d. h. der Geber – stirbt, bevor sie in Besitz genommen wurde, handelt es sich um eine Erbschaft, es sei denn, dass es während einer Krankheit geschah, denn dann ist dies wirksam (*nāfiḏ*) aus dem Drittel (für die Vermächtnisse) zu entnehmen, falls es sich um jemand anderen als einen der Erben handelt.[244] Diese Bestimmungen sind auch für das in UNTERKAPITEL 6.3 umrisse derzeitige Reformvorhaben des aktuellen marokkanischen Familiengesetzbuches von Interesse.

Tod und Erbschaft spielen bei den o. g. Rechtsinstituten auch noch in manch anderer Hinsicht eine Rolle. Hinsichtlich der Schenkung für Verwandte (*li-ṣila ar-raḥim*) oder für einen Armen (*li-faqīr*) heißt es, dass sie wie die freiwillige Spende sind: Sie ist nicht widerrufbar.[245] Und wer seinem Kind freiwillig spendet (*taṣaddaqa*), kann es ihm gegenüber nicht widerrufen; doch es steht ihm zu, dass er zurückfordert (*yaʿtaṣira*), was er seinem minderjährigen oder erwachsenen Kind geschenkt (*wahaba*) hat, sofern dieses damit nicht geheiratet, es nicht als Darlehn vergeben oder das Geschenkte nicht modifiziert wurde.[246] Auch die Mutter kann es zurückfordern, solange der (Kinds-)Vater noch am Leben ist, doch falls er verstorben ist, kann sie nichts (mehr) zurückfordern, denn nichts wird von einem Waisenkind zurückgefordert, und die Verwaisung geht von Seiten des Vaters aus.[247] Man[248] kann seine freiwillige Spende also weder widerrufen, noch fällt sie einem wieder zu, außer durch Erbschaft (*illā bi-l-mīrāṯ*).[249] Es ist jedoch nicht verwerflich, dass man von der Milch trinkt, die man (in Form des milchgebenden Tieres) freiwillig gespendet hat; doch man kauft nichts, was man freiwillig gespendet hat.[250]

---

244 Vgl. Ibn Abī Zaid al-Qairawānī: Ar-risāla, S. 85.
245 Vgl. ebd., S. 85.
246 Vgl. ebd., S. 85.
247 Vgl. ebd., S. 85.
248 Wörtlich: der Mann (*ar-rağul*), was im Sinne eines generischen Maskulinums zu verstehen ist. Siehe dazu Fn. 232.
249 Vgl. Ibn Abī Zaid al-Qairawānī: Ar-risāla, S. 85.
250 Vgl. ebd., S. 85.

Auch die Errichtung einer Religiösen Stiftung (*al-ḥubs* bzw. *al-waqf*) – islamischrechtlich grundsätzlich nicht nur gemeinnützig, sondern auch privatnützig ausgestaltbar – stellt eine weitere Möglichkeit der Eigentumsübertragung dar.[251]

> „Ihrem Wesen nach dient die privatnützige Stiftung sehr oft dazu, bestimmten Personen eine sichere Einkommensquelle zu bieten oder das Erbrecht und die damit einhergehende Zersplitterung des Nachlasses bzw. schuldrechtliche Verpflichtungen gegenüber anderen Personen zu umgehen."[252]

Insbesondere für Wohnraum und anderweitige Immobilien erweist sich dieses Modell daher als interessante Alternative, weil das islamische Erbrecht, wie noch genauer aufzuzeigen sein wird, unweigerlich zu einer fortschreitenden Zersplitterung des Grundbesitzes führt. Wer ein Haus stiftet (*ḥabbasa*), so ist es, wie von ihm festgesetzt, sofern es vor seinem Tode in Besitz genommen wird.[253] Und falls eine solche Religiöse Stiftung für sein minderjähriges Kind errichtet wurde, ist seine Inbesitznahme durch ihn – d. h. den Stifter – statthaft, bis es volljährig (i. S. d. körperlichen Reife) ist, und es wird für es vermietet, doch es wird nicht (vom Stifter) bewohnt; und falls er es nicht unterlässt, es zu bewohnen, ist sie, sc. die Religiöse Stiftung, nichtig (*bāṭil*).[254] Falls derjenige, für den eine Religiöse Stiftung errichtet wurde, umkommt, fällt die Religiöse Stiftung an die dem Bestifteten (*al-muḥabbis*) am Tage des Rückfalls (*yaum al-marǧiʿ*) am nächsten stehenden Menschen.[255] Ibn Abī Zaid al-Qairawānī veranschaulicht seinen Lesern im Anschluss daran noch Unterschiede und Besonderheiten im Vergleich zu nicht gestiftetem Wohnraum im Todesfalle: Wenn man[256] zu Lebzeiten ein Haus bewohnt, fällt es nach dem Tode des Bewohners wieder in den Besitz seines Eigentümers, desgleichen geschieht, wenn es (zunächst noch) von der Nachkommenschaft bewohnt wird, und sie dann ausstirbt; im Unterschied zu einer Religiösen Stiftung. Wenn also der vormalige Bewohner stirbt, fällt es am Tage seines Todes

251 Siehe auch Ebert, Hans-Georg; Heilen, Julia: Islamisches Recht. Ein Lehrbuch. Leipzig: Hamouda, 2016, S. 208–213.

252 Ebd., S. 212.

253 Vgl. Ibn Abī Zaid al-Qairawānī: Ar-risāla, S. 86.

254 Vgl. ebd., S. 87.

255 Vgl. ebd., S. 87.

256 Wörtlich: ein Mann (*raǧul*), was im Sinne des generischen Maskulinums zu verstehen ist. Siehe dazu Fn. 232.

 © Frank & Timme Verlag für wissenschaftliche Literatur

an dessen Erben, doch wer von den Bestifteten (*ahl al-ḥubus*) verstirbt, dessen Anteil fällt an die verbliebenen (Bestifteten).[257]

3.2 Spezifisch sklavenrechtliche Bestimmungen zum Vermächtnis

Die *Risāla* verzeichnet, wie es in klassisch-islamischen Rechtstexten üblich ist, eine Vielzahl von (Sonder-)Bestimmungen, welche das Sklavenrecht berühren und für die Betrachtung der schariatrechtlichen Bestimmungen in ihrem historischen Kontext von Relevanz sind. Mit der offiziellen Abschaffung bzw. dem Wegfall der Sklaverei[258] in den modernen muslimischen Staaten sind derlei Vorschriften hingegen obsolet geworden, weshalb sie in dieses distinkte UNTERKAPITEL ausgegliedert, aber im Sinne des historisch interessierten Lesers nicht omittiert werden.

Im hierfür zentralen Kapitel über die Vermächtnisse, den beim Tod des Herren freizulassenden Sklaven, den sich durch Vertrag selbst freikaufenden Sklaven, den Freigelassenen, die Kindsmutter sowie das Klientelverhältnis erörtert der Autor die Freilassung eines Sklaven (*al-ʿitq*) v. a. im Kontext des Vermächtnisses. Eine solche Freilassung eines genau bestimmten Sklaven hat dabei Vorrang vor den (übrigen) Vermächtnissen.[259] Dies bedeutet zugleich, dass eine Freilassung nach dem Tod des Erblassers prinzipiell aus dem für das Vermächtnis statthaftem Drittel der Hinterlassenschaft beglichen wird. Zudem hat das bei Gesundheit für die Freilassung und Ähnliches Geplante Vorrang vor dem, was bei Krankheit geplant wurde.[260] Wie bereits in UNTERKAPITEL 3.1 dargelegt, genießt die letztwillentlich zu begleichende Almosensteuer überdies Vorrang vor den übrigen Vermächtnissen; beiden voran geht allerdings die bei Gesundheit geplante Freilassung eines Sklaven. Ferner können Vermächtnisse zur Freilassung, wie bereits oben ausgeführt, ebenfalls widerrufen werden.

---

257 Vgl. Ibn Abī Zaid al-Qairawānī: Ar-risāla, S. 87.

258 Siehe hierzu u. a. Botte, Roger: Esclavages et abolitions en terres d'islam. Tunisie, Arabie saoudite, Maroc, Mauritanie, Soudan. Brüssel: André Versaille Éditeur, 2010.

259 Vgl. Ibn Abī Zaid al-Qairawānī: Ar-risāla, S. 83.

260 Vgl. ebd., S. 83.

Als nächstes wenden sich die Erörterungen des 35. Kapitels der *Risāla* der posthumen Freilassung *(at-tadbīr)* zu. Diese besteht darin, dass jemand[261] zu seinem Sklaven *(li-ʿabdihi)* sagt: „[…] *anta mudabbar* […]"[262] (‚du bist nach dem Tod des Herren freizulassen') oder „[…] *anta ḥurrun ʿan dubur minnī* […]"[263] (‚du bist nach dem letzten Teil von mir frei'). Danach ist es ihm nicht mehr erlaubt, ihn zu verkaufen, aber ihm steht weiterhin sein Dienst, die Wegnahme seines Vermögens, falls er nicht krank ist, sowie der Geschlechtsverkehr mit ihr, sofern es sich um eine Sklavin *(ama)* handelt, zu.[264] Diese Passage stellt ein weiteres Beispiel[265] für die Verwendung des generischen Maskulinums dar: Zunächst wird verbotenus einzig der männliche Sklave adressiert, im Fortgang des Satzes wird indes explizit verdeutlicht, dass die vorausgegangenen Aussagen gleichsam die Sklavin tangieren. Im Fortgang dieser Textpassage wird hinsichtlich der Obliegenheiten und Rechte des Eigentümers eines terminiert Freizulassenden noch ergänzt, dass er keinen Geschlechtsverkehr mit der zu einem festgelegten Zeitpunkt Freizulassenden *(al-muʿtaqa ilā aǧal)* haben und sie auch nicht verkaufen darf, aber es ihm zusteht, ihre Dienste in Anspruch zu nehmen und ihr ihr Vermögen wegzunehmen, falls der festgelegte Zeitpunkt nicht nahe ist.[266]

Ibn Abī Zaid al-Qairawānī weist anschließend noch auf einen wichtigen Unterschied hin: Wenn der Eigentümer stirbt, wird der nach seinem Tod Freizulassende *(al-mudabbar)*, bzw. sein Wert, aus dem Vermächtnisdrittel entnommen, wohingegen der zu einem bestimmten Zeitpunkt Freizulassende *(al-muʿtaq ilā aǧal)* dem Hauptteil seines Vermögens entstammt.[267] Letzteres gilt ebenfalls für die

[261] Wie bereits zuvor (siehe Fn. 232) ist auch hier von der Verwendung des Terminus *ar-raǧul* im Sinne des generischen Maskulinum auszugehen; insbesondere da Frauen nachweislich Sklavenbesitzer wie auch oberster Patron *(al-maulā al-aʿlā)* freigelassener Sklaven sein konnten (siehe UNTERKAPITEL 4.7) und es keinerlei Hinweise gibt, dass sie somit nicht ebenfalls zur posthumen Freilassung berechtigt wären. Dass das Geschlecht der obersten Patronin eines freigelassenen Sklaven in der späteren Passage zu den Erbteilen ausdrücklich thematisiert wird, mag darin begründet liegen, dass ihr Anteil als Erbe in dieser Rolle identisch mit dem eines Mannes in selber Funktion ist, was aufgrund der in vielen Fällen ungleichen Verteilung der Erbteile von Männern und Frauen auf gleicher Erbstufe für hervorhebungswürdig erachtet worden sein mag.

[262] Ibn Abī Zaid al-Qairawānī: Ar-risāla, S. 83.

[263] Ebd., S. 83.

[264] Vgl. ebd., S. 83.

[265] Siehe bereits Fn. 232 und Fn. 248, 256 und 261.

[266] Vgl. Ibn Abī Zaid al-Qairawānī: Ar-risāla, S. 83.

[267] Vgl. ebd., S. 83.

 © Frank & Timme Verlag für wissenschaftliche Literatur

Freilassung der sog. Kindsmutter (*umm walad*): Wer seine Sklavin (*al-ama*) schwängert, kann sie sein Leben lang genießen, doch sie wird nach seinem Ableben (*baʿda mamātihi*) aus dem Hauptteil seines Vermögens (*min raʾsi mālihi*) freigelassen; ihm stehen außerdem weder ihr Verkauf, noch Dienst (*ḫidma*) und Gewinn (*ġalla*) von ihr zu.[268] All dies stünde ihm bei ihrem Kind eines anderen indessen weiterhin zu; ein solches Kind befindet sich (im Unterschied zum Kind des Eigentümers) ferner in der Stellung seiner Mutter bei der Freilassung und wird entsprechend auch bei ihrer Freilassung freigelassen.[269] Und alles was sie von ihm, d. h. ihrem Eigentümer, als Fehlgeburt hat und von dem bekannt ist, dass es ein Kind gewesen wäre, verleiht ihr den Status einer Kindsmutter.[270] Nicht hilft ihm die Absonderung, wenn er leugnet, sie geschwängert zu haben, aber den Geschlechtsverkehr zugibt; doch wenn er das Freisein des Uterus (*al-istibrāʾ*) aussagt und danach keinen Geschlechtsverkehr gehabt hat, schließt sich ihm, was als Kind daraus hervorgeht, nicht an.[271]

Interessant ist im Übrigen, dass derartige Hybridsklaven – wie auch körperlich beeinträchtigte oder nicht-muslimische Sklaven – nicht im Sinne einer etwaig rechtlich anfallenden Sühneleistung (*al-kaffāra*) freizulassen sind. So wird nicht als erforderlicher Sklave (*ar-riqāb al-wāǧiba*) freigelassen, wer bereits eine Vorstellung von Freiheit durch posthume Freilassung (*tadbīr*), vertraglichen Selbstfreikauf (*kitāba*) oder etwas den beiden Vergleichbares in sich trägt, ebenso wenig ein Blinder, ein Handamputierter oder ähnliches und auch nicht, wer nicht dem Islam angehört.[272]

---

268 Vgl. Ibn Abī Zaid al-Qairawānī: Ar-risāla, S. 84.
269 Vgl. ebd., S. 84.
270 Vgl. ebd., S. 84.
271 Vgl. ebd., S. 84.
272 Vgl. ebd., S. 84.

4. ÜBER DIE ERBTEILE IM MĀLIKITISCHEN FIQH

Nachdem im zweiten KAPITEL der vorliegenden Schrift die allgemeine Aufteilung der Hinterlassenschaft sowie die dazugehörigen Details zum Leichentuch wie auch zu den Schulden, als den beiden ersten an die Hinterlassenschaft anknüpfenden Ansprüche, herausgearbeitet wurden, legte das dritte KAPITEL die auf die gewillkürte Erbfolge in Form des Vermächtnisses bezogenen Rechtsnormen dar. Das vorliegende vierte KAPITEL vollendet die Darstellung der vier an die *tarika* anknüpfenden Ansprüche (vgl. Abb. 1) mit den Ausführungen Ibn Abī Zaid al-Qairawānīs zu den Erbteilen.

Im 39. Kapitel der *Risāla* werden die *farāʾiḍ* behandelt. Eröffnet wird es mit einem Überblick über die potentiellen männlichen und weiblichen Erben[273], bevor in Detaildarstellungen ihre möglichen Erbteile bzw. ihr Ausschluss in Abhängigkeit von unterschiedlichen Erbkonstellationen erörtert wird. Eine systematische Gliederung in Anteilserben und agnatische Resterben erfolgt dabei indes nicht. Ibn Abī Zaid al-Qairawānī arbeitet sich vielmehr von den Ehepartnern über direkte Aszendenten und über bestimmte Deszendenten zu Seitenverwandten vor; anschließend folgen Nichterbberechtigte sowie weitere, entferntere Aszendenten. Es finden sich gleichsam noch Hinweise zu dem aus einem vorausgegangenen Eigentümer-Sklaven-Verhältnis resultierenden Klientelverhältnis, welche sklavenrechtlichen Besonderheiten Rechnung tragen. Am Kapitelende werden sowohl Anmerkungen zur Quotenkürzung als auch zu einigen Sonderfällen angefügt. Die vorliegende Darstellung folgt diesem Aufbau der *Risāla*; ergänzende aus anderen Kapitel des Werkes stammende Informationen werden aber ggf. an passenden Stellen integriert.

Der nachfolgende Überblick stellt die potentiell anspruchsberechtigten Erben nach ihrem Geschlecht[274] gegliedert dar. Ibn Abī Zaid al-Qairawānī hält fest, dass von den Männern nur zehn erben:

[273] Die Nennung der Verwandtschaftsbeziehung steht, soweit nicht anders vermerkt, stets im Verhältnis zum Erblasser bzw. zur Erblasserin.

[274] In der *Risāla* wird die erbrechtliche Stellung des Hermaphroditen (*al-ḫunṯā*) nicht thematisiert. Für einen die vier sunnitischen Rechtschulen, die schiitischen Strömungen sowie die Ibāḍiten einschließenden Überblick zur allgemeinen Rechtsstellung des Hermaphroditen inklusive Erbrecht siehe Cilardo, Agostino: Historical Development of the Legal Doctrine

1. der Sohn (*al-ibn*);
2. der Sohnessohn (*ibn al-ibn*), auch wenn er deszendiert (*wa-in safala*);
3. der Vater (*al-ab*);
4. der Großvater väterlicherseits (*al-ǧadd li-l-ab*), auch wenn er aszendiert (*wa-in ʿalā*);
5. der Bruder (*al-aḫ*);
6. der Brudersohn (*ibn al-aḫ*), auch wenn er entfernt ist (*wa-in baʿuda*);
7. der Onkel väterlicherseits (*al-ʿamm*);
8. der Sohn des Onkels väterlicherseits (*ibn al-ʿamm*), auch wenn er entfernt ist (*wa-in baʿuda*);
9. der Ehemann (*az-zauǧ*);
10. der Patron der Wohltat (*maulā an-niʿma*), d. h. der Freilassung eines Sklaven.[275]

Er führt anschließend aus, dass von den Frauen lediglich sieben erben:

1. die Tochter (*al-bint*);
2. die Sohnestochter (*bint al-ibn*);
3. die Mutter (*al-umm*);
4. die Großmutter (*al-ǧadda*);
5. die Schwester (*al-uḫt*);
6. die Ehefrau (*az-zauǧa*);
7. die Patronin der Wohltat (*maulāt an-niʿma*), d. h. der Freilassung eines Sklaven.[276]

Um die Fragen, welche Anteile an der Erbschaft die oben genannten Personengruppen theoretisch und konstellationsabhängig haben sowie in welchen Fällen sie u. U. möglicherweise sogar leer ausgehen, soll es in der folgenden Detaildarstellung gehen. Ibn Abī Zaid al-Qairawānī wählt die Variante, bei der den

Relative to the Position of the Hermaphrodite in the Islamic Law. In: The Search. Journal for Arab and Islamic Studies, Vol. 7 (Winter 1986), S. 128–170. Siehe ergänzend auch Pattar: Islamisch inspiriertes Erbrecht, S. 243–250.

275 Vgl. Ibn Abī Zaid al-Qairawānī, Abū Muḥammad ʿAbd Allāh: Ar-risāla fī fiqh al-imām Mālik. Taʾlīf al-imām Abī Muḥammad ʿAbd Allāh b. Abī Zaid al-Qairawānī, al-mutawaffā sanat 386 H. [Die Epistel über die Jurisprudenz des Imām Mālik. Verfasst vom Imām Abī Muḥammad ʿAbd Allāh b. Abī Zaid al-Qairawānī, gestorben im Jahr 386 H.]. Vokalisiert und korrigiert von aš-Šaiḫ ʿAbd al-Wāriṯ Muḥammad ʿAlī. Beirut: Dār al-Kutub al-ʿIlmīya, o. J., S. 100.

276 Vgl. ebd., S. 101.

 © Frank & Timme Verlag für wissenschaftliche Literatur

verschiedenen Personengruppen ihre potentiellen Erbteile zugeordnet werden. Eine alternative Darlegung, bei der den jeweiligen Erbquoten die Empfänger zugewiesen werden, wäre ebenso möglich; die vorliegende Arbeit orientiert sich jedoch an dem in der der *Risāla* verwendeten Schema.

4.1 Die Ehepartner

Für die Ehepartner sind feste koranische Erbanteile vorgesehen, welche in Abhängigkeit von der Erbenkonstellation, wie unten genannt, variieren können. Beide Ehepartner sind ausschließlich als Anteilserben berufen und können durch niemanden vom Erbe ausgeschlossen werden. Indessen gilt dies nur für die muslimische Ehefrau, wohingegen nichtmuslimische Ehefrauen keine Erbberechtigung besitzen (siehe UNTERKAPITEL 4.5).

Die Erbschaft des Ehemannes von der Ehefrau, wenn sie weder ein Kind (*walad*) noch ein Sohneskind (*walad ibn*) hinterlässt, beträgt die Hälfte[277] (*an-niṣf*); und falls sie ein Kind oder Sohneskind von ihm oder einem anderen hinterlässt, steht dem Ehemann ein Viertel (*rubuʿ*) zu.[278] Sie erbt, im umgekehrten Todesfall, von ihm ein Viertel, falls er weder ein Kind noch einen Sohneskind hinterlässt, und wenn er doch ein Kind oder Sohneskind von ihr oder einer anderen hinterlässt, steht ihr ein Achtel (*ṯumun*) zu.[279] Der Kommentator der *Risāla* al-Ābī al-Azharī betont, dass der Ursprung der jeweiligen Elternschaft unerheblich ist: So spielt es im Falle des erbenden Ehemannes keine Rolle, ob das Kind seiner verstorbenen Frau aus einer legitimen Ehe (*nikāḥ*), einem illegitimen Geschlechtsverkehr außerhalb einer legalen Ehe (*zinā*) oder aus einer mittels Ehebruchsbezichtigung (*liʿān*) aufgelösten Ehe und somit ebenfalls aus ungeklärter Vaterschaft resultiert, gleichfalls ist es gleichgültig, ob ihr Kind von einem Freien (*ḥurr*) oder Sklaven (*ʿabd*) wie auch von einem Muslim oder Ungläubigen (*kāfir*) stammt; im Falle der erbenden Ehefrau ist es auch nicht von Belang, ob der Deszendent ihres verstorbenen Mannes aus einer Ehe oder der Verbindung mit seiner Sklavin, d. h.

277 Die Mengenangaben zu den Erbteilen beziehen sich stets auf den Teil der Hinterlassenschaft, welcher nach Abzug der Begräbniskosten, Schulden und rechtswirksamer Vermächtnisse noch verbleibt.

278 Vgl. Ibn Abī Zaid al-Qairawānī: Ar-risāla, S. 101.

279 Vgl. ebd., S. 101.

© Frank & Timme Verlag für wissenschaftliche Literatur

einer sog. Kindsmutter (*umm walad*) hervorgeht.[280] Es zählt daher bei den Mālikiten einzig die Tatsache der Elternschaft ohne jedwede Berücksichtigung ihrer Umstände.

Bei dem als Sīdī Ḫalīl berühmt gewordenen mālikitischen Rechtsgelehrten Ḫalīl b. Isḥāq al-Ǧundī (gest. ca. 1374) findet sich bezüglich der Erbschaft der Ehefrau von ihrem verstorbenen Gatten in seinem Werk *Al-muḫtaṣar* noch der ergänzende Hinweis, dass mehrere Ehefrauen die entsprechende Erbquote von einem Viertel bzw. einem Achtel miteinander teilen.[281] Eine Quotenerhöhung kommt im Falle der Polygynie also nicht in Betracht, sondern es reduziert sich de facto die Quote der einzelnen Ehefrau durch das islamisch-rechtlich gesehen legitime Vorhandensein von insgesamt bis zu vier Ehefrauen entsprechend deren Anzahl. Da Polyandrie verboten ist, kann dies dem Ehemann nicht widerfahren, so dass seine Erbquote lediglich durch das Vorhandensein von direkter, bzw. indirekter agnatischer Progenitur seiner verstorbenen Frau beeinflusst wird.

Die in der *Risāla* behandelten Bestimmungen regeln die Erbberechtigung der Ehepartner innerhalb der bestehenden rechtsgültigen Ehe. Im 32. Kapitel des hier untersuchten Werkes, welches die Bestimmungen zur Ehe, zur Verstoßung, zur Widerrufbarkeit der Verstoßung, zur Demütigungsformel, zum Enthaltsamkeitseid, zur Ehebruchsbezichtigung, zum Loskauf der Frau und zum Stillen umfasst, finden sich ergänzende ehe- und erbrechtliche Bestimmungen von Relevanz. Demgemäß ist die Eheschließung des Kranken (*al-marīḍ*) nicht statthaft (*lā yağūzu*) und wird aufgehoben (*wa-yufsaḫu*); und falls er die Ehe mit ihr bereits vollzogen hat, wird für sie das Brautgeld (*aṣ-ṣadāq*) im Rahmen des für das Vermächtnis vorgesehenen Drittels vorrangig (*mubadda ʿan*) fällig, aber es gibt keine Erbschaft (*al-mīrāṯ*) für sie.[282]

Wenn der Kranke indes seine Frau (*imra ʾatuhu*) verstößt, bindet ihn dies, doch für sie ist die Erbschaft von ihm vorgesehen, falls er an seiner Krankheit

[280] Vgl. Ābī al-Azharī, Ṣāliḥ ʿAbd as-Samīʿ al-: Aṯ-ṯamar ad-dānī. Šarḥ Risālat Ibn Abī Zaid al-Qairawānī [Die nähergebrachte Frucht. Kommentar der Risāla des Ibn Abī Zaid al-Qairawānī]. Beirut: Dār al-Fikr, 2014, S. 413.

[281] Vgl. Ḫalīl b. Isḥāq al-Mālikī: Muḫtaṣar al-ʿallāma Ḫalīl [Kompendium des hochgelehrten Ḫalīl]. Ediert von Aḥmad Ǧād. Kairo: Dār al-Ḥadīṯ, 2005, S. 260.

[282] Vgl. Ibn Abī Zaid al-Qairawānī: Ar-risāla, S. 68.

© Frank & Timme Verlag für wissenschaftliche Literatur

verstirbt.[283] In diesem wie auch in dem zuvor genannten Fall soll verhindert werden, dass der Todkranke noch Entscheidungen zu Lasten seiner Erben trifft: Sei es durch eine Eheschließung auf dem Sterbebett, welche sonst der Ehefrau als Anteilserbin den Anspruch auf einen Erbteil einräumen würde, wodurch insbesondere andere Ehefrauen oder die agnatischen Resterben, z. B. die Söhne des Erblassers, eine Schmälerung ihres Erbes in Kauf nehmen müssten; sei es durch die Verstoßung einer Ehefrau auf dem Sterbebett, wodurch diese nämlich, vor allem zugunsten weiterer Ehefrauen oder der agnatischen Resterben – beispielsweise Söhnen aus einer anderen Ehe – ihren Anspruch als Anteilserbin verlöre. Im ersten Fall erhält die widerrechtlich geheiratete Frau trotz Eheauflösung für den Ehevollzug allerdings einen priorisierten Brautgeldanspruch aus dem Vermächtnisdrittel, damit auch ihr kein Schaden entsteht. Im zweiten Fall behält die widerrechtlich verstoßene Ehefrau ihren Erbanspruch beim tödlichen Verlauf seiner Krankheit, wohingegen der sie Verstoßende als Konsequenz seiner Handlung den seinigen gegen sie einbüßt. Beide Fälle werden von dem mālikitischen Rechtsgelehrten an anderer Stelle des 39. Kapitels der Epistel, welche nichterbberechtigte Personen benennt, abermals aufgegriffen (siehe UNTERKAPITEL 4.5).

Jenseits der Verstoßung behandelt Ibn Abī Zaid al-Qairawānī im 32. Kapitel seines Werkes noch weitere Fragen von ehe- und erbrechtlicher Signifikanz. Wenn der Ehemann diejenige hinterlassend, für die er noch kein (Braut-)Geld angewiesen und mit der er auch noch nicht die Ehe vollzogen hat, verstirbt, steht ihr die Erbschaft aber kein Brautgeld zu: „*Wa-in māta ʿani allatī lam yafriḍ lahā wa-lam yabni bihā fa-lahā al-mīrāṯu wa-lā ṣadāq lahā* […].“[284] Falls er ihr jedoch beigewohnt hat, erhält sie das angemessene Brautgeld (*ṣadāq al-miṯl*), wenn sie sich nicht mit einer festgesetzten Sache (geringeren Wertes) zufrieden gegeben hat.[285]

Eine ebenfalls erbrechtlich bedeutsame Norm findet sich im 32. Kapitel der *Risāla* im eherechtlichen Kontext, der sich mit dem Verschollensein auseinandersetzt. Dem Verschollenen (*al-mafqūd*) wird eine Frist von vier Jahren ab dem Tag, an dem seine Ehefrau davon Bericht erstattet, gesetzt und dann endet die Suche nach ihm; sie absolviert daraufhin die Wartezeit wie die Wartezeit für den Toten (*ka-*

283 Vgl. Ibn Abī Zaid al-Qairawānī: Ar-risāla, S. 68.
284 Ebd., S. 69.
285 Vgl. ebd., S. 69.

© Frank & Timme Verlag für wissenschaftliche Literatur

ʿiddat al-maiyit) und kann sich dann wiederverheiraten, wenn sie es wünscht.[286] Es wird allerdings nicht von seinem Vermögen (*māluhu*) geerbt, bis eine Zeit vergeht, nach der jemand wie er für gewöhnlich nicht mehr am Leben ist.[287] Somit wird zwar nach vier Jahren zuzüglich der Wartezeit[288] von vier Monaten und zehn Tagen das eherechtliche Band für die Frau zertrennt, die Aufteilung des Erbes unter sämtlichen Erben kann jedoch erst zu einem Zeitpunkt erfolgen, an dem der Verschollene – in Abhängigkeit von seinem theoretisch inzwischen erreichten Alter – mutmaßlich nicht mehr am Leben sein kann.

Diese Bestimmungen schützen vorrangig die Interessen des Verschollenen und treffen seine Hinterbliebenen mit einer gewissen Härte. Erklärbar scheint eine derartige Priorisierung aufgrund der Rechtserkenntnisquelle des *istiṣḥāb* (Vergangenes-für-existent-Halten), welche besagt, dass solange vom Fortbestand des ursprünglichen Zustandes auszugehen ist, bis seine Veränderung erwiesen ist.[289] Interessant wäre in Anbetracht der langen Wartezeiten zu klären, wie unterdessen mit dem Unterhaltsanspruch der Ehefrau und etwaigen Unterhaltsforderungen anderer anspruchsberechtigter Angehörigen zu verfahren ist; eine Prüfung derartiger Fragen in einschlägigen *nawāzil*- und *fatāwā*-Sammlungen, um den Umgang damit in der Rechtspraxis zu ergründen, wäre daher ein Forschungsdesiderat.

4.2 Die Eltern

In der *Risāla* folgen als nächstes mit den Ausführungen zu den Eltern des Verstorbenen die Rechtsbestimmungen für die direkten Aszendenten, welche Teil der linearen Verwandtschaft sind. Die Erbschaft der Mutter (*al-umm*) von ihrem Sohn (*min ibnihā*) (wie auch von ihrer Tochter)[290] beträgt ein Drittel (*ṯuluṯ*), falls er

[286] Vgl. Ibn Abī Zaid al-Qairawānī: Ar-risāla, S. 70.

[287] Vgl. ebd., S. 70.

[288] Die Wartezeit der freien Witwe – gleich ob sie minderjährig (*ṣaġīra*) oder volljährig (*kabīra*), ob die Ehe mit ihr vollzogen (*daḫala bihā*) oder nicht vollzogen (*lam yadḫul*), oder ob sie Muslimin (*muslima*) oder Angehörige der Buchreligionen (*kitābīya*) ist – beträgt vier Monate und zehn Tage, vgl. ebd., S. 72.

[289] Vgl. Ebert, Hans-Georg; Heilen, Julia: Islamisches Recht. Ein Lehrbuch. Leipzig: Hamouda, 2016, S. 67.

[290] Gleiches gilt für die Erbschaft von ihrer Tochter, auch wenn diese hier nicht explizit erwähnt wird. Der Kommentator der *Risāla* al-Ābī al-Azharī weist darauf hin, dass an dieser Stelle die Verwendung des Terminus *walad* zu bevorzugen wäre, um zu verdeutlichen, dass Kinder beiderlei Geschlechts gemeint sind: „[...] *lau qāla min waladihā lakāna aḥsan li-*

 © Frank & Timme Verlag für wissenschaftliche Literatur

(oder sie)[291] kein Kind (*walad*) bzw. Sohneskind (*walad ibn*) oder zwei und mehr Geschwister (*al-iḫwa*), was sie auch seien, hinterlässt.[292] Es ist also unerheblich, welche Art von Geschwistern (*al-iḫwa*) der Erblasser hinterlässt: männliche oder weibliche, vollbürtige oder halbbürtige mütterlicher- oder väterlicherseits. Und dies gilt, selbst wenn sie ihrerseits, wie beispielsweise die halbbürtigen Geschwister mütterlicherseits z. B. durch den Vater oder alternativ durch den agnatischen Großvater, vollständig vom Erbe ausgeschlossen werden.[293]

Ibn Abī Zaid al-Qairawānī verweist allerdings im Fortgang noch auf zwei spezielle Erbteile (*farīdatain*) im Zusammenhang mit der Mutter: Beim Vorhandensein einer Ehefrau sowie beider Eltern (*abawain*), steht der Ehefrau ein Viertel, der Mutter ein Drittel vom Rest und dem Vater das, was übrig bleibt, zu.[294] Beim Vorhandensein eines Ehemannes sowie der beiden Eltern, erhält der Ehemann die Hälfte, die Mutter ein Drittel vom Rest und der Vater das, was übrig bleibt.[295] Durch diese Sonderregelungen, welche der Mutter in dieser Konstellation nur ein Drittel der Resterbschaft anstatt ein Drittel der unter der Gesamtheit der Erben zu verteilenden Hinterlassenschaft zuspricht, wird nicht nur der Anteil des Vaters als Resterbe erhöht[296], sondern es wird ihm zugleich auch ein doppelt so hoher Anteil wie der Mutter zugesprochen, da ihm demzufolge zwei Drittel des Restes zufallen, während sie ein Drittel vom Rest erhält. Motiviert wird diese Modifikation wohl

---

yašmala aḏ-ḏakar wa-l-unṯā […].“ Ābī al-Azharī, al-: Aṯ-ṯamar ad-dānī, S. 413. In der Folge desselben Absatzes der *Risāla* ist im selben Kontext entsprechend auch noch von *walad* bzw. *ibn al-walad* die Rede, Termini, die Ibn Abī Zaid al-Qairawānī i. d. R. in Abgrenzung zu *ibn* bzw. *ibn al-ibn* nutzt, um zwischen einem Kind (des einen oder anderen Geschlechts) und einem Sohn bzw. einem Sohneskind und einem Sohnessohn zu differenzieren.

291 Siehe Fn. 290.

292 Vgl. Ibn Abī Zaid al-Qairawānī: Ar-risāla, S. 101.

293 Vgl. Ibn Abou Zeyd Kayrawani; Fagnan, Edmond (Übers.): Risala ou traité abrégé de droit malékite et morale musulmane. Traduction avec commentaire analytique par E. Fagnan. Paris: Librairie Paul Geuthner, 1914, S. 22f., Fn. 6, abrufbar unter: https://gallica.bnf.fr/ark:/12148/bpt6k5813421p.texteImage (letzter Zugriff: 10.02.2021).

294 Vgl. Ibn Abī Zaid al-Qairawānī: Ar-risāla, S. 101.

295 Vgl. ebd., S. 101.

296 Im erstgenannten Fall ist der daraus resultierende Unterschied für den Vater noch nicht so erheblich: Ohne diese Regelung erhielte die Mutter ein Drittel neben der Ehefrau mit einem Viertel, wodurch dem Vater fünf statt wie nun sechs Zwölftel verblieben. Neben dem Ehemann mit der Hälfte und der Mutter mit einem Drittel erhielte der Vater im zweiten Fall nur ein Sechstel anstatt der zwei Sechstel, in deren Genuss er durch diese Modifizierung gelangt.

durch den zweiten Fall, bei dem die Mutter sonst mit zwei Sechsteln doppelt so fiel zufiele wie dem Vater mit einem Sechstel, was quasi eine Umkehrung des sonst verbreiteten geschlechtsspezifischen Verteilungsschlüssel beim *taʿṣīb* im Verhältnis 2 : 1 zugunsten des Mannes auf gleicher Erbstufe bedeuten würde.

Für die Mutter ist ansonsten ein Drittel (der Hinterlassenschaft) bestimmt, außer wenn sie etwas durch Quotenkürzung (*al-ʿaul*)[297] einbüßt und außer wenn der Verstorbene (*al-maiyit*) ein Kind (*walad*) bzw. Sohneskind (*walad ibn*) oder zwei Geschwister, was sie auch seien, hinterlässt, unter welcher Voraussetzung sie nur noch ein Sechstel bekommt.[298]

Bei der Erbschaft des Vaters von seinem Kind (*min waladihi*) ist vorgesehen, dass er, falls er alleine ist, das gesamte Vermögen erbt; neben einem männlichen Kind (*al-walad aḏ-ḏakar*) bzw. einem (männlichen) Sohneskind (*walad al-ibn*) ist für ihn ein Sechstel (*sudus*) bestimmt.[299] Falls der Erblasser weder ein (männliches)[300] Kind (*walad*) noch ein (männliches) Sohneskind (*walad ibn*) hinterlässt, wird dem Vater ein Sechstel (als Anteil) zugesprochen, es werden zugleich denjenigen, die mit ihm als Anteilserben (*ahl as-sihām*) teilhaben, ihre Anteile gegeben und danach steht ihm noch das zu, was übrig bleibt.[301]

Während die Mutter also einzig als Anteilserbin berufen ist, tritt der Vater, je nach familiärer Konstellation, entweder nur als Anteilserbe oder als reiner agnatischer Resterbe oder sowohl als Anteils- wie auch zugleich als agnatischer Resterbe auf. Diese Fähigkeit, beide Arten der Erbschaft zeitgleich zu vereinen, besitzt außer ihm nur noch der Großvater väterlicherseits (siehe UNTERKAPITEL 4.6) bzw. ein genealogisch höher stehender agnatischer Vorvater an seiner statt. Des Weiteren können weder der Vater noch die Mutter durch eine andere Person vom Erbe ausgeschlossen werden. Ihrerseits schließt die Mutter – obgleich dies in der *Risāla* nicht expliziert wird – die Großmutter mütterlicherseits wie auch väterlicherseits vom Erbe aus; wohingegen der Vater in diesem Zusammenhang lediglich die Großmutter väterlicherseits ausschließt; so vermerkt beispielsweise Sīdī Ḫalīl in seinem *Muḫtaṣar*: „[…] *wa-l-ǧaddati fa-akṯara, wa-aṣqaṭahā al-ummu muṭlaqan,*

---

297 Siehe KAPITEL 4.8.
298 Vgl. Ibn Abī Zaid al-Qairawānī: Ar-risāla, S. 101.
299 Vgl. ebd., S. 101.
300 Vgl. Ābī al-Azharī, al-: Aṯ-ṯamar ad-dānī, S. 415.
301 Vgl. Ibn Abī Zaid al-Qairawānī: Ar-risāla, S. 101.

© Frank & Timme Verlag für wissenschaftliche Literatur

wa-l-abu: al-ǧaddata min qibalihi […].“[302] Darüber hinaus schließt der Vater seinerseits auch noch jedwede Geschwister und weitere potentiell erbberechtigte Kollateralverwandte des Erblassers von der Erbschaft aus (siehe UNTERKAPITEL 4.5).

4.3 Die Kinder und agnatische Deszendenten

Die Ausführungen des mālikitischen Rechtsgelehrten wenden sich anschließend den Deszendenten des Verstorbenen zu; auch sie sind Teil der linearen Verwandtschaft. Es handelt sich hierbei um geschlechtsspezifische Normen. Die Erbschaft des männlichen Kindes besteht, sofern es alleine ist, aus dem gesamten Vermögen, ansonsten erhält es, was nach den Anteilen (*as-sihām*) für Ehefrau und Eltern bzw. Großvater (väterlicherseits) oder Großmutter neben ihm übrig bleibt.[303] Und der Sohnessohn steht im Rang (*bi-manzila*) des Sohnes, falls es keinen Sohn gibt.[304]

Es folgt eine zentrale Regel für die Verteilung der agnatischen Resterbschaft (*at-taʿṣīb*) , welche, neben einigen anderen Aspekten, im Mittelpunkt der Reformforderungen hinsichtlich der Normen des aktuellen marokkanischen Familiengesetzbuches (*Mudauwanat al-usra*) zeitgenössischer Reformbefürworter steht (siehe UNTERKAPITEL 6.2.1): Falls es sowohl einen Sohn wie auch eine Tochter gibt, dann ist für denjenigen männlichen Geschlechts ebenso viel wie der Teil für zwei des weiblichen Geschlechts vorgesehen: „[…] *fa-in kāna ibnun wa-bnatun fa-li-ḏ-ḏakari miṯlu ḥaẓẓi al-unṯayaini* […].“[305] Und desgleichen gilt sowohl bei einer Fülle an Söhnen und Töchtern als auch bei ihrer Spärlichkeit.[306] Sie erben somit das gesamte Vermögen oder das, was von ihm übrig bleibt, nachdem die Anteilserben (*ahl as-sihām*) ihren Anteil erhalten haben.[307] Ibn Abī Zaid al-Qairawānī unterstreicht, dass es sich mit dem Sohnessohn in dem, was er erbt und wen er ausschließt, wie mit dem Sohn – dessen Vorversterben vorausgesetzt – verhält.[308]

302 Ḫalīl b. Isḥāq al-Mālikī: Muḫtaṣar, S. 229.
303 Vgl. Ibn Abī Zaid al-Qairawānī: Ar-risāla, S. 101.
304 Vgl. ebd., S. 101.
305 Ebd., S. 101.
306 Vgl. ebd., S. 101.
307 Vgl. ebd., S. 101.
308 Vgl. ebd., S. 101.

© Frank & Timme Verlag für wissenschaftliche Literatur

Der Sohn kann also durch niemanden vom Erbe ausgeschlossen werden, zu welchem er im Übrigen stets als agnatischer Resterbe berufen ist, weshalb es keinen festen Erbanteil für ihn gibt. Er schließt, wie noch zu zeigen sein wird, seinerseits hingegen eine Vielzahl potentieller Erben aus und durch ihn wird die Tochter des Erblassers zur agnatischen Resterbin; d. h. sie wird durch ihn „agnatisiert".

Die bisherigen Ausführungen zu den Deszendenten konzentrierten sich auf die männlichen Abkömmlinge. Als nächstes rückt der Autor der *Risāla* die Erbrechtsnormen für weibliche Nachkommen in den Fokus. Die Erbschaft der einzigen Tochter (*al-bint al-wāḥida*) beträgt die Hälfte, zwei weiblichen Geschlechts erhalten insgesamt zwei Drittel (*aṯ-ṯuluṯān*), doch falls sie zahlreicher sind, gibt es dennoch nicht mehr als zwei Drittel.[309] Bei den Töchtern handelt es sich also, sofern kein Sohn existiert, um Anteilserben festgelegter Quoten. Im gegenteiligen Falle werden sie, wie oben dargelegt, bei Verlust ihres festen Erbanteils durch einen männlichen Abkömmling gleichen Grades agnatisiert und teilen sich mit diesem die Resterbschaft im Verhältnis 1 : 2 zugunsten des männlichen Abkömmlings. Die Tochter kann somit entweder zur Anteils- oder zur agnatischen Resterbin, aber niemals zu beidem zugleich berufen sein. Sie kann darüber hinaus nicht durch andere vom Erbe ausgeschlossen werden.

Es gilt zu beachten, dass sich die nachfolgenden Ausführungen zu den Abkömmlingen weiblichen Geschlechts genealogisch entfernteren Grades lediglich auf weibliche Nachkommen der männlichen Linie beziehen. Die Frage der uterinen Verwandten wird erst weiter unten behandelt (UNTERKAPITEL 4.4 und 4.5). Die Nachkommen der Töchter sind, anders als die Abkömmlinge der Söhne, gemäß klassischer mālikitischer Rechtslehre niemals erbberechtigt.

Die Tochter des Sohnes ist wie die Tochter, falls es keine Tochter gibt; und desgleichen sind seine Töchter bei Nichtexistenz von Töchtern wie die Töchter.[310] Falls indes eine Tochter und eine Sohnestochter auftreten, erhält die Tochter die Hälfte und die Sohnestochter ein Sechstel, in Gänze also zwei Drittel.[311] Somit bekommen die Tochter und die Sohnestochter gemeinsam genauso viel wie

309 Vgl. Ibn Abī Zaid al-Qairawānī: Ar-risāla, S. 102.
310 Vgl. ebd., S. 102.
311 Vgl. ebd., S. 102.

 © Frank & Timme Verlag für wissenschaftliche Literatur

mehrere Töchter erhalten würden, sie teilen es jedoch in Anbetracht des engeren Verwandtschaftsgrades der Tochter zu deren Gunsten ungleich.

Wenn die Sohnestöchter dabei zahlreicher sind, so ist es trotzdem nicht mehr als dieses Sechstel, falls es neben ihnen niemanden männlichen Geschlechts (gleichen Grades)[312] gibt; und das, was übrig bleibt, ist für die agnatischen Resterben (*al-ʿaṣaba*).[313] Im Falle des Vorhandenseins von Sohnessöhnen werden die Sohnestöchter also zu Resterben durch andere und verlieren dabei ihren festen Anteil; sie teilen stattdessen, wie oben erwähnt, 1 : 2 mit den Sohnessöhnen auf gleicher Stufe, durch welche sie agnatisiert werden. Und wenn es (mindestens) zwei Töchter gibt, erhalten die Sohnestöchter nichts, außer falls neben ihnen ein Bruder[314] existiert; und was übrig bleibt, wird zwischen ihnen und ihm dann dergestalt geteilt, dass für das männliche Geschlecht ebenso viele wie der Teil für zwei des weiblichen Geschlechts vorgesehen ist; ebenso wird verfahren, falls derjenige männlichen Geschlechts genealogisch unter ihnen steht; es ist zwischen ihm und ihnen gleichermaßen zu verfahren.[315]

Desgleichen gilt, falls Sohnestöchter neben der Tochter ein Sechstel erben und es genalogisch unter ihnen Sohnes[sohnes]töchter gibt, neben denen oder genealogisch unter denen jemand des männlichen Geschlechts existiert, wodurch es zwischen ihm und seinen Schwestern oder denjenigen seiner Tanten väterlicherseits (*ʿāmmatuhu*), die genealogisch über ihm stehen, ebenso geregelt ist.[316] Aber es fällt nicht darunter, wer von den Sohnestöchter bereits unter die zwei Drittel fällt: „[…] *wa-lā yadḫulu fī ḏālika man daḫala fi-t-tuluṯaini min banāti al-ibni*."[317]

Diese Passage beinhaltet bemerkenswerte Informationen und erscheint im Gesamtkontext der Ausführungen der *Risāla* zunächst nicht völlig widerspruchsfrei zu sein. Den hier wiedergegebenen Aussagen zufolge werden genealogisch

312 Vgl. Ābī al-Azharī, al-: Aṯ-ṯamar ad-dānī, S. 416.
313 Vgl. Ibn Abī Zaid al-Qairawānī: Ar-risāla, S. 102.
314 Bruder bezieht sich in diesem Fall auf die Sohnestöchter und nicht auf die verwandtschaftliche Beziehung zum Verstorbenen, vgl. Ābī al-Azharī, al-: Aṯ-ṯamar ad-dānī, S. 416. Es muss also hierfür ein männlicher Abkömmling des Erblassers desselben oder entfernteren Grades neben den Sohnestöchtern vorhanden sein. Dies kann anstatt ihres Bruders genauso gut einer ihrer Cousins aus der männlichen Linie des Erblassers sein, vgl. Ibn Abou Zeyd Kayrawani; Fagnan (Übers.): Risala ou traité abrégé, S. 217.
315 Vgl. Ibn Abī Zaid al-Qairawānī: Ar-risāla, S. 102.
316 Vgl. ebd., S. 102.
317 Ebd., S. 102.

entferntere Sohnessohnestöchter etc., sofern eine Tochter gemeinsam mit einer oder mehreren Sohnestöchtern zwei Drittel der für die Erbteile vorgesehenen Hinterlassenschaft als Anteilserben ungleich untereinander aufteilt, durch einen Sohnessohnessohn etc. auf gleicher oder niedrigerer Erbstufe agnatisiert und teilen sich daraufhin mit ihm die Resterbschaft im Verhältnis 1 : 2 zu seinen Gunsten. Aus dem Geschilderten folgt, dass die Resterbschaft des männlichen Deszendenten entfernteren Grades, die Abwesenheit näher verwandter männlicher Abkömmlinge selbstverständlich vorausgesetzt, durch die Beteiligung gleich dreier Generationen weiblicher Abkömmlinge, seien sie direkte Deszendentinnen bzw. entferntere aus der männlichen Linie, geschmälert werden kann: Zunächst erhalten die Tochter (1. Deszendentengeneration) des Erblassers und die Sohnestochter bzw. die Sohnestöchter (2. Deszendentengeneration) insgesamt zwei Drittel, anschließend teilt der männliche Deszendent die Resterbschaft, vor deren Genuss ggf. auch noch anderweitige Anteilserben ausbezahlt werden, 2 : 1 mit seinen Schwestern (bzw. Cousinen) oder Tanten väterlicherseits (3. oder noch entferntere Deszendentengeneration), welche er agnatisiert. Interessant ist, dass er in dieser Konstellation nicht bereits die Sohnestöchter der 2. Generation agnatisieren kann, wodurch sich die Resterbschaft um ihr Sechstel vergrößern würde, obwohl zuvor im Text erwähnt wurde, dass die Agnatisierung der Sohnestochter durch ihren Bruder (bzw. Cousin)[318] oder einen genealogisch unter ihnen Stehenden erfolgt. Ein Hinweis auf den hier skizzierten Widerspruch oder gar eine Lösung dieses Widerspruchs, welcher sich im weiteren Sinne auch darauf erstreckt, dass die schariatrechtlichen Bestimmungen generell dazu tendieren, die männlichen Deszendenten der männlichen Linie gegenüber den weiblichen zu begünstigen, konnte weder in der hierzu konsultierten Kommentarliteratur noch in den Übersetzungen der *Risāla* gefunden werden.

So erhellt auch der Kommentator al-Ġumarī die hier aufgeworfenen Fragestellung nicht, zeigt aber, dass scheinbar Unstimmigkeiten unter den Prophetengefährten darüber bestanden haben, ob und wer von den entfernteren weiblichen agnatischen Deszendenten beim Vorhandensein einer Tochter und entfernterer männlicher agnatischer Deszendenten erbberechtigt ist. [319] Die diesbezüglichen

[318] Der Text benennt ihren Bruder, jedoch hätte jedweder Sohnessohn denselben Effekt.
[319] Vgl. Ġumārī, al-: Masālik ad-dalāla, S. 385f.

© Frank & Timme Verlag für wissenschaftliche Literatur

Ausführungen Ibn Abī Zaid al-Qairawānīs decken sich zunächst auch nicht mit den Darlegungen Pattars zu den Quotenerben.[320] Allerdings fügen sich Pattars Aussagen im Kontext der Resterben besser in die Systematik aus der *Risāla* ein:

> „Ausnahmsweise werden weibliche Abkömmlinge männlicher Linie auch neben ferneren männlichen Abkömmlingen männlicher Linie zu Resterben durch einen Anderen, wenn die auf die weiblichen Abkömmlinge männlicher Linie entfallende Gesamterbquote von zwei Dritteln (⅔) der Erbschaft bereits durch nähere weibliche Abkömmlinge männlicher Linie aufgebraucht ist, für den weiblichen Abkömmling also nach islamisch-rechtlicher Auffassung ein Bedarf nach ‚ʿAṣabisierung' besteht. Hat der weibliche Abkömmling männlicher Linie seine Quotenerbberechtigung in Höhe des vervollständigenden Sechstels oder eines Teils hiervon behalten, wird er nicht zum Resterben durch einen Anderen."[321]

Interessant ist, dass Pattar die Tragweite dieser Aussage nicht thematisiert. Denn wie bereits resümiert, schmälert sich die Resterbschaft eines männlichen agnatischen Deszendenten potentiell durch die Quoten- bzw. Resterbschaften gleich dreier Generationen weiblicher agnatischer Deszendenten, was im Kontext des islamischen Erbrechts durchaus bemerkenswert ist.

Es scheint also in dieser Fallkonstellation tatsächlich so zu sein, dass die zwei Drittel, welche ja auch auf mehrere Töchter gemeinsam entfallen würden, ohne dass diese von entfernteren männlichen Deszendenten agnatisiert würden, da dies einzig Söhnen – d. h. männlichen Deszendenten auf gleicher genealogischer Stufe – vorbehalten ist, per se nicht für die Resterbschaft entfernterer männlicher Deszendenten vorgesehen sind. Aus diesem Blickwinkel heraus erscheint es wiederum konsequent, wenn entferntere männliche Deszendenten nicht bereits die zweite weibliche Deszendentengeneration der agnatischen Linie agnatisieren, unter welcher sie genealogisch stehen. Dass sie anschließend mit agnatischen Deszendentinnen der dritten oder entfernteren Generation in bewährter Manier 2 : 1 teilen, erstaunt bei solch detaillierter Betrachtungsweise dann doch nicht.

Cilardo resümiert ungeachtet dessen die erbrechtliche Stellung männlicher Deszendenten und direkter weiblicher bzw. weiblicher Deszendenten männlicher Linie gegenüber den übrigen Erben treffend wie folgt: „I discendenti, maschi e femmine, hanno una posizione successoria privilegiata. Infatti, in concorso con loro,

[320] Vgl. Pattar: Islamisch inspiriertes Erbrecht, S. 167–169.
[321] Ebd., S. 192.

sono legittimari solo il padre, l'avo paterno anche se remoto, la madre, l'ava e i coniugi."[322]

Im 36. Kapitel der *Risāla* zum Vorkaufsrecht, zur Schenkung, zur freiwilligen Spende, zur Religiösen Stiftung, zum Pfand, zur Leihe, zum hinterlegten Gut, zum gefundenen Gut und zum unrechtmäßigen Besitz (*aš-šufʿa wa-l-hiba wa-ṣ-ṣadaqa wa-l-ḥubus wa-r-rahn wa-l-ʿāriya wa-l-wadīʿa wa-l-luqaṭa wa-l-ġaṣb*)[323] verweist Ibn Abī Zaid al-Qairawānī mehr oder weniger implizit darauf, dass Schenkungen nicht zur Umgehung der Erbrechtsnormen zu missbrauchen sind. So ist es verpönt (*yukurahu*), sein gesamtes Vermögen an einige seiner Kinder zu verschenken; wohingegen nur etwas davon zulässig (*sāʾiġ*) ist.[324] Zugleich ist aber nichts Schlechtes daran, dass man gottgefällig sein gesamtes Vermögen freiwillig an die Armen spendet.[325] Für die Rechtsgültigkeit einer solchen Schenkung spielt zudem die rechtzeitige Inbesitznahme eine entscheidende Rolle; diese Frage ist daher in dem in UNTERKAPITEL 6.3 behandelten laufenden Reformprojekt des marokkanischen Familiengesetzbuches ebenfalls von Bedeutung. Wird eine Schenkung gemacht, welche bis der Schenkende (*al-wāhib*) krank oder für bankrott erklärt wird, nicht von dem Beschenkten (*al-mauhūb lahu*) in Besitz genommen wird, so steht ihm ihr Erhalt nicht mehr zu; falls jedoch der Beschenkte verstirbt, haben dessen Erben darauf einen Anspruch gegen den gesunden Schenkenden.[326]

4.4 Die Geschwister und andere Kollateralverwandte

Das 39. Kapitel der *Risāla* nimmt sich als nächstes der Detaildarstellung der Erbteile der Seitenverwandten an. Es ist dabei im Einzelnen stets nicht nur zu beachten, ob die Verwandtschaft von der Familienseite des Vaters oder der Mutter herrührt, sondern es ist ebenso von Belang, ob sie lediglich über ein einziges Elternteil oder über beide Elternteile vermittelt wird.

---

[322] Cilardo, Agostino: Diritto ereditario islamico delle scuole giuridiche sunnite (ḥanafita, mālikita, šāfiʿita e ḥanbalita) e delle scuole giuridiche zaydita, ẓāhirita e ibāḍita. Casistica. Rom / Neapel: Instituto per l'Oriente C. A. Nallino / Instituto Universitario Orientale, 1993, S: 165.

[323] Siehe ergänzend auch UNTERKAPITEL 3.1.

[324] Vgl. Ibn Abī Zaid al-Qairawānī: Ar-risāla, S. 86.

[325] Vgl. ebd., S. 86.

[326] Vgl. ebd., S. 86.

 © Frank & Timme Verlag für wissenschaftliche Literatur

Die Erbschaft der vollbürtigen Schwester (*al-uḫt aš-šaqīqa*) beträgt die Hälfte und zwei und mehr teilen sich zwei Drittel.[327] Falls vollbürtige bzw. halbbürtige Brüder und Schwestern väterlicherseits zusammentreffen, dann wird das Vermögen auch zwischen ihnen dergestalt aufgeteilt, dass für denjenigen männlichen Geschlechts ebenso viel wie der Teil für zwei des weiblichen Geschlechts vorgesehen ist, egal wie wenige oder viele es sind.[328] Die Schwestern werden durch dieses Zusammentreffen somit zu agnatischen Resterben durch andere (*al-ʿaṣaba bi-l-ġair*). Und Schwestern neben Töchtern sind wie agnatische Resterben; infolge ihrer erben sie, was nach ihnen übrig bleibt, und nichts geht für sie neben ihnen darüber hinaus.[329] Die Schwester wird also durch die Existenz einer Tochter, Sohnestochter etc. von der Anteilserbin zur agnatischen Resterbin neben anderen (*al-ʿaṣaba maʿa al-ġair*), sofern sie nicht alternativ durch die Existenz eines Bruders agnatisiert oder aufgrund anderweitiger Konstellationen ausgeschlossen wird. So ist sie entweder Anteilserbin, agnatische Resterbin durch andere bzw. neben anderen oder sie wird konstellationsbedingt vollständig von der Erbschaft ausgeschlossen.

Der Ausschluss wird in der folgenden Textpassage erörtert: Es gibt für Brüder und Schwestern neben dem Vater, dem männlichen Kind (*al-walad aḏ-ḏakar*) oder dem Sohnessohn (*walad al-walad*) keine Erbschaft.[330] Dies bedeutet, dass die Kollateralverwandten durch lineare männliche Deszendenten männlicher Linie sowie durch den linearen männlichen Aszendenten männlicher Linie ersten Grades grundsätzlich am Erben gehindert werden.

Die halbbürtigen Geschwister väterlicherseits (*al-iḫwa li-l-ab*) sind bei Nichtexistenz von vollbürtigen Geschwistern wie Vollbürtige des männlichen bzw. des weiblichen Geschlechts.[331] Und wenn eine vollbürtige Schwester mit einer oder mehreren halbbürtigen Schwestern väterlicherseits (*uḫt au aḫawāt li-l-ab*) zusammentrifft, geht die Hälfte an die Vollbürtige und an diejenigen übrigbleibenden halbbürtigen Schwestern väterlicherseits geht ein Sechstel.[332] Falls indes zwei

[327] Vgl. Ibn Abī Zaid al-Qairawānī: Ar-risāla, S. 102.
[328] Vgl. ebd., S. 102.
[329] Vgl. ebd., S. 102.
[330] Vgl. ebd., S. 102.
[331] Vgl. ebd., S. 102.
[332] Vgl. ebd., S. 102.

© Frank & Timme Verlag für wissenschaftliche Literatur

Vollbürtige vorhanden sind, ist nichts mehr für die halbbürtigen Schwestern väterlicherseits vorgesehen, außer wenn es neben ihnen jemanden männlichen Geschlechts gibt, dann erhalten sie, was übrig bleibt, dergestalt, dass für denjenigen männlichen Geschlechts ebenso viel wie der Teil für zwei des weiblichen Geschlechts vorgesehen ist.[333] Auch die halbbürtige Schwester väterlicherseits kann somit als Anteilserbin oder alternativ als agnatische Resterbin durch andere oder neben anderen berufen sein, doch ist gleichfalls ihr konstellationsabhängiger Ausschluss vom Erbe möglich.

Ibn Abī Zaid al-Qairawānī wendet sich im Anschluss daran mit den halbbürtigen Geschwistern mütterlicherseits erstmals der Frage der Erbberechtigung uteriner Verwandten zu. Die Erbschaft der halbbürtigen Schwester mütterlicherseits (*al-uḫt li-l-umm*) sowie des halbbürtigen Bruders mütterlicherseits (*al-aḫ li-l-umm*) ist gleich ein Sechstel für einen jeden allein; und falls sie mehrere sind, beträgt sie ein zwischen denjenigen männlichen und weiblichen Geschlechts gleich zu partagierendes Drittel.[334] Sie werden allerdings vom Kind und von den Abkömmlingen des (männlichen) Kindes (*al-walad wa-banūhu*) sowie vom Vater und vom Großvater väterlicherseits ausgeschlossen.[335] Die kognatischen[336] Halbgeschwister werden also von den linearen männlichen Verwandten auf- und absteigender männlicher Linie sowie von direkten weiblichen Deszendenten bzw. weiblichen Deszendenten männlicher Linie gänzlich von der Erbschaft exkludiert. Anders ausgedrückt hat ihre Erbberechtigung einzig neben der Mutter, der Großmutter und den Ehepartnern sowie agnatischen Resterben aus der Seitenverwandtschaft Bestand. Sie sind, ohne das Vorliegen eines Ausschlussgrundes, jedoch Erben eines festen Anteils, niemals jedoch nach mālikitischer Lehre[337] Resterben. Hervorzuheben ist dabei, dass zwischen den kognatischen Halbgeschwistern – anders als zwischen den vollbürtigen wie auch zwischen den halbbürtigen väterlicherseits – keine geschlechtsspezifische Differenzierung vorgenommen wird. Die übrigen

---

[333] Vgl. Ibn Abī Zaid al-Qairawānī: Ar-risāla, S. 102.

[334] Vgl. ebd., S. 103.

[335] Vgl. ebd., S. 103.

[336] „Gemeint sind die über Frauen Verwandten (Kognaten)." Ebert, Hans-Georg: Die Qadrî-Pâshâ-Kodifikation. Islamisches Personalstatut der hanafitischen Rechtsschule. Frankfurt a. M.: Peter Lang, 2010, S. 188.

[337] Für einen Überblick der Erbberechtigung der uterinen Erben (*ḏawū al-arḥām*) in den anderen drei sunnitischen Rechtsschulen siehe Ebert, Hans-Georg: Das Erbrecht arabischer Länder. Frankfurt a. M.: Peter Lang, 2004, S. 120–124.

 © Frank & Timme Verlag für wissenschaftliche Literatur

uterinen Verwandten werden erst in einem anderen Kontext der *Risāla* thematisiert (siehe UNTERKAPITEL 4.5 und 4.6).

Die Ausführungen des Kairouaner Rechtsgelehrten kehren als nächstes zu den agnatischen Kollateralverwandten zurück. Der Bruder (*al-aḫ*) erbt das Vermögen, wenn er alleine ist, sei er vollbürtig oder halbbürtig väterlicherseits.[338] Wichtig zu betonen ist des Weiteren, dass der vollbürtige (*aš-šaqīq*) den halbbürtigen Bruder väterlicherseits (*al-aḫ li-l-ab*) ausschließt.[339] Und falls es einen Bruder und eine Schwester wie auch mehrere, vollbürtige oder halbbürtige väterlicherseits, gibt, dann wird das Vermögen zwischen ihnen dergestalt aufgeteilt, dass für denjenigen männlichen Geschlechts ebenso viel wie der Teil für zwei des weiblichen Geschlechts vorgesehen ist.[340] Ferner führt Ibn Abī Zaid al-Qairawānī die Logik der Resterben (*al-ʿaṣaba*) explizierend aus, dass, wenn es neben dem Bruder einen Anteilsinhaber (*ḏū sahm*) gibt, mit den Anteilserben (*ahl as-sihām*) begonnen wird, und für den Bruder danach vorgesehen ist, was übrig bleibt (*mā baqiya*).[341] Der Bruder zählt somit zu den agnatischen Resterben, deren Ansprüche immer erst nach der Befriedigung der Anteilserben erfüllt werden dürfen. Ebenso ist das, was für die Brüder und Schwestern übrig bleibt, dergestalt zu teilen, dass für denjenigen männlichen Geschlechts ebenso viel wie der Teil von zwei des weiblichen Geschlechts vorgesehen ist.[342] Auch in diesem Fall greift demnach die geschlechtsspezifische Aufteilungslogik des *taʿṣīb*.

Und falls nichts übrig bleibt, steht ihnen nichts zu, außer wenn sich unter den Anteilserben (*ahl as-sihām*) halbbürtige Geschwister mütterlicherseits (*iḫwa li-umm*) befinden, welche gemeinschaftlich ein Drittel erben, und ein vollbürtiger Bruder (*aḫ šaqīq*) oder vollbürtige männliche bzw. männliche und weibliche Geschwister (*iḫwa ḏukūr au ḏukūr wa-ināṯ šaqāʾiq*) neben ihnen übrig bleiben, die sich dann alle mit den Geschwistern mütterlicherseits (*al-iḫwa li-l-umm*) das Drittel teilen.[343] In der *Risāla* wird betont, dass dies zwischen ihnen egalitär geschieht und es sich dabei um den Erbteilungsfall (*al-farīḍa*), der *al-muštarika* (die

[338] Vgl. Ibn Abī Zaid al-Qairawānī: Ar-risāla, S. 103.
[339] Vgl. ebd., S. 103.
[340] Vgl. ebd., S. 103.
[341] Vgl. ebd., S. 103.
[342] Vgl. ebd., S. 103.
[343] Vgl. ebd., S. 103.

Beteiligung) genannt wird, handelt.[344] Dieser Sonderfall ist in doppelter Hinsicht interessant: Zum einen verhindert er ein Leerausgehen der vollbürtigen Geschwister zugunsten halbbürtiger uteriner Geschwister, welche – obgleich sonst selbst oft konstellationsbedingt ausgeschlossen – von einer festen Erbquote profitieren, die ihnen gegenüber kollateralen agnatischen Resterben aufgrund der Verteilungsreihenfolge einen Vorteil verschafft, und beugt somit einer – in einer die agnatischen Verwandten generell bevorzugenden Gesamtlogik – empfundenen Ungerechtigkeit zwischen Blutsverwandten vor. Zum anderen sticht hervor, dass sich in diesem Fall, indem alle untereinander teilenden Geschwister, seien sie vollbürtig oder uterin, dieselbe Mutter haben, die geschlechtsunspezifische Aufteilungsarithmetik der kognatischen Geschwister gegen die Besserstellung des männlichen Geschlechts innerhalb der agnatischen Aufteilungslogik durchsetzt.

Die Erörterungen zur *muštarika* wenden sich noch weiteren Erbkonstellationen zu. Falls unter den Verbleibenden halbbürtige Brüder väterlicherseits (*iḫwa li-ab*) sind, teilen die Geschwister mütterlicherseits (*iḫwa li-l-umm*), wegen deren Nichtangehören zur Geburtslinie der Mutter, nicht mit ihnen.[345] Erklärt werden kann dies dadurch, dass die halbbürtigen Geschwister väterlicherseits des Erblassers selbst kein blutsverwandtschaftliches Band mit seinen quotenerbberechtigten halbbürtigen Geschwistern mütterlicherseits verbindet; ein derartiges Verwandtschaftsverhältnis besteht hingegen zwischen den vollbürtigen Geschwister des Erblassers und seinen *iḫwa li-l-umm* eben über die allen gemeinsame Mutter. Und wenn unter den Verbleibenden (nur) eine Schwester oder mehrere Schwestern, über beide Eltern oder väterlicherseits verwandt (*uḫt au aḫawāt li-abawain au li-ab*), sind, wird zu ihren Gunsten die Erbquote insgesamt reduziert (*uʿīla*).[346] Dass die halbbürtige(n) Schwester(n) väterlicherseits ohne ihr männliches Pendant

---

[344] Vgl. Ibn Abī Zaid al-Qairawānī: Ar-risāla, S. 103. Die mālikitische Jurisprudenz kennt verschiedene Sonderfälle der Erbteilung, welche häufig unter speziellen Bezeichnungen firmieren. Die *Risāla* spricht davon, wie sich in der Folge zeigen wird, nur wenige an. Im aktuellen, kodifizierten marokkanischen Familiengesetzbuch finden sich weitere spezielle Fragen (*masāʾil ḫāṣṣa*), vgl. Mamlaka al-Maġribīya, al-; Wizārat al-ʿAdl wa-l-Ḥurrīyāt; Mudīrīyat at-Tašrīʿ: Mudauwanat al-usra. Ṣīġa muḥaiyana bi-tārīḫ 29 Yūlyū 2021 [Familiengesetzbuch. Geänderte Fassung vom 29. Juli 2021], Art. 360–368, abrufbar unter: http://adala.justice.gov.ma/production/legislation/ar/Nouveautes/%D9%85%D8%AF%D9%88%D9%86%D8%A9%20%D8%A7%D9%84%D8%A3%D8%B3%D8%B1%D8%A9.pdf (letzter Zugriff: 19.03.2022).

[345] Vgl. Ibn Abī Zaid al-Qairawānī: Ar-risāla, S. 103.

[346] Vgl. ebd., S. 103.

© Frank & Timme Verlag für wissenschaftliche Literatur

mithilfe der Quotenreduzierung bedacht werden, liegt daran, dass sie in diesem Falle als Quotenerbin(nen) auftritt bzw. -treten. Somit greift die *muštarika*-bedingte Sonderregelung nur für vollbürtige Geschwister, unter denen sich mindestens ein vollbürtiger Bruder befinden muss, und die andere Ausnahme der Quotenreduzierung ist nur zugunsten voll- und halbbürtiger Schwestern väterlicherseits in ihrer Rolle als Quotenerbinnen vorgesehen, während die halbbürtigen Brüder väterlicherseits im Falle der Ausschöpfung des Erbes durch die Anteilserben der allgemeinen Resterbenlogik folgend leer ausgehen.

Falls es hingegen seitens der Mutter (*min qibal al-umm*) lediglich einen einzigen Bruder (*aḫ wāḥid*) oder eine einzige Schwester (*uḫt*) gibt, kommt es nicht zur *muštarika*, sondern das, was verbleibt[347], ist für die Geschwister[348] (*li-l-iḫwa*), seien sie rein männlich oder männlich und weiblich.[349] Falls es sich aber nur um weibliche über beide Eltern, d. h. vollbürtige, oder halbbürtige väterlicherseits (*ināṯ li-abawain au li-ab*) Verwandte handelt, wird zu ihren Gunsten die Erbquote insgesamt reduziert (*uʿīla*).[350] Aufgrund der für diesen erbrechtlichen Sonderfall durch die Mālikiten vorgesehenen Bestimmungen expliziert Ibn Abī Zaid al-Qairawānī nochmals, dass der halbbürtige Bruder väterlicherseits (*al-aḫ li-l-ab*) bei Nichtexistenz eines vollbürtigen wie der vollbürtige (*ka-š-šaqīq*) ist, außer im Falle der *muštarika*.[351]

Die Ausführungen des mālikitischen Rechtsgelehrten fokussieren sich anschließend auf die männlichen Agnaten der Seitenlinie, beginnend mit ihren Deszendenten. Er führt dazu aus, dass der Brudersohn (*ibn al-aḫ*) bei Nichtexistenz des Bruders wie der Bruder (*ka-l-aḫ*), sei er vollbürtig (*šaqīq*) oder halbbürtig väterlicherseits (*li-ab*), ist.[352] Diese Bestimmung erstreckt sich indes nicht auf die Deszendenten männlicher Kognaten, denn es erbt nicht der Sohn des halbbürtigen Bruders mütterlicherseits (*ibn al-aḫ li-l-umm*).[353]

---

347 Da seine bzw. ihre Quote nur ein Sechstel beträgt.
348 D. h. die vollbürtigen oder alternativ väterlicherseits halbbürtigen Resterben.
349 Vgl. Ibn Abī Zaid al-Qairawānī: Ar-risāla, S. 103.
350 Vgl. ebd., S. 103.
351 Vgl. ebd., S. 103.
352 Vgl. ebd., S. 103.
353 Vgl. ebd., S. 103.

© Frank & Timme Verlag für wissenschaftliche Literatur

Alsdann geht es um die Verwandtschaftsstärke als Parameter für den Ausschluss unter Agnaten der Seitenlinie. Dabei schließt der über beide Eltern verwandte Bruder (*al-aḫ li-l-abawain*), d. h. der vollbürtige, den halbbürtigen Bruder väterlicherseits (*al-aḫ li-l-ab*) aus (*yaḥǧubu*).[354] Die verwandtschaftliche Nähe ist ein weiterer Parameter: Der halbbürtige Bruder väterlicherseits (*al-aḫ li-l-ab*) hat dementsprechend Vorrang vor einem Sohn des vollbürtigen Bruders (*ibn aḫ šaqīq*).[355] Bei gleicher Nähe entscheidet indes wieder die Stärke: Ein Sohn des vollbürtigen Bruders (*ibn aḫ šaqīq*) hat somit Vorrang vor einem Sohn des halbbürtigen Bruders väterlicherseits (*aḫ li-ab*).[356] Ferner ist jedoch beachtlich, dass die männliche absteigende agnatische Seitenlinie Vorrang vor der männlichen aufsteigenden agnatischen Seitenlinie genießt – unbeachtlich ihrer Verwandtschaftsstärke. Ein Sohn des halbbürtigen Bruders väterlicherseits (*ibn aḫ li-ab*) schließt daher einen über beide Eltern verwandten Onkel väterlicherseits (*ʿamm li-abawain*), d. h. den vollbürtigen Onkel väterlicherseits, aus.[357]

Innerhalb der aufsteigenden agnatischen Seitenlinie entscheidet wiederum die Verwandtschaftsstärke, wodurch ein über beide Eltern verwandter Onkel väterlicherseits (*ʿamm li-abawain*) einen über den Vater verwandten halbbürtigen Onkel väterlicherseits (*ʿamm li-ab*) ausschließt.[358] Doch auch hier zählt die Verwandtschaftsnähe wiederum mehr als die -stärke: Ein über den Vater verwandter halbbürtiger Onkel väterlicherseits (*ʿamm li-ab*) schließt deshalb den Sohn des über beide Eltern verwandten Onkels väterlicherseits (*ibn ʿamm li-abawain*) aus.[359] Daher gibt die Stärke hierbei gleichsam nur bei gleicher Nähe den Ausschlag. Ein Sohn des über beide Eltern verwandten Onkels väterlicherseits (*ibn ʿamm li-abawain*) exkludiert demzufolge einen Sohn des über den Vater verwandten halbbürtigen Onkels väterlicherseits (*ibn ʿamm li-ab*).[360] Auf diese Weise hat der Nähere Vorrang: „*Wa-hakaḏā yakūnu al-aqrabu aulā.*“[361]

[354] Vgl. Ibn Abī Zaid al-Qairawānī: Ar-risāla, S. 103.
[355] Vgl. ebd., S. 103.
[356] Vgl. ebd., S. 103.
[357] Vgl. ebd., S. 103.
[358] Vgl. ebd., S. 103.
[359] Vgl. ebd., S. 103f.
[360] Vgl. ebd., S. 104.
[361] Ebd., S. 104.

 © Frank & Timme Verlag für wissenschaftliche Literatur

4.5 Nichterbberechtigte, Ausschlüsse und Erbhindernisse

Ibn Abī Zaid al-Qairawānī führt im Anschluss daran verschiedene Personengruppen an, die gemäß mālikitischem *fiqh* grundsätzlich über keinerlei Erbberechtigung gegenüber dem Erblasser verfügen; die Reihenfolge ihrer hiesigen Abhandlung folgt – im Bemühen um Treue gegenüber dem Ausgangstext – dem Aufzählungsmuster der *Risāla*, obgleich dieses nicht immer stringent erscheinen mag.

Zu den Nichterbberechtigten zählt, abgesehen von den o. g. Ausnahmen der im Koran erwähnten Halbgeschwister mütterlicherseits, die Mehrheit der uterinen Verwandten. „Die uterinen Verwandten sind solche Personen, die mit dem Verstorbenen verwandtschaftlich verbunden sind, ohne Agnaten zu sein und einen Anteil beanspruchen zu können […].“[362] So erben die Abkömmlinge der Schwestern (*banū al-aḫawāt*), was sie auch seien (*mā kunna*)[363], nicht und gleichsam nicht die Abkömmlinge der Töchter (*banū al-banāt*).[364] Weitere nichterbberechtigte uterine Verwandte werden noch im Fortgang der Aufzählung ergänzt.

Die Erbberechtigung fehlt ferner weiblichen Abkömmlingen aus der agnatischen Seitenlinie. Demgemäß erben die Töchter des Bruders (*banāt al-aḫ*), was er auch sei (*mā kāna*)[365], nicht und auch nicht die Töchter des Onkels väterlicherseits (*banāt al-ʿamm*).[366]

In der *Risāla* werden ergänzend noch weitere männliche Kognaten zum Kreis der Nichterbberechtigten gezählt. Demzufolge erbt weder der Großvater mütterlicherseits (*al-ǧadd li-umm*) noch ein halbbürtiger Onkel väterlicherseits mütter-

---

362 Ebert: Die Qadrî-Pâshâ-Kodifikation, S. 188.

363 Der weibliche Plural bezieht sich auf die erwähnten Schwestern. D. h. es spielt keine Rolle, ob es sich um die Abkömmlinge vollbürtiger Schwestern, halbbürtiger Schwestern väterlicherseits oder halbbürtige Schwestern mütterlicherseits handelt, da es in jedem Fall Kognaten sind.

364 Vgl. Ibn Abī Zaid al-Qairawānī: Ar-risāla, S. 104.

365 D. h. unabhängig davon, ob es sich um weibliche Abkömmlinge eines vollbürtigen Bruders oder eines halbbürtigen Bruders väterlicherseits handelt; weibliche Abkömmlinge eines halbbürtigen Bruders mütterlicherseits sind gemäß mālikitischer Lehre als nicht im Koran erwähnte Kognaten ohnehin nicht erbberechtigt.

366 Vgl. Ibn Abī Zaid al-Qairawānī: Ar-risāla, S. 104.

licherseits, der Bruder deines Vaters über seine Mutter (*ʿamm aḫū abīk li-ummihi*)[367] ist.[368]

Die fehlende Erbberechtigung rührt indes nicht nur von bestimmten verwandtschaftlichen Beziehungen her. Die *Risāla* benennt zudem den Sklavenstatus[369] als eines von mehreren Erbhindernissen. Ibn Abī Zaid al-Qairawānī expliziert dazu, dass ein Sklave (*ʿabd*) nicht erbt; auch nicht derjenige, der noch einen Rest von Sklaverei in sich trägt.[370] Letzteres bezieht sich auf einen so genannten Hybridsklaven. Der Islamwissenschaftler Rainer Oßwald führt zum Hybridsklaven Folgendes aus:

> „[…] Freiheit [wird] nicht als unteilbares Abstraktum verstanden, sondern ist in größeren oder kleineren Mengen bei Hybridsklaven ‚beigemischt' […], nämlich bei anteilig Freigelassenen, ‚Kindsmüttern' *(umm walad)*, zukünftig auf einen bestimmten Termin oder für den Todesfall des Eigentümers Freizulassenden sowie auch bei Sklaven, die mit ihrem Eigentümer einen Vertrag auf Selbstfreikauf geschlossen haben. Dieses Hybridsklaventum entsteht dadurch, daß die Freilassung nicht auf einen Schlag erfolgen muß, sondern durch einen entsprechenden Rechtsakt gewissermaßen erst eingeleitet werden kann. Abgeschlossen wird sie zu einem bestimmten Termin, dessen Eintritt im Voraus nicht bekannt sein muß. Eine Verfestigung des Hybridsklaventums kann sich zwar nur bei der an sich unerwünschten Teilfreilassung einstellen, aber grundsätzlich hatten die islamischen Juristen mit Teilfreiheiten unterschiedlicher Art keinerlei Probleme."[371]

Des Weiteren stellt auch die Religionsverschiedenheit ein Erbhindernis dar. So beerbt der Muslim nicht den Ungläubigen (*al-kāfir*)[372] und der Ungläubige seinerseits nicht den Muslim.[373] Auf Tötungsdelikte als weiteres Erbhindernis kommt Ibn Abī Zaid al-Qairawānī erst an anderer Stelle des hier behandelten 39. Kapitels der *Risāla* zu sprechen.

Seine Ausführungen kehren jedoch zunächst wieder zu den uterinen Verwandten zurück. Es erbt demgemäß weder ein Sohn des halbbürtigen Bruders mütter-

---

367 D. h. der halbbürtige Bruder mütterlicherseits deines Vater.

368 Vgl. Ibn Abī Zaid al-Qairawānī: Ar-risāla, S. 104.

369 Siehe zur Stellung des Sklaven im islamischen Erbrecht unter Berücksichtigung der verschiedenen sunnitischen Rechtschulen und anderer islamischer Strömungen auch Cilardo: Studies, S. 43–57 sowie Cilardo: Diritto ereditario, S. 122–136.

370 Vgl. Ibn Abī Zaid al-Qairawānī: Ar-risāla, S. 104.

371 Oßwald: Sklavenrecht, S. 266f. [Hervorhebungen im Original].

372 D. h. den Nichtmuslim.

373 Vgl. Ibn Abī Zaid al-Qairawānī: Ar-risāla, S. 104.

 © Frank & Timme Verlag für wissenschaftliche Literatur

licherseits (*ibn aḫ li-umm*), noch der – bereits zuvor erwähnte – Großvater mütterlicherseits (*al-ǧadd li-umm*), und ebenso wenig die Mutter des Vaters der Mutter (*umm abī al-umm*).[374]

Der Kairouaner Rechtsgelehrte wendet sich anschließend der Frage von konstellationsabhängigen Ausschlüssen theoretisch erbberechtigter Personen zu. Wie im gesamten Text der *Risāla*, und auch anderen klassisch-islamischen Rechtswerken, erfolgen diese Ausführungen gleichfalls nicht abstrahierend sondern kasuistisch. Da, wie bereits oben ausgeführt, lineare Deszendenten ersten Grades durch niemanden und entferntere lineare Deszendenten der männlichen Linie nur durch nähere ausgeschlossen werden können, beginnen die Ausführungen zum Ausschluss mit den Azendenten, bevor sie sich den Kollateralverwandten zuwenden.

Es wird dementsprechend für die Mutter des Vaters des Vaters (*umm abī al-ab*) Folgendes vermerkt: „[…] *wa-lā tariṯu umm abī al-ab maʿa waladihā abī al-maiyit* […].“[375] Diese Aussage erscheint allerdings in dieser Form nicht korrekt zu sein, wie auch der Kommentator al-Ġumārī bemerkt, da die Mutter des Vaters des Vaters nicht zugleich die Mutter des Vaters des Verstorbenen sein kann.[376] Das Hinzufügen eines „oder (*au*)“ zwischen den Wörtern „*waladihā*“ und „*abī*“ würde dieses Problem inhaltlich auflösen und der Satz bliebe dennoch grammatikalisch korrekt: Und es erbt die Mutter des Vaters des Vaters nicht neben ihrem Sohn [oder] dem Vater des Verstorbenen. Somit würde diese Aussage bedeuten, dass die agnatische Urgroßmutter sowohl durch den Vater als auch den agnatischen Großvater des Verstorbenen, d. h. den linearen männlichen Agnaten der beiden Generationen zwischen ihr und dem Erblasser, gänzlich vom Erbe ausgeschlossen wird.

Ferner erben die Geschwister mütterlicherseits (*iḫwa li-umm*) den Darlegungen in der *Risāla* folgend nicht neben dem Großvater väterlicherseits (*al-ǧadd li-l-ab*) und auch nicht neben dem Kind (*al-walad*) und Sohneskind (*walad al-walad*), sei es männlich oder weiblich.[377] Weiterhin gibt es keine Erbschaft für die Geschwister (*al-iḫwa*), egal was sie auch seien, neben dem Vater.[378] Das bedeutet, dass der

---

374 Vgl. Ibn Abī Zaid al-Qairawānī: Ar-risāla, S. 104.
375 Ebd., S. 104.
376 Vgl. Ġumārī, al-: Masālik ad-dalāla, S. 392.
377 Vgl. Ibn Abī Zaid al-Qairawānī: Ar-risāla, S. 104.
378 Vgl. ebd., S. 104.

© Frank & Timme Verlag für wissenschaftliche Literatur

Vater jedwede vollbürtigen oder halbbürtige Geschwister mütterlicher- wie auch väterlicherseits vom Erbe ausschließt, während die kognatischen Geschwister zusätzlich auch durch jegliche Deszendenten ersten Grades sowie jegliche Deszendenten der männlichen Linie und den agnatischen Großvater ausgeschlossen werden. Ein Onkel väterlicherseits (*ʿamm*) erbt – unbeschadet der oben ausgeführten Regeln zum Vorrang linearer männlicher Deszendenten sowie nähe- und stärkebedingten Ausschlüsse unter den agnatischen Resterben – nicht neben dem Großvater[379] (*al-ǧadd*); ebensowenig wie der Sohn eines Bruders (*ibn aḫ*) des Verstorbenen neben dem (agnatischen) Großvater.[380]

Ibn Abī Zaid al-Qairawānī richtet seine Aufmerksamkeit hiernach dem Erbhindernis des Tötungsdeliktes zu, nachdem er bereits zuvor an anderer Stelle die Erbhindernisse des Sklaventums sowie der Religionsverschiedenheit aufgeführt hat. Hierbei wird gemäß mālikitischem *fiqh* zwischen der vorsätzlichen sowie der fahrlässigen Tötung differenziert. Dies steht im Einklang mit der strafrechtlichen Grundkonzeption der Tötungs- und Körperverletzungsdelikte (*ad-dimāʾ*) dieser Rechtsschule, welche sich im Hinblick auf die Tötungsdelikte folgendermaßen distinguiert:

> „Die *Mālikiten* bewerten die vorsatzähnliche Tötung (*qatl šibh al-ʿamd*), bei der die Tat, nicht aber die Tötung beabsichtigt ist, im Gegensatz zu den anderen Rechtsschulen und den 12er *Šīʿiten* als vorsätzliche Tötung mit der Möglichkeit der Wiedervergeltung."[381]

Der Jurist Adel El Baradie beschreibt die vorsatzähnliche Tötung als ein widerrechtliches Tötungsdelikt mit für gewöhnlich nicht todbringenden Mitteln, welche die Mālikīya jedoch unter Verweis auf ihre fehlende Erwähnung im Koran ablehnt.[382] Diese zweigliedrige Systematisierung der Tötungsdelikte widerspiegelt sich folglich auch in den erbrechtlichen Bestimmungen. Laut mālikitischer Lehre erbt der vorsätzliche Totschläger (*qātil al-ʿamd*) weder vom Vermögen (*māl*) noch vom Blutgeld (*diya*), während der fahrlässige Totschläger (*qātil al-ḫaṭaʾ*) nicht vom Blutgeld, aber vom Vermögen erbt.[383] Die fahrlässige Tötung zieht,

379 Gemeint ist hier der Großvater väterlicherseits, da der Großvater mütterlicherseits, wie bereits dargelegt, über keinerlei Erbberechtigung verfügt.

380 Vgl. Ibn Abī Zaid al-Qairawānī: Ar-risāla, S. 104.

381 Ebert; Heilen: Islamisches Recht, S. 141f. [Hervorhebungen im Original].

382 Vgl. El Baradie, Adel: Gottes-Recht und Menschen-Recht. Grundlagenprobleme der islamischen Strafrechtslehre. Baden-Baden: Nomos Verlagsgesellschaft, 1983, S. 141.

383 Vgl. Ibn Abī Zaid al-Qairawānī: Ar-risāla, S. 104.

© Frank & Timme Verlag für wissenschaftliche Literatur

anders als die vorsätzliche, somit zwar nicht die generelle Erbunwürdigkeit nach sich, allerdings verhindert die hier erwähnte Bestimmung, dass der Täter in den Genuss (eines Teiles) des Blutgeldes kommt, welches einzig aufgrund seiner fahrlässigen Tat fällig wird und an die Erben zu bezahlen ist.

Im 37. Kapitel der *Risāla* zu den Bestimmungen der Tötungs- und Körperverletzungsdelikte (*aḥkām ad-dimāʾ wa-l-ḥudūd*) heißt es hierzu übereinstimmend: „*Wa-lā yariṯu qātilu al-ʿamdi min mālin wa-lā diyatin, wa-qātilu al-ḫaṭaʾi yariṯu min al-māli dūna ad-diyati.*“[384] Denn entsprechend Ibn Abī Zaid al-Qairawānīs Ausführungen zum Strafrecht wird das Blutgeld – von dieser Ausnahme abgesehen – grundsätzlich an die gesetzlichen Erben vererbt.[385] Dies gilt gleichsam für das gesondert geregelte Blutgeld, welches für die Verursachung einer Fehlgeburt zu entrichten ist. Für den Fötus der Freien (*ǧanīn al-ḥurra*) ist ein männlicher oder weiblicher junger Sklave (*ġurrat ʿabd au walīda*), der auf 50 Dīnar oder 600 Dirham geschätzt wird, zu entrichten; und wird gemäß dem Buch Gottes vererbt.[386] Das Erb- und das Strafrecht weisen ferner auch im Hinblick auf die Beweisführung mittels des fünfzigfachen Eides (*al-qasāma*)[387] bei Tötungsdelikten Berührungspunkte auf. So schwören von den Blut fordernden Verwandten (des Opfers) bei der Blut-Forderung (*fī ṭalab ad-dam*) – idealtypisch – 50 Männer 50 Eide; und wenn sie weniger (als 50) sind, werden diese Eide unter ihnen aufgeteilt, doch eine Frau schwört nicht bei Vorsatz.[388] Aber es schwören die Erben, Männer

384 Ibn Abī Zaid al-Qairawānī: Ar-risāla, S. 92.
385 Vgl. ebd., S. 92.
386 Vgl. ebd., S. 92.
387 Zur Erläuterung der *qasāma* führt Ibn Abī Zaid al-Qairawānī Folgendes aus: Niemand darf im Rahmen der Wiedervergeltung (wortwörtlich heißt es: Leben für Leben, *nafsun bi-nafsin*) getötet werden, außer bei gerechtem Zeugenbeweis (*baiyina ʿādala*) oder bei Geständnis (*iʿtirāf*) oder bei der *qasāma* (fünfzigfachem Eid), falls sie obliegt. Die Verwandten schwören 50 Eide und haben Anrecht auf das Blut (i. S. v. Wiedervergeltung). Bei Vorsatz schwören nicht weniger als zwei Männer, und durch die *qasāma* wird nicht mehr als ein Mann getötet. Die *qasāma* obliegt, wenn der Verstorbene (*al-maiyit*) sagte: „Mein Blut wurde von Soundso vergossen.“, oder wenn (nur) ein Zeuge der Tötung (*al-qatl*) vorhanden ist oder wenn es zwei Zeugen der zunächst dergestalt überlebten Verletzung (*al-ǧarḥ*), dass danach noch gegessen und getrunken wurde, gibt. Wenn die Blut-Ankläger (*muddaʿū ad-dam*) indes zurückweichen, schwören die Beklagten (*al-muddaʿā ʿalaihim*) 50 Eide; und falls sich unter seinen Verwandten (*min wulātihi*) niemand findet, der mit dem Beklagten (*al-muddaʿā ʿalaihi*) schwört, muss er alleine 50 Eide schwören. Und wenn eine Gruppe der Tötung angeklagt ist, muss ein jeder 50 Eide leisten; vgl. ebd., S. 88f. Der fünfzigfache Eid wird von den Mālikiten somit klageerhebend und -bekräftigend verstanden.
388 Vgl. ebd., S. 89.

oder Frauen, bei Fahrlässigkeit gemäß dem, was sie vom Blutgeld erben; und falls dabei ein Eid (gemäß dem Erbrecht) in Bruchteile zerfällt, schwört ihn derjenige mit dem größten Anteil an ihm.[389] Und falls nur ein Teil der Erben des Blutgeldes für Fahrlässigkeit (d. h. für die fahrlässige Tötung) anwesend ist, gibt es keinen anderen Ausweg, als dass er alle Eide schwört, danach schwört derjenige, der nach ihm kommt, gemäß seinem Anteil an der Erbschaft.[390] Im Kontext der Grenzstrafen (*al-ḥudūd*) verweist der Autor der *Risāla* noch auf einen zu beachtenden Sonderfall. So fällt die Erbschaft des Apostaten (*mīrāṯ al-murtadd*) stets an die Gemeinschaft der Muslime (*li-ğamāʿat al-muslimīn*).[391] Als Apostat gilt diejenige männliche oder weibliche Person, die vom Islam abfällt und nicht innerhalb einer dreitägigen Frist Reue zeigt, in welchem Falle dem Rechtsgelehrten zufolge die Todesstrafe zu verhängen ist.[392]

Ibn Abī Zaid al-Qairawānī erklärt in seinem Kapitel zu den Erbteilen des Weiteren, dass all jene, die keinesfalls erben, keinen Erben ausschließen: „*Wa-kullu man lā yariṯu bi-ḥālin falā yaḥğubu wāriṯan.*“[393] Dies bezieht sich auf durch jedwedes Erbhindernis Ausgeschlossene. Der Rechtswissenschaftler und Orientalist Edmond Fagnan merkt hierzu in seiner Übersetzung der *Risāla* aus dem Jahr 1914 an, dass es fünf Fälle gibt, in denen die reine Präsenz nichterbender halbbürtiger Brüder mütterlicherseits zu einem partiellen oder kompletten Ausschluss anderer potentieller Erben führen kann:

> „Tel est le principe; mais il y a cinq cas où les frères utérins, sans hériter eux-mêmes, sont une cause d'exclusion totale ou partielle: 1ᵉ en concours avec la mère et l'aïeul, leur présence réduit la mère au sixième, mais ils sont primés par l'aïeul et n'héritent pas; 2ᵉ en concours avec les père et mère, leur présence réduit la mère au sixième, mais, primés par le père, ils n'héritent pas; 3ᵉ dans le cas *ḥimâriyya*[[394]] quand il y

[389] Vgl. Ibn Abī Zaid al-Qairawānī: Ar-risāla, S. 89.
[390] Vgl. ebd., S. 89.
[391] Vgl. ebd., S. 92.
[392] Vgl. ebd., S. 92.
[393] Ebd. S. 104.
[394] Im Fall namens *al-ḥimarīya* („die Eselei“) gibt es einen Ehemann, eine Mutter, zwei vollbürtige Brüder sowie zwei halbbürtige Brüder mütterlicherseits; die koranischen Erben schöpfen dabei die Erbmasse voll aus, so dass kein Rest für die vollbürtigen Brüder als agnatische Resterben übrig bleibt, woraufhin der Kalif ʿUmar (gest. 644), nach anfänglicher Verneinung ihrer Beschwerde, ihnen schließlich aufgrund der gleichfalls durch die Mutter vermittelten Verwandtschaft zum Erblasser zugestand, das Drittel der halbbürtigen Brüder mütterlicherseits egalitär mit ihnen zu teilen, vgl. Coulson, Noel James: A History

 © Frank & Timme Verlag für wissenschaftliche Literatur

a un aïeul; 4e dans le cas *mâlikiyya*: époux, mère, deux frères utérins, un consanguin, un aïeul; les frères n'héritent pas, mais réduisent la mère à un sixième; 5e dans le cas *mo'àdda*[395] [...]: un frère germain, un consanguin, un aïeul; le second est exclu."[396]

Der Themenkomplex der Nichterbberechtigungen, Ausschlüsse und Erbhindernisse des 39. Kapitels der *Risāla* greift schließlich noch die Frage der Erbberechtigung von Ehepartnern auf, deren Ehe sich in der Auflösung befindet. Der Rechtsgelehrte beginnt mit besonderen erbrechtlichen Bestimmungen für den Fall der Todeskrankheit. Die in Krankheit (*fi-l-maraḍ*) dreifach Verstoßene (*al-muṭallaqa ṯalāṯan*) beerbt ihren Ehemann (*zauǧuhā*), wenn er an seiner Krankheit stirbt, er hingegen beerbt sie nicht.[397] Und desgleichen gilt, wenn die Verstoßung (*aṭ-ṭalāq*) nur einfach ist und er an jener Krankheit nach der Wartezeit (*al-ʿidda*) stirbt.[398] Hierdurch wird verhindert, dass eine Ehefrau als koranische Erbin durch die einseitige Verstoßung des Ehemannes faktisch – z. B. zugunsten Kinder aus einer anderen Ehe oder anderer Ehefrauen – enterbt wird.

Anschließend wendet sich der Autor der regulären Eheauflösung zu. Er legt dar, dass, wenn der Gesunde (*aṣ-ṣaḥīḥ*) seine Frau (*imraʾatuhu*) mit einer einfachen Verstoßung verstößt, es dann den beiden während der Wartezeit (*al-ʿidda*) obliegt, sich gegenseitig, für was es auch sei, zu beerben.[399] Doch wenn sie endet, gibt es keine Erbschaft mehr zwischen ihnen beiden nach ihr.[400] Somit dauert die durch die Ehe begründete gegenseitige Erbberechtigung auch noch während der Wartezeit nach der einfachen Verstoßung, welche den erwünschten Regelfall darstellt, fort. Dies erscheint folgerichtig, da die eheliche Beziehung während der sich der einfachen – sc. widerrufbaren – Verstoßung anschließenden Wartezeit jederzeit wieder aufgenommen und dadurch fortgesetzt werden kann.

Die bereits erwähnte Todeskrankheit wirkt sich indes nicht nur auf die Erbschaft im Zuge einer während ihr erfolgten Verstoßung aus. Auch wer während seiner Krankheit eine Frau heiratet, wird nicht von ihr beerbt und beerbt sie gleichfalls

of Islamic Law. London: AldineTransaction, 2011, S. 25. Es greift also das Prinzip, das Ibn Abī Zaid al-Qairawānī unter dem Namen *al-muštarika* („die Teilhabe") beschrieben hat.

395 *Al-muʿādda* („das Teilen").

396 Ibn Abou Zeyd Kayrawani; Fagnan (Übers.): Risala ou traité abrégé, S. 222f., Fn. 6.

397 Vgl. Ibn Abī Zaid al-Qairawānī: Ar-risāla, S. 104.

398 Vgl. ebd., S. 104.

399 Vgl. ebd., S. 104.

400 Vgl. ebd., S. 104.

nicht.[401] Beide Fälle werden von Ibn Abī Zaid al-Qairawānī desgleichen im 32. Kapitel der *Risāla*, welches sich u. a. dem Eherecht annimmt, behandelt. Seine diesbezüglichen Ausführungen sind in das den Erbansprüchen der Ehepartner gewidmete UNTERKAPITEL 4.1 der vorliegenden Schrift integriert. Dort wird ausgeführt, dass eine derartige nicht statthafte Ehe – ohne gegenseitige Erbberechtigung – aufgelöst wird; bei bereits erfolgtem Vollzug steht der Frau allerdings ein priorisierter Anspruch auf ihr Brautgeld aus dem Vermächtnisdrittel zu. Eine solche doppelte Erwähnung erscheint plausibel, da auch der Verfasser der *Risāla* diese Normen nicht nur im Zuge der an dieser Stelle dargelegten Bestimmungen zu Nichterbberechtigten anführt, und sie thematisch sowohl in den Kontext der ehelichen Erbansprüche wie auch der negierten Erbansprüche passen.

4.6 Die Großeltern und fernere Aszendenten

Die Ausführungen in der Epistel wenden sich als nächstes den entfernteren linearen Aszendenten der Mutter- und Vaterseite, beginnend mit den potentiellen weiblichen Erbberechtigten, zu. Die Großmutter mütterlicherseits (*al-ğadda li-l-umm*) erbt ein Sechstel, ebenso diejenige väterlicherseits (*li-l-ab*).[402] Die Erbberechtigung der Großmutter mütterlicherseits wird auf eine Entscheidung des Propheten Muḥammad (gest. 632) zurückgeführt, während die Erbberechtigung der Großmutter väterlicherseits daraus mittels Analogieschluss (*al-qiyās*) abgeleitet wird.[403]

Bei ihrer beider Zusammentreffen wird das Sechstel zwischen ihnen beiden geteilt, außer wenn diejenige mütterlicherseits vom Grad (*bi-daraǧa*) her (dem Erblasser) näher steht; denn dann hat sie Vorrang, weil sie es ist, die in einem der heiligen

---

[401] Vgl. Ibn Abī Zaid al-Qairawānī: Ar-risāla, S. 104.
[402] Vgl. ebd., S. 104.
[403] Vgl. Ābī al-Azharī, al-: Aṯ-ṯamar ad-dānī, S. 423.

 © Frank & Timme Verlag für wissenschaftliche Literatur

Texte (*an-naṣṣ*)[404] erwähnt wird.[405] Wenn jedoch diejenige väterlicherseits die nähere von den beiden ist, wird das Sechstel zwischen ihnen beiden (trotzdem) hälftig geteilt.[406]

Es erben gemäß Mālik b. Anas (gest. 795) überdies nicht mehr als zwei Großmütter (zugleich): die Mutter des Vaters (*umm al-ab*) und die Mutter der Mutter (*umm al-umm*), sowie ihrer beider Mütter (*ummuhātihimā*) an ihrer statt.[407] Es wird indes von Zaid b. Ṯābit (gest. 665) berichtet, dass er drei Großmütter (gleichzeitig) erben ließ: eine seitens der Mutter und zwei seitens des Vaters, nämlich die Mutter des Vaters sowie die Mutter des Vaters des Vaters (*umm ab al-ab*).[408] Ibn Abī Zaid al-Qairawānī bezieht hierzu jedoch Stellung, indem er bemerkt, dass es bei den (vier)[409] Kalifen nicht beobachtet wurde, dass mehr als zwei Großmütter erben.[410]

Es lässt sich also resümieren, dass manche Großmütter bzw. an ihrer statt Urgroßmütter usw. als Anteilserbinnen einer festgelegten Erbquote von insgesamt maximal einem Sechstel der für die Erben vorgesehenen Hinterlassenschaft berufen sein können. Allerdings gilt es dabei festzuhalten, dass nicht per se eine jede Großmutter, Urgroßmutter usw. als solche Anteilserbin in Frage kommt. Wie bereits zuvor ausgeführt, erbt die Mutter des Vaters der Mutter, also die Mutter des kognatischen Großvaters, niemals und die Mutter des agnatischen Großvaters

---

404 Fagnan verweist in seiner Übersetzung auf eine Überlieferung, welche im *Muwaṭṭa'* (Der geebnete Pfad) des eponymen Gründervaters der mālikitischen Rechtsschule Mālik b. Anas (gest. 795) verzeichnet ist, vgl. Ibn Abou Zeyd Kayrawani; Fagnan (Übers.): Risala ou traité abrégé, S. 223, Fn. 3. Selbiger Verweis findet sich auch im Kommentar von al-Ġumārī, vgl. Ġumārī, al-: Masālik ad-dalāla, S. 394. Siehe ergänzend auch Mālik b. Anas: Kitāb al-muwaṭṭa' li-l-imām Mālik b. Anas 179–95 H. Bi-riwāyat Yaḥyā b. Yaḥyā b. Kaṯīr al-Laiṯī al-Qurṭubī al-mutawaffā sanat 243 H. [Buch des geebneten Pfades des Imams Mālik b. Anas 179–95 H. In der Überlieferung von Yaḥyā b. Yaḥyā b. Kaṯīr al-Laiṯī al-Qurṭubī gest. im Jahr 243 H.]. Hrsg. von Naǧīb Māǧidī. Beirut: Al-Maktaba al-ʿAṣrīya, 2012, S. 290f.

405 Vgl. Ibn Abī Zaid al-Qairawānī: Ar-risāla, S. 104.

406 Vgl. ebd., S. 104.

407 Vgl. ebd., S. 104f.; ergänzend dazu vgl. Ābī al-Azharī, al-: Aṯ-ṯamar ad-dānī, S. 423.

408 Vgl. Ibn Abī Zaid al-Qairawānī: Ar-risāla, S. 105.

409 Vgl. Ābī al-Azharī, al-: Aṯ-ṯamar ad-dānī, S. 423. Gemeint sind hiermit die ersten vier Kalifen nach dem Tod Muḥammads: Abū Bakr aṣ-Ṣiddīq (gest. 634), ʿUmar b. al-Ḫaṭṭāb (gest. 644), ʿUṯmān b. al-ʿAffān (gest. 656) und ʿAlī b. Abī Ṭālib (gest. 661), welche von den Sunniten als die vier rechtgeleiteten Kalifen (*al-ḫulafā' ar-rāšidūn*) bezeichnet werden.

410 Vgl. Ibn Abī Zaid al-Qairawānī: Ar-risāla, S. 105.

wird durch selbigen wie auch durch den Vater des Verstorbenen[411] ausgeschlossen. Ferner billigen die Mālikiten das ggf. zu teilende Sechstel maximal zwei Großmüttern zugleich zu, welches die Großmütter mütterlicherseits und väterlicherseits auf gleicher Erbstufe egalitär unter sich aufteilen. Hinsichtlich eines möglichen Ausschlusses aufgrund der Verwandtschaftsnähe ist zwischen der weiblichen und der männlichen Linie zu differenzieren. Hierbei schließt die nähere Großmutter der Mutterseite nicht nur die entferntere Großmutter der Mutterseite, sondern zugleich auch die entferntere Großmutter der Vaterseite aus, während diese im umgekehrten Falle mit der entfernteren Großmutter der Mutterseite (bei Nichtexistenz einer näher verwandten Großmutter der Mutterseite) weiterhin mit ihr teilen muss. Diese Besonderheit ist nicht als eine unerwartete, punktuelle Präferenz der kognatischen gegenüber der agnatischen Linie zu deuten, sondern fußt einzig auf dem *sunna*-basierten Nachweises des Erbteils der Großmutter mütterlicherseits, welchem mehr Gewicht beigemessen wird als der mittels Analogieschluss daraus abgeleiteten Erbberechtigung der Großmutter väterlicherseits. Des Weiteren werden, wie den am Ende von UNTERKAPITEL 4.2 aus dem *Muḫtaṣar* ergänzten Informationen zu entnehmen ist, sowohl die Großmutter mütterlicher- als auch väterlicherseits durch die Mutter und die Großmutter väterlicherseits zusätzlich auch durch den Vater vollständig vom Erbe ausgeschlossen.

Hinsichtlich der Erbschaft des Großvaters (*al-ǧadd*)[412] besagt die *Risāla*, dass ihm, wenn er alleine ist (*infarada*), das (gesamte) Vermögen zusteht, und dass ihm neben dem männlichen Kind (*al-walad aḏ-ḏakar*) – des Erblassers – oder neben dem männlichen Kind des Sohnes (*walad al-walad aḏ-ḏakar*) – des Erblassers – ein Sechstel zukommt.[413] Und falls er mit einem anderen der Anteilserben (*aḥad min ahl as-sihām*) als den Brüdern (*al-iḫwa*) und Schwestern (*al-aḫawāt*) teilt, dann ist für ihn ein Sechstel bestimmt, und wenn noch etwas vom Vermögen übrig bleibt, steht es ihm (zusätzlich) zu.[414] Doch wenn neben den Anteilserben

[411] Siehe dazu die Überlegungen zum möglicherweise fehlerhaften Wortlaut sowie der Bedeutung der entsprechenden Passage der *Risāla* in UNTERKAPITEL 4.5 der vorliegenden Schrift.

[412] Gemeint ist hiermit der Großvater väterlicherseits (*al-ǧadd li-ab*) oder alternativ ein anderweitiger linearer männlicher agnatischer Vorfahre, vgl. Ābī al-Azharī, al-: Aṯ-ṯamar addānī, S. 423. Es wurde bereits in UNTERKAPITEL 4.5 dargelegt, dass hingegen der Großvater mütterlicherseits (*al-ǧadd li-umm*) niemals erbberechtigt ist, ebenso wenig wie die Mutter des Vaters der Mutter.

[413] Vgl. Ibn Abī Zaid al-Qairawānī: Ar-risāla, S. 105.

[414] Vgl. ebd., S. 105.

 © Frank & Timme Verlag für wissenschaftliche Literatur

Geschwister (*iḫwa*)[415] vorhanden sind, dann hat der Großvater[416] die freie Wahl (*muḫaiyar*) zwischen drei Wegen (*auǧuh*), von denen er denjenigen nehmen kann, der ihm eine Wohltat erweist – d. h. der für ihn am günstigsten ist: Sei es die Teilhaberschaft mit den Geschwistern (*m[u]qāsama*[417] *al-[i]ḫwa*[418]), ein Sechstel vom Hauptvermögen (*as-sudus min ra᾽s al-māl*) oder ein Drittel von dem, was übrig bleibt – d. h. von der Resterbschaft.[419] Falls es indes neben ihm niemanden außer den Geschwistern (*ġair al-iḫwa*) gibt, dann teilt er mit einem Bruder (*aḫ*) oder zwei Brüdern (*aḫawain*) oder ihnen beiden gleichkommend vier Schwestern (*῾adlahumā arba῾a aḫawāt*), und wenn es mehr sind, bekommt er ein Drittel (*aṯ-ṯuluṯ*).[420] So erbt er ein Drittel neben Geschwistern (*ma῾a al-iḫwa*), außer wenn die Teilhaberschaft (*al-muqāsama*) ihm eine (größere) Wohltat erweist.[421]

Und die halbbürtigen Geschwister väterlicherseits (*al-iḫwa li-l-ab*) sind neben ihm bei Nichtexistenz von vollbürtigen (*aš-šaqā᾽iq*) wie vollbürtige (*ka-š-šaqā᾽iq*). Und wenn sie[422] zusammentreffen, teilen die Vollbürtigen (gemeinsam) mit denjenigen Halbbürtigen väterlicherseits mit ihm (*῾āddahu*) und hindern ihn so mit ihnen daran, die Fülle der Erbschaft zu nehmen; dann setzen sie sich dabei gegen sie, d. h. die Halbbürtigen väterlicherseits, welche sie ausschließen, durch, außer wenn neben dem Großvater (nur) eine vollbürtige Schwester existiert, welche einen halbbürtigen Bruder väterlicherseits, eine halbbürtige Schwester väterlicherseits oder einen halbbürtigen Bruder sowie eine halbbürtige Schwester väterlicherseits hat, denn dann nimmt sie ihre Hälfte von dem, was vorhanden ist,

415 Gleich welchen Geschlechts und egal ob vollbürtig oder halbbürtig väterlicherseits, vgl. Ābī al-Azharī, al-: Aṯ-ṯamar ad-dānī, S. 424.

416 Siehe zur erbrechtlichen Stellung des agnatischen Großvaters neben vollbürtigen oder halbbürtigen Brüdern väterlicherseits innerhalb der verschiedenen sunnitischen Rechtsschulen und anderen islamischen Strömungen auch Cilardo: Studies, S. 1–32.

417 Die im Text angeführte Vokalisierung mit „a" als *maqāsama* (Teilhaberschaft) scheint falsch, da auch in der Folge von *al-muqāsama* mit „u" die Rede ist, vgl. Ibn Abī Zaid al-Qairawānī: Ar-risāla, S. 105.

418 In der herangezogenen Ausgabe der *Risāla* fälschlicherweise mit „u" vokalisiert; siehe die korrekte Schreibweise bei Ābī al-Azharī, al-: Aṯ-ṯamar ad-dānī, S. 424.

419 Vgl. Ibn Abī Zaid al-Qairawānī: Ar-risāla, S. 105.

420 Vgl. ebd., S. 105.

421 Vgl. ebd., S. 105.

422 D. h. der agnatische Großvater sowie vollbürtige und halbbürtige Brüder väterlicherseits.

und überlässt ihnen[423], was verbleibt.[424] Diese Fallkonstruktion firmiert, obgleich von Ibn Abī Zaid al-Qairawānī nicht explizit erwähnt, auch unter der Bezeichnung *al-muʿādda* („das Teilen"). Die Teile werden dabei zunächst theoretisch für jegliche Geschwister und den Großvater egalitär berechnet, dann erhält der Großvater den dergestalt reduzierten Teil und die vollbürtigen Geschwister bekommen größere Teile, da die halbbürtigen Geschwister väterlicherseits praktisch von ihnen regulär ausgeschlossen werden.

Ferner wird für die Töchter neben dem Großvater, d. h. auf seine Kosten, nichts gemehrt, außer bei ihrem Alleinsein im Falle namens *al-ġarrāʾ* („die Edle"), den der Verfasser erst am Endes des Kapitels der *Risāla* zu den Erbteilen erörtert und mit dessen Hilfe dort die Quotenminderung illustriert wird: „[…] *wa-lā yurbā li-l-aḫawātī maʿa al-ǧaddi illā fi-l-ġarrāʾi waḥdahā wa-sanaḏkuruhā baʿada hāḏā.*"[425] Die Einzelheiten dieses erbrechtlichen Sonderfalles werden entsprechend auch in der vorliegenden Schrift erst im UNTERKAPITEL 4.8 behandelt.

4.7 Das Klientelverhältnis

Zuvor wird, dem Aufbau der *Risāla* folgend, das Klientelverhältnis und seine Rolle innerhalb des mālikitischen Erbrechts thematisiert. Die diesbezüglichen Bestimmungen des klassisch-islamischen Erbrechts entfalten, wie bereits in UNTERKAPITEL 3.2 dargelegt, aufgrund der Abschaffung bzw. des Wegfalls der Sklaverei in der Moderne keine Relevanz mehr und sind somit für die zeitgenössischen Gesetzgebungen obsolet. Für das historische Verständnis der Erbrechtsstruktur gemäß mālikitischem *fiqh* sind sie dagegen durchaus bedeutsam.

Es erbt der oberste Patron eines freigelassenen Sklaven (*al-maulā al-aʿlā*), wenn er alleine ist, die Gesamtheit des Vermögens, sei er ein Mann oder eine Frau.[426] Und falls es neben ihm einen Anteilserben (*ahl sahm*) gibt, ist für den Patron das, was nach den Anteilserben übrig bleibt, vorgesehen.[427] Jedoch erbt der Patron

[423] D. h. den halbbürtigen Geschwistern väterlicherseits, nach Abzug des Teils für den Großvater.
[424] Vgl. Ibn Abī Zaid al-Qairawānī: Ar-risāla, S. 105.
[425] Ebd., S. 105.
[426] Vgl. ebd., S. 105.
[427] Vgl. ebd., S. 105.

© Frank & Timme Verlag für wissenschaftliche Literatur

nicht neben agnatischen Resterben (*al-ʿaṣaba*).[428] Dem obersten Patron fällt somit eine dem agnatischen Resterben vergleichbare Rolle zu, da er in Abwesenheit ehe- und abstammungsbedingter Anteilserben sowie bei deren Nichtausschöpfung der Erbmasse anstelle der nichtvorhandenen Resterben berufen ist.[429] „Der Freilassende, Mann oder Frau, bleibt mit dem ehemaligen Sklaven durch das erbliche Band des *walāʾ* verbunden, das eine Art künstliche Verwandtschaft etabliert."[430] Und er setzt sein Recht gegen die Kognaten (*ḏawū al-arḥām*), für welche kein Anteil (*sahm*) im angesehenen und erhabenen Buch Gottes vorgesehen ist, durch.[431] Denn niemand von den Kognaten erbt, außer demjenigen, für den ein Anteil im Buch Gottes vorgesehen ist.[432] Anders als die übrigen Rechtsschulen erkennen die Mālikiten somit bei Nichtexistenz von Agnaten die der künstlichen Resterbschaft (*al-ʿaṣaba as-sababīya*) bzw. der Staatskasse (*bait al-māl*) vorangestellte Ansprüche der uterinen Erben ohne koranische Erwähnung nicht an.[433]

Oßwald kommentiert den *walāʾ* folgendermaßen:

> „Ursprünglich ein Mechanismus, um Fremde in das Verwandtschaftssystem eines Stammes zu integrieren, vermitteln die späteren Rechtsbücher den Eindruck, daß es hier im wesentlichen nur noch darum geht, daß der Ober-*maulā* den Freigelassenen beerben kann […]. Diese Chance, das Erbe seines Freigelassenen anzutreten spielt jedenfalls eine überraschend wichtige Rolle."[434]

Die erbliche *walāʾ*-Bindung und die aus ihr resultierende Erbberechtigung des Freilassenden und seiner Nachkommen gegenüber dem Freigelassenen und dessen Nachkommen war daher durchaus Gegenstand von Rechtsstreitigkeiten.[435] Im 35. Kapitel der *Risāla* über die Vermächtnisse, den beim Tod des Herren freizulassenden Sklaven, den sich durch Vertrag selbst freikaufenden Sklaven, den Freigelassenen, die Kindsmutter sowie das Klientelverhältnis (*al-waṣāyā wa-l-*

---

428 Vgl. Ibn Abī Zaid al-Qairawānī: Ar-risāla, S. 105.
429 Vgl. Oßwald: Sklavenrecht, S. 196.
430 Ebd., S. 196. [Hervorhebungen im Original].
431 Vgl. Ibn Abī Zaid al-Qairawānī: Ar-risāla, S. 105.
432 Vgl. ebd., S. 105f.
433 Siehe zur ḥanafitischen, ḥanbalitischen und mehrheitlichen šāfiʿitischen Befürwortung der Erbberechtigung der *ḏawū al-arḥām* und ihrer jeweiligen Umsetzung Ebert: Das Erbbrecht, S. 120–124. Für einen Überblick über die gänzlich unterschiedliche erbrechtliche Konzeption der 12er Schiiten sei abermals auf Ebert; Heilen: Islamisches Recht, S. 183–185 verwiesen.
434 Oßwald: Sklavenrecht, S. 197. [Hervorhebungen im Original].
435 Vgl. Oßwald, Rainer: Sklavenhandel und Sklavenleben zwischen Senegal und Atlas. Würzburg: Ergon, 2016, S. 154, 178f., 186 und 354f.

mudabbar wa-l-mukātab wa-l-muʿtaq wa-umm al-walad wa-l-walāʾ) führt Ibn Abī Zaid al-Qairawānī dazu detailliert aus: Das Klientelverhältnis (*al-walāʾ*) geht an die am nächsten stehenden (*li-l-aqʿad*) agnatischen Resterben (*ʿaṣaba*) des ersten Verstorbenen, und wenn er zwei Söhne hinterlässt, erben beide das Klientelverhältnis des *maulā* ihrer beiden Vaters, sofern dann einer der beiden stirbt und Söhne hinterlässt, kehrt das Klientelverhältnis gänzlich zu seinem Bruder ohne Berücksichtigung seiner Söhne zurück; doch wenn einer einen Sohn und der andere zwei Söhne hinterlassend stirbt, dann wird das Klientelverhältnis zwischen den Dreien gedrittelt.[436] Oßwald verweist jedoch auch darauf, dass das Klientelverhältnis des Weiteren für den blutrechtlichen Sippenverband (*al-ʿāqila*), der an der Zahlung des Blutgeldes (*ad-diya*) für fahrlässige Tötungs- und Körperverletzungsdelikte ab einer Höhe von mehr als einem Drittel des vollen Blutgeldes beteiligt wird, von Bedeutung ist.[437] Diese Beistandsverpflichtung ist indes gegenseitig, während die Erbberechtigung unilateral den Freilassenden und seine Nachkommen begünstigt.[438] „Der Freigelassene kann vom ehemaligen Herren grundsätzlich nichts erben."[439]

Ibn Abī Zaid al-Qairawānī schließt im 39. Kapitel seiner *Risāla* über die Erbteile (*al-farāʾiḍ*) die Ausführungen zum Erbprivileg des obersten Patrons eines freigelassenen Sklaven mit dem Hinweis darauf, dass die Frauen (*an-nisāʾ*), außer von demjenigen, den sie freigelassen haben oder von demjenigen, den der, den sie freigelassen haben, durch Geburt oder Freilassung nach sich gezogen hat, nicht aufgrund des Klientelverhältnisses (*al-walāʾ*) erben, ab.[440] „Vererbt werden kann der *walāʾ* nur an männliche Agnaten, an Frauen fällt er aber zunächst immer dann, wenn diese selbst die Freilassung vornehmen."[441] Ergänzende Hinweise finden sich zugleich noch im bereits erwähnten 35. Kapitel der *Risāla*. Auch dort heißt es: Das Klientelverhältnis über das, was sie selbst freigelassen hat, steht der Frau (*al-marʾa*) zu, sowie das Klientelverhältnis desjenigen, der als Kind oder Sklave

436 Vgl. Ibn Abī Zaid al-Qairawānī: Ar-risāla, S. 85.
437 Vgl. Oßwald: Sklavenrecht, S. 196.
438 Vgl. Oßwald: Sklavenhandel und Sklavenleben, S. 360.
439 Oßwald: Sklavenrecht, S. 197.
440 Vgl. Ibn Abī Zaid al-Qairawānī: Ar-risāla, S. 106.
441 Oßwald: Sklavenrecht, S. 197.

 © Frank & Timme Verlag für wissenschaftliche Literatur

mitgezogen von ihr befreit wird; doch sie beerbt nicht, was von einem anderen als ihr, wie vom Vater, Sohn oder Ehemann o. ä., freigelassen wurde.[442]

Dem 35. Kapitel der *Risāla* ist ferner zu entnehmen, dass die Erbschaft des sog. *as-sā'iba* an die Gemeinschaft der Muslime fällt.[443] Hierbei handelt es sich um einen freigelassenen Sklaven ohne Patron.[444] „By the master declaring his slave lika a *sâ'iba*, a female camel left to wander free."[445] Laut dem Kommentator al-Ābī al-Azharī handelt es sich hierbei jedoch um eine verpönte Form der Freilassung; sie erfolgt mittels der Formulierungen „Du bist unbeschränkt frei." (*anta ḥurr musaiyabb*) oder „Du bist eine freie Kamelstute." (*anta sā'iba*).[446]

4.8 Die Quotenkürzung

Das 39. Kapitel der *Risāla* zu den Erbteilen (*al-farā'iḍ*) endet schließlich mit Hinweisen zur anteiligen Quotenkürzung (*al-'aul*) für den Fall, dass die Summe der festgesetzten Erbteile größer als eins ist. Die Mālikiten folgen, wie Ebert erläutert, der Auffassung des oben bereits erwähnten Prophetensekretärs Zaid b. Ṯābit, welcher jedwede Quotenerhöhung (*ar-radd*) im gegenteiligen Falle der Nichtausschöpfung eines Überschusses aus der Hinterlassenschaft durch koranische Quotenerben bei gleichzeitigem Fehlen von agnatischen Resterben ablehnt, so dass ein solcher Überschuss – sofern historisch betrachtet auch keine künstliche Resterbschaft aus einem Klientelverhältnis zum Tragen kommt – an die Staatskasse (*bait al-māl*) fällt.[447] Es sei jedoch angemerkt, dass diese mālikitische Position indessen in der jüngeren Vergangenheit in Tunesien (19.06.1959) und Marokko (29.10.1962) nach der jeweils ursprünglichen Kodifizierung der gängigen mālikitischen Haltung qua Gesetzesänderungen zugunsten der 'uṯmanischen Auffassung

442 Vgl. Ibn Abī Zaid al-Qairawānī: Ar-risāla, S. 85.
443 Vgl. ebd., S. 85.
444 Vgl. Ibn-Abî-Zayd al-Qayrawânî, 'Abdallâh; Kenny, Joseph (Übers.): The Risâla. Treatise on Mâlikî Law of 'Abdallâh Ibn-Abî-Zayd al-Qayrawânî (922–996). An annotated translation by Joseph Kenny. Minna: Islamic Education Trust, 1992, S. 155.
445 Ibn-Abî-Zayd al-Qayrawânî; Kenny (Übers.): The Risâla, S. 155f., Fn. 14. [Hervorhebung im Original].
446 Vgl. Ābī al-Azharī, al-: Aṯ-ṯamar ad-dānī, S. 361.
447 Vgl. Ebert: Das Erbrecht, S. 119. Dort finden sich auch Hinweise auf gegenteilige Auffassungen der frühen Kalifen 'Umar und 'Alī bzw. 'Uṯmān, dass eine Quotenerhöhung unter Ausschluss bzw. Berücksichtigung der Ehepartner zulässig sei, auf die in anderen sunnitischen Rechtsschulen rekurriert wird.

der Zulässigkeit einer Quotenerhöhung für koranische Erben inklusive der Ehepartner aufgegeben wurde.[448]

Im Kontext der Quotenkürzung wird von Ibn Abī Zaid al-Qairawānī auch der im UNTERKAPITEL 4.6 bereits erwähnte Sonderfall namens *al-ġarrā'* wieder aufgegriffen. Falls derjenige, für den ein festgesetzter Anteil (*sahm maʿlūm*) im Buch Gottes vorgesehen ist, (mit anderen) zusammentrifft und dies mehr vom Vermögen ausmacht, als vorhanden ist, kommt der Verlust (*aḍ-ḍarar*) über sie alle.[449] Es wird dazu die festgesetzte Erbquote (*al-farīḍa*) im Umfang ihrer Anteile (*sihāmuhum*) geteilt.[450]

Jedoch wird die Quote nicht zugunsten der Schwester neben dem Großvater gemindert (*lā yuʿālu*), außer in dem *al-ġarrā'* („die Edle")[451] genannten Falle alleine.[452] Hierbei handelt es sich um eine Frau (*imra'a*), die ihren Ehemann (*zauǧuhā*), ihre Mutter (*ummuhā*), ihre über beide Eltern oder halbbürtig väterlicherseits verwandte Schwester (*uḫtuhā li-abawain au li-ab*) sowie ihren (agnatischen) Großvater (*ǧadduhā*) hinterlässt.[453] Für den Ehemann ist die Hälfte, für die Mutter ein Drittel und für den Großvater ein Sechstel vorgesehen, und da das Vermögen dadurch erschöpft ist (*faraġa*), wird zugunsten der Schwester mit der Hälfte gekürzt (*uʿīla*): Die (auf einen Nenner gebrachten) drei (Sechstel werden dadurch zu drei Neunteln), dann wird der Anteil des Großvaters mit ihrem (zu vier Neunteln) vereint und geteilt wird jenes Ganze zwischen ihnen beiden so,

[448] Vgl. Ebert: Das Erbrecht, S. 119f.

[449] Vgl. Ibn Abī Zaid al-Qairawānī: Ar-risāla, S. 106.

[450] Vgl. ebd., S. 106.

[451] Gemäß Fagnan alternativ auch *al-akdarīya* („die Getrübte") genannt, vgl. Ibn Abou Zeyd Kayrawani; Fagnan (Übers.): Risala ou traité abrégé, S. 226. „Über die Bedeutung des Namens *Akdarīya* findet man verschiedene Ansichten bei den arabischen Gelehrten. Einige z. B. behaupten, die Frage selbst sei *akdar* (d. h. trübe), da sich schon von alters herausgestellt habe, dass darüber grosse Meinungsverschiedenheit möglich sei oder weil die sonst unbedingt geltenden allgemeinen Grundsätze in diesem Falle getrübt würden; andere halten *Akdar* vielmehr für den Namen eines Mannes, dem ʿAbd al-Malik b. Marwān die Entscheidung über diese Erbteilungsfrage vorgelegt hätte. Ausserdem gibt es noch viele andere derartige Erklärungen des Namens *Akdarīya*." Juynboll, Theodoor Willem: Akdarīya. In: Houtsma, Martijn Theodoor; Arnold, Thomas Walker; Basset, René; Hartmann, Richard (Hrsg.): Enzyklopaedie des Islām. Geographisches, ethnographisches und biographisches Wörterbuch der Muhammedanischen Völker im Verein mit hervorragenden Orientalisten, Bd. I. Leiden: Brill, 1913, S. 242. [Hervorhebungen im Original].

[452] Vgl. Ibn Abī Zaid al-Qairawānī: Ar-risāla, S. 106.

[453] Vgl. ebd., S. 106.

 © Frank & Timme Verlag für wissenschaftliche Literatur

dass sie ein Drittel erhält und er zwei Drittel.[454] Daher zerfällt sie, d. h. die Erbquote, in 27 Anteile (*as-sihām*).[455]

Tab. 1: Überblick zum Sonderfall namens *al-ġarrā*ʾ

ERBEN:	ungekürzte Anteile	→	kleinster gemeinsamer Nenner	Quotenkürzung[456]		→	neuer gemeinsamer Nenner[457]
Ehemann	$\frac{1}{2}$	→	$\frac{3}{6}$	$\frac{3}{9}$		→	$\frac{9}{27}$
Mutter	$\frac{1}{3}$	→	$\frac{2}{6}$	$\frac{2}{9}$		→	$\frac{6}{27}$
Großvater[458]	$\frac{1}{6}$	→	$\frac{1}{6}$	$\frac{1}{9}$	$\frac{4}{9}$	→	$\frac{8}{27}$
Schwester[459]	$\frac{1}{2}$	→	$\frac{3}{6}$	$\frac{3}{9}$		→	$\frac{4}{27}$
SUMME:	$1\frac{1}{2}$	→	$\frac{9}{6}$	$\frac{9}{9}$		→	$\frac{27}{27}$

Anders ausgedrückt, und wie in Tabelle 1 veranschaulicht, stellt sich dieser Sonderfall wie folgt dar: Die Summe der Anteile des Ehemannes mit Anspruch auf die Hälfte, der Mutter mit Anspruch auf ein Drittel, des agnatischen Großvaters mit Anspruch auf ein Sechstel und der vollbürtig bzw. halbbürtig väterlicherseits verwandten Schwester mit einem Anspruch auf die Hälfte ist größer als eins, nämlich anderthalb. Während gemäß ḥanafitischer Rechtsauffassung der Großvater als Resterbe die Schwester vollständig ausschließt, so dass die Rechnung aufgeht und er das ihm immer – sofern er nicht selbst ausgeschlossen wird – minimal zustehende Sechstel erhält, vertreten die Mālikiten, wie auch die Šāfiʿiten und Ḥanbaliten, hingegen die Ansicht, dass sowohl der Großvater als auch die Schwester in diesem Fall als Quotenerben berufen sind und es zu einer anteiligen Quotenkürzung (*al-ʿaul*) zulasten aller Quotenerben kommt.[460] Dafür müssen zunächst alle Anteile auf den kleinsten gemeinsamen Nenner gebracht werden,

454 Vgl. Ibn Abī Zaid al-Qairawānī: Ar-risāla, S. 106 und Ibn-Abî-Zayd al-Qayrawânî; Kenny, (Übers.): The Risâla, S. 202.
455 Vgl. Ibn Abī Zaid al-Qairawānī: Ar-risāla, S. 106.
456 D. h. die Summe der Zähler der auf den kleinsten gemeinsamen Nenner gebrachten Brüche ersetzt hierbei den Nenner, wodurch eine anteilige Quotenkürzung erzielt wird.
457 Damit der Großvater und die Schwester ihren gemeinsamen, zu vier Neunteln addierten Anteil untereinander im Verhältnis von 2 : 1 zugunsten des Großvaters teilen können.
458 D. h. der agnatische Großvater.
459 D. h. die vollbürtige Schwester oder die halbbürtige Schwester väterlicherseits.
460 Vgl. Juynboll: Akdarīya, S. 242.

anschließend wird die Summe der Zähler der daraus entstandenen Brüche gebildet und als neuer Nenner eingesetzt. Dadurch wird eine anteilige Kürzung der Erbquoten erreicht. Da nun aber der Großvater und die Schwester im Verhältnis 2 : 1 zugunsten des Großvaters teilen sollen und die Summe ihrer Anteile vier Neuntel ergibt, welche sich nicht ohne Weiteres in diesem Verhältnis aufteilen lassen, wird abermals ein gemeinsamer Nenner aller Anteile in Höhe von 27 gebildet, der die Aufteilung im gewünschten Verhältnis zwischen dem Großvater und der Schwester ermöglicht.

Hiermit endet die Darstellung der erbrechtsrelevanten mālikitischen Normen aus der *Risāla* von Ibn Abī Zaid al-Qairawānī. Im folgenden fünften KAPITEL der vorliegenden Schrift soll jedoch zur Vertiefung der Auseinandersetzung mit dem mālikitischen Erbrecht noch eine weitere, im klassisch-islamischen Rechtskontext praktizierte lokale Rechtspraxis aus Süd-Marokko ergänzt werden, bevor die extrahierten islamischen Erbrechtsnormen mālikitischer Provenienz im sechsten KAPITEL anhand ausgewählter Beispiele im Lichte der aktuellen Reformdebatte im Königreich Marokko betrachtet werden.

© Frank & Timme Verlag für wissenschaftliche Literatur

5. Über regionale Besonderheiten aus dem Azerf

5.1 Tamazzalt bzw. al-kadd wa-s-siʿāya

Die Imazighen (Sg.: *amazigh*) – auch unter der Fremdbezeichnung „Berber“ bekannt – gehören einer der ältesten bekannten Zivilisationen der Menschheitsgeschichte an und besiedelten nachweislich bereits zur Zeit der ägyptischen Pharaonen ein ausgedehntes Gebiet Nordafrikas, das sich von der Mittelmeerküste bis zum Niger-Fluss und vom Atlantik bis zum Nil erstreckte.[461] Doch laut dem bekannten Berberologen und Linguisten Salem Chaker „[…] on est sûr en revanche que le peuplement berbère de l'Afrique du Nord est en place depuis au moins une bonne dizaine de millénaires, en tout cas, bien avant les premiers témoignages de l'Egypte pharaonique.“[462] Die *tamazgha*[463] (ⵜⴰⵎⴰⵣⵖⴰ), also das aktuelle Siedlungsgebiet der Imazighen, umfasst die Staaten Marokko, Algerien, Tunesien, Libyen und Mauretanien sowie den Norden Malis und Nigers, einen Teil des westlichen Ägyptens wie auch die derzeit spanischen Enklaven Ceuta und Melilla und die Kanarischen Inseln.[464]

> „Malgré les multiples invasions étrangères qui se sont succédées au fil des siècles – romaine, vandale, byzantine, arabe, turque, française … –, les Amazighs ont toujours lutté pour préserver leur héritage culturel. Fidèles à leur langue, à leurs coutumes, à leur culture, ils revendiquent encore aujourd'hui une identité qui leur est propre et authentique, mais surtout décorrélée d'une appartenance aux influences occidentales et orientales.“[465]

Bei der hier vorzustellenden *tamazzalt* (ⵜⴰⵎⴰⵣⵣⴰⵍⵜ) handelt es sich um eine lokale gewohnheitsrechtliche Praxis verschiedener Berberstämme, welche von den

461 Vgl. Boudjemaa, Rym; Clément, Camille: Les femmes vont, et les tatouages racontent. De l'inestimable valeur des femmes dans la société amazighe. Villejuife: Taszuri Créations, 2022, S. 6.

462 Chaker, Salem: Mythe d'origine des Berberes. In: Encyclopédie berbère, Bd. 32 (Mgild – Mzab). Aix-en-Provence: Online-Edition (document M152b, mis en ligne le 11 novembre 2020), 2010, o. S. [Abs.-Nr. 3], abrufbar unter: https://doi.org/10.4000/encyclopedieberbere.675 (letzter Zugriff: 02.03.2025).

463 Hierbei handelt es sich um „[…] an indigenized term for the broader Maghreb or northwest Africa, including the Sahel […]“, El Guabli, Brahim: Amazigh Indigeneity and the Remaking of Tamazgha. In: Current History, Vol. 123, Nr. 857 (Dez. 2024), S. 347, abrufbar unter: https://doi.org/10.1525/curh.2024.123.857.347 (letzter Zugriff: 19.04.2025).

464 Vgl. Boudjemaa; Clément: Les femmes S. 6.

465 Ebd., S. 6.

muslimischen Rechtsgelehrten später auf Hocharabisch als *al-kadd wa-s-siʿaya* bezeichnet wird; auch spielt sie in der zeitgenössischen Debatte um die Familien- und Erbrechtsreform im Königreich eine gewisse Rolle, ihre Wurzeln reichen jedoch weit in die marokkanische Rechtsgeschichte zurück.[466] Gerade dieser Umstand macht diese Rechtsinstitution für heutige marokkanische Reformbefürworter so attraktiv. Doch auch jenseits der Grenzen des Königreichs und somit weit außerhalb ihres traditionellen Einflussgebietes erfährt sie in jüngster Vergangenheit Beachtung. So rekurriert inzwischen auch die Azhar-Universität darauf.

5.1.1 Begriffsbestimmungen

Ihren Ursprung hat diese Rechtspraxis im Gewohnheitsrecht (ⴰⵣⵔⴼ / *azerf*)[467] einiger Imazighen-Stämme v. a. im Norden Marokkos, im Gebiet der Ġumāra[468], und im Süden in der Sūs-Region. „Ce droit dont la source est la coutume se transmettait oralement et était conservé dans la mémoire des hommes âgés, en particulier des notables de djemâa (imɣaren, imeqqranen). Il pouvait aussi être fixé à l'écrit […].“[469] Während sie aus dem Norden v. a. historisch überliefert ist, wird sie im Süden noch bis heute praktiziert:

> „Pratique identifiée géographiquement dans le Maroc contemporain à la région du Souss, au sud du Maroc, son champs d'occurrence se trouvait dans le passé dans diverses régions du Maroc rural berbère. Le pays des Ghomara, dans le nord rifain, est avec le Souss les deux régions les plus associées à la pratique de kad wa si'aya.“[470]

466 Das vorliegende Unterkapitel basiert in Teilen auf meinem am 24. Juli 2023 in Leipzig im Rahmen des Symposiums *Arabistische Forschung zu Sprache und Recht* zu Ehren von Kristina Stock, Hans-Georg Ebert und Eckehard Schulz gehaltenen Vortrag *Al-kadd wa-siʿaya. Eine lokale erbrechtliche Praxis aus Süd-Marokko im Spiegel der nawāzil.*

467 Für Aussprache- bzw. Schreibvarianten s. o. Fn. 4.

468 Zum Toponym „Rīf“ und den Ethnonymen „Ġumara“ und „Ǧbāla“ siehe Mezzine, Mohamed: Le passé médiéval du Rif Ghmara, Jbala. Variances et récurrences. Paris: L'Harmattan, 2021, S. 83–97.

469 Abrous, Dahbia: *Qanun* (kabylie). In: Encyclopédie berbère, Bd. 39 (Protohistoire-Quinquegentanei). Aix-en-Provence: Online-Edition (document Q04, mis en ligne le 20 février 2024), 2015, o. S. [Abs.-Nr. 1], abrufbar unter: https://doi.org/10.4000/encyclopedieberbere.4019 (03.04.2025).

470 Mouaqit, Mohammed: Le droit de kad wa si'aya. Anthropologie d'une règle coutumière au Maroc. In: Rachik, Hassan (Hrsg.): Contester le droit. Communautés, familles et héritage au Maroc. Casablanca: Éditions la Croisée des Chemins, 2016, S. 212.

 © Frank & Timme Verlag für wissenschaftliche Literatur

Den gewohnheitsrechtlichen Ursprung dieser Rechtspraxis in den nördlichen wie auch in den südlichen amazighischen Stammesgebieten vor ihrer lokalen Inkorporation in den mālikitischen *fiqh* unterstreichen ergänzend auch die Ausführungen des marokkanischen Rechtswissenschaftlers Ahmed Ghazali, welcher sie darüber hinaus wie folgt charakterisiert:

> „Dans d'autres régions du Maroc […] certains *fuqahâ* locaux ont essayé d'améliorer la condition juridique de la femme en matière patrimoniaux. Suivant en cela des coutumes locales ancestrales, ils ont admis le principe de la valorisation économique de la participation de la femme rurale, par son travail et ses efforts, à la constitution et à l'accroissement des biens familiaux, soit en tant qu'épouse dans ses rapports avec son mari, soit en tant que fille dans ses rapports avec ascendants, soit en tant que mère dans ses rapports avec ses descendants. Cette pratique originale, connue généralement sous le nom d'*al kad wa si'aya*[…], a fait l'objet d'une intégration dans le *fiqh* par des *fuqahâ* des régions de Ghemara[…] et du Souss[…], notamment."[471]

Wie in der Folge noch aufgezeigt werden wird, bezieht sich diese Rechtspraxis nicht allein auf Fragen der Erbschaft, stattdessen können ihre Ursprünge in anderen vermögensrelevanten Fragen identifiziert werden. Doch bevor weiter auf den fachterminologischen Begriffsumfang eingegangen wird, soll zunächst eine sprachliche Begriffsbestimmung erfolgen.

Der berberische Name dieser Praxis lautet *tamazzalt* (ⵜⴰⵎⴰⵣⵣⴰⵍⵜ), dieser Tamazight-Ausdruck kann als „Lohn des Rennens" übersetzt werden. Dieser Begriff stammt aus dem Sūs und leitet sich von dem Verbum *azzl* (ⴰⵣⵣⵍ) ab, was im Arabischen *saʿā* (laufen, sich rasch bewegen, eilen; sich bemühen, anstrengen; [einer Sache] nachjagen)[472] und *ǧarā* (laufen, eilen; [einer Sache] hinterherlaufen, etwas zu gewinnen suchen)[473] entspricht.[474] Auf dieses Verb geht auch das Substantiv *tazzla* (ⵜⴰⵣⵣⵍⴰ; das Rennen) zurück.[475] Die u. g. Fachausdrücke der

---

[471] Ghazali, Ahmed: Femmes et héritage en droit musulman: Quel cheminement vers l'équité au Maroc. In: Benchekroun, Siham (Hrsg.): L'héritage des femmes en islam. Exemple du Maroc. Paris: L'Harmattan, 2021, S. 138.

[472] Vgl. Wehr, Hans: Arabisches Wörterbuch für die Schriftsprache der Gegenwart. Und Supplement. Unter Mitarbeit mehrerer Fachgenossen. Beirut: Librairie du Liban, 1976, S. 375.

[473] Vgl. ebd., S. 108.

[474] Vgl. Kaʿwās, al-Mīlūd: Ḥaqq az-zauǧa fi-l-kadd wa-s-siʿāya. Dirāsa fi-t-turāṯ al-fiqhī al-mālikī. Rabat: Dār al-Amān li-n-Našr wa-t-Tauzīʿ, 2009, S. 19.

[475] Vgl. Ḥusain, al-Mīlkī al-: Niẓām al-kadd wa-s-siʿāya, Bd. 1. Rabat: Maṭbaʿat Dār as-Salām, 1999, S. 14.

marokkanischen Jurisprudenz in arabischer Sprache „*al-kadd wa-s-si ʿāya*" wie auch „*al-ǧirāya*" sind ihrer Bedeutung nach hierauf zurückzuführen.[476]

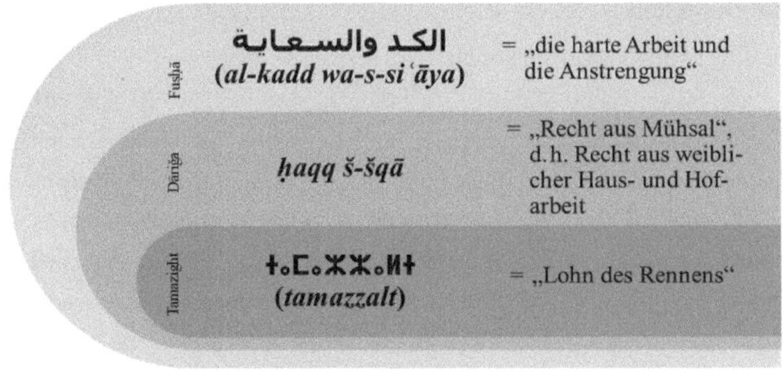

Abb. 2: Begriffsbestimmungen: von *tamazzalt* zu *al-kadd wa-s-si ʿāya*

In dem *ad-dāriǧa* genannten marokkanisch-arabischen Dialekt firmiert diese Praxis auch als *ḥaqq š-šqā*[477], was „das Recht aus Mühsal", im Sinne des „Rechts aus weiblicher Haus- und Hofarbeit", bedeutet. Der marokkanische Jurist al-Mīlkī al-Ḥusain erläutert dazu: „[…] *ʿamila bi-ʿanāʾin wa-mašaqqa, wa-min hunā yusammīhi al-baʿḍ ḥaqq aš-šaqāʾ*."[478] Als Synonym führt der marokkanische Wissenschaftler al-Mīlūd Kaʿwās ergänzend *ḥaqq al-ǧirya* bzw. *ḥaqq al-ǧirāya* (Recht auf Entlohnung) an, wobei die Entlohnung als Metonymie (*kināya*) für das, was die beiden Ehegatten an kumuliertem Vermögensbestand während ihrer beider Ehe, durch den Arbeitsverdienst des Ehemannes außerhalb des Hauses und durch Arbeit der Ehefrau innerhalb und außerhalb dessen, verwirklichen, steht.[479] Hierdurch wird, wie später noch detaillierter besprochen werden wird, eine Art – dem klassischen Islamischen Recht unbekannter – Zugewinngemeinschaft konstituiert, die dem Leser hingegen als Güterstand der Zugewinngemeischaft (§ 1363 BGB)[480] aus dem deutschen Recht vertraut sein dürfte. Als weiteres

476 Vgl. Ḥusain, al-: Niẓām, Bd. 1, S. 14.

477 Die Transkription dialektaler Termini folgt – außer in abweichend verschriftlichten direkten Zitaten – der marokkanischen Aussprache.

478 Ḥusain, al-: Niẓām, Bd. 1, S. 9.

479 Vgl. Kaʿwās: Ḥaqq az-zauǧa, S. 20.

480 „Das jeweilige Vermögen der Ehegatten wird nicht deren gemeinschaftliches Vermögen; dies gilt auch für Vermögen, das ein Ehegatte nach der Eheschließung erwirbt. Der Zugewinn, den die Ehegatten in der Ehe erzielen, wird jedoch ausgeglichen, wenn die Zugewinngemeinschaft endet." Bundesrepublik Deutschland, Bundesministeriums der Justiz

 © Frank & Timme Verlag für wissenschaftliche Literatur

Synonym benennt Kaʿwās noch *ḥarīq al yadd* (das Verbrennen der Hand), was er jedoch – anders als die marokkanische Rechtswissenschaftlerin Raǧāʾ Makkāwī – nicht auf das buchstäbliche Verbrennen der Hände der Ehefrau bei der Haus- und Küchenarbeit zurückführt, sondern als deren metaphorisches Verbrennen bei der außerhäuslichen Feldarbeit verstanden wissen möchte.[481]

Im Hocharabischen (*al-fuṣḥā*) wird dasselbe Phänomen als *al-kadd wa-s-siʿāya* bezeichnet; dieser Ausdruck kann als „die harte Arbeit und die Anstrengung" übersetzt werden. Hierbei handelt es sich gemäß Kaʿwās dem Sprachgebrauch nach um die Konjunktion zweier Synonyme (*ʿaṭf li-mutarādifain*): *Al-kadd* bedeutet seinem etymologischen Ursprung nach die harte Arbeit (*aš-šidda fi-l-ʿamal*), die Anforderung des Erwerbs und des Lebensunterhalts (*ṭalab al-kasb wa-r-rizq*) und das Drängen der Anforderung (*al-ilḥāḥ fi-ṭ-ṭalab*), wohingegen *as-siʿāya* vom Verbum *saʿā* (laufen, sich rasch bewegen, eilen; sich bemühen, anstrengen; [einer Sache] nachjagen) im Sinne von *qaṣada* (erstreben), *ʿamila* (arbeiten), *mašā* (gehen), *namma* (mit Verleumdungen herumgehen) und *kasaba* (erwerben; verdienen; gewinnen; erlangen) abgeleitet ist.[482]

Im fachterminologischen Sinn definiert al-Ḥusain *al-kadd wa-s-siʿāya* als den Rechtsanspruch der Frau an dem mit ihrem Ehemann gemeinsam während des Ehelebens erzeugten und geschaffenen Vermögen: „[…] *ḥaqq al-marʾa fi-ṯ-ṯarwa allatī yunšiʾuhā wa-yukauwinuhā zauǧuhā ḫilāla fatrat al-ḥayāt az-zauǧīya.*"[483] Er führt zu seiner Definition weiter aus, dass dieser Rechtsanspruch der Ehefrau bei Beendigung der ehelichen Verbindung durch ihre Verstoßung oder den Tod des Gatten garantiert, dass die Festsetzung und Berechnung der Gesamtheit des Vermögens, welches ihr Zutun während des Zeitraumes des Ehelebens hervorgebracht hat, vollzogen wird und sie einen Teil davon als Gegenwert für das, was sie an materiellen und ideellen Anstrengungen an der Seite ihres Ehemannes aufgewendet hat, erhält:

---

und Bundesamts für Justiz: Bürgerliches Gesetzbuch in der Fassung der Bekanntmachung vom 2. Januar 2002 (BGBl. I S. 42, 2909; 2003 I S. 738), das zuletzt durch Artikel 9 des Gesetzes vom 16. Juli 2024 (BGBl. 2024 I Nr. 240) geändert worden ist, § 1363, Abs. 2, abrufbar unter: https://www.gesetze-im-internet.de/bgb/ (letzter Zugriff: 22.08.2024).

481 Vgl. Kaʿwās: Ḥaqq az-zauǧa, S. 20.

482 Vgl. ebd., S. 19.

483 Ḥusain, al-: Niẓām, Bd. 1, S. 9.

© Frank & Timme Verlag für wissenschaftliche Literatur

„*Wa-hāḏa al-ḥaqq yaḍmanu li-zauǧa iḏā intahat al-ʿalāqa az-zauǧīya bainahā wa-baina zauǧihā, immā bi-ṭ-ṭalāq au al-wafāt, bi-an yatimma taḥdīd wa-ḥisāb maǧmūʿ aṯ-ṯarwa allatī tamma takwīnuhā ḫilāla fatrat al-ḥayāt az-zauǧīya, fa-taḥṣulu ʿalā ǧuzʾ minhā muqābil mā baḏalthu min maǧhūdāt māddīya wa-maʿnawīya ǧānib zauǧihā.*"[484]

De facto wird somit eine Art ehelicher Zugewinngemeinschaft begründet, welche im klassischen islamischen, d. h. auch im mālikitischen, Eherecht eigentlich nicht vorgesehen ist, denn

> „[d]as Islamische Recht geht von einer prinzipiellen Gütertrennung aus. Regelungen, die eine Gütergemeinschaft ermöglichen oder vorschreiben, entspringen im Allgemeinen nicht der *šarīʿa*, auch wenn bestimmte Veränderungen seit Mitte des 20. Jh. in einigen nordafrikanischen Staaten, so in Bezug auf den Erwerb von Immobilien, erkennbar sind."[485]

Mit Verweis auf den Rechtsbrauch im Sūs (*al-ʿamal as-sūsī*) erweitert Kaʿwās die o. g. Definition von al-Ḥusain, welche einzig auf die Ehefrau beschränkt ist, auf ein jedes Familienmitglied (*fard min afrād al-ʿāʾila*), wenn es gemeinschaftlich im Kreise der Familienmitglieder etwas bewirkt, was das Vermögen des Ehemannes (*māl az-zauǧ*) fördert, so dass es unter ihnen entsprechend der Bemühung eines jeden Einzelnen aufgeteilt wird (*yuqsamu bainahum ḥasaba kadd kull waḥid wa-ǧtihādihi*).[486] Diese Erweiterung inkludiert daher auch Schwestern, Brüder, Kinder sowie ggf. mehrere Ehefrauen.[487] Aufgrund dessen schlägt Kaʿwās vor, dass die Anstrengung (*as-siʿāya*) das Recht des Einzelnen nach dem Tod bzw. der Verstoßung begründet, seinen Anteil am Vermögen seines (Familien-)Ernährers, an dessen Schaffung er Anteil hatte, zu nehmen: „*As-siʿāya hīya ḥaqq al-fard fī aḫḏ naṣīb min ṯarwat ʿāʾilihi, allatī ashama fī takwīnihā, baʿda al-maut au aṭ-ṭalāq.*"[488] Er führt dazu u. a. erläuternd aus, dass nicht nur unter dem „Einzelnen" (*al-farḍ*) die Ehefrau, das Kind, der Bruder usw. zu fassen sind, sondern dass zugleich mittels der Formulierung „an dessen Schaffung er Anteil hat" (*ashama fī takwīnihā*) ein Familienmitglied ausgeschlossen wird, welches sich nicht entsprechend der *siʿāya* an der Vermehrung des Vermögens beteiligt, und durch die

---

484 Ḥusain, al-: Niẓām, Bd. 1, S. 9f.
485 Ebert, Hans-Georg; Heilen, Julia: Islamisches Recht. Ein Lehrbuch. Leipzig: Hamouda, 2016, S. 156f. [Hervorhebung im Original].
486 Vgl. Kaʿwās: Ḥaqq az-zauǧa, S. 21.
487 Vgl. ebd., S. 22.
488 Ebd., S. 22.

 © Frank & Timme Verlag für wissenschaftliche Literatur

Formulierung das „Vermögen seines (Familien-)Ernährers" (*ṯarwa ʿāʾilihi*) wird ferner derjenige exkludiert, der Lohn bzw. Teilhaberschaft o. Ä. erhaltend den Reichtum anderer vermehrt, wodurch dies ihm nicht als Anstrengung im Sinne der *siʿāya* anzurechnen ist.[489] Obgleich sich die Praxis des *kadd wa-siʿāya* somit auf verschiedene Personen beziehen kann, betont Kaʿwās, dass insbesondere der Fall der Ehefrau rechtshistorisch wie auch gegenwärtig Kontroversen auslöst.[490]

5.1.2 Verortung im fiqh

Die *tamazzalt* bzw. *al-kadd wa-s-siʿāya* berührt sowohl die rechtshistorische Praxis, welche sich vor allem in der einschlägigen *nawāzil*-Literatur manifestiert, als auch die seit nunmehr einigen Jahrzehnten geführte Debatte um Reformen des Familien- und Erbrechts in Marokko. Das vorliegende UNTERKAPITEL fokussiert sich ganz auf die rechtshistorische Dimension, während im sechsten KAPITEL dieses Werkes u. a. die zeitgenössischen (Neu-)Interpretationen von Befürwortern einer Reform des geltenden marokkanischen Erbrechts aufgegriffen werden.

Abb. 3: Verortung im *fiqh*

Die Verortung dieser amazighischen Rechtspraxis namens *tamazzalt*, welche mit ihrer fachterminologischen hocharabischen Benennung *al-kadd wa-s-siʿāya*

489 Vgl. Kaʿwās: Ḥaqq az-zauǧa, S. 22.
490 Vgl. ebd., S. 23.

Eingang in die Ausführungen der Rechtsgelehrten (*al-fuqahāʾ*) gefunden hat, lässt innerhalb der mālikitischen Jurisprudenz (*al-fiqh al-mālikī*) ein komplexes Bild erkennen. Sie weist Schnittmengen mit deren Grundkategorien, d. h. sowohl mit der islamischen Rechtsquellenlehre (*uṣūl al-fiqh*) als auch mit verschiedenen Rechtsgebieten, welche fachsprachlich als Rechtszweige (*furūʿ al-fiqh*) firmieren, auf. Und auch innerhalb verschiedener Rechtszweige ergeben sich unterschiedliche Berührungspunkte, die sich mitunter auch überlappen können. Der in Abbildung 3 veranschaulichte Überblick wird in den beiden nachfolgenden UNTERKAPITELN näher erörtert.

5.1.2.1 In den uṣūl al-fiqh

Als *al-ʿurf* gemäß der Terminologie der muslimischen Rechtsgelehrten definiert der marokkanische Rechtswissenschaftler ʿUmar al-Ǧīdī (gest. ca. 2014) das, was seitens des Verstandes in der Seele verankert ist und in was man sich von Natur aus bereitwillig fügt: „*Ammā fī iṣṭilāḥ al-fuqahāʾ faqad ʿurrifa bi-taʿārīf minhā: Mā istaqarra fi-n-nufūs min ǧihat al-ʿuqūl wa-talaqqathu aṭ-ṭibāʿ as-salīma bi-l-qabūl.*“[491] Die mālikitische Rechtsquellenlehre räumt dem (schariakonformen) Gewohnheitsrecht (*al-ʿurf*) dabei grundsätzlich den Rang einer eigenständigen, obgleich sekundären bzw. nachgeordneten Rechts(erkenntnis)quelle ein. Aufgrund dessen ist die Inkorporierung von Normen, die im amazighischen Gewohnheitsrecht (*azerf*) fußen, prinzipiell unkompliziert, sofern sie die entsprechenden Anforderungen erfüllen.

Doch selbst deren Nonkonformität muss sich in der tatsächlichen Rechtspraxis nicht als Ausschlusskriterium erweisen, denn „[i]n weiten Teilen der islamischen Welt wurde und wird das islamische Recht in der Form, wie es uns in den Schriften der Juristen entgegentritt, nicht oder nur in Teilen praktiziert.“[492] Diese Einschätzung des deutschen Rechts- und Islamwissenschaftlers Mathias Rohe teilt

---

[491] Ǧīdī, ʿUmar b. ʿAbd al-Karīm al-: Al-ʿurf wa-l-ʿamal fi-l-maḏhab al-mālikī. Wa-Mafhūmuhumā laḏā ʿulamāʾ al-Maġrib [Das Gewohnheitsrecht und der Rechtsbrauch in der mālikitischen Rechtsschule. Und ihrer beider Verständnis bei den Religionsgelehrten des Maghreb]. Rabat: Al-Laǧna al-Muštaraka li-Našr Iḥyāʾ at-Turāṯ al-Islāmī baina Ḥukūmat al-Mamlaka al-Maġribīya wa-Ḥukūmat Daulat al-Imārāt al-ʿArabīya al-Muttaḥida, 1984, S. 31.

[492] Rohe, Mathias: Das islamische Recht. Geschichte und Gegenwart. München: C. H. Beck, 2011, S. 69.

 © Frank & Timme Verlag für wissenschaftliche Literatur

auch der marokkanische Philosoph Bensalem Himmich[493], indem er konstatiert, dass „[…] dans le règne de la réalité et des applications concrètes, il arrive souvent que le *'urf* compromette les interdictions et les recommandations les plus claires du *shar'*."[494] Für den deutschen Islamwissenschaftler Thomas Bauer illustrieren die Fragen des Verhältnisses von *ʿurf* und *fiqh* sowie der Rolle islamischer Normativität bei der Erteilung von Rechtsgutachten (*al-iftāʾ*) die kulturelle Ambiguität, im Sinne einer häufig überdurchschnittlich ausgeprägten Ambiguitätstoleranz innerhalb vieler Teilbereiche muslimischer Gesellschaften vor dem 19. bzw. 20. Jahrhundert, am besonders komplexen Beispiel des Islamischen Rechts.[495] Die Bauerschen Ausführungen zur kulturellen Ambiguität vermitteln einen Eindruck davon, dass Widersprüche zwischen der gewohnheitsrechtlich geprägten Praxis und der von den islamischen Rechtsgelehrten ausformulierten Normativität im Lichte der nach Eindeutigkeit strebenden westlich geprägten Moderne zwar diskrepant anmuten mögen, jedoch innerhalb der seinen Ausführungen zufolge oft ambiguitätsaufgeschlossenen islamisch geprägten Kulturen der Vergangenheit deshalb noch lange nicht widerspruchsauflösungsbedürftig erachtet werden mussten. Am Fallbeispiel Marokkos exemplifiziert wird dies dadurch unterstrichen, dass die weitgehende Überwindung des präkolonialen Rechtspluralismus und die gleichzeitige Marginalisierung des amazighischen Gewohnheitsrechts erst nach der Wiedererlangung der Unabhängigkeit mit der Emanzipation von der europäischen Kolonialherrschaft Mitte des 20. Jahrhunderts realisiert wurde. Detailstudien zum Verhältnis von *fiqh* und *ʿurf* bzw. *azerf* in Vergangenheit und Gegenwart erscheinen daher dringend angezeigt.

Dass bei der Analyse eines solch komplexen Zusammenspiels von *fiqh*-, *ʿurf*- bzw. *azerf*- und *taqnīn*-basierten Normen, wie es im Falle des Erbrechts im Allgemeinen und von *al-kadd wa-s-siʿāya*, d. h. der *tamazzalt*, im Besonderen zutage tritt, ein rechtspositivistisches Grundverständnis[496], welches den Blick auf staatlich gesetztes Recht verengt, eher hinderlich ist, unterstreicht die Begriffsbestimmung des zeitgenössischen marokkanischen Juristen Ouhmane Lahcen zum *ʿurf*:

493 Himmich war zwischen 2009 und 2012 auch marokkanischer Kulturminister.

494 Himmich, Bensalem: Ijtihâd. La face voilée de l'Islam. Préface de Maxime Rodinson. Postface de M. A. Lahbabi. Rabat: Editions Marsam, 2006, S. 135. [Hervorhebung im Original].

495 Vgl. Bauer, Thomas: Die Kultur der Ambiguität. Eine andere Geschichte des Islams. Berlin: Verlag der Weltreligionen, 2011, S. 43.

496 So z. B. bei Baudouin Dupret und Léon Buskens anzutreffen (s. u.).

„La coutume a toujours été et est toujours probablement la source la plus vivante du droit, car elle traduit le mieux les besoins et les aspirations des citoyens. A la différence des dispositions législatives, les règles coutumières ne sont pas élaborées par une autorité législative supra-communautaire (l'Etat par exemple) quelconque. Elles procèdent directement et spontanément des pratiques populaires; c'est en quelque sorte le peuple lui-même qui crée les règles juridiques qui s'imposent à lui. La coutume, ou ‚Ôrf', peut être définie comme étant une règle de droit qui déroule d'une pratique ancienne, d'un usage qui s'était prolongé dans le temps."[497]

Diesem von Lahcen artikulierten Grundverständnis von *ʿurf* im Sinne eines etablierten Gewohnheitsrechts schließen sich die hiesigen Ausführungen daher an. Im Gegensatz dazu vertreten der belgische Politik- und Islamwissenschaftler Baudouin Dupret und sein niederländischer Kollege, der Islamwissenschaftler Léon Buskens, ein positivistisches Verständnis von Recht, in welchem sich auch die französische Rechtstradition widerspiegeln mag. Dupret verneint von diesem rechtsphilosophischen Standpunkt aus vehement eine Hybridität des marokkanischen Rechtssystems:

„[…] describing the Moroccan legal system as hybrid would mean that it is the offspring of two existing legal systems, for instance, the local indigenous legal system and the French colonizing legal system. […] it is plainly wrong to claim this legal species interbred with another legal species called either Islamic law or customary law – not to speak of any Moroccan law. What it encountered were various norms and normativities, already completely or partly formalized, and organized in systems, but definitely not belonging to the species of a legal system, not because they were archaic or incomplete but mainly because they did not share the characteristics of the historical, contingent concept of state-centered positive law."[498]

Für Buskens gilt das Berbergewohnheitsrecht in Marokko als eine koloniale Erfindung und somit ein Konstrukt, das in seinen Augen in der Gegenwart eine Renaissance im Zuge der Berberidentitätsbewegung erfährt.[499] Beide Autoren setzen mit ihren Überlegungen zum marokkanischen Recht erst in der Kolonialzeit (1912–1956) an. Den bereits präkolonialen Rechtspluralismus, wie ihn z. B. der

497 Lahcen, Ouhmane: Introduction au Droit Musulman. Marrakesch: Almaarifa, 2015, S. 61.

498 Dupret, Baudouin: Positive Law from the Muslim World. Jurisprudence, History, Practice. Cambridge: Cambridge University Press, 2021, S 173.

499 Vgl. Buskens, Léon: Berber Customs as Heritage: The Discovery and Rediscovery of Customary Law in Morocco. In: Casajus, Dominique; Nishio, Tetsuo; Pouillon, François; Saito, Tsuyoshi (Hrsg.): Senri Ethological Reports (SER), Nr. 152: Sur la notion de culture populaire au Moyen-Orient. Approches franco-japonaises croisées. Osaka: National Museum of Ethnology, 2021, S. 81f. und 94–96.

 © Frank & Timme Verlag für wissenschaftliche Literatur

marokkanische Rechtswissenschaftler Omar Azziman[500] beschreibt und den auch der marokkanische Politikwissenschaftler Mohammed Mouaqit[501] seiner Betrachtung der Rechtspraxis des *kadd wa-siʿāya* zugrunde legt, blenden sie dabei aus, bzw. spricht Dupret dessen grundlegenden Elementen den Rechtsstatus ab. Eine derartig positivistische Betrachtung der marokkanischen Rechtshistorie läuft indes Gefahr, eurozentristisch zu wirken. Zielführender scheint daher ein pluralistisch gefasster Rechtsbegriff, der anerkennt, „[...] daß es in Gesellschaften neben dem ‚offiziellen', staatlich gesetzten oder anerkannten Recht Verhaltensregeln geben kann, die von den Gesellschaftsmitgliedern wie staatliche Rechtsvorschriften beachtet und befolgt werden [...]"[502]; insbesondere, da es in der islamischen Welt, und somit auch im Maghreb, vor dem 19. bzw. 20. Jahrhundert keinerlei Gesetzeskodifikationen gegeben hat. Den Annahmen von Dupret und Buskens folgend, müsste eine jahrhundertelange Rechtsgeschichte negiert werden, um in europäische, auf das römische Recht zurückgeführte und speziell im neuzeitlichen Frankreich ausformulierte Kategorien eingefügt zu werden. Doch selbst ein engeres Rechtsverständnis, wie es die deutschen Rechtswissenschaftler Bernd Rüthers, Christian Fischer und Axel Birk in ihrer Arbeitsdefinition, welche Recht „[...] als Summe der geltenden, d. h. vom Gesetzgeber erlassenen und/oder von den staatlichen Gerichten angewendeten (‚gerichtsfähigen') Normen [...]"[503] auffasst, vertreten, wäre noch geeignet, die historische Rechtsrealität Marokkos adäquat zu erfassen, da z. B. gewohnheitsrechtliche Normen, wie in der Folge noch aufzuzeigen sein wird, via islamischen Rechtsgutachten Eingang in richterliche Entscheidungsprozesse finden konnten, oder auch die zumeist gewohnheitsrechtsbasierten Entscheidungen der *ǧamāʿa*, d. h. einer Stammesversammlung der Familienoberhäupter unter Vorsitz ihres Ältesten, die im Sultanat vor 1912 in den amazighischen Stammesgebieten in strafrechtlichen Angelegenheiten Recht sprach.[504]

---

500 Siehe Azziman, Omar: Les institutions judiciaires. In: Sehimi, Mustapha (Hrsg.): La Grande Ency-clopédie du Maroc, Bd. 1 Les institutions politiques, administratives, judiciaires. Rabat: GEI, 1986, S. 152–169.

501 Vgl. Mouaqit: Le droit de kad wa si'aya, S. 207.

502 Rüthers; Bernd; Fischer, Christian; Birk, Axel: Rechtstheorie mit Juristischer Methodenlehre. München: C. H. Beck, 2020, S. 37.

503 Ebd., S. 36.

504 Zum letztgenannten Beispiel vgl. Azziman: Les institutions judiciaires, S. 152.

Insbesondere auch im Hinblick auf die im sechsten KAPITEL dieser Arbeit vorzunehmende Verortung des modernen, gegenwärtigen Erbrechts in Marokko sei daher auf die nachfolgende Einordnung des deutschen Rechts- und Islamwissenschaftlers Hans-Georg Ebert verwiesen, welche selbstverständlich auch das marokkanische Fallbeispiel einschließt:

> „Das in der arabischen Welt gültige Erbrecht wird aus drei hauptsächlichen Quellen gespeist: Innerstaatliches Recht (unter Beachtung einer möglichen innerstaatlichen Rechtsspaltung), nicht-kodifiziertes Recht (im Sinne der Fortexistenz des Islamischen Rechts in unterschiedlicher Interpretation)[…] sowie Gewohnheitsrecht (*ʿurf* oder *ʿādāt*). Letzteres kann sowohl regional, d. h. in einem bestimmten Landesteil dominierend, als auch stammesbezogen (etwa das Recht eines bestimmten Beduinenstammes betreffend) wirken. Die traditionellen und modernen Darstellungen des Erbrechts in der arabischen Welt beachten diese Quelle zu Unrecht kaum, werden doch gerade durch sie Umgehungsgeschäfte legitimiert."[505]

Die hiesigen Ausführungen zur *tamazzalt* bzw. zu *al-kadd wa-s-siʿāya* sind daher, im Sinne des von Ebert konstatierten Desiderates, als ein Beitrag zur Schließung der Forschungslücke hinsichtlich des Gewohnheitsrechts als Quelle erbrechtlicher Normen zu verstehen.

Rohe sieht in der – nicht nur bei den Mālikiten anzutreffenden – beträchtlichen Anerkennung von Gewohnheitsrecht einen bedeutenden Faktor, welcher die Ausbreitung des Islam entschieden befördert haben dürfte.[506] Auch der ägyptische Rechts- und Religionsgelehrte Muḥammad Abū Zahra (gest. 1974), welcher sich u. a. als Biograph der vier eponymen Rechtsschulgründerväter einen Namen gemacht hat, unterstreicht die aus der besonderen mālikitischen Akzeptanz des Gewohnheitsrechts resultierenden sozialen Vorteile für juristische Urteilsbegründungen: „[…] custom necessarily entails people's familiarity with a matter, and so any judgement based on it will receive general acceptance whereas divergence from it will be liable to cause distress […]."[507]

Der Brückenschlag zwischen sich widersprechendem Gewohnheitsrecht und hergebrachten Normen des *fiqh* gelingt dabei laut dem französischen Islamwissen-

---

505 Ebert, Hans-Georg: Das Erbrecht arabischer Länder. Frankfurt a. M.: Peter Lang, 2004, S. 29.

506 Vgl. Rohe: Das islamische Recht, S. 68.

507 Abu Zahra, Muhammad: The Four Imams. Their Lives, Works and their Schools of Thought. London: Dar Al Taqwa, 2001, S. 109.

 © Frank & Timme Verlag für wissenschaftliche Literatur

schaftler, Soziologen und ehemaligen Kolonialbeamten Jacques Berque (gest. 1995) mithilfe der west-mālikitischen Rechtsquellenlehre:

> „Le malékisme d'occident s'est élevé à une solution plusjuridique des incompatibilités entre la coutume et le droit. Cette solution, il sut la tirer d'une théorie orthodoxe, celle du ‚bien commun' [...], *maṣlaḥa*, cause finale de toutes les conventions."[508]

In dieser charakteristischen Prädilektion der Mālikiten für das Gemeinwohl (*al-maṣlaḥa*) und der aus den schariatrechtlich ungeschützten Interessen (*al-maṣāliḥ al-mursala*) abgeleiteten Rechtserkenntnisquelle des Für-nützlich-Haltens (*al-istiṣlāḥ*) identifiziert denn auch Abū Zahra einen entscheidenden Grund für die prominente Rolle des Gewohnheitsrechts innerhalb der mālikitischen Lehre: „Many judgements are based on *ʿurf* because in many cases it coincides with public interest and public interest is indisputably a fundamental principle in Malik's school."[509] Dadurch erklärt sich zugleich auch der seiner Einschätzung nach noch ausgeprägtere Respekt der māliktischen Rechtsschule für das Gewohnheitsrecht im Vergleich zur ḥanafitischen, die dem *ʿurf* ebenfalls den Rang einer eigenständigen Rechts(erkenntnis)quelle zubilligt.[510] Mithilfe des *istiṣlāḥ* können die Mālikiten für ein das Gegenteil besagendes Gewohnheitsrecht gleichsam einen islamisch-rechtlichen Analogieschluss (*qiyās*) verwerfen:

> „Nous avons même vu les Malikites laisser tomber une analogie, si un usage venait le contredire. De même, al-Qourṯoubî[[511]] affirme concernant le choix préférentiel que l'abandon d'une analogie au profit d'un usage en est un exemple, et que ce dernier peut même restreindre le général ou l'indéfini chez les Malikites, comme cela a été vu à propos du général, que les habitudes peuvent venir restreindre."[512]

Mit exemplarischem Verweis auf die berühmte maghrebinische mālikitische *fatwā*-Sammlung[513] von Aḥmad al-Wanšarīsī (gest. 1509) führt Bauer ergänzend aus, dass

---

[508] Berque, Jacques: Les Nawâzil el muzâraʿa du Miʿyâr Al Wazzânî étude et traduction. Préface de R. Maunier de l'Académie des Sciences Coloniales, Professeur à l'Université de Paris. Rabat: Édition Félix Moncho, 1940, S. 36.

[509] Abu Zahra: The Four Imams, S. 109. [Hervorhebung im Original].

[510] Vgl. ebd., S. 109.

[511] Die von der DMG abweichende Umschrift entspricht dem Original. Gemeint ist hier der aus al-Andalus stammende islamische Rechtsgelehrte Muḥammad b. Aḥmad al-Qurṭubī (gest. 1273).

[512] Abou Zahra, Mohammad: L'imam Mâlik. Sa vie et son époque, ses opinions et son fiqh. Traduction de Michel Galloux. Paris: Alqalam Livres, 2016, S. 355f.

[513] Siehe Wanšarīsī, Abū al-ʿAbbās Aḥmad b. Yaḥyā al-: Al-miʿyār al-muʿrib wa-l-ǧāmiʿ al-muġrib ʿan fatāwā ahl Ifrīqiya wa-l-Andalus wa-l-Maġrib [Das aussagekräftige Eichmaß

„[…] ganze Bereiche des Rechts weitgehend ohne Anbindung an normative islamische Texte auskommen. Damit verstoßen sie allerdings auch nicht gegen islamische Rechtsprinzipien, da das Gemeinwohlprinzip unter unterschiedlichen Bezeichnungen (*istiḥsān*, *maṣāliḥ mursala*) wiederum Bestandteil der Rechtstheorie geworden ist.“[514]

So kann auch das schlichte, nicht weiter erklärungsbedürftige Rekurrieren auf gemeinwohlorientiertes Gewohnheitsrecht im Zuge der islamischen rechtgutachterlichen Praxis als Ausdruck der kulturellen Ambiguität im Bauerschen Sinne gelten.

Einen allgemeinen Überblick der ausdifferenzierten mālikitischen Rechtsquellenlehre mag das folgende Beispiel vermitteln, welches zugleich ein Schlaglicht auf die dem Gewohnheitsrecht auch heute noch in marokkanischen Juristenkreisen[515] zugemessene Bedeutung wirft. Der marokkanische Rechtswissenschaftler Ouahmane Lahcen beginnt in seiner das Studienjahr 2015/16 am Lehrstuhl für Privatrecht (*Droit Privé, Français-Arabe*) der Université Cadi Ayyad (Ǧamiat al-Qāḍī ʿIyāḍ) von Marrakesch begleitenden Schrift *Introduction au Droit Musulman* – nachdem er zunächst die vier Primärquellen (*les sources indiscutables du droit musulman*) Koran, Sunna Konsens (*iǧmāʿ*) und Analogieschluss (*qiyās*) vorstellt – seine Ausführungen zu den sekundären Rechts(erkenntnis)quellen (*les sources discutables du droit musulman*) bemerkenswerterweise mit dem Gewohnheitsrecht (*al-ʿurf*) als erste der gebräuchlichsten sekundären islamischen Rechtsquellen; es folgen im selben Kapitel der Rechtsbrauch (*al-ʿamal*; von ihm mit *la jurisprudence*[516] übersetzt), das schariatrechtlich ungeschützte Interesse (*al-maṣlaḥa al-mursala*) sowie das Für-gut-Halten (*al-istiḥsān*) als zweit-, dritt- und

und die Sonderbares sagende Sammlung von Rechtsgutachten der Leute aus Ifrīqiya, al-Andalus und dem Maghreb], 13 Bde. Hrsg. von mehreren Gelehrten unter Leitung von Muḥammad Ḥaǧǧī. Beirut: Dār al-Ġarb al-Islāmī, 1981.

514 Bauer: Die Kultur der Ambiguität, S. 43. [Hervorhebung im Original].

515 Es soll betont werden, dass es sich bei dem nachfolgenden Beispiel um Curriculumsinhalte zur Ausbildung moderner Juristen und Rechtswissenschaftler der Rechts-, Wirtschafts- und Sozialwissenschaftlichen Fakultät (*Faculté des Sciences juridiques, économiques et sociales / Kulliyat al-ʿulūm al-qānūnīya wa-l-iqtiṣādīya wa-l-iǧtimāʿīya*), und nicht etwa einer Šariʿa-Fakultät zur Ausbildung klassisch-islamischer Rechts- und Religionsgelehrter wie sie beispielsweise an der Qarawīyin-Universität von Fès noch heutzutage neben der modernen, staatlichen Rechtswissenschaft, welche in Marokko auch gegenwärtig wahlweise auf Französisch oder Arabisch studiert werden kann, besteht, handelt.

516 Dieser Übersetzung schließt sich die vorliegende Arbeit nicht an, da der Begriff der Jurisprudenz für *al-fiqh* verwendet wird, welchen er treffender wiedergibt.

© Frank & Timme Verlag für wissenschaftliche Literatur

viertgebräuchlichste sekundäre Rechtsquellen.[517] In einem weiteren Kapitel ergänzt Lahcen acht inoffizielle, subsidiäre Rechtserkenntnisquellen, zu denen er den Konsens der rechtgeleiteten Kalifen (*iǧmāʿ al-ḫulafāʾ ar-rāšidīn*), die Aussprüche der Prophetengefährten (*aqwāl aṣ-ṣaḥāba*), den Konsens der Leute von Medina und der Leute von Kufa (*iǧmāʿ ahl al-Madīna wa-ahl al-Kūfa*), die Normen derer vor uns (*šarʿ man qablanā*), die Abweisung der Mittel (*sadd aḏ-ḏarāʾiʿ*), die Induktion (*al-istiqrāʾ*), die Deduktion (*al-istidlāl*) und das Vergangene-für-existent-Halten (*al-istiṣḥāb*) zählt.[518]

Im äußersten Maghreb, d. h. im heutigen Marokko, etabliert sich, wie bereits Lahcens Ausführungen darlegen, im Unterschied zu den übrigen mālikitischen Gebieten Nordafrikas die besondere Form des *al-ʿamal*[519] genannten Rechtsbrauchs.

> „Gewohnheitsrecht konnte durch schriftliche Niederlegung einschlägiger Rechtsfindungsmechanismen verstärkt werden; die marokkanische *ʿamal*-Literatur des 15. bis 17. Jahrhunderts wird hierfür als Beleg herangezogen.[…] So taucht der Begriff des *ʿamal* auch als Synonym für (örtliches) Gewohnheitsrecht auf, insbesondere in der Konnotation eines tatsächlich praktizierten Rechts."[520]

Die im UNTERKAPITEL 5.2 angeführten Rechtsfälle (*an-nawāzil*) entstammen eben jener Epoche. Dass das Entstehen derartiger rechtspraktischer Sammlungen zunehmend die bedeutenden jurisprudentiellen Abhandlungen in den Hintergrund treten ließen, verdeutlicht Himmichs Aussage:

> „C'est pour répondre aux exigences de la nécessité et aux changements de mœurs et coutumes dans les pays que des livres de pratique et de *fatwâs* (*Pratique générale*, *Pratique de Fès*, *Nawâzils*) se constituèrent et marginalisèrent progressivement les manuels et les grands livres de *fiqh* […]."[521]

Die Bedeutung von gewohnheitsrechtlichen gegenüber den schriftgelehrten islamisch-jurisprudentiellen Normen für die Lebenspraxis, insbesondere an der

517 Vgl. Lahcen: Introduction, S. 107–110.

518 Vgl. ebd., S. 110.

519 Siehe auch Schriber, Ari: Judicial Practice as Islamic Law: The *ʿAmal* of Fez in Post-Classical Mālikī Legal Tradition. In: Asiatische Studien – Études Asiatiques, Vol. 78, Nr. 1, (2024), S. 173–217, abrufbar unter: https://doi.org/10.1515/asia-2024-0012 (letzter Zugriff: 29.03.2025).

520 Rohe: Das islamische Recht, S. 68.

521 Himmich: Ijtihâd, S. 143. [Hervorhebungen im Original.].

© Frank & Timme Verlag für wissenschaftliche Literatur

islamischen Peripherie, hebt auch Rohe hervor.[522] Hierunter fallen zweifelsohne auch traditionelle soziale und rechtliche Strukturen der Imazighen (Berber) Marokkos.

Lahcen zufolge bestand in der Frühzeit des Islam zunächst keine scharfe Trennlinie zwischen *al-ʿurf* und *al-ʿamal*.[523] Für die mākitische Rechtsschule kann die Bedeutung dieser Rechtserkenntnisquelle direkt auf ihren eponymen Namensgeber Mālik b. Anas (gest. ca. 795) zurückgeführt werden, welcher laut Lahcen dem Rechtsbrauch der Leute von Medina (*ʿamal ahl al-Madīna*) sogar Vorrang vor authentischen Überlieferungen eingeräumt haben soll.[524] Auch die Religionsgelehrten Ifrīqiyās in Qairawān und die frühen Gelehrten von Fès sollen sich dieser Traditionslinie folgend ihm zufolge auf mālikitische Rechtsgutachten und richterliche Urteile gestützt haben, wobei in Fès anfangs noch der andalusische Einfluss dominierte.[525] Dort entwickelte sich dann im Laufe der Zeit und sicherlich begünstigt durch die beständige politische Selbständigkeit[526] des äußersten Maghreb eine charakteristische *ʿamal*-Rechtskultur (*al-ʿamal al-fāsī*), welche inhaltlich nicht auf dem Rechtsbrauch von Medina fußte, sondern sich aus lokalem Rechtsbrauch speiste. Die zuweilen aus der Dichotomie zwischen der herrschenden Lehre (*al-mašhūr*)[527] der mālikitischen Jurisprudenz und der aus dem *ʿamal*

522 Vgl. Rohe: Das islamische Recht, S. 68.

523 Vgl. Lahcen: Introduction, S. 69.

524 Vgl. ebd., S. 70.

525 Vgl. ebd., S. 70.

526 Der westliche Teil des Maghrebs bewahrte seit der Abschüttlung der arabischen Fremdherrschaft der Umayyaden-Dynastie im Jahr 742 durch den von Maisara al-Maṭġarī (gest. ca. 740) initiierten Aufstand der Imazighen (Berber) – abgesehen von partiellen Gebietsverlusten im Laufe der Geschichte – bis zur europäischen Kolonialisierung (1912–1956) und darüber hinaus seine politische Souveränität, welche im Unterschied zu den übrigen Teilen des Maghrebs auch nicht von den Osmanen untergraben werden konnte. Hiervon zeugen zunächst das heterodoxe Fürstentum der Būrġwāṭa-Berber (744–1058) und das ṣufritisches Emirat von Siǧilmāsa (757–976), sowie die von 788–985 regierende Dynastie der Idrisiden (al-Adārisa), die von 1046–1147 herrschende Dynastie der Almoraviden (al-Murābiṭūn / Imrabḍen), die von 1147–1269 regierende Dynastie der Almohaden (al-Muwaḥḥidūn / Imweḥḥden), die von 1244–1465 an der Macht befindliche Dynastie der Meriniden (Marīnīyūn / Banū Marīn / Aït Mrin / Imrinen), die ihnen von 1472–1554 nachfolgende Dynastie der Wattasiden (Waṭṭāsīyūn / Banū Waṭṭās / Iwṭṭasiyen), die von 1509–1659 herrschende Dynastie der Saaditen oder Saadier (as-Saʿdīyūn) sowie die seit 1659 bis heute regierende Dynastie der Alawiten (al-ʿAlawīyūn).

527 Als *mašhūr* wird die „bekannte“, d. h. die gemeinhin verbreitete Meinung innerhalb der Rechtsschule bzw. die zuletzt vertretene von mehreren sich widersprechender Aussagen eines maßgebenden Rechtsgelehrten bezeichnet, vgl. Vikør, Knut Sigurdsson: Between God and the Sultan. A History of Islamic Law. London: Hurst & Company, 2012, S. 158f.

 © Frank & Timme Verlag für wissenschaftliche Literatur

resultierende ambivalente Haltung (*attitude d'ambivalence*) kommentiert Himmich folgendermaßen: „Généralement cette attitude consiste à avaler les coutumes en fermant les yeux ou en ronronnant le *laṭif*[528].“[529] Treffend illustriert wird dies anhand der diachronen Betrachtung in UNTERKAPITEL 5.2.

Ob dabei die Ursache der Ausprägung des *ʿamal*, wie Lahcen es postuliert, im Niedergang (*décréptitude*)[530] des *fiqh* zu suchen ist, oder ob sie nicht vielmehr von dessen vitaler Weiterentwicklung nach der (vermeintlichen) Schließung des Tores des *iǧtihād* (*iġlāq bāb al-iǧtihād*)[531], d. h. der Beschränkung der selbständigen Rechtsinterpretation, zeugt, soll an dieser Stelle nicht weiter vertieft werden. Fest steht allerdings, dass nach der abschließenden Formierung der sunnitischen Rechtsschulen um das Jahr 1000 herum keine neuen Rechtsschulen mehr entstehen und einige der bis dahin herausgebildeten Schulen im Gegenteil in der Folgezeit noch untergehen, so dass eine Weiterentwicklung der Rechtsmaterie fortan nur noch auf der Basis des Bestehenden, also innerhalb einer der vier bis heute überdauernden sunnitischen[532] Rechtsschulen, möglich ist.[533]

Doch wodurch ist dieser *ʿamal* konkret gekennzeichnet und wie lässt er sich begrifflich fassen? Al-Ǧīdī führt hierfür eine trichotomische Definition an, nach der es sich gemäß der bei den Maghrebinern feststehenden Auffassung beim *ʿamal*

a) entweder um die Abstandnahme von der sonst höher gewichteten Lehrmeinung (*al-qaul ar-rāǧiḥ*) bzw. der verbreiteten, d. h. der herrschenden, Lehre (*al-mašhūr*) in manchen Fragen zugunsten einer gemeinhin als schwach geltenden Lehrmeinung (*al-qaul aḍ-ḍaʿīf*) handelt, um sowohl das Gemeinwohl der Gemeinschaft der Muslime (*maṣlaḥat al-umma*) als auch das, was die jeweilige gesellschaftliche Situation erforderlich macht, zu wahren:

---

528 Hiermit ist die bei den Maghrebinern geläufige Rezitation des sogenannten *ḥizb al-laṭīf*, einer Andachtsübung (*wird*), bei der einer der schönsten Namen Gottes – al-Laṭīf – wiederholt wird und welche auf den berberischen Mystiker Abū al-Ḥasan aš-Šāḏilī (gest. 1258) zurückgeht, gemeint.

529 Himmich: Ijtihâd, S. 141. [Hervorhebung im Original].

530 Vgl. Lahcen: Introduction, S. 71.

531 Zur Diskussion um die vermeintliche Schließung des Tores des *iǧtihād* siehe Hoebink, Michel: Two Halves of the Same Truth. Schacht, Hallaq, and the Gate of Ijtihad. An Inquiry into Definitions. Amsterdam: MERA, Middle East Research Associates (Occasional Paper No. 24), 1994.

532 Die schiitische wie auch die ḫāriǧitische Spielart des Islam werden hierbei ausgeklammert.

533 Siehe hierzu z. B. Vikør: Between God and the Sultan.

„*Wa-l-ʿamal kamā istaqarra ʿalaihi ar-raʾy ʿinda al-maġāriba huwa: ‚Al-ʿudūl ʿan al-qaul ar-rāǧiḥ au al-mašhūr fī baʿḍ al-masāʾil ilā al-qaul aḍ-ḍaʿīf fīhā, raʿyan li-maṣlaḥat al-umma wa-mā taqtaḍīh ḥālatuḥā al-iǧtimāʿīya.*'"[534],

b) oder um den Urteilsspruch von Richtern (*ḥukm al-quḍāt*) und das damit Übereinstimmen handelt, ohne dass jedoch alles, was ein Richter urteilt, automatisch zum Rechtsbrauch zählt: „*Au huwa: ‚Ḥukm al-quḍāt bi-l-qaul wa-tawāṭuʾuhum ʿalaih, min ġair an yakūn kull mā ḥakama bihi qaḍin ǧarā bihi al-ʿamal.*'"[535],

c) oder um die Bevorzugung einer als schwach geltenden Lehrmeinung in Form eines sich darauf stützenden Urteils bzw. einer darauf basierenden Erteilung eines Rechtsgutachtens, sowie die daran aufgrund eines Erfordernisses anknüpfende Entscheidung von (anderen) Richtern und Rechtsgutachtern handelt, gleichfalls damit zu arbeiten: „*Au huwa: ‚Iḫtiyār qaul ḍaʿīf wa-l-ḥukm wa-l-iftāʾ bihi, wa-tamāluʾu al-ḥukkām wa-l-muftiyīn baʿda iḫtiyārihi ʿalā al-ʿamal bihi li-sabab iqtaḍā ḏālika.*'"[536].

Bei dem *al-ʿamal* genannten Rechtsbrauch handelt es sich im marokkanischen Kontext somit um die Bevorzugung einer jurisprudentiellen Mindermeinung in der Rechtspraxis (Fall a und c), welche den Rechtsgelehrten unter gewissen Umständen opportun erscheint, oder aber um den nicht generalisierten Rückgriff auf Präzedenzfälle (Fall b). Der so verstandene *ʿamal* ist demnach das ideale Instrument, um einer aus dem Gewohnheitsrecht derivierten Norm – selbst im Kollisionsfall mit etablierten islamisch-rechtlichen Normen – aufgrund von Nützlichkeitserwägungen zur Anwendung zu verhelfen, oder um gewohnheitsrechtliche Normen grundsätzlich mithilfe der Rechtsprechung in den mālikitischen *fiqh* einzuspeisen.

Anhand der vorausgegangenen Ausführungen kann die Rechtspraxis der *tamazzalt* bzw. von *al-kadd wa-s-siʿāya* innerhalb der *uṣūl al-fiqh* in der Sphäre des Gewohnheitsrechts mit gewissen Anklängen an das Allgemeinwohl (*al-maṣlaḥa*) und somit an das Für-nützlich-Halten (*al-istiṣlāḥ*) verortet werden. Zwar wird dem Gewohnheitsrecht in der Theorie grundsätzlich die Widerspruchsfreiheit

---

534 Ǧīdī, al-: Al-ʿurf wa-l-ʿamal, S. 342.
535 Ebd., S. 342.
536 Ebd., S. 342.

 © Frank & Timme Verlag für wissenschaftliche Literatur

gewohnheitsrechtlicher Normen im Hinblick auf die aus den heiligen Texten (*an-nuṣūṣ*) derivierten Normen abverlangt, dennoch dokumentiert die Rechtspraxis in dieser Frage in vielen Fällen historisch belegte Ambiguitätstoleranz. Doch kann, wie in UNTERKAPITEL 5.2 aufzuzeigen sein wird, auch eine oberflächliche Islamisierung, d. h. eine nachträgliche islamische Legitimierung, derartiger Normen derlei Widersprüche kaschieren. Ergänzend erweist sich speziell die für die Rechtsgelehrten des äußersten Maghreb charakteristische Befassung mit lokalen Rechtsbräuchen (Sg.: *al-ʿamal*) als weitere Facette der mālikitischen Rechtsquellenlehre, welche es ermöglicht, die *tamazzalt* zur Anwendung zu bringen.

5.1.2.2 In den furūʿ al-fiqh

Die Verortung der *tamazzalt* bzw. von *al-kadd wa-s-siʿāya* innerhalb der *furūʿ al-fiqh* genannten Rechtsgebiete zeichnet ein noch komplexeres Bild (siehe Abbildung 3). Diese Rechtszweige der islamischen Jurisprudenz lassen sich ohne letztgültige Trennschärfe grundsätzlich drei verschiedenen Kategorien zuordnen: Bestimmungen zu den kultischen Pflichten, rechtliche Bestimmungen in einem engeren europäischen Wortsinn und alltagspraktische Bestimmungen.[537] Zu den islamischen Rechtszweigen zählen u. a. das Ritualrecht (*al-ʿibāḍāt*), das Strafrecht (*al-ʿuqūbāt wa-l-ǧinayāt*), die Rechtsgeschäfte (*al-muʿāmalāt*), das Stiftungswesen (*al-ʿauqāf* bzw. *al-ḥubūs*), das Prozessrecht (*al-qaḍāʾ*) und das Staatsrecht (*al-aḥkām as-sulṭānīya*).[538]

Die Rechtspraxis des *kadd wa-siʿāya* fällt in den Bereich der *muʿāmalāt*, welcher die zwischenmenschlichen Rechtsgeschäfte regelt. Und innerhalb dieser tangiert sie einerseits zivil- und handelsrechtliche Fragen und andererseits ehe- und familien- sowie erbrechtliche Fragen. Im Folgenden werden daher zentrale Berührungspunkte bzw. Konfliktfelder mit schariatrechtlichen Bestimmungen skizziert, welche im Zusammenhang mit dieser Rechtsfigur von Relevanz sein können.

Wie die fachterminologische Begriffsbestimmungen in UNTERKAPITEL 5.1.1 bereits angedeutet haben, berührt *al-kadd wa-s-siʿāya* unterschiedliche Aspekte aus

537 Vgl. Heilen, Julia: Islamisches Recht. Beständigkeit und Wandel. In: Sinder, Rike (Hrsg.): Die Neuvermessung der Säkularität. Zum Selbstverständnis des Staates im Angesicht islamischen Rechts. Baden-Baden: Nomos, 2023, S. 59f.

538 Vgl. Ebert; Heilen: Islamisches Recht, S. 48, Abb. 7.

der zivil- und handelsrechtlichen Domäne. Hierbei handelt es sich zunächst um Fragen der Gegenleistung, welche normalerweise durch rechtliche Bestimmungen zur Miete einer Dienstleistung (*al-iǧāra*), zur Miete einer Sache (*al-kirā*ʾ) sowie zu einer Gesellschaft (*aš-šarika*) in Form der Einbringung von Geld oder Naturalien geregelt werden würden. Zur Distinktion zwischen *iǧāra* und *kirā*ʾ verweist der französisches Orientalist Nicolas Perron (gest. 1876) in den ergänzenden Erläuterungen seiner Übersetzung des Werkes *Al-muḫtaṣar* von Sīdī Ḫalīl al-Ǧundī (gest. ca. 1374) auf folgende Definition, ohne indes deren Quelle zu explizieren: „Le louage a pour but la jouissance des services à retirer des êtres intelligents; le bail ou location a pour but la jouissance des services ou avantages à recueillir des objets et êtres inintelligents, animaux ou autres."[539] Dieselbe mālikitische Begriffsdifferenzierung lassen auch die Ausführungen Ibn Abī Zaid al-Qairawānīs in seiner *Risāla* erkennen.[540] Der Lohn (*al-uǧra*) ist somit die Gegenleistung für eine vertraglich erbrachte Arbeitsleistung und die Miete (*al-kirā*ʾ) die Entlohnung für die vertraglich vereinbarte Nutzung von Immobilien bzw. Mobilien, wie z. B. Arbeitsmitteln.

Die Einbringung von Kapital, Arbeitsmitteln, Grundbesitz oder Arbeitsleistung in eine gemeinschaftliche Geschäftsbeziehung kann islamisch-rechtlich aber auch durch eine Gesellschaft bzw. Partnerschaft (*aš-šarika*) normiert werden, worunter „[…] nach islamischer Auffassung ein Vertrag zwischen mindestens zwei Partnern in Bezug auf das Eigentum, den Gewinn oder das Kapital […]"[541] zu verstehen ist. Nach Ibn Abī Zaid al-Qairawānī ist an einer Arbeitspartnerschaft (*šarikat al-abdān*), bei der beide Parteien dieselbe bzw. eine vergleichbare Arbeit ver-

539 Vgl. Ḫalīl b. Isḥāq; Perron, Nicolas (Übers.): Précis de jurisprudence musulmane ou principes de législation musulmane civile et religieuse selon le rite mâlékite par Khalîl Ibn-Ish´âk´. Traduit de l'arabe par M. Perron, chevalier de la Légion d'Honneur, membre de la Société Asiatique de Paris, etc., Bd. 4. Paris: Langlois et Leclercq, Victor Masson, 1852, S. 559.

540 Vgl. Ibn Abī Zaid al-Qairawānī, Abū Muḥammad ʿAbd Allāh: Ar-risāla fī fiqh al-imām Mālik. Taʾlīf al-imām Abī Muḥammad ʿAbd Allāh b. Abī Zaid al-Qairawānī, al-mutawaffā sanat 386 H. [Die Epistel über die Jurisprudenz des Imām Mālik. Verfasst vom Imām Abī Muḥammad ʿAbd Allāh b. Abī Zaid al-Qairawānī, gestorben im Jahr 386 H.]. Vokalisiert und korrigiert von aš-Šaiḫ ʿAbd al-Wāriṯ Muḥammad ʿAlī. Beirut: Dār al-Kutub al-ʿIlmīya, o. J., S. 80.

541 Ebert; Heilen: Islamisches Recht, S. 201.

 © Frank & Timme Verlag für wissenschaftliche Literatur

richten, nichts auszusetzen[542]: „*Wa-lā ba'sa bi-š-šarikati bi-l-abdāni iḏā 'amilā fī mauḍi'in waḥidin 'amalan waḥidan au mutaqāriban.*"[543] Auch eine Finanzpartnerschaft (*šarika bi-l-amwāl*) ist statthaft, unter der Bedingung, dass der Profit zwischen beiden Partnern im Verhältnis zu dem, was ein jeder von ihnen investiert hat, steht und dass die Arbeit für jeden von ihnen beiden im Verhältnis zu dem für jeden Einzelnen ausbedungenen Profit steht.[544] Nicht statthaft ist es hingegen, bei ungleichem Kapital den Profit egalitär zu teilen.[545]

Die von Ibn Abī Zaid al-Qairawānī ferner getätigten Aussagen zur Kommanditgesellschaft[546] (*al-qirāḍ*) sind für den Kontext von *al-kadd wa-s-si'āya* nicht weiter von Belang, hingegen verdient es die auf ihrer Grundlage entwickelte Teilpacht namens *al-musāqāt* (Partnerschaft zur Bewässerung und Pflege) durchaus, Erwähnung zu finden. Hierbei handelt es sich gemäß dem deutschen Lexikographen und Arabisten Hans Wehr im rechtlichen Sinne um den Abschluss eines Pachtvertrages über eine Pflanzung für eine Wachstumsperiode gegen einen prozentualen Anteil an ihrem Ertrag.[547] Die *musāqāt* für Bäume (und andere Pflanzungen) ist gegen eine einvernehmlich festzulegende Gewinnbeteiligung statthaft, wobei die Arbeit (der Bewässerung und Pflege) ganz dem *musāqā*, d. h. dem Pächter, obliegt; ihm dürfen dabei jedoch weder nicht der *musāqāt* zugehörige Arbeiten auferlegt werden, noch neue in der Einhegung auftretende, außer solchen von geringer Tragweite, wie die Instandsetzung der Umzäunung oder des Wasserreservoirs (*aḍ-ḍafīra*), ohne diese jedoch neu errichten zu müssen.[548] Die Befruchtung weiblicher Blüten bei Obstbäumen obliegt dem Arbeiter (*al-'āmil*), also dem Pächter; ebenso ist es statthaft, ihm die Reinhaltung der Baumscheiben (*manāqi' aš-šağar*), die Instandsetzung der Rinne, in die sich das mit dem *al-ġarb* genannten Ledereimer aus dem Brunnen gezogene Wasser ergießt, die Säuberung der Quelle und dergleichen als Bedingung aufzuerlegen.[549] Hingegen ist es nicht statthaft eine *musāqāt* abzuschließen, bei der die Wegnahme der Arbeitstiere aus

542 Im Gegensatz dazu betrachten die Šāfi'iten eine solche Arbeitspartnerschaft hingegen als nichtig, vgl. Ebert; Heilen: Islamisches Recht, S. 202.
543 Ibn Abī Zaid al-Qairawānī: Ar-risāla, S. 81.
544 Vgl. ebd., S. 81.
545 Vgl. ebd., S. 81.
546 Auch „stille Gesellschaft" genannt.
547 Vgl. Wehr: Arabisches Wörterbuch, S. 379.
548 Vgl. Ibn Abī Zaid al-Qairawānī: Ar-risāla, S. 81.
549 Vgl. ebd., S. 81.

© Frank & Timme Verlag für wissenschaftliche Literatur

der Einhegung vorgesehen ist; ebenso obliegt es ihrem Eigentümer, zu ersetzen, was von ihnen verstirbt.[550] Der Unterhalt der Arbeitstiere und Lohnarbeiter obliegt wiederum dem *ʿāmil* genannten Pächter, wie auch das Saatgut zur Bestellung geringfügiger öder Landflächen (zwischen der eigentlichen Anpflanzung).[551] Indessen ist nichts Schlechtes daran, dass dem *ʿāmil* dieser (Ertrag) zu seiner Entlastung überlassen wird.[552] Doch sollte die Ödlandfläche groß ausfallen, ist es nicht statthaft sie in die *musāqāt* für Dattelpalmen zu inkludieren, außer wenn ihr Ausmaß weniger als ein Drittel des Ganzen beträgt.[553]

Besonders beachtlich bei der Verortung von *al-kadd wa-s-siʿāya* im Gesellschaftsrecht als Teilgebiet der *muʿāmalāt* im *fiqh* ist zudem die auch als *al-muzāraʿa* firmierende Partnerschaft für die Landwirtschaft (*šarika fi-z-zarʿ*). Eine solche ist statthaft, falls das Saatgut von beiden (Gesellschaftern) bereitgestellt und der Gewinn zwischen ihnen beiden geteilt wird, während das Land einem von ihnen beiden gehört und dem anderen die Arbeit obliegt, oder die Arbeit zwischen ihnen beiden geteilt wird und beide das Land (gemeinsam) pachten oder es ihnen beiden (gemeinschaftlich) gehört; doch wenn der eine die Saatkörner beisteuert und der andere das Land, und einem oder ihnen beiden die Arbeit obliegt, wobei der Gewinn zwischen ihnen geteilt wird, so ist dies nicht statthaft.[554] Wenn jedoch beide das Land pachten und von einem die Saatkörner stammen und dem anderen die Arbeit obliegt, so ist es statthaft, falls es sich hierbei um vergleichbare Werte handelt.

Die Komplexität der Frage der Statthaftigkeit der *muzāraʿa* gemäß den Ausführungen Ibn Abī Zaid al-Qairawānīs wird zur besseren Veranschaulichung in der nachstehenden Abbildung 4 visualisiert. Dabei wird deutlich, dass die diesbezüglichen Normierungen des mālikitischen *fiqh* in der Vergangenheit offenbar nicht besonders geeignet gewesen waren, die arbeitsteilige landwirtschaftliche Kooperation amazighischer Familien, insbesondere in Bezug auf die Kontribution der (Ehe-)Frauen, zu erfassen.

---

550 Vgl. Ibn Abī Zaid al-Qairawānī: Ar-risāla, S. 81.
551 Vgl. ebd., S. 81f.
552 Vgl. ebd., S. 82.
553 Vgl. ebd., S. 82.
554 Vgl. ebd., S. 82.

 © Frank & Timme Verlag für wissenschaftliche Literatur

„Le fait que la reconnaissance du travail de la femme que constitue le droit de kad wa si'aya se fasse dans un cadre conjugal et qu'il en découle des conséquences juridiques conduit inévitablement à articuler ce travail à la réalité conjugale, et en premier lieu à la réalité de l'unité patrimoniale qu'elle constitue. [...] Mais du fait que le droit de kad wa si'aya est désormais évalué dans le cadre familiale/conjugal, la ‚société de production' qu'est la famille conjugale rurale est devenue le ‚lieu' de détermination des droits ‚subjectives' de chacun. C'est le droit de la femme/épouse en tant que tel qui est affirmé relativement au droit réciproque de son époux et au groupe parental concerné par l'héritage."[555]

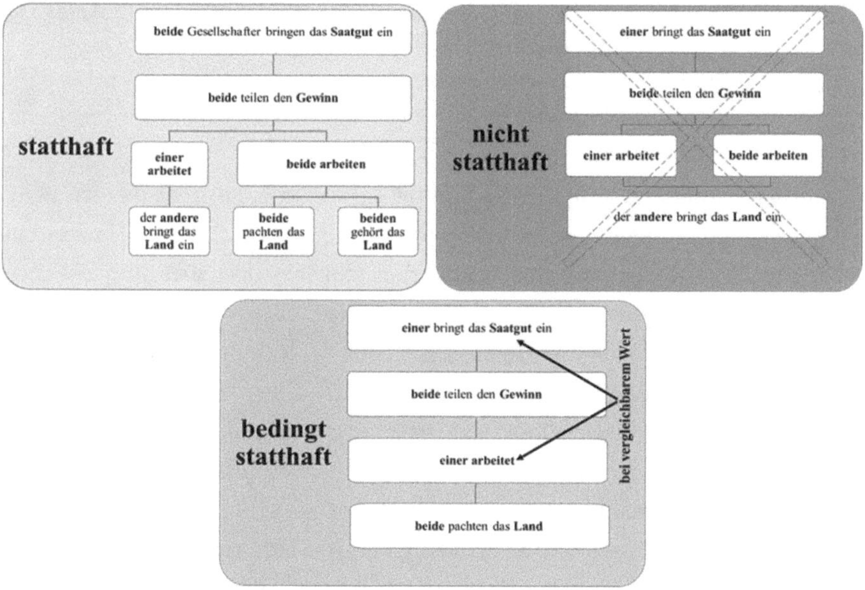

Abb. 4: Statthaftigkeit der *muzāraʿa*

Da die vielschichtigen Normierungen einer Institution wie der *muzāraʿa* die amazighische Lebenswirklichkeit, bei der die Ehefrau – aber auch andere Familienmitglieder – aktiv in der Landwirtschaft mitarbeiten, nicht adäquat reflektierten, gelang es offenbar mithilfe von *al-kadd wa-s-siʿāya* eine Diskrepanz zum Gemeinwohlempfinden der ländlichen Bevölkerung zu überbrücken.

[555] Mouaqit, Mohammed: Le droit de kad wa si'aya, S. 239.

Obgleich die hergebrachten Normen des mālikitischen *fiqh* also verschiedene – im Detail mitunter streng regulierte – Modelle der wirtschaftlichen Kooperation bieten, scheinen diese, wie in UNTERKAPITEL 5.2 noch genauer aufzuzeigen sein wird, die Bedürfnisse der familienbasierten landwirtschaftlichen Produktionsweise der amazighischen Bevölkerung in ihrer (historischen) Realität nur unzureichend befriedigt zu haben. Insbesondere der konstante und umfassende Beitrag der weiblichen Familienmitglieder in der Landwirtschaft ließ sich dadurch nicht adäquat erfassen:

> „Toutes les femmes, sans distinction, participaient aux activités agricoles et ce, au même titre que les hommes. Impliquées dans chacune des étapes du travail de la terre, les femmes amazighes y consacraient une large partie de leurs temps. Que ce soit pour préparer la terre, désherber, ensemencer, récolter, ou encore pour pratiquer les rituels magiques censés améliorer les récoltes, les femmes avaient un rôle précis et central à jouer dans le travail agricole."[556]

Desgleichen artikulieren sich, wie in UNTERKAPITEL 6.2 illustriert werden wird, in der zeitgenössischen Realität moderner marokkanischer (Kern-)Familien, in denen Frauen entweder aktiv am Erwerbsleben teilhaben oder aber die häuslichen Arbeiten verrichten, unter gewandelten gesellschaftlichen Vorzeichen – auch im urbanen Milieu – wiederum Bedürfnisse, welche Reformbefürwortern einen Rückgriff auf die *tamazzalt* für erstrebenswert erscheinen lassen. Denn die Besonderheit der amazighischen *tamazzalt*, welcher als *al-kadd wa-s-si ʿāya* Eingang in Teile der mālikitischen Jurisprudenz gefunden hat, besteht darin, dass im Erb- oder Scheidungsfall Familienmitglieder, zu denen – wie oben aufgezeigt – nicht nur die Ehefrau zählt, eine Gewinnbeteiligung im Sinne einer Entlohnung aufgrund der von ihnen informell erbrachten Arbeitsleistungen zur Mehrung des familiären Vermögens zugesprochen wird, ohne dass formell ein Lohn- bzw. Mietverhältnis bestand oder explizit eine entsprechende islamisch-rechtliche Gesellschaft bzw. Partnerschaft etabliert wurde.

Als weiterer Teilaspekt der *mu ʿāmalāt* im Bereich des Zivil- und Handelsrecht wird auch ein – z. B. in Rechtshandbüchern oder der *nawāzil*-Literatur in distinkten Kapiteln erfasster – Bereich namens *al-qisma* (die Teilung) tangiert. So finden sich in dem Kapitel zur Teilung im *Muḫtaṣar* des bereits erwähnten berühmten mālikitischen Rechtsgelehrten Sīdī Ḫalīl detaillierte Bestimmungen zur Teilung

[556] Boudjemaa; Clément: Les femmes, S. 45.

© Frank & Timme Verlag für wissenschaftliche Literatur

von (Gemeinschafts-)Eigentum – sei es von Immobilien oder Mobilien – mit den dazugehörigen Fragen etwa zum zulässigen Zeitpunkt der Teilung, zum Verfahren (Übereinkunft bzw. Losverfahren) etc.[557] Derartige Kapitel weisen nicht nur einen direkten Bezug zu allgemeinen Fragen der Teilung in der Sphäre des Zivil- und Handelsrechts auf, sondern stehen inhaltlich zugleich auch mit dem Erbrecht und der Frage der konkreten Aufteilung der Hinterlassenschaft (*at-tarika*) und insbesondere mit der gesetzlichen Erbfolge (*ʿilm al-farāʾiḍ*) in Verbindung. So heißt es in Sīdī Ḫalīls Kapitel zur *qisma* beispielsweise, dass ein gesetzlicher Erbe ein bewegliches Gut (*ʿarḍ*) nehmen kann, während ein anderer stattdessen ein obligatorisches Recht (*dain*) nimmt, sofern es veräußerbar ist.[558] Aus einem solchen Kapitel zu konkreten Aufteilungsfragen entstammt beispielsweise auch die für das UNTERKAPITEL 5.2 zentralen *fatāwā* aus dem *Kitāb an-nawāzil* (Das Buch der Rechtsfälle) von al-ʿAlamī (gest. ca. 18. Jh.).[559] Ebenso verortet al-Wazzānī dieselben Rechtsgutachten in seinem zivil- und handelsrechtlichen Kapitel zur Teilung.[560]

Andere Teildisziplinen der *muʿāmalāt* spielen im Kontext der historischen wie auch der zeitgenössischen Debatte über die Legitimität von *al-kadd wa-s-siʿāya* darüber hinaus eine entscheidende Rolle. Die Diskussion fokussiert sich dabei insbesondere auf die Ehefrau als eine durch diese Rechtspraxis begünstigte Person, doch Gleiches gilt grundsätzlich für einen jeden gesetzlichen Erben, der Mithilfe von *al-kadd wa-s-siʿāya* einen Anspruch an den Nachlass der verstorbenen Person geltend macht. Bevor allerdings die erbrechtliche Komponente weiter erläutert wird, soll zunächst der ehe- und familienrechtliche Aspekt eingehender betrachtet werden.

---

557 Siehe Ḫalīl b. Isḥāq al-Mālikī: Muḫtaṣar al-ʿallāma Ḫalīl [Kompendium des hochgelehrten Ḫalīl]. Ediert von Aḥmad Ǧād. Kairo: Dār al-Ḥadīṯ, 2005, S. 196f.

558 Vgl. ebd., S. 196.

559 Siehe ʿAlamī, ʿĪsā b. ʿAlī al-Ḥasanī al-: Kitāb an-nawāzil [Das Buch der Rechtsfälle], Bd. 2. Herausgegeben von al-Maǧlis al-ʿIlmī bi-Fās. [Rabat]: Wizārat al-Auqāf wa-š-Šuʾūn al-Islāmīya, 1986, S. 98 und 101ff.

560 Siehe Wazzānī, Abū ʿĪsā al-Mahdī al-: An-nawāzil al-ǧadīda al-kubrā fīmā li-ahl Fās wa-ġairihim min al-badw wa-l-qurā. Al-miʿyār al-ǧadīd al-ǧāmiʿ al-muʿrib ʿan fatāwā al-mutaʾaḫḫirīn min ʿulamāʾ al-Maġrib [Die neuen großen, die Leute aus Fès und andere, Beduinen wie Sesshafte, betreffenden Fälle. Das neue gesammelte aussagekräftige Eichmaß von Rechtsgutachten der späteren Gelehrten des Maghreb], Bd. 7. Hrsg. von ʿUmar b. ʿAbbād. Mohammedia: Maṭbaʿat Faḍāla, 1998, S. 558ff.

© Frank & Timme Verlag für wissenschaftliche Literatur

Ohne auf alle Einzelheiten der Eheschließung, ihre Folgen sowie die Möglichkeiten einer Eheauflösung gemäß mālikitischer Rechtsschule, welche im entsprechenden Kapitel zur Ehe, zur Verstoßung, zur Widerrufbarkeit der Verstoßung, zur Demütigungsformel, zum Enthaltsamkeitseid, zur Ehebruchsbezichtigung, zum Loskauf der Frau und zum Stillens[561] sowie im Kapitel zur Wartezeit, zum Unterhalt und dem Freisein des Uterus einer Sklavin beim Eigentümerwechsel[562] zu finden sind, en détail einzugehen, sollen doch bestimmte Aspekte hervorgehoben werden, die mit Blick auf *al-kadd wa-s-si ʿāya* von Interesse sind. So gibt es gemäß Ibn Abī Zaid al-Qairawānī keine Ehe (*nikāḥ*) ohne den Ehevormund (*walī*) der Frau, eine Brautgabe (*ṣadāq*)[563] sowie zwei gerechte (*ʿadl*), d. h. unbescholtene, Zeugen (Sg.: *šahid*); und falls diese beiden den Ehevertrag (*al-ʿaqd*) nicht bezeugt haben, ist die Ehe nicht zu vollziehen, bis sie ihn bezeugen.[564] Der Ehevormund und der Bräutigam handeln dementsprechend die Bedingungen des Ehevertrages sowie die Höhe des Brautgeldes aus und lassen dies von zwei gut beleumundeten Zeugen bestätigen. Der Brautgabe, welche grundsätzlich der Ehemann an seine Frau zu entrichten hat, kommt also nach mālikitischer Rechtsauffassung eine primordiale Bedeutung als Wirksamkeitsvoraussetzung der Eheschließung zu. Den Mindestbetrag einer solchen Brautgabe beziffert der Autor der *Risāla* mit einem Viertel-Dīnār[565] in Goldwährung.[566] In der einschlägigen mālikitischen *nawāzil*-Literatur finden sich ergänzend Hinweise auf die Möglichkeit der Aufteilung des Brautgeldes in das sofort bei Vollzug fällige „ausgezahlte Brautgeld“ (*al-mahr naqduhu*) und das spätere „aufbewahrte Brautgeld“ (*al-mahr kāliʾuhu*), welches z. B. zum Ende der Ehe durch deren Auflösung oder den Tod des Gatten zahlbar wird.[567]

Die Tragweite des Fehlens der Brautgabe wird vom Verfasser der *Risāla* zusätzlich noch an anderer Stelle verdeutlicht, bei der es um nicht statthafte

561 Vgl. Ibn Abī Zaid al-Qairawānī: Ar-risāla, S. 65–72.
562 Vgl. ebd., S. 72–74.
563 Als Synonym hierzu gilt auch der Terminus *al-mahr*.
564 Vgl. Ibn Abī Zaid al-Qairawānī: Ar-risāla, S. 65.
565 Alternativ drei Silber-Dirham, vgl. Ibn Abî Zayd al-Qayrawânî; Bercher, Léon (Übers.): La Risâla ou Epître sur les éléments du dogme et de la loi de l'Islâm selon le rite mâlikite. Texte arabe et traduction française avec un avant-propos, des notes et trois index par Léon Bercher. Algier: Éditions Populaires de l'Armée, 1975, Fn. 110, S. 343.
566 Vgl. Ibn Abī Zaid al-Qairawānī: Ar-risāla, S. 65.
567 Vgl. Wanšarīsī, al-: Al-miʿyār al-muʿrib, Bd. 3, S. 96.

 © Frank & Timme Verlag für wissenschaftliche Literatur

Eheschließungen geht: Nicht erlaubt ist die *šiġār*-Heirat[568], bei der es sich um eine Ehe gegen eine Ehe handelt, und auch nicht die Ehe ohne Brautgeld oder die *mutʿa*-Ehe bis zu einem (im Voraus) festgesetzten Zeitpunkt, ebenso wenig wie eine während der Wartezeit (*al-ʿidda*) der Ehefrau geschlossene Ehe, und auch nicht das, was zu etwas Aleatorischem im Vertrag oder in der Brautgabe führt, oder was dafür als nicht verkehrsfähig gilt.[569] Die Einreihung der brautgabenlosen Ehe bzw. der Ehe ohne rechtsgültiges Brautgeld mit anderen, untersagten Eheformen unterstreicht nachdrücklich die Bedeutung der Brautgabe in den Augen der Mālikiten.

Des Weiteren ist eine Ehe, welche in Bezug auf ihre Brautgabe als fehlerhaft (*fāsid*) gilt, noch vor dem Vollzug zu annullieren; doch wenn sie bereits vollzogen wurde, bleibt sie bestehen und für sie wird dann die sogenannte angemessene Brautgabe (*ṣadāq al-miṯl*)[570] fällig.[571] Das Brautgeld ist allerdings mitunter auch dann zu bezahlen, wenn die Ehe aus anderweitigen Gründen keinen rechtlichen Bestand hat. So ist für diejenige Ehe, die hinsichtlich ihres Vertrages fehlerhaft ist und entsprechend nach ihrem Vollzug aufgehoben wurde, dennoch das (zuvor) Vereinbarte zu entrichten.[572] Ferner folgen aus einer fehlerhaften Ehe dieselben Heiratsverbote wie aus einer rechtsgültigen Ehe, allerdings wird durch sie die dreifach Verstoßene (für ihren vorherigen Mann) nicht wieder erlaubt, sc. heiratbar; und eine solche Ehe verleiht den beiden Ehepartnern auch nicht den – z. B. sexualstrafrechtlich relevanten – *muḥṣan*-Satuts.[573]

Hinsichtlich des Brautgeldes ist noch eine weitere Form der Eheschließung beachtlich. Die *nikāḥ at-tafwīḍ* genannte Ehe ist statthaft, hierbei geht es darum, dass beide[574] den Ehevertrag abschließen, ohne dass sie die Brautgabe festlegen,

[568] Gemeint ist hiermit eine Umgehung der Brautgaben-Pflicht, wenn zwei Männer sich gegenseitig ihre Töchter zur Frau geben wollen, ohne dabei jeweils ein Brautgeld zu zahlen. Dies ist unzulässig, da die Brautgabe an die Ehefrau zu gehen hat.

[569] Vgl. Ibn Abī Zaid al-Qairawānī: Ar-risāla, S. 65f.

[570] Gemeint ist hiermit eine Brautgabe, die einer Frau ihres Standes gemäß der Religion (*ad-dīn*), der edlen Abkunft (*al-ḥasab*) und der Abstammung (*an-nasab*) entspricht, vgl. Ābī al-Azharī, Ṣāliḥ ʿAbd as-Samīʿ al-: Aṯ-ṯamar ad-dānī. Šarḥ Risālat Ibn Abī Zaid al-Qairawānī [Die nähergebrachte Frucht. Kommentar der Risāla des Ibn Abī Zaid al-Qairawānī]. Beirut: Dār al-Fikr, 2014, S. 292.

[571] Vgl. Ibn Abī Zaid al-Qairawānī: Ar-risāla, S. 66.

[572] Vgl. ebd., S. 66.

[573] Vgl. ebd., S. 66.

[574] D. h. der Ehevormund und der Bräutigam.

doch darf dann die Ehe nicht eher vollzogen werden bis er – also der Ehemann – sie determiniert; und wenn er für sie – sprich die Ehefrau – das angemessene Brautgeld bestimmt, ist dies für sie bindend, aber wenn es geringer ist, dann steht ihr die Wahl zu, und falls sie es nicht akzeptiert, werden die beiden – im Sinne einer Eheauflösung – getrennt, außer wenn er ihre Zustimmung dafür gewinnt oder für sie (doch noch) das angemessene Brautgeld ansetzt, wodurch er sie bindet.[575] Wie bereits in UNTERKAPITEL 4.1 dargelegt, steht der Ehefrau, für die ihr verstorbener Ehemann noch kein Brautgeld festgelegt hat und mit der zugleich die Ehe aber auch noch nicht vollzogen wurde, zwar ihre Erbquote, allerdings kein Brautgeld zu; sollte die Ehe indessen schon vollzogen worden sein, erhält sie neben ihrer Erbquote auch das angemessene Brautgeld (*ṣadāq al-miṯl*), falls sie sich nicht mit einer festgesetzten Sache geringeren Wertes zufrieden gegeben hat.[576]

Prinzipiell kann eine valide Ehe zwischen einem freien wie auch einem versklavten Muslim und bis zu vier freien Musliminnen oder Anhängerinnen einer Buchreligion bzw. vier muslimischen Sklavinnen, doch für den freien Muslim nur bei unzureichenden Finanzmitteln für die Ehe mit einer Freien zum Zwecke der *zinā*-Vermeidung – dann allerdings ausschließlich – mit muslimischen Sklavinnen eines anderen[577], geschlossen werden; umgekehrt kann die freie oder versklavte Muslimin ihrerseits einen freien bzw. versklavten Muslim ehelichen, nicht jedoch ihren eigenen Sklaven oder den ihres Sohnes.[578] Für ergänzende dauerhafte oder temporäre Ehehindernisse, wie sie beispielsweise aus bestimmter Bluts- bzw. Milchverwandtschaft, Schwägerschaft, der Wartezeit der Frau nach einer beendeten Ehe oder dem Eintritt in den Weihezustand resultieren, sei auf die weiterführende Detaildarstellung Ibn Abī Zaid al-Qairawānīs verwiesen.[579] Im Hinblick auf die Erbberechtigung wie auch die Höhe der Erbquote wird in Erinnerung gerufen, dass Religionsverschiedenheit nur für Frauen – nicht jedoch für Männer in Bezug auf Jüdinnen, Christinnen und Zoroastrierinnen – ein Ehehindernis, für beide Geschlechter allerdings immer ein Erbhindernis darstellt und dass die quantitativ

---

575 Vgl. Ibn Abī Zaid al-Qairawānī: Ar-risāla, S. 67.
576 Vgl. ebd., S. 69.
577 D. h. weder seine eigenen Sklavinnen, noch die Sklavinnen seines Sohnes; wohl aber die Sklavinnen seines Vaters oder seiner Mutter, vgl. ebd., S. 67.
578 Vgl. ebd., S. 67.
579 Vgl. ebd., S. 66ff.

 © Frank & Timme Verlag für wissenschaftliche Literatur

limitiert zulässige Polygenie bei gleichzeitig untersagter Polyandrie dazu führt, dass die Erbquote einer Ehefrau – im Gegensatz zu der des Ehemannes – ggf. noch mit den übrigen Ehefrauen zu teilen ist.

Zu den islamisch-rechtlichen Ehewirkungen zählt der Unterhaltsanspruch der Ehefrau gegen ihren Ehemann. In der *Risāla* heißt es dazu: Der Mann muss grundsätzlich keinen Unterhalt bezahlen, außer für seine Ehefrau, sei sie reich oder arm (*ġanīya au faqīra*), für seine beiden armen Eltern und seine minderjährigen Kinder, die nicht über eigenes Vermögen verfügen; bei den männlichen bis zum Eintritt der nächtlichen Pollution, sofern sie nicht durch ein dauerhaftes Leiden außerstande sind, sich selbst zu versorgen (*lā zamāna bihim*), und bei den weiblichen bis zu ihren Ehen und deren Vollzug.[580] Unterhalt steht keinen anderen als diesen Verwandten zu.[581] Der Ehemann muss zwischen seinen Frauen ferner Gerechtigkeit ausüben, und ihm obliegt gemäß seines Standes der Unterhalt (*an-nafaqa*) und die Beherbergung (*as-suknā*); indes haben weder seine Sklavin (*al-ama*) noch seine Kindsmutter (*umm walad*) Anteil an der Aufteilung der Übernachtungen, und für die Ehefrau gibt es bis zum Vollzug der Ehe oder bis eine bereits mannbare, ihn dazu auffordert, keinen Unterhalt.[582] Falls er es vermag, obliegt es ihm, seiner Ehefrau Dienerschaft zu stellen; und ihm obliegt ebenfalls der Unterhalt ihrer Sklaven sowie deren Leichentuch, d. h. die Übernahme ihrer Bestattungskosten, wenn sie sterben.[583] Auf die rechtsschulinterne Meinungsverschiedenheit, ob die Bestattungskosten der Ehefrau desgleichen von der Unterhaltspflicht des Ehemannes abgedeckt werden, wurde bereits im zweiten KAPITEL verwiesen. Der mālikitische *maḏhab* weist hierzu drei verschiedene Positionen auf: Nach Ibn al-Qāsim (gest. ca. 806) werden die Kosten des Leichentuchs der Ehefrau aus ihrem eigenen Vermögen bestritten, gemäß ʿAbd al-Malik (gest. ca. 854) muss der Ehemann hierfür aufkommen, und die auf Saḥnūn (gest. ca. 854) zurückgeführte vermittelnde Position lässt den Ehemann die Bestattungskosten einer armen Frau tragen, wohingegen eine vermögende Ehefrau mit ihrem eigenen Vermögen dafür aufzukommen hat.[584] Die Ehefrau ist somit die einzige

[580] Vgl. Ibn Abī Zaid al-Qairawānī: Ar-risāla, S. 74.
[581] Vgl. ebd., S. 74.
[582] Vgl. ebd., S. 67.
[583] Vgl. ebd., S. 74.
[584] Vgl. ebd., S. 74.

© Frank & Timme Verlag für wissenschaftliche Literatur

Person, die einen dauerhaften – für die Zeitspanne ihres Ehelebens gültigen – und grundsätzlich vermögensunabhängigen, d. h. sowohl von ihrem eigenen Vermögen wie auch vom Vermögen ihres Mannes unbeeinflussten – Unterhaltsanspruch gegen den Mann hat.

Eine Ehe kann zu Lebzeiten beider Ehepartner beendet werden, oder sie endet mit dem Tod eines der beiden. Eine vorzeitige Beendigung der Ehe zu Lebzeiten kann sowohl vom Ehemann als auch von der Ehefrau initiiert werden; dem Mann bieten sich dabei indes vielfältigere und zumeist unkompliziertere Möglichkeiten. Quasi als Ausgleich für seine erweiterten Handlungsoptionen muss er jedoch i. d. R. das zu Ehebeginn entweder komplett entrichtete oder spätestens zum Eheende vollständig fällig werdende Brautgeld bezahlen, wodurch allzu leichtfertigen einseitigen Verstoßungen seitens des Ehemannes gewissermaßen entgegengewirkt wird.

Die Details zu den verschiedenen akzeptierten Formen der Eheauflösung sind bei Ibn Abī Zaid al-Qairawānī in der *Risāla* nachzulesen. Bei der *aṭ-ṭalāq* genannten Form der Eheauflösung verstößt der Ehemann einseitig seine Frau, entweder einmalig, so dass die Verstoßung vor dem Ende der Wartezeit noch widerrufbar ist, oder dreimalig, wodurch die Verstoßung unwiderrufbar wird und die Ehefrau, ohne eine zwischenzeitlich vollzogene rechtsgültige Ehe mit einem anderen Mann (*at-taḥlīl* genannt), welche allerdings nicht nur zu diesem Zwecke geschlossen werden darf, dem Ehemann künftig für erneute Eheschließungen verboten ist.[585] Idealerweise ist eine solche dreifache Verstoßung einmal pro Reinheitsperiode der Frau auszusprechen, doch auch die häretische (*al-bidʿa*) gleichzeitig formulierte dreifache Verstoßung ist rechtswirksam.[586] Die vor dem Vollzug der Ehe Verstoßene hat Anspruch auf das hälftige Brautgeld.[587] Für den Verstoßenden geziemt es sich außerdem, dass er ihr ein nicht obligatorisches Geschenk macht; doch diejenige mit der er die Ehe nicht vollzogen hat, aber für die ein Brautgeld festgesetzt wurde, bekommt kein Geschenk, ebenso wenig wie die Sich-selbst-Loskaufende.[588]

585 Vgl. Ibn Abī Zaid al-Qairawānī: Ar-risāla, S. 68f.
586 Vgl. ebd., S. 68.
587 Vgl. ebd., S. 69.
588 Vgl. ebd., S. 69.

 © Frank & Timme Verlag für wissenschaftliche Literatur

Der *al-ḫulʿ* genannte Loskauf der Frau aus der Ehe ist eine unwiderrufbare Verstoßung, auch wenn er nicht *aṭ-ṭalāq* genannt wird, und er besteht darin, dass die Frau dem Mann etwas gibt, damit er sie von sich aus aus der Ehe entlässt.[589] Sollte sie dies jedoch aufgrund eines ihr zugefügten Schadens getan haben, kann sie diese Summe, die größer, kleiner oder entsprechend der Brautgabe war, von ihm zurückfordern.[590] Auch der Enthaltsamkeitseid (*al-īlāʾ*) des Mannes, führt nach dem Ablauf der Frist von vier Monaten für den Freien bzw. zwei Monaten für den Sklaven ohne Wiederaufnahme des Geschlechtsverkehrs und nach Einbestellung durch den Herrscher zur Verstoßung.[591] Ebenso zieht die vom Mann ausgesprochene Demütigungsformel *aẓ-ẓihār*, bei der seine Ehe von ihm mit einer inzestuösen Beziehung verglichen wird, auf Wunsch der Frau das Eheende nach sich; eine vorherige Wiederaufnahme der ehelichen Beziehung ist nur nach einer Sühneleistung (*kaffāra*) des Mannes möglich.[592] Eine weitere Form der Eheauflösung, welche zudem ein dauerhaftes Ehehindernis errichtet, ist die Ehebruchsbezichtigung (*al-liʿān*), bei welcher der Ehemann die Vaterschaft eines Kindes leugnet und die Ehefrau einen den Ehebruch verleugnenden Gegenschwur ausspricht, wodurch von beiden etwaige strafrechtliche Konsequenzen abgewendet werden und das Kind sich nicht dem Ehemann anschließt.[593] Ferner steht es der *al-mumallaka* genannten Ehefrau, welche von ihrem Ehemann dazu bevollmächtigt ist, über sich selbst zu entscheiden, wie auch der als *al-muḫaiyara* bezeichneten Frau, der vom Ehemann die Wahl, bei ihm zu bleiben oder sich von ihm zu trennen, überlassen wird, die Entscheidung über die Aufrechterhaltung der Ehe zu; der Erstgenannten kann jedoch vom Mann mehr als die einfache Verstoßung abgesprochen werden, die Zweitgenannte kann indessen nur die definitive dreifache Verstoßung wählen.[594]

Die *Risāla* zeigt auf, dass die von den Mālikiten anerkannten Formen des Eheendes multipel sind. Doch wie wirkt sich die (vorzeitige) Eheauflösung in der Folge rechtlich für die Ehefrau aus? Für die muslimische oder die einer Buchreligion angehörende Frau schließt sich an das Ende ihrer Ehe die Wartezeit (*al-ʿidda*) an,

[589] Vgl. Ibn Abī Zaid al-Qairawānī: Ar-risāla, S. 69.
[590] Vgl. ebd., S. 81.
[591] Vgl. ebd., S. 80f.
[592] Vgl. ebd., S. 81.
[593] Vgl. ebd., S. 81.
[594] Vgl. ebd., S. 80.

© Frank & Timme Verlag für wissenschaftliche Literatur

welche im Falle der dreifachen Verstoßung durch den Ehemann, sei er frei oder versklavt, für die Freie drei intermenstruelle Reinheitsperioden (*al-qurū* ʾ / *al-aqrā*ʾ; Sg.: *al-qur*ʾ) und für die (Hybrid-)Sklavin[595] zwei Reinheitsperioden beträgt; sollte die Frau noch nicht oder nicht mehr ihre Monatsblutungen haben, beträgt sie für Freie wie für Sklavinnen jeweils drei Monate, und für Frauen mit menstruationsunabhängigen Blutungen jeweils ein Jahr.[596] Einer verstoßenen Frau, mit der die Ehe noch nicht vollzogen wurde, obliegt indes keinerlei Wartezeit.[597] Die Wartezeit der freien Witwe hingegen, unabhängig davon, ob sie minderjährig ist, ob die Ehe mit ihr bereits vollzogen wurde oder ob sie Muslimin, Jüdin oder Christin ist, beträgt vier Monate und zehn Tage; diejenige der verwitweten (Hybrid-)Sklavin allerdings nur zwei Monate und fünf Tage.[598] Die Wartezeit einer Schwangeren dagegen – sei sie verwitwet oder verstoßen, frei oder versklavt, Jüdin oder Christin – endet erst mit ihrer Niederkunft.[599] Im Zweifelsfall einer sich verspätenden Menstruation hört die Wartezeit der geschlechtsreifen Frau, mit welcher die Ehe vollzogen wurde, jedoch erst durch die Beseitigung dieses Zweifels auf.[600] Für die Kindsmutter (*umm al- walad*), d. h. eine Sklavin, die ihrem Eigentümer ein Kind geboren hat, beträgt die Wartezeit nach dessen Tod eine Monatsblutung (*ḥaiḍa*), desgleichen wenn er sie freigelassen hat; doch falls sie nicht mehr menstruiert, beträgt sie drei Monate.[601]

Für die Witwe kommt während der Wartezeit noch die Enthaltung (*al-iḥdād*) als Ausdruck der Trauer hinzu, die besteht darin, dass die aufgrund des Todes sich in der Wartezeit Befindende keinerlei Dingen der Verschönerung, wie Schmuck, Kuḥl oder Ähnlichem, nähert; überdies soll sie alle Farben außer Schwarz meiden, sie soll auch alle Wohlgerüche vermeiden, sich nicht (Haare, Hände oder Füße) mit Henna färben, sich keiner parfümierten Creme bedienen, und sich mit nichts

595 Ergänzend hierzu wartet die *Risāla* auch noch mit Details zum Freisein des Uterus (*al-istibrā*ʾ) einer Sklavin beim Eigentümerwechsel auf, die jedoch für die Verortung von *al-kadd wa-s-si*ʿ*āya* nicht weiter relevant sind, siehe Ibn Abī Zaid al-Qairawānī: Ar-risāla, S. 83.
596 Vgl. ebd., S. 72.
597 Vgl. ebd., S. 72.
598 Vgl. ebd., S. 72.
599 Vgl. ebd., S. 72.
600 Vgl. ebd., S. 72f.
601 Vgl. ebd., S. 73.

 © Frank & Timme Verlag für wissenschaftliche Literatur

kämmen, was ihrem Haar Duft verleiht.[602] Sowohl der Sklavin als auch der Freien, egal ob minderjährig oder erwachsen, obliegt diese Trauer, doch es besteht laut Ibn Abī Zaid al-Qairawānī hierüber eine Meinungsverschiedenheit bezüglich der Anhängerin der Buchreligionen.[603] Fest steht dagegen, dass der Verstoßenen kein *iḥdād* obliegt; zugleich wird jedoch betont, dass es für die freie Anhängerin einer Buchreligion zwingend notwendig ist, die Wartezeit nach dem Tod von dem oder der Verstoßung durch den Muslim einzuhalten.[604]

Ebenso stellt sich nach dem Eheende die Frage, wie es um die Versorgung der Frau während ihrer Wartezeit bestellt ist. Eine jede Verstoßene (*al-muṭallaqa*), mit der die Ehe vollzogen wurde, hat während ihrer Wartezeit einen Anspruch auf Unterbringung (*as-suknā*), aber nicht auf Unterhalt (*an-nafaqa*), außer für diejenige, die weniger als dreimal verstoßen wurde, oder für die Schwangere, sei sie einfach oder dreifach verstoßen.[605] Zusätzlich steht es der Verstoßenen auch zu, die Kosten des Stillens ihres Kindes dessen Vater gegenüber (nach Ablauf der Wartezeit) geltend zu machen.[606] Keinen Unterhalt gibt es ferner für die Sich-selbst-Loskaufende (*al-muḫtaliʿa*), außer im Falle ihrer Schwangerschaft; doch für die durch Ehebruchsbezichtigung Verstoßene (*al-mulāʿana*) gibt es keinesfalls Unterhalt, selbst wenn sie schwanger ist.[607] Desgleichen gibt es keinen Unterhalt für eine jede sich in der Wartezeit nach dem Tod Befindende (*al-muʿtadda min wafāt*), allerdings steht ihr das Logis zu, falls es sich um das Haus des Verstorbenen handelt oder falls er die Miete dafür bereits bezahlt hat. Die Frau verlässt ihr Haus im Falle der Verstoßung bzw. der Verwitwung nicht, bis die Wartezeit beendet ist; es sei denn, sie wird vom Hausherren, der von ihr keine vergleichbare Miete akzeptiert, hinausgeworfen, woraufhin sie es verlässt und an einen anderen Ort zieht, an dem sie verbleibt, bis ihre Wartezeit vorüber ist.[608]

Grundsätzlich endet die Unterhaltspflicht des Mannes also unmittelbar mit seinem Tod oder der Eheauflösung; davon ausgenommen ist lediglich die Schwangerschaftszeit – primär motiviert durch die Pflicht zur Versorgung des Ungeborenen

602 Vgl. Ibn Abī Zaid al-Qairawānī: Ar-risāla, S. 83.
603 Vgl. ebd., S. 83.
604 Vgl. ebd., S. 83.
605 Vgl. ebd., S. 83.
606 Vgl. ebd., S. 84.
607 Vgl. ebd., S. 83.
608 Vgl. ebd., S. 83f.

– nach der willentlichen Eheauflösung, sofern das Kind dem Ehemann zugerechnet wird, was einzig bei einer Eheauflösung durch *liʿān* nicht der Fall ist. Dass das Anrecht auf Unterbringung nach Eheauflösung und in vielen Fällen auch nach Verwitwung während der Wartezeit erhalten bleibt, liegt in der Natur der selbigen begründet, da diese ja insbesondere der Klärung der Frage nach einer etwaigen Schwangerschaft sowie der einwandfreien Zuordnung der Abstammung (*an-nasab*) eines daraus resultierenden Kindes dient, wodurch der Wohnstatt der Frau zugleich auch unter dem Aspekt der sozialen Kontrolle Bedeutung zukommt.

Das Bild, welches das mālikitische Ehe- und Unterhaltsrecht zeichnet, ist somit das einer klassischen Versorgungsehe durch den Ehemann, die durch den Tod des Ehepartners oder ggf. auf Wunsch eines der beiden vorzeitig beendet wird. Es ist daher zu resümieren, dass die Versorgung der Ehefrau gemäß den schariatrechtlichen Bestimmungen während der bestehenden Ehe sowie in der Wartezeit nach einer widerruflichen Verstoßung durch die Verpflichtung des Ehemannes zur Zahlung eines standesgemäßen Unterhaltes (*an-nafaqa*) gesichert wird, und dass der Ehefrau nach dem Ende der Ehe, sei es durch deren Auflösung oder durch Verwitwung, dann ihre Brautgabe (*as-sadāq* bzw. *al-mahr*) zusteht, welche sie entweder bereits mit Vollzug der Ehe oder aber spätestens mit deren Ende vollständig erhält. Der ländlichen amazighischen Realität, in der die (Ehe-)Frauen sich aktiv an der Subsistenz bzw. Wohlstandsakkumulation beteiligen, wird hierdurch jedoch nicht angemessen Rechnung getragen.

> „Dans les régions amazighes, les travaux agricoles occupaient une place fondamentale. Alors qu'on pourrait penser cette tâche réservée aux hommes, c'était loin d'être le cas. L'agriculture était une des rares activités menées conjointement par les hommes et les femmes. Des semailles aux moissons, les femmes accomplissaient des tâches bien précises à chaque étape."[609]

Angesichts dessen bildet die gewohnheitsrechtlich- und gemeinwohlbasierte Rechtsfigur des *kadd wa-siʿāya* ein nachvollziehbares Korrektiv, um eine Gerechtigkeitslücke zu schließen. So kann mithilfe der in der Sprache der *fuqahāʾ al-kadd wa-s-siʿāya* genannten *tamazzalt* ein rechtlicher Ausgleich für (weibliche) Kontributionen in der Lebenswirklichkeit geschaffen werden, welcher in der

609 Boudjemaa; Clément: Les femmes, S. 49.

 © Frank & Timme Verlag für wissenschaftliche Literatur

eherechtlichen Theorie des *fiqh* grundsätzlich nicht vorgesehen ist, da es sich hierbei um eine einseitige Versorgungsehe durch den Mann handeln soll.

Unbeschadet dessen steht der muslimischen Witwe gemäß den erbrechtlichen Bestimmungen des *fiqh* – wie bereits in UNTERKAPITEL 4.1 aufgezeigt – auch noch einen Erbanspruch als Quotenerbin mit einer – ggf. unter mehreren Ehefrauen zu teilenden – Erbquote von der Hinterlassenschaft nach Abzug der Bestattungskosten, der Schulden sowie etwaiger rechtskonformer Vermächtnisse ihres verstorbenen Ehemannes von einem Viertel, falls er kinderlos verstirbt, bzw. einem Achtel neben seinen lebenden Kindern zu. Eine muslimische Ehefrau kann durch die übrigen Erben außerdem niemals vom Erbe ausgeschlossen werden und ihre Quote wird lediglich durch das Vorhandensein weiterer Ehefrauen reduziert oder unterliegt den allgemeinen Bedingungen der Quotenkürzung (*al-ʿaul*) zulasten sämtlicher Quotenerben. Weiterhin beachtlich ist, dass die Errichtung eines Vermächtnisses zugunsten eines gesetzlichen Erbens laut mālikitischer Rechtsauffassung unzulässig ist (*lā waṣīya li-wāriṯ*).[610] Der muslimischen Ehefrau kann dementsprechend – gemäß mālikitischem *fiqh* auch nicht mittels nachträglicher Autorisierung durch die übrigen Erben – kein zusätzliches Vermächtnis zu ihrer Erbquote zuerkannt werden. Für die nicht-muslimische, einer Buchreligion angehörenden Ehefrau hingegen stellt, wie schon erwähnt, ein Vermächtnis die einzig legitime Teilhabe an der Hinterlassenschaft ihres muslimischen Ehemannes dar, und vice versa.[611]

Auch das Rechtsgebiet des Erbrechts stellt mit seinen Regeln klassisch islamischrechtlich auf die einseitige Versorgungsehe durch den Mann ab, bei welcher der bzw. den Ehefrau/-en – im Gegensatz zum vorislamischen Erbrecht auf der Arabischen Halbinsel – immerhin durch die Religion des Islam ein limitierter Anspruch auf das Erbe eingeräumt wird, welcher durch ihr zuvor ausgehandeltes Brautgeld und im Bedarfsfall durch die Versorgung seitens der männlichen Nachkommen abgerundet wird. Dass der Sonderfall einer aktiv an der familiären Wertschöpfung beteiligten (Ehe-)Frau durch *al-kadd wa-s-siʿāya* quasi über den Weg der Schulden (*ad-duyūn*) ein den Vermächtnissen und der Erbfolge vorgelagerter gewohnheitsrechtlicher und gemeinwohlbasierter Anspruch an dem gemeinsam

610 Vgl. Ibn Abī Zaid al-Qairawānī: Ar-risāla, S. 82f.
611 Vgl. Ḫalīl b. Isḥāq al-Mālikī: Muḫtaṣar, S. 256.

© Frank & Timme Verlag für wissenschaftliche Literatur

erwirtschafteten Vermögen eingeräumt wird, erscheint daher nicht unplausibel und durchaus regelkonform.

Die Verortung der *tamazzalt* bzw. von *al-kadd wa-s-siʿāya* in den *furūʿ al-fiqh* zeigt demzufolge, dass diese Rechtsfigur in der Lage ist, Gerechtigkeitslücken zu füllen und zu überbrücken, die sich aus den klassisch islamisch-rechtlichen Regelungen des Zivil- und Handelsrechts wie auch des Ehe- und Familienrechts sowie des Erbrechts ergeben können, falls die gelebte Praxis des Familien- und Erwerbslebens sich als komplexer erweist als es den Grundannahmen der islamischen Jurisprudenz entspricht. Unter Einbeziehung der Ergebnisse der Verortung innerhalb der *uṣūl al-fiqh* kann daher konstatiert werden, dass der mālikitische *fiqh* marokkanischer Prägung mittels Gewohnheitsrecht und Gemeinwohlorientierung in der Lage ist, gerechtigkeitsorientiert nachzusteuern. Insgesamt zeugt *al-kadd wa-s-siʿāya* anschaulich von der dem islamischen *fiqh* grundsätzlich inhärenten Anpassungsfähigkeit und Flexibilität.

5.2 Eine diachrone Betrachtung

Dieses UNTERKAPITEL zeichnet nach, wie die *tamazzalt* unter der (hoch-)arabischen Bezeichnung *al-kadd wa-s-siʿāya* Einzug in die mālikitische Jurisprudenz, vor allem in die marokkanische mālikitische Rechtspraxis hielt. Zugleich sollen jedoch auch diesbezügliche Widerstände aus den Reihen der *fuqahāʾ* aufgezeigt werden. In beiden Fällen, d. h. ihrer Befürwortung wie auch ihrer Ablehnung, geht es um eine diachrone Betrachtung dieser Rechtspraxis und wie sie ihren Niederschlag in der islamischen rechtsgutachterlichen Praxis gefunden hat. Der Fokus liegt dabei auf rechtshistorischen Fällen (*an-nawāzil*), auf die auch die moderne zeitgenössische Reformdebatte mitunter rekurriert. Die Begrifflichkeiten *al-kadd wa-s-siʿāya* oder *tamazzalt* kommen in den konsultierten historischen Rechtsgutachten aus dem Norden Marokkos nicht explizit vor, doch reflektieren die darin geschilderten Fälle der Teilung (*al-qisma*) eben diese Rechtspraxis. Die fehlende Begriffsverwendung bei den Fällen aus dem Ġumāra-Gebirge mag damit zusammenhängen, dass der Begriff *tamazzalt* und somit auch seine (hoch-)arabische Übersetzungen *al-kadd wa-s-siʿāya* aus dem Taschelḥit, sc. der Sprachvariante

 © Frank & Timme Verlag für wissenschaftliche Literatur

der Ischelḥin (ⵉⵛⵍⵃⵉⵏ; Schlöh / Chleuh)[612] im Sūs, stammt und diese Begrifflichkeiten bei den Ighmaren (ⵉⵖⵎⴰⵔⵏ)[613] daher womöglich ungebräuchlich waren.

Wie Abbildung 5 resümiert, vollzieht sich die Entwicklung vereinfacht dargestellt in mehreren Etappen: Ausgehend von der *tamazzalt* im amazighischen *azerf*, dessen Ursprünge weit in die Geschichte zurückreichen, fand diese Rechtspraxis in den entsprechenden ruralen amazighischen Stammesgebieten mit der arabischen fachterminologischen Bezeichnung *al-kadd wa-s-si ʿāya* – i. d. R. begründet durch lokales Gewohnheitsrecht (*al-ʿurf*), den darauf fußenden Rechtsbrauch (*al-ʿamal*) sowie das Gemeinwohl (*al-maṣlaḥa*) – ihren Weg in die rechtsgutachterliche Praxis lokaler Rechtsgelehrter (*al-fuqahāʾ*), welche sich in einer Reihe von Rechtsgutachten zu konkreten Fällen (*an-nawāzil*) manifestiert. Zum einen ging es hierbei um vermögensrechtliche Fragen bezüglich im familiären landwirtschaftlichen Betrieb mitarbeitender Verwandte wie auch der Ehefrau (*az-zauǧa*) bzw. der Verstoßenen (*al-muṭallaqa*), welche in den städtischen Gelehrtenzirkel scheinbar noch keinen nennenswerten Widerstand erregten. Kritische Stimmen erhoben sich zum anderen insbesondere, als bekannt wurde, dass diese Rechtspraxis auch in Erbfällen von Rechtsgutachtern berücksichtigt wird, wie z. B. in einer *nāzila* des im Ġumāra-Gebietes tätigen Rechtsgutachters Ibn ʿArḍūn aṣ-Ṣaġīr (gest. 1604), welcher sie darin ebenfalls für die Witwe zur Anwendung kommen ließ. Einerseits formiert sich dagegen seitens einiger zeitgenössischer wie auch späterer Gelehrter eine islamisch-rechtliche Ablehnung dieser Rechtspraxis als vermeintlich den Normen des *fiqh* zuwiderlaufend, und andererseits wird bis heute der Versuch erkennbar, diese Rechtspraxis nachträglich zu legitimieren, indem ihr islamische Ursprünge zugeschrieben werden. Als letzte Etappe kann das Aufgreifen dieser – bis heutzutage im Sūs-Gebiet noch angewandten – Rechtspraxis im Zuge der

612 Siehe Chaker, Salem: Chleuh. In: Encyclopédie berbère, Bd. 13 (Chèvre – Columnatien). Aix-en-Provence: Online-Edition (document C57, mis en ligne le 01 mars 2012), 1994, S. 1926–1933 [Abs.-Nr.: 1–15], abrufbar unter: https://doi.org/10.4000/encyclopedieberbere.2270 (letzter Zugriff: 02.03.2025). Beachtenswert sind auch die Arbeiten des deutschen Orientalisten Hans Stumme (gest. 1936) zu den Ischelḥin, siehe Ebert, Hans-Georg; Forian-Szabo, Viktor; Oucharah, Mohamed: Berberstudien, Islamwissenschaft und Arabistik in Leipzig. Die Korrespondenz von Hans Stumme (1864–1936) an Ignaz Goldziher (1850–1921). Berlin: Frank & Timme, 2024, S. 57–73.

613 Siehe Camps, Gabriel; Vignet-Zunz, Jacques: Ghomâra. In: Encyclopédie berbère, Bd. 20 (Gauda – Girrei). Aix-en-Provence: Online-Edition (document G44, mis en ligne le 01 juin 2011), 1998, S. 3110–3119 [Abs.-Nr. 1–22], abrufbar unter: https://doi.org/10.4000/encyclopedieberbere.1923 (letzter Zugriff: 02.03.2025).

gegenwärtigen Debatte um eine Reform des kodifizierten, v. a. auf dem islamischen *fiqh* basierenden Erbrecht durch manche Reformbefürworter erachtet werden. Die Einzelheiten dieser Entwicklungen werden im Folgenden nachgezeichnet.

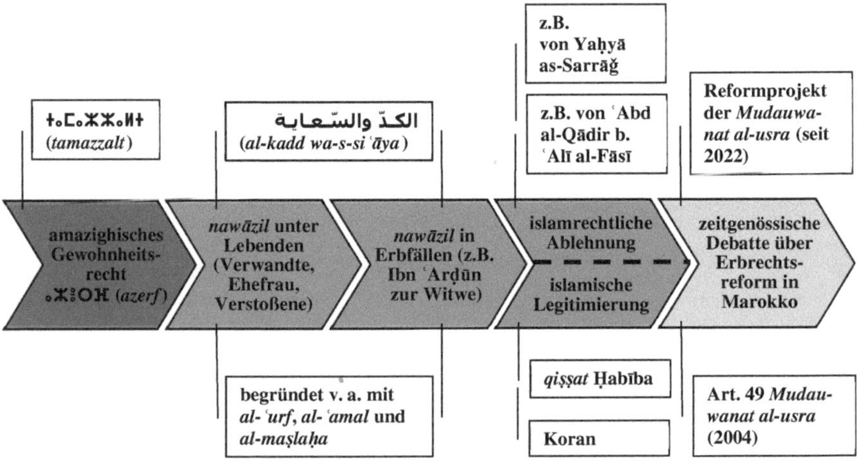

Abb. 5: Diachrone Betrachtung der *tamazzalt*

Wie bereits im vorausgegangenen UNTERKAPITEL aufgezeigt, liegen die Ursprünge der *tamazzalt* im amazighischen Gewohnheitsrecht einiger marokkanischer Berberstämme. Mouaqit hebt dessen weit zurückreichende historische Wurzeln besonders hervor, wenn er betont, dass „[…] la pratique en question n'a pas pour origine une fatwa, mais un fond social et sociologique dont procède un droit coumier ancien, sans que l'on puisse déterminer l'ancrage dans le temps ou l'apparition […].“[614] Es sei nochmals angemerkt, dass das Gewohnheitsrecht der Imazighen vielfältig ist; die Rechtspraxis der *tamazzalt* ist insbesondere aus dem Stammesgebiet der Ighmaren im Norden des Landes sowie im Süden aus dem Gebiet der Ischelḥin im Sūs überliefert, und überdauert bei den Letztgenannten bis in die Gegenwart hinein.

In seiner Analyse des soziologischen Hintergrundes dieser Rechtspraxis stellt Mouaqit v. a. auf die Integrationskraft von Arbeit ab: „La valorisation du travail

[614] Mouaqit: Le droit de kad wa si'aya, S. 208.

 © Frank & Timme Verlag für wissenschaftliche Literatur

de la femme s'inscrit dans une culture de la société rurale berbère où le travail, d'une manière générale, est mis en valeur et peut justifier l'intégration d'un individu à un groupement auquel il est étranger.“[615] Dies wird von ihm anhand einer Praxis bei den Ait Zmmur (ⴰⵢⵜ ⵥⵎⵎⵓⵔ; auch als Ait Zugguatt firmierend) aus dem Mittleren Atlas illustriert, wo ein *amazzāl* (ⴰⵎⴰⵥⵥⴰⵍ; „Renner“) genanntes stammesfremdes Individuum gegen seine Arbeitsleistung von einem Mitglied der Gruppe protegiert werden konnte und nach einiger Zeit schließlich gegen eine in Form von Arbeitsleistung über mehrere Jahre zu erbringende gestaffelte Brautgabe eine Frau aus dieser Gruppe ehelichen durfte.[616] „Il prend ce nom parce qu'il ‚court‘ pour la dot de sa femme.“[617] Hierbei zeigt sich deutlich eine etymologische Parallele zu dem auf dieselbe Wurzel zurückgehenden Terminus *tamazzalt*, die wie in UNTERKAPITEL 5.1.1 gezeigt, als „Lohn des Rennens“ der Frau (und anderen Familienmitgliedern) eine zusätzliche, vorgelagerte Beteiligung an dem von ihr (oder ihnen) mitgeschaffenen familiären Vermögens im Falle der Eheauflösung bzw. im Erbfall ermöglicht. So ist der soziale Kontext in beiden Fällen die rurale Gesellschaft, in der auch Frauen für das tägliche Überleben „rennen“, also sich abmühen, müssen.[618]

Das hohe Ansehen der Berberfrauen innerhalb ihrer Gemeinschaft reflektiert sich, wie die saudische Gelehrte Suhaila Zain al-ʿĀbidīn Ḥammād bemerkt, auch im Sprachgebrauch der Imazighen, in welchem die Bezeichnung für „Frau“ *tamghart* lautet, wobei es sich um die weibliche Form von *amghar*, dem Scheich und Stammesoberhaupt, handelt, denn die *tamghart* ist das Oberhaupt der Familie, des Stammes und der Gesellschaft, sie wacht als erste auf und geht als letzte schlafen:

> „*Wa-naẓaran li-hāḏihi al-makāna al-iǧtimāʿīya li-l-marʾa ʿinda al-qabāʾil al-amaziġīya summīyat al-marʾa fi-l-luġa al-amāzīġīya ‚tāmġārt‘ muʾannat ‚amġār‘ ai šaiḫ wa-raʾīs al-qabīla, fa-‚tāmġārt‘ hiya raʾīsat al-usra wa-l-qabīla wa-l-muǧtamaʿ fa-hiya auwal man yastaiqiẓu wa-āḫir man yanāmu.*“[619]

Den marokkanischen Rechtsgelehrten wird entsprechend das Verdienst zugerechnet, Rechte im Bereich der Familie und ihrer Rechte begründet zu haben, die nicht

615 Mouaqit: Le droit de kad wa si'aya, S. 214.
616 Vgl. ebd., S. 214.
617 Ebd., S. 214.
618 Vgl. ebd., S. 214.
619 Zain al-ʿĀbidīn Ḥammād, Suhaila: Ḥaqq al-kadd wa-s-siʿāya li-z-zauǧa. Riyad: Onlineversion, 2022, S. 72, abrufbar unter: https://www.docdroid.net/NMfFqtX/ktab-hk-alkd-oal-saaay-llzog9-pdf#page=2 (letzter Zugriff: 23.06.2024).

von anderen muslimischen Rechtsgelehrten zuvor anerkannt oder thematisiert wurden, darunter ein besonderes und ausschließliches Recht für Kinder und Frauen, die mit dem Vater oder Ehemann zusammenarbeiten namens *al-kadd wa-s-si'āya*, wobei es sich um einen besonderen *iǧtihād* handelt.[620] Tatsächlich haben sich die maghrebinischen Rechtsgelehrten – insbesondere in Marokko – mit dieser Frage befasst, es sollen mehr als sechs Gelehrte gewesen sein, und auf der Grundlage des Gewohnheitsrechts im Laufe der Jahrhunderte, v. a. im 8. Jahrhundert der Hiǧra, Rechtsgutachten dazu erteilt haben: „*Al-ḥaqīqa anna al-fuqahā' al-maġāriba – wa-taḥdīdan al-Maġrib al-aqṣā – wa-ilā mā yarbū 'an sitta, qad taṣaddau ilā hāḏā as-su'āl, wa-aftaw binā'an 'alā al-'urf 'abra qurūn* (*al-qarn aṯ-ṯāmin al-hiǧrī*).“[621]

Zunächst ging es in solchen *nawāzil* der muslimischen Rechtsgelehrten um Fragen von *al-kadd wa-s-i'āya* mit Bezug zum Arbeitsrecht oder zwischen lebenden Ehepartnern.[622] Sie haben Fragen zur vermögensrechtlichen Behandlung der Ehefrau oder der Verstoßenen, wie auch anderer Familienangehöriger, zum Gegenstand. In diesen, wie auch in manch späteren, Rechtsfällen wurden Rechtsgutachten erteilt, welche die in UNTERKAPITEL 5.1.2 thematisierten Rechtsgebiete des Zivil- und Handelsrecht berührten: Das Recht der Ehefrau oder auch Kindern wird darin als Entschädigung für ihre geleistete Arbeit, einen Lohn (*uǧra*), eine Miete (*kirā'*) oder eine monetäre bzw. in Naturalien erfolgte Einlage in eine Gesellschaft (*šarika*) behandelt.[623]

> „Dans plusieurs fatwas, l'application de la règle de kad wa si'aya est explicitement mentionnée comme régissant aussi bien le travail de l'épouse que celui des enfants en âge de travail ou de tout autre travailleur étranger à la famille. La compensation du travail obéissait à la règle de la proportionnalité à l'effort accompli et à l'égalité entre les parties, homme et femme.“[624]

Doch derartige *fatāwā* bilden nicht etwa den sozialen Ausgangspunkt dieser Rechte, welche – wie aufgezeigt – ihren Ursprung in der amazighischen *tamazzalt* haben, sondern markieren vielmehr den Eintritt dieser Rechtspraxis unter ihrer neologistischen, (hoch-)arabischen Übersetzung als *al-kadd wa-s-si'āya* in die

---

620 Vgl. Zain al-'Ābidīn Ḥammād: Ḥaqq al-kadd wa-s-si'āya, S. 71.
621 Ebd., S. 45f.
622 Vgl. Mouaqit: Le droit de kad wa si'aya, S. 225.
623 Vgl. ebd., S. 225.
624 Ebd., S. 225.

 © Frank & Timme Verlag für wissenschaftliche Literatur

Sphäre der islamischen Jurisprudenz. In diesem Sinne äußert sich auch al-Ǧīdī: „*Wa-aʿtaqidu anna aṣl hāḏihi al-fatwā* [...] *huwa ʿurf wāǧaha ʿulamāʾ al-qabāʾil al-ǧabalīya, fa-wāǧāhūhu bi-ǧtihād* [...].“[625]

Rund um diese Thematik entspinnt sich beispielsweise – wohlgemerkt ohne explizite Erwähnung der (süd-marokkanischen) Begrifflichkeit *tamazzalt* oder ihrer Übersetzung als *al-kadd wa-s-siʿāya* – eine Kaskade von Rechtsgutachten und konträren Rechtsauffassungen aus dem Norden Marokkos, welche in der *nawāzil*-Sammlung von al-ʿAlamī (gest. ca. 18. Jh.) im Kapitel zur Teilung (*al-qisma*) zusammengestellt worden sind. Den Auftakt der für die vorliegende Schrift ausgewählten *nawāzil* bildet eine *fatwā* von Muḥammad b. ʿArḍūn (gest. 1604), auch bekannt als Ibn ʿArḍūn aṣ-Ṣaġīr, welcher – wie in UNTERKAPITEL 1.4.1 dargelegt – aus dem Ġumāra-Gebiet stammt und in der Stadt Chefchaouen (Šafšāwan) obendrein das Richteramt bekleidete, in der es heißt:

> Es wurde Abū ʿAbd Allāh Sīdī Muḥammad b. al-Ḥasan b. ʿArḍūn über diejenige von den Landfrauen befragt, welche die Männerarbeit des Erntens, Dreschens und Ähnliches verrichtet. Haben sie ein Anrecht an der Ernte nach dem Tode des Ehemannes aufgrund ihrer Arbeit, oder steht Ihnen nichts außer der Erbschaft zu?[626]
>
> Darauf antwortete er, womit der Šaiḫ al-Qaurī[627], Mufti des Bezirks von Fès und Lehrer des Imāms Ibn Ġāzī[628], bereits geantwortet hat: ‚Die Ernte wird pro Kopf (*ʿalā ruʾūs*) aus ihrer[629] Arbeit resultierend aufgeteilt.‘ Der Mufti des Gebietes der Ġumāra, unser Großvater Sīdī Abū al-Qāsim b. Ḫaǧǧū[630], fügte dem hinzu: ‚Nach

---

[625] Ǧīdī, ʿUmar al-: Ibn ʿArḍūn al-Kabīr. Ḥayātuhu wa-āṯāruhu, ārāʾuhu wa-fiqhuhu [Ibn ʿArḍūn al-Kabīr. Sein Leben und seine Werke, seine Meinungen und seine Jurisprudenz]. O. O.: Manšūrāt ʿUkāẓ, 1987, S. 195.

[626] Vgl. ʿAlamī, al-: Kitāb an-nawāzil, Bd. 2, S. 101.

[627] Gemeint ist Abū ʿAbd Allāh Muḥammad b. Qāsim b. Muḥammad al-Qaurī (gest. ca. 1468), vgl. Ibn al-Qāḍī: Durrat al-ḥiǧāl, Bd. 2, S. 295–296.

[628] Bezogen wird sich hier auf den Historiker und mālikitischen Rechtsgelehrten Abū ʿAbd Allāh Muḥammad b. Aḥmad b. Muḥammad b. Muḥammad b. ʿAlī b. Ġāzī al-ʿUṯmānī al-Miknāsī (gest. ca. 1513), der aus Meknès (Miknās) stammend in Fès studierte, anschließend eine Zeit bei den Kutāma verweilte und schließlich bis zu seinem Lebensende nach Fès übersiedelte, vgl. bei Ziriklī, Ḫair ad-Dīn az-: Al-aʿlām. Qāmūs tarāǧim li-ašhar ar-riǧāl wa-n-nisāʾ min al-ʿarab wa-l-mustaʿribīn wa-l-mustašriqīn [Die Koryphäen. Lexikon der Biographien der bekanntesten Männer und Frauen der Araber, Arabisierten und Orientalisten], Bd. 5. Beirut: Dār al-ʿIlm li-l-Malāyīn, 2002, S. 336.

[629] Generisches Maskulinum: *ʿan ḫidmatihim.*

[630] Hierbei handelt es sich um den Großvater mütterlicherseits der Gebrüder Ibn ʿArḍūn: den mālikitischen Rechtsgelehrten und Rechtsgutachter Abū al-Qāsim b. ʿAlī b. Ḫaǧǧū al-Ḥasanī (gest. ca. 1549), vgl. Ibn al-Qāḍī: Durrat al-ḥiǧāl, Bd. 3, S. 286.

> Ausmaß ihrer[631] Arbeit und gemäß deren Gleichwertigkeit bzw. Unterschiedlichkeit.' Und ich – als ein Diener Gottes – setzte hinzu: Nach Berücksichtigung des Bodens, des Viehs und der Gerätschaften. Wenn sie hierbei auch gleichwertig sind, bedarf es keiner weiteren Rede. Doch wenn sie einem gehören, dann wird es ihm angerechnet. Und Gott der Erhabene weiß es am besten.[632]

Dies ist eine bis heute viel beachtete *fatwā*, welche *al-kadd wa-s-si ʿāya* auch auf die Witwe anwendet. Im Anschluss daran rekurriert Ibn ʿArḍūn aṣ-Ṣaġīr auf Einwände seines Lehrers Aḥmad al-Baʿl (gest. ca. 17. Jh.):

> Sīdī Aḥmad al-Baʿl antwortete auf die entsprechende Frage: ‚Ich höre nicht auf, mich mit der Aufteilung per Capita (*ʿalā ruʾūs*) in diesem von dir erwähnten Sinne schwer zu tun, denn sie liegt außerhalb der Regeln (*al-uṣūl*), da die Regel hierbei besagt, dass der Ernteertrag (*al-ġalla*) zu seinem Grundbesitz (*li-uṣūlihā*) gehört, und wer einen Anteil am Grundbesitz hat, nimmt seinen Ernteertrag, sei er klein oder groß, außer dem, was das Gesetz ausschließt. Für uns ist dabei die *musāqāt*[633] gemäß ihren zahlreichen Bedingungen erlaubt, doch sie ist in diesem Fall nicht gegeben; daraus resultieren Dinge, vor denen man sich gemäß dem religiösen Gesetz des Islam (*aš-šarʿ*) hüten solle. Und es gibt den Analogieschluss (*al-qiyās*), ja sogar den Textbeleg (*an-naṣṣ*), dass derjenige, der keinerlei Anteil am Grundbesitz hat, nichts nimmt, außer seinem Lohn gemäß seiner Arbeit, aber in unseren Bergen (*fī ǧibālinā*) verfährt man nach dem Rechtsbrauch (*al-ʿamal*) unserer früheren Rechtsgelehrten (*min fuqahāʾinā al-mutaqaddimīn*) dieser Aufteilung per Capita für denjenigen, der die Fähigkeit zur Arbeit hat (*bi-qismat ḏālika ʿalā ar-ruʾūs mimman lahu qudra ʿalā al-ḫidma*). Und wer keine Arbeit leistet, erhält nichts.'[634]

Aḥmad al-Baʿl, der – wie in UNTERKAPITEL 1.4.2 erörtert – selbst aus den amazighischen Stammesgebieten Nordmarokkos stammte – führt somit zwar den lokalen Rechtsbrauch an, hegt jedoch zugleich Bedenken, ob ein solches Gewohnheitsrecht tatsächlich im Einklang mit den Normen der islamischen Jurisprudenz stehe. Das Ende seiner Antwort deutet zugleich auf eine gewisse Ambiguitätstoleranz hin.

---

631 Generisches Maskulinum: *alā qadr ḫidmatihim.*

632 Vgl. ʿAlamī, al-: Kitāb an-nawāzil, Bd. 2, S. 101f. Die hier angeführten Rechtsgutachten werden der Übersichtlichkeit und Leserfreundlichkeit halber eingerückt. Ihre Belegstellen werden für jede Frage und Antwort einmalig an deren jeweiligen Ende ausgewiesen.

633 D. h. dem Pachtvertrag bei einer Pflanzung für eine Wachstumsperiode gegen einen prozentualen Anteil am Ertrag.

634 Vgl. ʿAlamī, al-: Kitāb an-nawāzil, Bd. 2, S. 102.

 © Frank & Timme Verlag für wissenschaftliche Literatur

Ibn ʿArḍūn aṣ-Ṣaġīr signalisiert das Ende[635] der Ausführungen von Aḥmad al-Baʿl und ergreift danach selbst wieder das Wort:

> Ich sagte: ‚Was die Teilung per Capita von dem, was an Früchten der Bäume einen Ernteertrag abwirft, betrifft, gibt es keine deutlich zutage tretende Regel im religiösen Gesetz des Islam. Und was die Ernte betrifft, gründet sie auf der herrschenden Lehre (*al-mašhūr min al-qawāl*): Falls die Ernte bei der *muzāraʿa*[636] schlecht ausfällt, steht sie dem Arbeiter (*al-ʿāmil*) – d. h. dem Pächter – zu. Und ihre Rechtsgutachten zur Zuerteilung der Ernte an denjenigen, der die Arbeit ausübt, ist dasselbe wie die Aussage, dass die Ernte dem Arbeiter zusteht, wobei ihm jedoch der Mietzins des Bodens und Viehs obliegt. Und Gott weiß es am besten.'[637]

Bemerkenswerterweise bezieht an dieser Stelle der Rat der Religionsgelehrten von Fès (*al-maǧlis al-ʿilmī bi-Fās*), der al-ʿAlamīs Werk *Kitāb an-nawāzil* (Das Buch der Rechtsfälle) Mitte der 1980er Jahre im Auftrag des marokkanischen Ministeriums für Religiöse Stiftungen und islamische Angelegenheiten (*wizārat al-auqāf wa-š-šuʾūn*) ediert hat, mit einer Fußnote Stellung, welche die gegenteilige Auffassung postuliert, dass es hierbei nicht um die *muzāraʿa*, sondern um eine Veränderung der göttlichen Vorschrift zur Aufteilung der Hinterlassenschaft gehe.[638] In dieser diachronen Intervention manifestiert sich die bis in die heutige Zeit anhaltende Sensibilität der Frage des Erbrechts wie auch ein – v. a. in den urbanen Zentren der klassischen arabisch-islamischen Rechtsgelehrsamkeit – spürbares Misstrauen gegen das amazighische Gewohnheitsrecht.

Es folgen zwei Rechtsgutachten des Lehrers von Aḥmad al-Baʿl namens Yaḥyā as-Sarrāǧ (gest. 1598), welcher – anders als die bisherigen Rechtsgutachter – keine evidente[639] persönliche bzw. familiäre Beziehung zu den amazigischen Stammesgebieten im Ġumāra-Gebirge zu haben scheint und dessen vollständiger Name vielmehr Rückschlüsse auf Verbindungen nach al-Andalus nahelegt:

> Es wurde Sīdī Yaḥyā as-Sarrāǧ über die Landfrauen befragt, die ernten, dreschen und dergleichen: Steht ihnen ein Anteil an der Ernte zu?[640]

---

635 Das vom Kompilator an dieser Stelle gesetzte ـه steht für *intahā* und markiert somit das Ende der Antwort von Aḥmad al-Baʿl.

636 D. h. dem zeitlich begrenzten Pachtvertrag gegen einen prozentualen Anteil am Ertrag bei einem Ackerland. Siehe auch Abb. 4.

637 Vgl. ʿAlamī, al-: Kitāb an-nawāzil, Bd. 2, S. 102.

638 Vgl. ebd., Bd. 2, S. 102, Fn. 95.

639 Siehe UNTERKAPITEL 1.4.3.

640 Vgl. ʿAlamī, al-: Kitāb an-nawāzil, Bd. 2, S. 102.

Und er antwortete, dass ihnen davon nichts zustehe.[641]

Er wurde ebenfalls zu Erben (*warata*) befragt, welche Grundbesitz (*uṣūl*) und anderes erbten, und neben denen es auch Nachkommen (*aulād*) gab, die gemeinsam mit ihnen den Grundbesitz bestellten. Als sie zur Aufteilung (*al-qisma*) schreiten wollten, sprachen einige: ‚Was den Grundbesitz betrifft, so teilen wir ihn nach unserer Kopfzahl – der Schar der Geschwister (*al-iḫwa*) entsprechend – auf, doch was dessen Ernteertrag (*ġallātuhā*) betrifft, so teilen wir ihn nach unserer Anzahl sowie der Anzahl unserer Nachkommen, denn sie haben mit uns gearbeitet und die Ernte aufgelesen.' Falls diesem Befürworter kein Glaube zu schenken ist, und ihr vermeint, dass seine Behauptung haltlos sei, steht dann den Nachkommen der Lohn ihrer Arbeit zu oder nicht?[642]

Und er antwortete, dass der Grundbesitz nach der Kopfzahl der Geschwister[643] aufgeteilt werde, falls sie alle männlich sind; desgleichen werde auch der Ernteertrag nur nach der Anzahl der Geschwister aufgeteilt, und was die Nachkommen betrifft, so stehe ihnen weder etwas vom Ernteertrag, noch vom Grundbesitz zu.[644] Was ferner den Lohn anbelangt, so stehe ihnen auch davon nicht zu, sofern es nicht Sitte sei, dass die Kinder dafür einen Lohn nehmen; falls wir jedoch annehmen, dass das Zahlen des Lohnes an sie dafür ihrer Sitte entspricht, dann erhalten sie den Lohn.[645]

Damit positioniert sich as-Sarrāǧ auf den ersten Blick gleich doppelt klar gegen die amazighische Rechtspraxis der *tamazzalt*. Der in der Landwirtschaft mitarbeitenden Ehefrau – die Rede ist in diesem Falle nicht einmal von der Witwe – versagt er eine Teilhabe an dem daraus resultierenden Gewinn gänzlich. Auch im nächsten von ihm begutachteten Fall wendet er sich gegen die gewohnheitsrechtliche Praxis, im Todesfalle die Ernteerträge zwischen allen an der Erntearbeit beteiligten Familienmitgliedern gerecht zu teilen und die Bestimmungen des islamischen Erbrechts nur auf die Teilung des Grundbesitzes anzuwenden. Doch öffnet er sich in diesem Fall auf den zweiten Blick gegenüber dem lokalen Gewohnheitsrecht zumindest teilweise, indem er einräumt, dass eine Entlohnung der nichterbberechtigten Sohneskinder – falls denn so üblich – statthaft wäre. Der ihnen

641 Vgl. ʿAlamī, al-: Kitāb an-nawāzil, Bd. 2, S. 102.
642 Vgl. ebd., Bd. 2, S. 102f.
643 D. h. der Kinder des Erblassers, ohne gleichzeitige Berücksichtigung der Kindeskinder. Sollte es sich dabei nicht nur um Söhne handeln, würde islamisch-rechtlich gesehen das Erbe indessen nicht pro Kopf verteilt, sondern die Söhne erhielten jeweils doppelt so viel wie die durch sie – sprich: andere –agnatisierten Töchter; daher der geschlechtsspezifische Einwurf des Rechtsgutachters.
644 Vgl. ʿAlamī, al-: Kitāb an-nawāzil, Bd. 2, S. 103.
645 Vgl. ebd., Bd. 2, S. 103.

 © Frank & Timme Verlag für wissenschaftliche Literatur

dadurch zu zahlende Arbeitslohn wird somit implizit zu einer noch vor der Aufteilung der Hinterlassenschaft zu begleichenden Schuld. Seine deutliche Ablehnung des erstgenannten Falles scheint daher – in Ermangelung einer ausführlichen Begründung – auf seiner Auffassung vom islamischen Eherecht zu fußen; im zweitgenannten Fall tritt er zwar zunächst vehement für die Aufteilungssystematik des islamischen Erbrechts ein, schließt jedoch im Weiteren eine dem Gewohnheitsrecht Rechnung tragende Kompromisslösung – für blutsverwandte Deszendenten – nicht grundsätzlich aus.

Ergänzend legt al-ʿAlamī noch eine Sammelfrage zum Rechtsbrauch der Ighmaren, also der Berber des Ġumāra-Gebirges, zu der verschiedene favorable wie negierende Antworten angeführt werden, vor. Leider wird die Quelle[646] dieser *nazīla* bei ihm nicht verdeutlicht. Es ist jedoch ersichtlich, dass die Frage mitsamt ihren Antworten einer distinkten Quelle entnommen und als Ganzes wiedergegeben wurde, da unter den Antworten abermals die bereits von ihm ausführlich referierten Rechtsgutachten von Ibn ʿArḍūn aṣ-Ṣaġīr und Aḥmad al-Baʿl in tlw. verkürzter Fassung wiederzufinden sind. Die Fragestellung ist wie folgt formuliert:

> Es wurde einigen von ihnen eine Frage zu dieser Gebirgsregion, dem Ǧabal Ġumāra und seiner Umgebung, gestellt, und sie lautet: Wenn einer ihrer Angehörigen verstirbt, dann behaupten sie, dass sein Nachlass, insbesondere an der Ernte, per Capita unter allen von ihnen, die im Haushalt arbeiten, aufgeteilt wird. Ist dies im Sinne des religiösen Gesetzes des Islam, oder nicht? Und falls dem so ist, ist es dann bei der Oliven-, Trauben- und Feigenernte ebenso, oder nicht?[647]
>
> Er[648] antwortete: Es sagte Sīdī Aḥmad al-Baʿl – Gott erbarme sich seiner: ‚In diesen unseren Bergen verfährt man nach dem Rechtsbrauch (*al-ʿamal*) der früheren Rechtsgelehrten dieser Aufteilung per Capita für denjenigen, der die Fähigkeit zur Arbeit hat. Und wer keine Arbeit leistet, erhält nichts.'[649]
>
> Unser hochgelehrter Šaiḫ Sīdī al-ʿArabī[650] äußerte: ‚Die herrschende Lehre (*al-mašhūr*) zu unserer Zeit ist das, was mit dem Rechtsbrauch einhergeht.'[651]

646 S. u. Fn. 674 zur Quellenangabe von al-Wazzānī, dergemäß es sich um az-Zaiyāti handelt.
647 Vgl. ʿAlamī, al-: Kitāb an-nawāzil, Bd. 2, S. 103.
648 Der Antwortgeber, der die nachfolgenden Rechtsgutachten scheinbar zusammengetragen hat, wird nicht näher spezifiziert; es scheint sich jedoch um Ibn ʿArḍūn zu handeln.
649 Vgl. ʿAlamī, al-: Kitāb an-nawāzil, Bd. 2, S. 103.
650 Al-ʿAlamīs Lehrer der Richter Muḥammad al-ʿArabī Bardalla (gest. 1727).
651 Vgl. ʿAlamī, al-: Kitāb an-nawāzil, Bd. 2, S. 103.

© Frank & Timme Verlag für wissenschaftliche Literatur

> Und es sagte der gelehrte Imām Sīdī [sic!][652] al-Ḥasan b. Aḥmad b. al-Ḥasan b. ʿArḍūn – Gott erbarme sich seiner – von dem Rechtsgutachten (*fatwā*) des hochgelehrten Imāms al-Qaurī berichtend, dass die Ernte pro Kopf aus ihrer Arbeit resultierend aufgeteilt wird. Es fügte dem der Mufti des Gebietes der Ġumāra, unser Großvater Sīdī Abū al-Qāsim b. Ḫaǧǧū hinzu: ‚Nach dem Ausmaß ihrer Arbeit. Und gemäß dem, was derjenige dafür aufgewendet hat.'[653] Er (selbst) sagte: ‚Ich – als ein Diener Gottes – setze hinzu: Es gilt den Boden, das Vieh und die Gerätschaften zu berücksichtigen, und wenn sie auch hierbei gleichwertig sind, bedarf es keiner (weiteren) Rede, und wenn sie einem gehören, dann wird es ihm angerechnet, und Gott weiß es am besten.'[654]

Ohne konkreten Hinweis auf ihren Urheber – vermutlich handelt es sich auch hierbei um Ibn ʿArḍūn – schließt sich die nachstehende Ergänzung im Hinblick auf die oben angeführte Frage an:

> Hierbei gibt es keinen Unterschied zwischen Ackerbau, Oliven und Trauben, da sich die Frage auch auf Trauben usw. erstreckte; ebenso wenig zwischen demjenigen, der eine Arbeit (*ḫidma*) u. ä. ausübt, und demjenigen, der eine Tätigkeit auf der Ebene der unbeschränkten Partnerschaft (*al-mufāwaḍa*) verrichtet.[655]

Weitere Erläuterungen werden angeführt, deren Ausdrucksweise darauf schließen lässt, dass ihr Urheber sich dem lokalen Rechtsbrauch des Ġumāra-Gebirges zugehörig fühlt; es erscheint daher plausibel, dass es Ibn ʿArḍūn ist, der spricht, auch da von ‚unserem Lehrer Aḥmad al-Baʿl' die Rede ist:

> Es wird nach der Bestimmung unsere Ältesten zur Bewilligung so verfahren, dass für diejenigen mit erreichtem zehnten Lebensjahr die Fähigkeit angenommen wird, dass Bauerskinder Arbeiten übernehmen, deren Stellung der Stellung anderer Männer entspricht. Unser Šaiḫ Sīdī Aḥmad al-Baʿl hat dieses Rechtsgutachten dem Vorbild eines Rechtsgutachtens seines Lehrers Sīdī Yaḥyā as-Sarrāǧ folgend als den Grundlagen der Rechtsschule entgegenlaufend in Zweifel gezogen, doch er hat in diesem Fall dem Vorbild der Vormaligen folgend keine Zweifel gehegt. Die Imāme

652 Es fehlt an dieser Stelle der ausschlaggebende Name (*al-ism*) wie auch der Nachkommenschaftsname (*al-kunya*), durch welche die Unterscheidung der beiden Brüder erst möglich wird. Da es sich jedoch inhalts- wie auch weitestgehend wortgleich um dieselbe *fatwā* wie bereits zuvor im *Kitāb an-nawāzil* erwähnt handelt, kann davon ausgegangen werden, dass es wieder Ibn ʿArḍūn aṣ-Ṣaġīr ist. So weist es durch Nennung des *ism* ‚Muḥammad' auch al-Wazzānī in seiner Kompilation aus, vgl. Wazzānī, al-: An-nawāzil al-ǧadīda al-kubrā, Bd. 7, S. 560.

653 Vgl. ʿAlamī, al-: Kitāb an-nawāzil, Bd. 2, S. 103f.

654 Vgl. ebd., Bd. 2, S. 104.

655 Vgl. ebd., Bd. 2, S. 104.

© Frank & Timme Verlag für wissenschaftliche Literatur

Ibn ʿAttāb[656], Ibn Rušd[657], Ibn Sahl[658], Ibn Zarb[659], Ibn al-ʿArabī[660], al-Laḫmī[661] und ihresgleichen nahmen die Auswahl und kritische Revision einiger überlieferter Berichte (*riwāyāt*) und Lehrmeinungen darüber gemäß der herrschende Lehre (*al-mašhūr*) konform zum Rechtsbrauch der Richter und der Rechtsgutachtenerteilung vor, wie es das Gemeinwohl (*al-maṣlaḥa*) erfordert, sowie gemäß dem Gewohnheitsrecht (*al-ʿurf*) und den aus Brauch und Sitte (*al-ʿurf wa-l-ʿāda*) stammenden

656 Gemeint ist Abū ʿAbd Allāh Muḥammad b. ʿAbd Allāh b. ʿAttāb (gest. 1069), ein andalusischer Rechtsgelehrter aus Córdoba, vgl. Maḫlūf, Muḥammad b. Muḥammad b. ʿUmar b. Qāsim: Šaǧarat an-nūr az-zakīya fī ṭabaqāt al-mālikīya [Der reine Baum des Lichts in den mālikitischen Biographie-Klassen], Bd. 1. Annotiert und kommentiert von ʿAbd al-Maǧīd Ḫayālī (gest. 1360 H.). Beirut: Dār al-Kutub al-ʿIlmīya, 2003, S. 176.

657 In diesem Kontext muss es sich um den córdobesischen Richter und Rechtsgelehrten Abū al-Walīd Muḥammad b. Aḥmad b. Rušd al-Qurṭubī (gest. 1126), auch bekannt als Ibn Rušd al-Ǧadd (im Gegensatz zu seinem Enkelsohn dem Philosophen Ibn Rušd al-Ḥafīd / Averroes [gest. 1198]) handeln, da er sich zeitlich in die o. g. Aufzählung einfügt und der profiliertere Rechtsgelehrte seiner Familie ist, vgl. ebd., Bd. 1, S. 190. Ibn Rušd al-Ǧadd verfasste neben einer berühmten Rechtsgutachtensammlung u. a. einen angesehenen Kommentar zur *Mudauwana* (Aufzeichnung) mit dem Titel *Al-muqaddamāt* (Die Präliminarien) sowie den *Al-bayān wa-t-taḥṣīl* (Die Erläuterung und Sammlung) betitelten Kommentar zur *ʿUtbīya* (Werk von und benannt nach Muḥammad b. Aḥmad al-ʿUtbī al-Andalusī [gest. ca. 869]), vgl. Serrano Ruano, Delfina: Ibn Rushd al-Jadd (d. 520/1126). In: Arabi, Oussama; Powers, David Stephan; Spectorsky, Susan Ann (Hrsg.): Islamic Legal Thought. A compendium of Muslim Jurists. Leiden: Brill, 2013, S. 296.

658 Der aus Córdoba stammende Richter Abū Aṣbaġ ʿĪsā b. Sahl al-Asadī al-Qurṭubī (gest. 1093) gehörte zu den Schülern von Ibn ʿAttab und verfasste u. a. das Werk *Al-iʿlām bi-nawāzil al-aḥkām* (Die Bekanntgabe der Rechtsgutachten der Rechtsprechung), vgl. Maḫlūf: Šaǧarat an-nūr, Bd. 1, S. 180. Siehe ergänzend auch Müller, Christian: Gerichtspraxis im Stadtstaat Córdoba. Zum Recht der Gesellschaft in einer mālikitisch-islamischen Rechtstradition des 5./11. Jahrhunderts. Leiden: Brill, 1999, S. XVIf. sowie Fn 16.

659 Es handelt sich um den córdobesischen Richter Abū Bakr Muḥammad b. Baqī b. Zarb al-Qurṭubī (gest. 991), dem Verfasser des Werkes *Al-ḫiṣāl* (Die Charakteristika) über die herrschende Lehre in der mālikitischen Jurisprudenz mit Vergleich zum Werk *Al-ḫiṣāl* des als Ibn Kās bekannten ḥanafitischen Richters Abū al-Qāsim ʿAlī b. Muḥammad b. Kās al-Ḥanafī (gest. 935 / 36), vgl. Maḫlūf: Šaǧarat an-nūr, Bd. 1, S. 149.

660 Der als Ibn al-ʿArabī al-Išbīlī bekannte Richter und Rechtsgelehrte Abū Bakr Muḥammad b. ʿAbd Allāh b. Muḥammad lebte und wirkte v. a. in Sevilla, verstarb jedoch als Leiter einer Delegationsreise zum Herrscher der neuen Almohaden-Dynastie ʿAbd al-Muʾmīn b. ʿAlī (gest. 1163) auf deren Rückreise im Jahr 1148 zwischen Marrakesch und Fès, wo er infolgedessen bestattet wurde, vgl. ebd., Bd. 1, S. 199–201.

661 Gemeint ist der aus Ifrīqiya stammende äußerst populäre Rechtsgelehrte und Verfasser des *At-tabṣīra* (Die Erleuchtung) betitelten Kommentars zur *Mudauwana* Abū al-Ḥasan ʿAlī b. Muḥammad ar-Rabʿī al-Laḫmī al-Qairawānī (gest. 1085), vgl. ebd., Bd. 1, S. 173.

© Frank & Timme Verlag für wissenschaftliche Literatur

> Bestimmungen. So äußerte es al-Qarāfī[662] in seinem Werk über die Grundsätze (*al-qawā ʿid*)[663] und Ibn Rušd in (oder: während?) seiner Reise (*fī riḥlatihi*)[664].[665]

Die entschiedenste Gegenrede zu dem erwähnten lokalen Rechtsbrauch – und somit auch zu Ibn ʿArḍūn – findet sich in der darauffolgenden Antwort, welche vom Šaiḫ al-Ǧamāʿa der Stadt Fès Abū Muḥammad ʿAbd al-Qādir b. ʿAlī b. Yūsuf al-Fāsī[666] (gest. 1680) stammt; er kann fraglos als sein dezidiertester Kritiker eingestuft werden. Allerdings zeichnet sich seine Kritik nur bedingt durch inhaltliche Argumente aus, sondern sticht vielmehr durch wortreiche und mitunter redundante Umschweife hervor. Zur Illustration dessen soll auch sie vollumfänglich wiedergegeben werden:

> Folgend darauf antwortete unser frommer und gesegneter Šaiḫ Sīdī ʿAbd al-Qādir al-Fāsī: ‚Gepriesen sei Gott, und möge Gott unseren Herren Muḥammad und seine Nachkommen segnen, wisse, dass es keine Verborgenheit der Wahrheit des schriftlich Überlieferten vom Imām al-Wanšarīsī[667], vom Šaiḫ as-Sarrāǧ und von demjenigen, der ihrer beidem Beispiel folgt, gibt; und ihrer beider Rang und ihrer beider Ansehen in der Wissenschaft sind es, worauf man sich verlassen muss, und Gott wird ihn richten – und die Aberration davon ist eine Verdrehung und Abweichung von der *šarīʿa* und eine Verletzung ihrer Prinzipien. Die Erbteile Gottes sind von ihm selbst aufgeteilt worden, und nichts bleibt davon zu erwägen und nichts zur Auswahl. Zu den Vertragstypen der *šarīʿa*, die ihre Wirkungen wie das

[662] Der angesehene ägyptische Rechtsgelehrte berberischen Ursprungs Šihāb ad-Dīn Abū al-ʿAbbās Aḥmad b. Idrīs al-Qarāfī aṣ-Ṣanhāǧī al-Miṣrī (gest. 1285) ist u. a. Verfasser des Werkes *Aḏ-ḏaḫīra* (Der verwahrte Schatz), vgl. Maḫlūf: Šaǧarat an-nūr, Bd. 1, S. 270.

[663] Gemeint ist wohl das in der vorausgegangenen Fußnote erwähnte Werk *Aḏ-ḏaḫīra*, über das Maḫlūf schreibt: „[…] *wa-Aḏ-ḏaḫīra min aǧall kutub al-mālikīya wa-l-furūq wa-l-qawāʿid lam yusbaq ilā miṯlihi wa-lā atā wāhid baʿdahu bi-šibhihi* […].“ Ebd., Bd. 1, S. 270.

[664] Ein derart betiteltes Werk ist der Verfasserin weder vom córdobesischen Richter Ibn Rušd al-Ǧadd noch von seinem Enkelsohn dem Philosophen Ibn Rušd al-Ḥafīd bekannt. Spekuliert werden könnte, dass diese Bemerkung stattdessen womöglich auf eine Reise von Ibn Rušd al-Ǧadd nach Marrakesch zum almoravidischen Herrscher im Jahr 1126 anspielt, auf der er das Ġumāra-Gebiet durchquert haben müsste, vgl. Serrano Ruano: Ibn Rushd al-Jadd, S. 307–309.

[665] Vgl. ʿAlamī, al-: Kitāb an-nawāzil, Bd. 2, S. 104.

[666] Siehe Unterkapitel 1.4.4.

[667] Der mālikitische Rechtsgelehrte Abū al-ʿAbbās Aḥmad b. Yaḥyā b. Muḥammad al-Wanšarīsī at-Tilimsānī (gest. 1508) wirkte in Tlemcen (Tilimsān) und später in Fès (Fās); Berühmtheit erlangte insbesondere seine dreizehnbändige *nawāzil*-Sammlung *Al-miʿyār al-muʿrib wa-l-ǧāmiʿ al-muġrib ʿan fatāwā ahl Ifrīqiya wa-l-Andalus wa-l-Maġrib* (Das aussagekräftige Eichmaß und die Sonderbares sagende Sammlung von Rechtsgutachten der Leute aus Ifrīqiya, al-Andalus und dem Maghreb). Siehe z. B. Ziriklī az-: Al-aʿlām, Bd. 1, S. 269f.

 © Frank & Timme Verlag für wissenschaftliche Literatur

Nutzungsrecht und die Rechtsgültigkeit des Eigentums regeln, zählen Verkauf (*bai'*), Vermietung (*iǧāra*), Finanzpartnerschaft (*šarikat amwāl*), Arbeitspartnerschaft (*šarikat abdān*), Partnerschaft für die Landwirtschaft (*muzāra'a*), Partnerschaft zur Bewässerung und Pflege (*musāqāt*), Pachtvertrag an einem Obstgarten (*muġārasa*), stille Gesellschaft[668] (*qirāḍ*); und für all dies gibt es festgesetzte Bestimmungen, sobald eine Bedingung verletzt wird, wird ihre Fehlerhaftigkeit und Annullierung sowie die Rückkehr zu einer äquivalenten Entlohnung angeordnet, ohne Berücksichtigung von Sitte und Gewohnheitsrecht (*al-'āda wa-l-'urf*) bei der Fehlerhaftigkeit des Vertrages. Und dies gehört zu dem, wofür es keinen Nachweis bedarf.

Denn es ist doch demjenigen der sich dadurch auszeichnet, dass er nach Wissen strebt, bekannt, nicht das Eindeutige des Rechtsgelehrten und seine festgelegte schriftliche Niederlegung in den Aufzeichnungen der hochgelehrten Imāme der Religionsgemeinschaft und den Führern der Gemeinschaft der Muslime, die im Laufe der Zeit von kritischen großen Gelehrten (*ǧahābiḏa*) gelesen wurden, unberücksichtigt zu lassen, für ein Rechtsgutachten, dessen Ursprung nicht bekannt ist und das keine Stütze hat, außer der alleinigen Übereinstimmung mit dem Usus (*ma'lūf*) der Leute und dem Laufe ihrer Sitten. Ein Rechtsgutachten ist in der Religion Gottes nur gemäß der herrschenden Lehre (*al-mašhūr*) und dem, was für wahr gehalten wird, erlaubt. Zur Fehlerhaftigkeit (*al-fasād*) bei Urteilen und Rechtsgutachten gehört es, sich auf die persönlichen Interessen (*al-aġrāḍ*) der Menschen zu stützen sowie ihre Begierden zu verfolgen (*ittibā' ahwā'ihim*), ohne einen gesetzlichen Hinweis (*ġair dalīl šar'ī*) dafür zu haben, denn dies löst die Bande der *šarī'a*, es widerspricht ihren Bestimmungen und ermächtigt die Menschen, ihren Bräuchen (*ma'lūfātuhum*) und ihren Begierden (*ahwā'uhum*) nachzugehen. Abū Isḥāq aš-Šāṭibī[669] verlautbarte, der Zweck der *šarī'a* (*maqṣūd aš-šarī'a*) sei es, den zur Beachtung des religiösen Gesetzes Verpflichteten (*al-mukallaf*) dem Lockruf seiner Begierde (*dā'īt hawāh*) zu entziehen, auf dass er ein Diener Gottes sei.

---

668 Auch als Kommanditgesellschaft zu übersetzen.

669 Der aus Granada stammende mālikitische Rechtsgelehrte Abū Isḥāq Ibrāhīm b. Mūsā b. Muḥammad al-Laḫmī aš-Šāṭibī (gest. 1388) war für seine Rechtsphilosophie der Zwecke der *šarī'a* (*maqāṣid aš-šarī'a*) berühmt und widmete sich auch der Auseinandersetzung mit dem Konzept der sog. häretischen Neuerung (*al-bid'a*). Der pakistanische Islamwissenschaftler Muhammad Khalid Masud betont allerdings, dass die zeitgenössische salafistische Sicht auf aš-Šāṭibī als Gegner der *bid'a* nicht korrekt ist, vgl. Masud, Muhammad Khalid: Abū Isḥāq al-Shāṭibī (d. 790 / 1388). In: Arabi, Oussama; Powers, David Stephan; Spectorsky, Susan Ann (Hrsg.): Islamic Legal Thought. A compendium of Muslim Jurists. Leiden: Brill, 2013, S. 364. „Distinguishing religious innovation from non-religious innovations and examining contemporary religious practices and innovations, al-Shāṭibī not only clarified the ambiguity of the concepts of *bid'a* but also refined the application of human welfare (*maṣlaḥa*) in non-religious matters." Ebd., S. 374.

> Was als Argument, das er von al-Qarāfī übermittelt, von dem obigen Antwortenden angeführt wurde, dass die Rechtsurteile ebenso zu verfahren haben wie das Gewohnheitsrecht und die Sitte (*al-ʿurf wa-l-ʿāda*), wurde aus seinem Kontext gerissen. Denn dies ist es, was in ihren Zwecken, ihren Absichten und dem Gebrauch ihrer Formulierungen für ihre Eide und ihre Religiösen Stiftungen gemäß ihrem Gewohnheitsrecht und dergleichen demjenigen, der über Expertise im Verständnis der Redeweise der Imāme sowie der Übermittlung ihrer Äußerung verfügt, als gerechtfertigt (*fī maḥallihi*) sichtbar wird. Desgleichen ist seine schriftliche Überlieferung, dass die herrschende Lehre (*al-mašhūr*) das sei, was eng mit dem Rechtsbrauch (*al-ʿamal*) verbunden ist, unangebracht. Denn dies wäre nur bei Übereinstimmung mit der Wahrheit und dem zufälligen Zusammentreffen mit der *šarīʿa* an dem; nicht jedoch bei Kollision mit ihr, wie es in der Hypothese der *nāzila* der Fall ist. Wenn die Lehrmeinung (*al-qaul*) rechtsgültig und zugleich eng mit dem Rechtsbrauch (*al-ʿamal*) verbunden ist, gehört es sich, danach zu verfahren, um die Irrungen der Richter und die Verwirrungen der Bestimmungen abzutrennen. Dies ist so, falls der Rechtsbrauch sich nach dem Vorbild der hochgelehrten Imāme, wie dem der Religionsgelehrten Córdobas und ihresgleichen, richtet, auch wenn es darüber Streit gibt; und bei nichts von alledem gibt es sowieso nichts weiter zu sagen. Es gibt hier nicht genug Raum dafür, um dies weiter zu erörtern, obwohl es dazu noch mehr auszuführen und festzustellen gäbe.‘ So schrieb es – des erhabenen Gottes Diener – ʿAbd al-Qādir b. ʿAlī al-Fāsī, möge Gott sein Beschützer sein.[670]

Mit vielen Worten wurde von ihm doch wenig ausgesagt. ʿAbd al-Qādir al-Fāsī scheint – gleich einem Paradebeispiel des städtischen islamischen Gelehrtentums – gegen das amazighische Gewohnheitsrecht vom Grundsatz her Vorbehalte zu hegen und propagiert stattdessen sogar die Autorität der Rechtsgelehrten aus al-Andalus, ohne die regionale marokkanische Ausprägung der mālikitischen Jurisprudenz – sei es im urbanen Gelehrtenzentrum Fès oder in den ruralen Stammesgebieten der Imazighen – für gleichwertig zu erachten. Diese Haltung wurde sehr wahrscheinlich durch die in Unterkapitel 1.4.4 ausgeführte Migrationsgeschichte seiner Familie, die im 15. Jahrhundert von al-Andalus nach Marokko umsiedelte, beeinflusst. Denn offensichtlich identifiziert er sich überaus stark mit der andalusischen Ausprägung des mālikitischen *fiqh*, ohne dessen marokkanische Varianten, seien sie städtisch oder ländlich – ernst zu nehmen. Dass ihm dabei Einflüsse aus dem *azerf* besonders missfallen, überrascht vor diesem Hintergrund nicht sonderlich. Ausgehend von der Unterstellung einer gewissen

670 Vgl. ʿAlamī, al-: Kitāb an-nawāzil, Bd. 2, S. 104–106.

 © Frank & Timme Verlag für wissenschaftliche Literatur

Anhänglichkeit ʿAbd al-Qādir al-Fāsīs an seinen – ebenfalls in Unterkapitel 1.4.4 erwähnten – Großonkel väterlicherseits und Lehrer, nach dem er wohlmöglich sogar seinen eigenen Sohn benannt haben mag, ist es außerdem nicht auszuschließen, dass sich dessen Involvierung in die o. g. gewaltsamen Auseinandersetzungen seiner aus al-Andalus stammenden Landsleute mit den lokalen amazighischen Stammesangehörigen der Lamṭa in Form tradierter Stereotype auf ʿAbd al-Qādir al-Fāsīs Beurteilung einer gewohnheitsrechtlichen amazighischen Praxis wie die der *tamazzalt* ausgewirkt haben könnte. Ergänzend dazu lassen sich auch Anzeichen für religiös begründete Überheblichkeit der Andalusier gegenüber den Imazighen in diesem Konflikt identifizieren. So wird kolportiert, dass es über den Tod des Anführers der Lamṭa im Zuge dieser Konfrontation hieß, er habe den Tod eines Heiden gefunden (*mātā mītatan ǧāhilīyatan*) und sei ohne seinen Kopf bestattet worden.[671] Überdies pocht ʿAbd al-Qādir al-Fāsīs auf die *šarīʿa*-Konformität als unabdingbare Anwendungsvoraussetzung für Gewohnheitsrecht, wodurch – obgleich formal korrekt – doch eine gewisse Realitätsferne, gerade auch im Hinblick auf die Lebenspraxis fernab des städtischen Milieus, erkennbar wird.

> „Son intérêt pour la coutume (*al-ʿurf*) et pour la pratique des transactions sociales (*al-ʿamal*) découle de son souci de reformer, durant l'époque difficile qui accompagne l'avènement des ʿAlawites, la vie sociale de Fès en œuvrant pour un retour à la pratique prophétique."[672]

Ob es tatsächlich einen Widerspruch zwischen der zur Diskussion stehenden gewohnheitsrechtlichen Praktik und den schariatrechtlichen Normen gibt, prüft er erst gar nicht ernsthaft, sondern flüchtet sich lediglich in Gemeinplätze.

Bevor die letzten beiden noch ausstehenden Antworten zu der an einige Rechtsgelehrte gerichteten Sammelfrage nach der Ernteaufteilung im Todesfall nach Brauch der Bewohner des Ġumāra-Gebietes angefügt werden, soll zunächst die Replik eines profilierten mālikitischen Gelehrten des 19. und 20. Jahrhunderts, der seinerseits dem Ġumāra-Gebirge entstammt und mit den Sitten und

---

671 Vgl. R[odríguez] Mediano, Fernando: Familias de Fez (SS. XV–XVII). Madrid: Consejo Superior de Investigaciones Cientificas, 1995, S. 119.

672 Vimercati Sanseverino, Ruggero: Fès et sainteté, de la fondation à l'avènement du Protectorat (808-1912). Rabat: Centre Jacques-Berque, 2014, o. S. [Abs.-Nr. 91], abrufbar unter: https://doi.org/10.4000/books.cjb.498 (letzter Zugriff: 29.03.2025). [Hervorhebungen im Original].

Gebräuchen der lokalen Bevölkerung bestens vertraut ist, aufgegriffen werden. Hierbei handelt es sich um Muḥammad al-Mahdī al-Wazzānī[673] (gest. 1923), der im Abschnitt über die Fälle der Teilung (*nawāzil al-qisma*) seiner berühmten *fatwā*-Sammlung *An-nawāzil al-ǧadīda al-kubrā* (Die neuen großen Fälle) – ausweislich der Quellenangabe ‚die Fälle von al-ʿAlamī und az-Zaiyātī[674]' (*nawāzil al-ʿAlamī wa-z-Zaiyātī*) – die gesamte bisher referierte Passage von der *nāzila* des Ibn ʿArdūn aṣ-Ṣaġīr bis zur Antwort von ʿAbd al-Qādir al-Fāsī wiedergibt.[675] Die Antwort des Letztgenannten führt er allerdings nicht ganz bis zu ihrem Ende aus[676], um direkt seine Kritik an ihr anzuschließen (auch die beiden weiteren bei al-ʿAlamī verzeichneten Antworten, die in der Folge noch dargelegt werden, entfallen so bei ihm). Der abrupte Abbruch des Zitats wie auch die Heftigkeit und Ausführlichkeit seiner fast zweiseitigen Erwiderung zeugen von einer gewissen Ungeduld sowie einem für al-Wazzānī untypisch klar artikulierten Unwillen.

Einstweilen begegnet al-Wazzānī den Vorwürfen von ʿAbd al-Qādir al-Fāsī mit der Entgegnung, dass es nicht der von Gott und seinem Gesandten vorgeschriebenen Erbaufteilung widerspreche, zunächst die Verbindlichkeiten (hier: dem Lohn für die Erntearbeit) zu begleichen, bevor der Rest ordnungsgemäß unter den Erben verteilt werde.[677] Daher verwehrt er sich auch mit Nachdruck des Tadels ‚die Aberration davon ist eine Verdrehung und Abweichung von der *šarīʿa* usw.'.[678] Auch dessen Aussage ‚ohne Berücksichtigung von Sitte und Gewohnheitsrecht bei der Fehlerhaftigkeit des Vertrages' erregt al-Wazzānīs Gemüt, da es hierbei keinen formellen Vertrag, sondern lediglich eine aus Gewohnheitsrecht resultierende Partnerschaft gebe.[679] Als nächstes adressiert er dessen Ausführun-

---

673 Siehe UNTERKAPITEL 1.3.1.

674 Es handelt sich hierbei um den aus Tétouan stammenden Kompilator der *fatwā*-Sammlung *Al-ǧawāhir al-muḫtāra fīmā waqaftu ʿalaihi min an-nawāzil bi-ǧibāl Ġumāra* (Die ausgewählten Smaragde der Rechtsfälle, die ich im Ġumāra-Gebirge angetroffen habe) ʿAbd al-ʿAzīz az-Zaiyātī (gest. 1645), vgl. Ziriklī, az-: Al-aʿlām, Bd. 4, S. 16.
Dies ist die bei al-ʿAlamī nicht spezifizierte Quelle der Frage an einige Gelehrte und den verschiedenen dazugehörigen Antworten. Siehe hierzu auch Ǧīdī, al-: Ibn ʿArḍūn al-Kabīr, S. 194.

675 Vgl. Wazzānī, al-: An-nawāzil al-ǧadīda al-kubrā, Bd. 7, S. 558–562.

676 Nach der Erwähnung der Religionsgelehrten von Córdoba kürzt er mit usw. (الخ) ab, vgl. ebd. Bd. 7, S. 562.

677 Vgl. ebd., Bd. 7, S. 562.

678 Vgl. ebd., Bd. 7, S. 562.

679 Vgl. ebd., Bd. 7, S. 562.

 © Frank & Timme Verlag für wissenschaftliche Literatur

gen zu ‚Denn dies ist es, was in ihren Zwecken, ihren Absichten usw.', und verweist dabei u. a. darauf, dass selbst in Fès lokales Gewohnheitsrecht in Form des sog. *ʿamal* Fās zur Anwendung gelange.[680] Ferner kritisiert er die aufgestellte Bedingung ‚Wenn die Lehrmeinung rechtsgültig und zugleich eng mit dem Rechtsbrauch verbunden ist usw.', weil derjenige, der *taqlīd* (Nachahmung in Rechtsfragen) übe – das heißt der *muqallid* im Gegensatz zum *muǧtahid* – nicht zwischen der rechtsgültigen und der nicht-rechtsgültigen Lehrmeinung unterscheiden könne, solle ihm auch nicht diese Bedingung auferlegt werden; das Gewohnheitsrecht kenne der *muqallid* hingegen definitiv, und falls eine der Aussagen der beachtlichen Gelehrten damit übereinstimme, komme ihr mehr Gewicht zu.[681] Zu guter Letzt empört al-Wazzānī sich noch über ʿAbd al-Qādir al-Fāsī Forderung, den Religionsgelehrten von Córdoba und ihresgleichen zu folgen, da er keinen legitimen Hinweis (*dalīl šarʿī*) dafür sehe, diesen vor al-Qaurī, Ibn ʿArḍūn, Ibn Ḥaǧǧū oder Sīdī Aḥmad al-Baʿl den Vorzug zu geben, da diese ebenso befähigt seien, die Abwägung (*at-tarǧīḥ*) zu treffen; außerdem sei ein feststehender Rechtsbrauch nicht zu verbieten (*fa-l-ḥaqq hāḏa al-ʿamal ṯābit lā yunkar*); doch handele es sich dabei um einen lokalen, nicht übertragbaren Rechtsbrauch.[682]

Al-Wazzānī kommentiert im Anschluss daran ergänzend noch einen kritischen Auszug aus dem Superkommentar (*al-ḥāšiya*) von ar-Rahūnī[683] zu der Thematik. Dieser hat sich zu folgendem Fall geäußert: Ein Ehemann verfügt über Vermögen in Form von Grundbesitz und Vieh und seine Ehefrau ist diejenige, die die dazugehörige Arbeit verrichtet, nach seinem Tode beansprucht sie einen Teil seines Vermögens aufgrund einer aus ihrer Arbeit resultierenden Partnerschaft (*aš-šarika*) und nimmt anschließend ihren Erbteil von einem Viertel bzw. einem Achtel; ar-Rahūnī spricht sich mit Verweis auf die ablehnende Haltung der Rechtsgelehrten von Fès dagegen aus, wofür er von al-Wazzānī scharf kritisiert wird.[684]

---

680 Vgl. Wazzānī, al-: An-nawāzil al-ǧadīda al-kubrā, Bd. 7, S. 563.

681 Vgl. ebd., Bd. 7, S. 563.

682 Vgl. ebd., Bd. 7, S. 563.

683 Hierbei handelt es sich um den nord-marokkanischen Rechtsgelehrten Abū ʿAbd Allāh Muḥammad b. Aḥmad ar-Rahūnī (gest. ca. 1814), der u. a. für seinen Superkommentar zu Abū Muḥammads ʿAbd al-Bāqī b. Yūsuf b. Aḥmad az-Zurqānīs (gest. 1687) Kommentar des *Muḫtaṣar* von Sīdī Ḫalīl al-Ǧundī (*Ḥāšiya ʿalā az-Zurqānī ʿalā aš-Šaiḫ Ḫalīl*) bekannt ist, vgl. Ǧīdī, al-: Ibn ʿArḍūn al-Kabīr, S. 201f. und 257; sowie ergänzend dazu Maḫlūf: Šaǧarat an-nūr, Bd. 1, S. 541 und 441.

684 Vgl. Wazzānī, al-: An-nawāzil al-ǧadīda al-kubrā, Bd. 7, S. 563f.

So kehren wir nach diesem Exkurs zu den Entkräftigungen der islamisch-rechtlichen Kritik an der Rechtspraxis der *tamazzalt* bzw. von *al-kadd wa-s-si ʿāya* durch den ġumarischen Rechtsgelehrten al-Wazzānī in seinen *An-nawāzil al-ǧadīda la-kubrā* zum *Kitāb an-nawāzil* von al-ʿAlamī und den noch offenen Antworten auf die an einige Rechtsgelehrte gerichtete Sammelfrage nach der Ernteaufteilung im Todesfall gemäß dem Brauche der Bewohner des Ġumāra-Gebietes zurück, denn zwei weitere Antworten auf diese Frage stehen bisher noch aus. Die vorletzte Antwort erteilte Aḥmad b. ʿAbd al-Wahhāb aš-Šarīf (gest. 1617 / 18), bei dem es sich, wie in den UNTERKAPITELN 1.2.1 und 1.4.5 dargelegt wurde, um den (Ur-)Großvater des Kompilators der Rechtsgutachtensammlung *Kitāb an-nawāzil* al-ʿAlamī handelt:

> So wurde Sīdī Aḥmad b. ʿAbd al-Wahhāb aš-Šarīf zu derselben Frage befragt.[685]
>
> Und er antwortete: Was denjenigen betrifft, der verstirbt und einen Ernteertrag von Bäumen oder von Feldern, gepflügt oder nicht, hinterlässt, liegt es ganz klar zu Tage, dass die Gesamtheit dessen unter ihnen gemäß der Erbquoten Gottes entsprechend dem, was die Erbquote vom übrigen Hinterlassenen des Beerbten umfasst, verteilt wird, doch einem jeden einzelnen obliegt es, Aufwendungen dafür nach Ausmaß seiner Pflicht zu leisten. Und wer mehr arbeitet, als ihm obliegt, dem gebührt für seine zusätzliche Arbeit ein angemessener Lohn von denjenigen seiner Partner, denen es obliegt. Desgleichen wird auch der heranwachsende Ernteertrag vom Grundbesitz des Beerbten in der Zukunft geteilt; und dies geschieht auf Grundlage der unbeschränkten Partnerschaft (*al-mufāwaḍa*), weil die Teilhaberschaft an den Gewinnen von der Proportion der Teilhaberschaft an ihrem Grundbesitz abhängt. Wer dabei mehr arbeitet, als das, was ihm im Verhältnis seines Anteils obliegt, dem gebührt sein angemessener Lohn. Dies genießt die Zustimmung bei den Gelehrten. Und anderes als das entspricht nicht den Grundsätzen bei ihnen.[686]

Somit expliziert Aḥmad b. ʿAbd al-Wahhāb aš-Šarīf wiederum ganz im Sinne der gewohnheitsrechtlichen Praxis, dass zwar die islamischen Erbrechtsbestimmungen anzuwenden sind, aber ein aus geleisteter Mehrarbeit resultierender Aufwand unbeschadet dessen zu entlohnen sei. Diese Parteinahme erstaunt aufgrund seiner einleitend skizzierten Verbundenheit mit dem Rīf-Gebirge und der Stadt Chefchaouen nicht.

---

685 Vgl. ʿAlamī, al-: Kitāb an-nawāzil, Bd. 2, S. 106.
686 Vgl. ebd., Bd. 2, S. 106.

 © Frank & Timme Verlag für wissenschaftliche Literatur

Interessant ist es dabei, sich in Erinnerung zu rufen dass diese Haltung des (Ur-)Großvaters von al-ʿAlamī in deutlichem Kontrast zu der Meinung dessen Lehrermeisters ʿAbd al-Qādir al-Fāsī steht. Ähnlich bemerkenswert – obzwar auf andere Art und Weise – ist auch das oben aufgezeigte Spannungsverhältnis zwischen der positiven Haltung von Ibn ʿArḍūn aṣ-Ṣaġīr gegenüber der zögerlichen Haltung seines Lehrers Aḥmad al-Baʿl und der kategorisch ablehnenden Position dessen Lehrers Yaḥyā as-Sarrāğ.

Das letzte Wort im Antwortreigen auf die oben aufgeworfene Sammelfrage gebührt schließlich abermals Ibn ʿArḍūn aṣ-Ṣaġīr, der sich de facto zur Umgehung der gesetzlichen Erbfolge hinsichtlich der Kinder durch Schenkung vor Eintritt des Erbfalles folgendermaßen äußert:

> Es antwortete Abū ʿAbd Allāh Muḥammad b. al-Ḥasan b. ʿArḍūn: Die Aufteilung des Vaters für seine Kinder, wenn sie auf dem Wege der Übertragung zugunsten der Kinder vollzogen wird und die Inbesitznahme (noch) zu Lebzeiten ihres Vaters und vor dessen Todeskrankheit erfolgt, ist für sie rechtsgültig, widrigenfalls nicht. Es schrieb Muḥammad b. al-Ḥasan al-ʿArḍūn.[687]

Seine Antwort ist im Lichte eines Details des angedachten Reformvorhabens zum gegenwärtigen marokkanischen Erbrecht, welches in UNTERKAPITEL 6.3 umrissen wird, von besonderem Interesse, da es Überlegungen gibt, eine derartige tatsächliche Inbesitznahme künftig nicht mehr zur Voraussetzung der Rechtsgültigkeit einer derartigen Schenkung zu machen.

Die bisherige diachrone Betrachtung der *nawāzil* zeigt deutlich, dass vor allem jene Rechtsgutachter, welche mit der amazighischen Rechtspraxis der *tamazzalt* in Nord-Marokko vertraut sind, deren Inkorporation befürworten. Urbane Rechtsgelehrte aus Fès, insbesondere jene mit andalusischen Wurzeln, lehnen diese zumeist ab und bestreiten die Schariakonformität der *tamazzalt*. Insbesondere al-Wazzānī zeigt jedoch dezidiert auf, dass eine solche Ablehnung unbegründet erscheint.

Neben den bereits referierten *fatāwā* des jüngeren der beiden Gebrüder Ibn ʿArḍūn soll gleichfalls sein älterer Bruder Aḥmad b. ʿArḍūn (gest. 1584), der auch als Ibn ʿArḍūn al-Kabīr firmiert, Rechtsgutachten, welche auf der amazighischen Rechtspraxis der *tamazzalt* bzw. von *al-kadd wa-s-siʿāya* fußen, erteilt haben.

[687] Vgl. ʿAlamī, al-: Kitāb an-nawāzil, Bd. 2, S. 106f.

© Frank & Timme Verlag für wissenschaftliche Literatur

Zwar wird dessen Meinung kolportiert, doch konnten seine konkreten Rechtsgutachten – anders als die des jüngeren Bruders – bislang nicht aufgefunden werden.[688] Hinzu kommt, dass sich auch in seiner Schrift zur Ehe-Etikette, obgleich sie ein Kapitel aufweist, welches dem Eheende gewidmet ist, kein derartiger Hinweis identifizieren lässt.[689] Somit ist es nicht gänzlich ausgeschlossen, dass es sich bei dieser Zuschreibung doch um eine Konfusion mit Ibn ʿArḍūn aṣ-Ṣaġīr handeln könnte. Dafür spräche auch die gänzliche Abwesenheit eines Verweises des jüngeren Bruders in seinen *fatāwā* zu dieser Thematik auf die Rechtsgutachten seines älteren Bruders; zumal er – wie aufgezeigt – durchaus auf seinen Großvater mütterlicherseits wie auch auf seinen Lehrer Aḥmad al-Baʿl rekurriert.

Al-Ǧīdī hält im direkten Vergleich den kolportierten *iftāʾ* von Ibn ʿArḍūn al-Kabīr für den innovativeren Ansatz der beiden.[690] Gemäß diesem stehe einer Frau in zwei Fällen das Recht (*al-ḥaqq*) zu, die Hälfte dessen zu beanspruchen, was sie durch ihre Arbeit für ihren Ehemann erwirtschaftet hat: (1.) Im Falle des Todes ihres Ehemannes, wenn dessen Erben ihre Anteile am Betrieb (*aš-šarika*) einfordern und noch bevor sie ihre gesetzliche Erbquote (von einem Achtel neben seinen Kindern bzw. einem Viertel im Falle seiner Kinderlosigkeit) erhält, kann sie ihr aus der Arbeit resultierendes Anrecht gegen den Nachlass des Verstorbenen (*tarikat al-mait*) geltend machen, denn ihr Rechtsanspruch betrifft die Hinterlassenschaft gleichermaßen.[691] (2.) Auch im Falle der tatsächlich erfolgten Verstoßung (*aṭ-ṭalāq*) kann die Frau ihr Recht einfordern und der Richter wird es ihr gewähren; und dieses Recht wird von den Leuten der Bergregion als *ḥaqq š-šqā* (Recht aus Mühsal; also Recht aus weiblicher Haus- und Hofarbeit) bezeichnet, was bedeutet, dass ihr Recht aus der Summe der Arbeiten resultiert, die sie für ihren Ehemann erbracht hat, und nicht nur aus einer bestimmten Art von Arbeit.[692] Interessant ist, dass in diesem Resümee der Ausführungen von Ibn ʿArḍūn al-

---

688 Vgl. Ǧīdī, al-: Ibn ʿArḍūn al-Kabīr, S. 194; sowie Zayānī, ʿAbd as-Salām az-: Dirāsa [Studie]. In: Ibn ʿArḍūn, Abū al-ʿAbbās Aḥmad b. al-Ḥasan: Muqniʿ al-muḥtāǧ fī ādāb al-azwāǧ [Die Beratung der Bedürftigen über das gute Benehmen der Ehepartner], Bd. 1. Hrsg. von ʿAbd as-Salām az-Zayānī. Beirut: Dār Ibn Ḥazm, 2010, S. 62.

689 Vgl. Ibn ʿArḍūn, Abū al-ʿAbbās Aḥmad b. al-Ḥasan: Muqniʿ al-muḥtāǧ fī ādāb al-azwāǧ [Die Beratung der Bedürftigen über das gute Benehmen der Ehepartner], Bd. 2. Hrsg. von ʿAbd as-Salām az-Zayānī. Beirut: Dār Ibn Ḥazm, 2010, S. 947–951.

690 Vgl. Ǧīdī, al-: Ibn ʿArḍūn al-Kabīr, S. 197.

691 Vgl. ebd., S. 205.

692 Vgl. ebd., S. 205.

 © Frank & Timme Verlag für wissenschaftliche Literatur

Kabīr die (neologistische) dialektale arabische Bezeichnung für die *tamazzalt* namentlich erwähnt wird. Ihre lokale Verwendung mag darauf zurückzuführen sein, dass die amazighischen Stämme im Norden Marokkos im Laufe der historischen Entwicklung stärker von der Arabisierung betroffen wurden, als es beispielsweise bei den Stämmen in den südlichen Landesteilen der Fall war; oder sie ist lediglich dem Sprachgebrauch al-Ǧīdīs geschuldet.

Die Unterschiede in den Rechtsgutachten der Brüder manifestieren sich in den Augen al-Ǧīdīs u. a. in den folgenden Details: Während Ibn ʿArḍūn aṣ-Ṣaġīr sich auf Rechtsgutachten einiger Vorgänger, wie beispielsweise das seines Großvaters mütterlicherseits, berufe und sich auf die Aufteilung gemäß der Arbeitsleistung verschiedener Familienmitglieder, so beispielsweise neben der Ehefrau auch zugunsten von Kindern, beziehe, fokussiere Ibn ʿArḍūn al-Kabīr sich auf die Ehefrau und – so al-Ǧīdīs Meinung – knüpfe daher nicht an frühere Vorbilder an.[693] Seiner Interpretation zufolge ging Ibn ʿArḍūn aṣ-Ṣaġīrs *fatwā* daher das Gewohnheitsrecht voraus, während sich die seines älteren Bruders nicht auf das Gewohnheitsrecht stütze, von dem Aḥmad al-Baʿl berichtet.[694] Ferner erscheint al-Ǧīdī das Rechtsgutachten von Ibn ʿArḍūn aṣ-Ṣaġīr spezifischer, da es sich zum einen auf den Ernteertrag sowie den Ertrag von Bäumen beschränke und andere Arten von Arbeit nicht anspreche, und zum anderen nur die Verwitwung, nicht jedoch – wie bei seinem Bruder – auch die Verstoßung thematisiere.[695] Ob sich diese Sichtweise al-Ǧīdīs bestätigen lässt, müsste auf Basis eingehenderer Untersuchungen zum amazighischen Gewohnheitsrecht im Allgemeinen wie auch zum *iftāʾ* der Gebrüder Ibn ʿArḍūn im Speziellen überprüft werden. Dass es sich bei der Rechtsauskunft des älteren Bruders um seinen eigenen vom Gewohnheitsrecht unabhängigen *iǧtihād* handeln solle, erscheint aus den bislang bekannten Fakten nicht ganz schlüssig. Auch al-Ǧīdī selbst äußert an anderer Stelle seines Werkes ja die Ansicht, dass das Gewohnheitsrecht (*al-ʿurf*) all dem vorausging, und weder der eine noch der andere Bruder als dessen Ursprung anzusehen sei.[696] Mit Sicherheit stellt die weitere Erforschung des *azerf* auch in Zukunft ein Forschungsdesiderat dar.

693 Vgl. Ǧīdī, al-: Ibn ʿArḍūn al-Kabīr, S. 205.
694 Vgl. ebd., S. 205.
695 Vgl. ebd., S. 205f.
696 Vgl. ebd., S. 195.

© Frank & Timme Verlag für wissenschaftliche Literatur

Die rechtsbrauchbasierten Rechtsgutachten der Gebrüder Ibn ʿArḍūn – seien sie nun auf beide oder nur auf den jüngeren von ihnen zurückzuführen – erregten insbesondere im städtischen Gelehrtenmilieu von Fès, wie es ja auch einige der oben angeführten *fatāwā* illustrieren, mitunter heftigen Widerspruch. Hierzu kursiert im Ġumāra-Gebirge die folgende Anekdote, bei der es im Grunde genommen nicht darauf ankommt, welcher der beiden Brüder darin gemeint ist, da – wie in UNTERKAPITEL 1.4.1 aufgezeigt – beide nacheinander das Richteramt von Chefchaouen bekleidet haben: Eine Delegation von Religionsgelehrten aus Fès kam auf ihrer Reise zum Grab des zuvor bereits erwähnten islamischen Mystikers ʿAbd as-Salām b. Mašīš (gest. 1227 / 1228) am Ǧabal al-ʿAlam durch die Stadt Chefchaouen, wo Ibn ʿArḍūn Richter war, um ihn zu treffen und mit ihm über seine jüngste *fatwā* zu debattieren.[697] Sie befragten ihn dazu, doch er antwortete nichts und bat sie stattdessen, zu warten; während sie dies taten, zogen Frauen, die – wie es ihrer Sitte entsprach – den Rücken schwer mit Brennholz und anderen Lasten beladen hatten vorbei, woraufhin er die Gelehrten fragte, was ihre Meinung zu diesen Frauen sei.[698] Sie zeigten sich erstaunt und schlossen sich seiner Auffassung an, bestätigten seine Beurteilung und verstanden nun sein Rechtsgutachten sowie dessen Gerechtigkeitscharakter.[699]

In diesem Zusammenhang verweist Mouaqit allerdings darauf, dass auch die Städterinnen, insbesondere aus den sozial schwächeren Milieus hart arbeiteten, obgleich ihre Tätigkeiten den Gelehrten nicht so offenkundig ins Auge sprangen.[700] Nichtsdestotrotz identifiziert er einen tiefgreifenden soziologischen Unterschied:

> „[…] l'existence dans la société rurale berbère marocaine d'un type de famille qui est en contrepied du type de la famille défini par le droit musulman. Ces deux types de famille se différencient en ce que, contrairement à la femme/épouse du droit islamique, la femme rurale est associée fortement dans la vie quotidienne à son époux dans l'économie de la vie familiale. La famille du droit islamique est celle d'une association pour la procréation dans laquelle la femme/épouse, qui ne travaille pas, est entretenue obligatoirement par l'époux. Le modèle de la famille rurale fonctionne, par contre, sur la base d'une association de travail de l'homme et

697 Vgl. Ǧīdī, al-: Ibn ʿArḍūn al-Kabīr, S. 198f.
698 Vgl. ebd., S. 199.
699 Vgl. ebd., S. 199.
700 Vgl. Mouaqit: Le droit de kad wa si'aya, S. 216f.

© Frank & Timme Verlag für wissenschaftliche Literatur

la femme, dans le cadre de laquelle l'effort de la femme, en raison de la difficulté de la vie paysanne et de sa pauvreté, se rend aussi visible que celui de l'homme dans la production des moyens de vivre."[701]

Nachdem nun die Rechtspraxis der *tamazzalt* im Spiegel der islamischen rechtsgutachterlichen Praxis und der mit ihr verbundenen Widerstände seitens mancher Gelehrter zwischen dem 15. und 20. Jahrhundert ausführlich dargestellt wurde, soll nicht unerwähnt bleiben, dass sich im Laufe der Zeit auch eine neue affirmative Haltung herausgebildet hat, welche den amazighischen Ursprung dieser Rechtspraxis jedoch schlichtweg verleugnet, und ihr stattdessen eine fiktive islamische, sprich arabische, Herkunft zuschreiben will. Insbesondere im Maschrik der Gegenwart lässt sich die Tendenz eines derartigen islamischen Framings erkennen. Mouaqit spricht hierbei von einem dritten Weg – neben genereller Akzeptanz bzw. Inkorporation oder Ablehnung der gewohnheitsrechtlichen Norm:

„Il y a une troisième attitude cependant, celle qui consiste à légitimer de l'intérieur de la référence à l'islam et à sa loi la réalité confrontée. Dans ce dernier cas, la raison juridique du fiqh efface cet effet de composition en faisant disparaître purement et simplement la source locale de la coutume et en rapportant celle-ci à un précédent historique ou à une potentialité de sens du texte jusque-là prétendument ignorée ou négligée."[702]

Im Falle von *al-kadd wa-s-si ʿāya* wird hierfür beispielsweise unversehens auf eine dem zweiten Kalifen ʿUmar b. al-Ḫaṭṭāb (gest. 644) zugeschriebene Entscheidung – d. h. einen Prophetengefährtenausspruch (*qaul aṣ-ṣaḥābī*), welche auch „*qiṣṣat* Ḥabība" genannt wird, abgestellt.[703] Die saudische Gelehrte Zain al-ʿĀbidīn Ḥammād führt dazu aus, dass es sich hierbei, wie es der Oberrichter von Tunis, Abū Isḥāq Ibrāhīm b. ʿAbd al-Rafīʿ at-Tūnisī (gest. 1332 / 1333) in seinen *nawāzil* berichtet habe, um ein Urteil ʿUmars im Fall des Händlers ʿAmr b. al-Ḥāriṯ und seiner Frau der Zierart-Weberin, welche Gewänder und Turbane verzierte, Ḥabība bint Zuraiq, der Tante väterlicherseits von ʿAbd Allāh b. al-Arqam, gehandelt habe.[704] Die Evidenz eines derartigen Framings ist jedoch nicht gegeben, da es zum einen nicht einleuchten will, weshalb die marokkanischen Gelehrten, welche um die islamisch-rechtliche Zulässigkeit der *tamazzalt* bzw. von *al-*

701 Mouaqit: Le droit de kad wa si'aya, S. 217f.

702 Ebd., S. 221.

703 Vgl. ebd., S. 221.

704 Vgl. Zain al-ʿĀbidīn Ḥammād: Ḥaqq al-kadd wa-s-siʿāya, S. 54.

kadd wa-s-si ʿāya, wie oben aufgezeigt, über mehrere Jahrhunderte hinweg gerungen haben, eine bereits existierende Legitimation nicht hätten aufgreifen wollen; zum anderen ist es doch äußerst erstaunlich, dass die „frühste" Quelle, welche von der sog. *qiṣṣat* Ḥabība zeugen soll, nicht nur mehr als sechshundert Jahre nach dem angeblichen Ereignis datiert, sondern auch noch von einem maghrebinischen Rechtsgelehrten herrührt, während die Quellen im Osten der islamischen Welt dazu kontinuierlich schweigen.

All dies hindert Gelehrte der heutigen Azhar-Universität in Ägypten, welche sich der zum gegenwärtigen Zeitgeist und zum Diskurs über Gleichberechtigung passenden Rechtspraxis von *al-kadd wa-s-si ʿāya* zugewendet haben, nicht, eine solche islamische Verbrämung zu verbreiten. So spricht sich das derzeitige Oberhaupt der Azhar-Moschee (*šaiḫ al-Azhar*) Aḥmed Muḥammad aṭ-Ṭaiyib (geb. 1946) explizit für *al-kadd wa-s-si ʿāya* nicht nur zugunsten der Ehefrau, sondern aller Familienmitglieder proportional zu ihrem Einsatz bei der Mehrung des Familienvermögens aus.[705] Er beruft sich dabei sowohl auf den Koran als auch auf die erwähnte *qiṣṣat* Ḥabība:

> „The Fatwa on the women's right to ‚*Al-Kadd Wa Al-Sa'ayah*' is an old one that is based on the well-established evidence of the Glorious Quran that states the undeniable fact that woman in Islam has an independent financial authority. Allah, the Most High, says, ‚For men is a share of what the parents and close relatives leave, and for women is a share of what the parents and close relatives leave, be it little or much – an obligatory share.' (*Al-Nisa'*: 32) Besides, it is reported that the Rightly-Guided Caliph 'Umar Ibn Al-Kattab (May Allah be pleased with him) has decreed that the wife who took part in developing the wealth of her husband should be given a right from his estate before distributing it among the heirs. Muslim jurists, particularly the Malikis, have been applying this fatwa throughout different times."[706]

Für koranische Legitimierungsversuche wird ansonsten mitunter auch das Vorkommen des Substantivs *as-sa ʿy* (der Lauf; die Anstrengung) und des Verbes *sa ʿā* (laufen; streben) im Koran bemüht.[707] So benennt Zain al-ʿĀbidīn Ḥammād in ihrer Schrift als koranischen Beleg etwa Sure 53, Vers 39–40: „Und daß dem

[705] Vgl. Azhar, al-: Glimpses on the Fatwa on Al-Kadd Wa Al-Sa'ayah. Kairo: 22. Februar 2022, o. S., abrufbar unter: https://www.azhar.eg/observer-en/details/ArtMID/1153/ArticleID/58933/Glimpses-on-the-Fatwa-on-Al-Kadd-Wa-Al-Sa%E2%80%99ayah (letzter Zugriff: 11.05.2024).

[706] Ebd., o. S. [Hervorhebungen im Original].

[707] Vgl. Mouaqit: Le droit de kad wa si'aya, S. 221.

© Frank & Timme Verlag für wissenschaftliche Literatur

Menschen (dereinst) nichts anderes zuteil wird als das, wonach er (in seinem Erdenleben) strebt, und daß sein Streben (deutlich) sichtbar werden wird […].“[708] Doch die obige Begriffsbestimmung in UNTERKAPITEL 5.1.1 hat verdeutlicht, dass der Terminus *al-kadd wa-s-si ʿāya* erst als arabische Übersetzung des Tamazight-Begriffes der *tamazzalt* vollumfänglich verständlich wird. Am Beispiel von Zain al-ʿĀbidīn Ḥammād lässt sich insgesamt gut veranschaulichen, wie eine ganze Reihe wenig aussagekräftiger islamischer Legitimationsversuche, vom Koran, über den o. g. Prophetengefährtenausspruch bis hin zum Analogieschluss etc., angestrengt werden, bevor schließlich das Gewohnheitsrecht in den Sūs- und Ġumāra-Gebieten sowie die rechtsgutachterliche Praxis der lokalen Rechtsgelehrten von ihr benannt werden.[709]

Die Attraktivität der amazighischen Rechtspraxis der *tamazzalt*, welche bereits vor Jahrhunderten manch einen mit ihr vertrauten lokalen mālikitischen Rechtsgelehrten auf der Basis von Gerechtigkeits- und Gemeinwohlerwägungen dazu bewog, sie in seinen *iftāʾ* zu integrieren, trifft auch den gegenwärtigen Zeitgeist, welcher zumindest in Teilen der öffentlichen Debatten von Frauen- und Menschenrechtsdiskursen entscheidend mitgeprägt wird. So verwundert es nicht, dass ebenso das ägyptische Muftiamt (*dār al-iftāʾ al-miṣrīya*) – obwohl Ägypten vor allem ḥanafitische geprägt ist – inzwischen mit *al-kadd wa-s-si ʿāya* argumentiert, wie folgendes Beispiel aus dem Jahr 2015 illustriert:

> „Question: What are the rights of a divorcée to the house, furniture, car etc., if they are owned by the husband?
>
> Answer: We are of the opinion that this is one of the civil rights which are subject to the customs and laws of a given country and which are applied according to a comprehensive system that takes into account the wages; conditions for salary raises; means of subsidizing communal infrastructure; the government's commitment to provide self-sufficiency for both the individual and the family including housing, living, healthcare, marriage, education; and determining governmental subsidies according to the family size, thus giving it a form of entitlement to enact laws regulating rights. There is no objection to seeking this right whenever the conditions are fulfilled. This is because a person who enters such a country and who resides in must follow the laws and regulations that organize public life and individual rights.

708 Paret, Rudi (Übers.): Der Koran. Stuttgart: Kohlhammer, 2014, S. 374.

709 Siehe Zain al-ʿĀbidīn Ḥammād: Ḥaqq al-kadd wa-s-siʿāya, insbesondere S. 70f.

Equivalent civil rights, known as ‚bi haq al-kad wal si'aya' [right of endeavor], are found in Maliki jurisprudence. A great number of Maliki jurists maintained a wife's right to take half of her husband's assets which he has collected during their marriage since she stood by his side and supported him during their time together. These scholars include the luminary and leading Maliki scholar of his time Abu Al-Abbas Ahmad Ibn Ardun. Maliki scholars have issued fatwas and written treatises on this matter. This was also the opinion followed by many in Northwestern African countries during the last century. Many studies and researches indicate that Western laws derived this law from this Islamic juristic perspective."[710]

Gleich drei Aspekte verdienen hierbei besondere Aufmerksamkeit: So unternimmt diese *fatwā* keinen künstlichen islamischen Legitimierungsversuch, sondern stellt direkt auf die mālikitische Rechtsgutachterpraxis ab. Weiterhin bemerkenswert ist die namentliche Erwähnung von Ibn ʿArḍūn al-Kabīr; obzwar von ihm – anders als von seinem jüngeren Bruder Ibn ʿArḍūn aṣ-Ṣaġīr – kein konkretes Rechtsgutachten vorliegt, wird ihm auch in diesem Fall der Verdienst in dieser Frage zuerkannt. Und schließlich wird interessanterweise eine Diskursumkehr versucht, indem postuliert wird, dass die westliche Gesetzgebung auf diese bedeutend ältere islamisch-rechtliche Position zurückzuführen sei.

Zur Arrondierung der diachronen Betrachtung soll der Blick indes wieder nach Marokko gerichtet werden. Die Rolle der *tamazzalt* bzw. von *al-kadd wa-s-siʿāya* innerhalb der noch anhaltenden Reformdebatte um das marokkanische Familiengesetzbuch wird in den UNTERKAPITELN 6.2 und 6.3 eruiert werden. Doch bereits das derzeitig bestehende, reformierte Familiengesetzbuch aus dem Jahr 2004 wirft die Frage auf, ob *al-kadd wa-s-siʿāya* längst in ihm verankert wurde.

Konkret geht es hierbei um den Artikel 49 der *Mudauwanat al-usra*: Ein jeder der beiden Ehepartner verfügt über ein von dem des anderen getrenntes Vermögen, doch ist es für sie beide statthaft im Rahmen der Disponierung der Vermögenswerte, welche während des Bestehens der Ehe erworben werden, eine Vereinbarung über deren nutzbringende Verwertung und Verteilung zu treffen.[711] Diese

[710] Egypt's Dar Al-Ifta: What are the rights of a divorcée to the house, furniture, car etc., if they are owned by the husband? Fatwa Nr. 8238 (19. März 2015), abrufbar unter: https://www.dar-alifta.org/en/fatwa/details/8238/what-are-the-rights-of-a-divorcee-to-the-house-furniture-car-etc-if-they-are (letzter Zugriff: 19.04.2025).

[711] Vgl. Mamlaka al-Maġribīya, al-; Wizārat al-ʿAdl wa-l-Ḥurrīyāt; Mudīrīyat at-Tašrīʿ: Mudauwanat al-usra. Ṣīġa muḥaiyana bi-tārīḫ 29 Yūlyū 2021 [Familiengesetzbuch. Geänderte Fassung vom 29. Juli 2021], Art. 49 I, abrufbar unter: https://adala.justice.gov.ma/

Vereinbarung wird in einer vom Ehevertrag getrennten Urkunde festgeschrieben.[712] Die beiden Zivilstandsnotare[713] (Sg.: *ʿadl*; Pl.: *ʿudūl*) informieren die beiden Parteien bei ihrer beider Eheschließung über die zuvor angeführten Bestimmungen.[714] Falls es dabei keine Vereinbarung gab, greifen die allgemeinen Beweisregeln unter Berücksichtigung der Arbeit eines jeden einzelnen der beiden Ehegatten und dessen, was er zur Mehrung der Vermögenswerte der Familie an Anstrengungen unternommen und an Belastungen getragen hat.[715] Die deutsche Islamwissenschaftlerin Dörthe Engelcke sieht unter Verweis auf die Auffassung der amazighischen Nichtregierungsorganisation Tamaynut in Artikel 49 der *Mudauwanat al-usra* die *tamazzalt* verwirklicht.[716] Doch ob durch Artikel 49 die *tamazzalt* bzw. *al-kadd wa-s-siʿāya* tatsächlich bereits kodifiziert wurde, gilt unter Experten allerdings nach wie vor als umstritten.

> „Aujourd'hui, un vrai débat agite le microcosme des juristes et des magistrats à propos de l'article 49 de ce code[…]. Certains auteurs y voient la formalisation du kad wa siʿaya qui constituerait une première brèche dans l'ordre normatif conservateur de la sharia, en matière de droits successoraux de la femme mariée. D'autres, au contraire, considèrent cette disposition tout à fait anodine, en ce sens qu'elle ne fait que formaliser une modalité, déjà disponible en droit commun, à laquelle les époux peuvent recourir pour organiser le partage des fruits de leur contribution commune à la constitution et à l'accroissement des biens familiaux. La jurisprudence n'a pas encore tranché ce débat et demeure contradictoire."[717]

So hat beispielsweise das erstinstanzliche Gericht von Casablanca im Jahr 2006 in diesem Sinne – sogar unter Berufung auf eine *fatwā* von Ibn ʿArḍūn – geurteilt, doch der Appelationsgerichtshof von Rabat entschied 2011 – u. a. rekurrierend auf Sīdī Ḫalīl – gegenteilig; Ghazali zufolge steht eine diesbezügliche Grund-

api/uploads/2024/07/22/%D9%85%D8%AF%D9%88%D9%86%D8%A9%20%D8%A7%D9%84%D8%A3%D8%B3%D8%B1%D8%A9-1721646687560.pdf#toolbar=0&statusbar=0 (letzter Zugriff: 05.03.2025).

712 Vgl. Mamlaka al-Maġribīya, al-: Mudauwanat al-usra 2021, Art. 49 II.

713 Für diese Übersetzung der juristischen Amtspersonen im Maghreb siehe Nelle, Dietrich: Marokko (Stand: 1.12.2009). In: Bergmann, Alexander; Ferid, Murad; Henrich, Dieter; Dutta, Anatol; Ebert, Hans-Georg (Hrsg.): Internationales Ehe- und Kindschaftsrecht mit Staatsangehörigkeitsrecht. Loseblattsammlung, 203. Lfg. Frankfurt a. M.: Verlag für Standesamtswesen, 2013, S. 71.

714 Vgl. Mamlaka al-Maġribīya, al-: Mudauwanat al-usra 2021, Art. 49 III.

715 Vgl. ebd., Art. 49 IV.

716 Vgl. Engelcke, Dörthe: Reforming Family Law. Social and Political Change in Jordan and Morocco. Cambridge: Cambridge University Press, 2019, S. 192f.

717 Ghazali: Femmes et héritage, S. 139f.

satzentscheidung des Kassationsgerichtshof noch aus, obgleich der Oberste Gerichtshof bereits 1980 grundsätzlich die Anwendbarkeit von *al-kadd wa-s-si ʿāya* bejaht habe.[718] Richtig ist auch, dass das marokkanische Familienrecht prinzipiell auf der lokalen Rechtsauslegung des Islamischen Rechts basiert, wie die Juristin Zineb Kettani und die Rechtswissenschaftlerin Radia Bouhlal hervorheben: „Le statut personnel des citoyens musulmans est régi par l'interprétation locale de la charia."[719]

Wie UNTERKAPITEL 6.3 ausführen wird, spielt die Konzeption der *tamazzalt* – indessen voraussichtlich nicht in Bezug auf das Erbrecht, sondern lediglich hinsichtlich des Eherechts – eine Rolle für das derzeitige Reformprojekt des marokkanischen Familienrechts. Bevor jedoch ein Ausblick auf dieses Reformvorhaben gegeben wird, befasst sich das folgende, sechste KAPITEL zunächst mit der Genese der Kodifikation (*at-taqnīn*) des marokkanischen Familien- und Erbrechts und seiner bisher abgeschlossenen Reformen sowie ausgewählten Kritikpunkten der aktuellen Befürworter weitergehender Reformpläne.

---

718 Vgl. Ghazali: Femmes et héritage, S. 140.

719 Kettani, Zineb; Bouhlal, Radia: Concepts, intérêts et valeurs dans l'interprétation du droit de la famille. Rapport (Séance 2: Droit de la famille) Journées internationales italiennes 2017 – Concepts, intérêts et valeurs dans l'interprétation du droit positif de l'Association Henri Capitant, 22.–26. Mai 2017, Turin und Como, S. 2, abrufbar unter: https://www.henricapitant.org/wp-content/uploads/2022/05/2017-JI-Italiennes-Maroc-Famille.pdf (letzter Zugriff: 02.01.2025).

 © Frank & Timme Verlag für wissenschaftliche Literatur

6. Über taqnīn und aktuelle Reformforderungen

Das vorliegende Kapitel skizziert in einem ersten Schritt die Genese der aktuellen erbrechtlichen Gesetzeslage im Königreich Marokko. Die dafür erforderliche historische Kontextualisierung schildert zunächst die weit zurückreichende Ausgangslage im Sultanat Marokko, in der Normen des Erbrechts nicht in kodifizierter Form vorlagen. Da der im 20. Jahrhundert dem Land aufoktroyierte Kolonialismus keinen inhaltlichen Niederschlag in der Gestaltung der Erbrechtsnormen für die muslimischen Untertanen des Sultans fand, ist er für die hier vorgenommene Periodisierung ohne Belang und wird somit unter dieser Phase des Sultanats subsumiert. Veränderungen – zunächst formaler und später auch inhaltlicher Natur – treten erst in den ausgehenden 1950er Jahren durch die Kodifikation (*at-taqnīn*) des Familien- und Erbrechts des kurz zuvor wieder unabhängig gewordenen Landes in Erscheinung, so dass ab da von einer neuen Entwicklungsphase ausgegangen wird. In den darauffolgenden Jahrzehnten blieb diese neue kodifizierte Gesetzeslage zunächst nahezu unverändert bestehen, und Intentionen zu ihrer Modifikation erscheinen bis in die 1990er Jahren eher verhalten und zaghaft. Der aktuellen familien- und erbrechtlichen Gesetzeslage im Königreich, wie sie durch eine breitangelegte Gesetzesrevision im Jahr 2004 umgesetzt wurde, wird anschließend ein eigenes Unterkapitel gewidmet.

In einem zweiten Schritt werden ausgewählte Kernthemen der seit einigen Jahren geführten Debatte um eine erneute Reform des marokkanischen Familien- und Erbrechts vorgestellt. Problematisiert wird von den Reformaktivisten dabei v. a. die in vielen Fällen grundsätzliche geschlechtsabhängige Ungleichverteilung an Erben auf gleicher Erbstufe sowie die (konstellationsabhängige) Verteilung der Resterbschaft (*at-taʿṣīb*) jenseits der Kernfamilie. Desgleichen wird auch Kritik am interreligiösen Erbverbot aufgegriffen.

Im Anschluss daran soll das seit 2022 offiziell neu entstehende Reformvorhaben, soweit bisher absehbar, in seiner Entfaltung sowie seine etwaigen erbrechtsrelevanten Themen skizziert werden. Da die finalen Ergebnisse dieser Revision derweil noch ausstehen, ist dieses letzte Unterkapitel vielmehr als ein Ausblick auf potentielle künftige Entwicklungen zu verstehen.

6.1 Die kodifizierte erbrechtliche Gesetzeslage in Marokko

Das initiale UNTERKAPITEL dient dazu, die erbrechtliche Gesetzeslage im Sultanat und späteren Königreich Marokko im 20. und 21. Jahrhundert zu umreißen. Zu diesem Zweck wird in einem ersten Schritt die Ausgangssituation im präkolonialen und kolonialen Sultanat, gefolgt von der Genese und der Entwicklung des kodifizierten Erbrechts im Königreich Marokko in gebotener Kürze dargestellt. Das gegenwärtige Familiengesetzbuch wird dann in einem zweiten Schritt vorgestellt.

6.1.1 Historische Kontextualisierung des Familienrechts

6.1.1.1 Im Sultanat Marokko: Keine kodifizierten Normen

Im Sultanat Marokko existierte bis zum Verlust seiner Unabhängigkeit durch die Einführung des sogenannten Protektorates im Jahr 1912 kein kodifiziertes Recht, sondern es herrschte, wie in den anderen islamisch geprägten Ländern bis ins 19. oder 20. Jahrhundert hinein, ein gewisser Rechtspluralismus, der jedoch von islamisch-rechtlichen Normen dominiert wurde. In Marokko manifestiert sich dabei, im Gegensatz zu anderen Regionen des Maghreb, die zusätzlich partiell bedingt durch die mehr als dreihundert Jahre währende Präsenz der Osmanen (*al-ʿUṯmānīyūn*; 1517–1924), welche die ḥanafitische Rechtsschule favorisierten, mitgeprägt wurden, einzig der Einfluss der mālikitischen Rechtsschule (*al-maḏhab al-mālikī*).[720]

Dies stellt indes längst nicht die einzige Besonderheit in der historischen Entwicklung des Landes dar. Der Historiker Daniel Rivet charakterisiert und resümiert die verschiedenen Facetten der Partikularität Marokkos wie folgt:

> „Faut-il invoquer qu'il fut la partie de l'Afrique du Nord moins romanisée, la plus tardivement colonisée par la France, et qu'il échappa à l'emprise ottomane, contrairement à l'Ifrîqiya (l'Afrique romaine hier, la Tunisie aujourd'hui) et au Maghreb central (l'Algérie)? […]
> L'exemplarité du Maroc provient […] de ce qu'il offre la version la plus complète, la plus condensée du Maghreb et la mieux conservée. Des cinq pays de l'Afrique du Nord, c'est lui le plus imprégné par l'influence de la berbérité. C'est aussi la

[720] Vgl. Schacht, Joseph: An Introduction to Islamic Law. Oxford: Clarendon Press, 1993, S. 89 und 198 sowie Willis, Michael J.: Politics and Power in the Maghreb. Algeria, Tunisia and Morocco from Independence to the Arab Spring. London: Hurst & Company, 2012, S. 15.

 © Frank & Timme Verlag für wissenschaftliche Literatur

partie du Maghreb où le nombre de descendants d'esclaves noir est le plus important [...]. De même l'antique Empire chérifien fut-il davantage marqué qu'ailleurs par le ferment d'une communauté juive plus étroitement associée à l'exercice du pouvoir et du négoce avec l'étranger que dans le reste du Maghreb. Enfin, c'est le pays où l'héritage de la civilisation arabo-andalouse s'est le mieux conservé."[721]

Im Unterschied zu so manchem heutigen Staat in der sog. islamischen Welt oder auch in Afrika ist der marokkanische Staat also kein koloniales oder gar postkoloniales Gebilde. „Avec l'Égypte, il est le pays qui dispose de la personnalité historique la plus affirmé."[722] Marokko blickt, au contraire, auf eine mehrtausendjährige Geschichte zurück.[723] Allein die den Staat bis heute regierende Dynastie der Alawiten *(al-ʿAlawīyūn)* lenkt seine Geschicke bereits seit 1659, und gilt daher als zweitälteste amtierende Dynastie nach dem japanischen Kaiserhaus.

Die islamische Expansion im 7. und 8. Jahrhundert stieß im Maghreb zunächst auf weitaus größeren Widerstand als in den übrigen Teilen des rasch wachsenden islamischen Reiches. Dem französischen Historiker Bernard Lugan zufolge nahm die Unterwerfung der persischen Gebiete vier Jahre und die der syrischen sechs Jahre in Anspruch, wohingegen die Eroberung des Maghreb eines halben Jahrhunderts bedurfte; woraufhin die der Iberischen Halbinsel – insbesondere befördert durch den Einsatz der berberischen Truppen von Ṭāriq b. Ziyād (gest. 720) – wiederum in nur drei Jahren erfolgte.[724] Insbesondere im zentralen Maghreb geriet die Islamisierung dabei zunächst ins Stocken, derweil erfolgte sie danach im westlichen Maghreb ungleich schneller und unkomplizierter. Doch stieß die arabische Fremdherrschaft hier ebenso auf Widerwillen:

„Démographiquement parlant, l'apport arabe de la période de la conquête fut une goutte d'eau dans l'océan berbère[...]. Au lieu de se berbériser, les nouveaux venus arabisèrent la masse des Berbères[...], la conversion entraînant l'arabisation cultuelle, donc culturelle, puisque les convertis avaient pour obligation de prononcer

721 Rivet, Daniel: Histoire du Maroc de Moulay Idrîs à Mohammed VI. [Paris]: Fayard, 2012, S. 10.

722 Ebd. S. 9f.

723 Vgl. Pennell, C. Richard: Morocco. From Empire to Independence. Oxford: Oneworld, 2003, S. XIIIf.; Madariaga, María Rosa de: Historia de Marruecos. Madrid: Catarata, 2017, S. 309; sowie Buskens, Léon: Sharia en nationaal recht in Marokko. In: Otto, Jan Michiel; Dekker, Albert; Soest-Zuurdeeg, Liesbeth J. van (Hrsg.): Sharia en nationaal recht in twaalf moslimlanden. Amsterdam / Den Haag: Amsterdam University Press / WRR, 2006, S. 43, abrufbar unter: http://oapen.org/search?identifier=340160 (letzter Zugriff: 10.02.2021).

724 Vgl. Lugan, Bernard: Histoire du Maroc. Des Origines à nos jours. Paris: Ellipses, 2011, S. 51, Fn. 1.

dans la langue arabe les phrases fondamentales qui consacraient leur adhésion à la nouvelle religion[...]. Mais alors qu'ils avaient accepté l'islamisation, les Berbères marocains se soulevèrent avec violence contre la présence arabe et cela, paradoxalement, au nom de l'Islam et sans jamais remettre en question leur nouvelle religion."[725]

Es war, wie gesagt, nun nicht mehr die Religion des Islam, gegen die sich der Widerstand der autochtonen Bevölkerung richtete, sondern die kleine herrschende arabische Elite mit ihrer als ungerecht wie auch unislamisch empfundenen Herrschafts- und Steuerpraxis entfachte selbigen:

„Les Berbères qui se considéraient donc comme les égaux des Arabes se mirent à nourrir un profond sentiment de révolte, non envers l'Islam, mais envers ses dirigeants arabes. L'Empire omeyyade fut donc perçu par eux pour ce qu'il était, à savoir un État arabe dirigé par une aristocratie composée de la tribu mecquoise des Kurashites laquelle considérait le monde musulman comme un bien personnel conquis par la force. Or, pour nombre des musulmans, le pouvoir des Omeyyades/Kurashites n'avait aucune légitimité historique car il était en effet bien connu que dans un premier temps, cette tribu avait combattu le Prophète et que ses membres ne s'étaient que tardivement convertis. De plus, leur mode aristocratique de gouvernement faisait peu de cas de la forte composante méritocratique et égalitaire contenue dans la doctrine islamique. Cette conception étroitement ethnocentrée, et donc bien peu universelle de la religion musulmane, posa nombre de problèmes dans l'ensemble du monde omeyyade; mais c'est avec les Berbères de l'ouest du Maghreb et plus particulièrement avec ceux du Maroc que la rupture fut la plus profonde car elle fut à la fois ethnique, religieuse et politique."[726]

Bereits Mitte des 8. Jahrhunderts emanzipierte sich der westliche Maghreb daher schon wieder weitestgehend von dem damals noch in Damaskus ansässigen Kalifat. Die von Maisara al-Maṭġarī (gest. ca. 740) initiierte und unter Ḫālid b. Ḥāmid az-Zanātī (gest. nach 760) vollendete Revolte der Berberstämme (739–742) führte zunächst zu einer Reihe kleinerer heterodoxer, ḫariǧitischer Berber-Fürstentümer, wie dem ṣufritischen Emirat von Tilimsān (742–789), dem politisch-religiösen Fürstentum der Stammeskonföderation der Būrġwāṭa-Berber (744–1058), dem ṣufritischen Emirat von Siǧilmāsa (757–976) oder dem ibāḍitischen Fürstentum der Rustamiden (*ar-Rustamiyūn*) von Tāhart (778–909).[727] Idrīs I. (gest. 791) errichtete sodann im Jahre 788 das marokkanische Herrschergeschlecht der

725 Lugan: Histoire du Maroc, S. 61
726 Ebd., S. 63.
727 Vgl. ebd., S. 62–67.

 © Frank & Timme Verlag für wissenschaftliche Literatur

Idrisiden (*al-Adārisa*; 788–985), welchem sukzessive die Dynastien der Almoraviden (*al-Murābiṭūn*; 1062–1147), der Almohaden (*al-Muwaḥḥidūn*; 1147–1269), der Meriniden (*al-Marinīyūn*; 1269–1471), der Wattasiden (*Banū Waṭṭās*; 1471–1549) und der Saaditen (*as-Sa'diyūn*; 1549–1659) und der bereits erwähnten Alawiten (*al-'Alawīyūn*; seit 1659) nachfolgten.[728] „Rares sont les États ayant une profondeur historique comparable [...]"[729], kommentiert Lugan und verweist darauf, dass, als Hugo Capet (987–996) zum König der Franken gewählt wurde, die marokkanische Monarchie bereits seit 199 Jahren etabliert war.[730] Die Geschichte Marokkos reicht allerdings noch viel weiter als nur bis zu seiner Islamisierung zurück. So beginnt beispielsweise Lugan seine historische Abhandlung zu dem Land mit einem Unterkapitel über die Zeit von 60.000 bis 4.000 v. Chr.[731]

Seit der Islamisierung sind marokkanische Herrscher traditionell Träger des Titels des Beherrschers der Gläubigen (*amīr al-mu'minīn*), welchem sie später zur Unterstreichung ihrer Eigenständigkeit gegenüber dem Oberhaupt des Osmanischen Reiches gleichsam noch den Titel des Sultans beifügten.[732] Bei dem regierenden alawitischen Herrscherhaus handelt es sich – nach den Idrisiden und den Saaditen – um die dritte Dynastie von Scherifen (*šurafā'*; Sg. *šarīf*).[733] Als solche führen sie ihren Stammbaum nicht bloß auf den Stamm der Qurais, sondern direkt auf den Propheten Muḥammad (gest. 632) zurück und fühlen sich, wie schon ihre Vorgänger, der Anwendung der *šarī'a* gemäß der Auslegung der mālikitischen Rechtsgelehrten (*fuqahā' al-mālikīya*) verpflichtet:

> „Le Commandeur des Croyants au Maroc, non seulement est originaire de la tribu de Qoraïch, mais encore appartient à la propre Famille de Mohamed dont il lest descendant par sa fille unique Fatima. Celui permet de porter le titre de Chérif et lui confère une autorité morale et un prestige considérables [sic!]. [...] Les souverains marocains ont exercé [sic!] leurs attributions exécutives en veillant à faire appliquer en principe la loi islamique telle qu'elle est interprétée par les docteurs de l'École malikite."[734]

---

728 Vgl. Vermeren, Pierre: Le Maroc en transition. Paris: La Découverte, 2001, S. 16 sowie Madariaga, de: Historia, S. 306–309.

729 Lugan: Histoire du Maroc, S. 9, Fn. 1.

730 Vgl. ebd., S. 9, Fn. 1.

731 Vgl. ebd., S. 17–50.

732 Vgl. Fassi Fihri, Mohamed El Habib: L'itinéraire de la Justice marocaine. Rabat: Imprimerie Omnia, 1997, S. 30.

733 Vgl. Pennell: Morocco, S. 97f.

734 Fassi Fihri: L'itinéraire, S. 30f.

Der marokkanische Sultan vereint somit die Rolle des Kalifen, also des weltlichen Herrschers als Nachfolger des Propheten, und des Imams, d. h. des religiösen Oberhauptes, in seiner Person.[735] „Il était le seul, dans le monde islamique, à exercer cette double prérogative, mais à l'égard de son peuple seul."[736]

Der partielle präkoloniale marokkanische Rechtspluralismus ist nicht nur durch das Fehlen kodifizierter Rechtsnormen, sondern auch durch die Koexistenz verschiedener Gerichtsbarkeiten geprägt. Neben der vom klassisch-islamischen Richter (*al-qāḍī*) geleiteten *šarīʿa*-Gerichtsbarkeit sprachen mit Rechtskompetenz ausgestattete Verwaltungsautoritäten[737] im Rahmen der sogenannten *maḫzan*-Gerichtsbarkeit[738] Recht.[739] Außerdem existierten eine obzwar deutlich informeller institutionalisierte und in unterschiedlichem Ausmaß *izerfan* (Sg.: *azerf*) zur Geltung bringende gewohnheitsrechtliche Gerichtsbarkeit, eine insbesondere auf das Familien- und Erbrecht bezogene rabbinische Gerichtsbarkeit für die jüdische Gemeinschaft Marokkos sowie verschiedene auf der Grundlage von ‚Kapitulationen' genannter binationaler Verträge fußende Konsulargerichtsbarkeiten, welche ausländischen Mächten für ihre Staatsangehörigen und später sogar für ihre marokkanischen Schutzbefohlenen (*protégés*) Jurisdiktionsprivilegien auf marokkanischem Boden einräumten.[740]

Die Lage Marokkos am Vorabend seines Unabhängigkeitsverlustes wird von dem Historiker Richard Pennell folgendermaßen gekennzeichnet: „As French and Spanish armies nibbled at Moroccan territory, European creditors ate away at the sultan's finances."[741] Das sowohl politisch und militärisch als auch finanziell stark

[735] Vgl. Julien, Charles-André: Le Maroc face aux impérialismes 1415–1956. Paris: Editions J. A., 1978, S. 95f.

[736] Ebd., S. 95.

[737] Bei den hierzu ermächtigten Gouverneuren des Sultans handelt es sich im ländlichen Raum um den jeweilige *qāʾid* (*caïd*) und im urbanen Raum um den entsprechenden *bāšā* (*pacha*).

[738] Beim *bilād al-maḫzan* handelt es sich um das Land des zentralen Staatsapparates; im Gegensatz dazu stand das sogenannte *bilād as-sība*, sprich das nicht dem zentralen Staatsapparat unterworfene Land, siehe Pröbster, Edgar: Streifzüge durch das maghribinische Recht. In: Islamica, Bd. 3, Fasc. 3 (1927), S. 342–362, abrufbar unter: http://www.digizeitschriften.de/download/PPN864009399_0003/PPN864009399_0003___LOG_0038.pdf (letzter Zugriff: 10.02.2021).

[739] Vgl. Azziman, Omar: Les institutions judiciaires. In: Sehimi, Mustapha (Hrsg.): La Grande Encyclopédie du Maroc, Bd. 1 Les institutions politiques, administratives, judiciaires. Rabat: GEI, 1986, S. 152.

[740] Vgl. ebd., S. 152f.

[741] Pennell, C. Richard: Morocco, S. 135.

 © Frank & Timme Verlag für wissenschaftliche Literatur

unter Druck stehende Sultanat geriet schließlich mit der Unterzeichnung des Protektoratsvertrages[742] von Fès (Fās) am 30. März 1912 durch den kurz darauf vom französischen Generalresidenten (*résident général*) Hubert Lyautey (gest. 1934) zur Abdankung gedrängten Sultan ʿAbd al-Ḥafīẓ I. (reg. 1908–1912) unter die politische Kontrolle Frankreichs.[743] Der Sultan blieb zwar formal das Staatsoberhaupt, und seine Minister (*al-wuzarāʾ*) behielten ihre Zuständigkeit für die Justiz, das religiöse Stiftungsland sowie die Staatsdomäne, ihnen wurde jedoch ein französischer „Berater" (*conseiller du gouvernement chérifien*) beigeordnet; auch die von ihm ernannten *bāšawāt* (*pachas*) für die urbanen Räume respektive die *qūyād* (*caids*) für die ländlichen Räume blieben weiterhin mit der Verwaltung betraut, wurden allerdings der Aufsicht und Kontrolle französischer *contrôleurs civils* unterstellt.[744] „Die wichtigen ‚services néo-chérifiens' hingegen standen unter französischer Leitung, an der Spitze der Protektoratsverwaltung der Generalresident und der Secrétaire général [...]."[745]

Die koloniale Fremdherrschaft in Marokko erfuhr derweil noch weitere Facetten. So etablierte der am 27. November 1912 geschlossene Vertrag von Madrid[746] in den Worten Pennells „a Spanish sub-protectorate"[747] im äußersten Norden und Süden des Landes; Rivet spricht in diesem Zusammenhang von „la France, flanquée d'un coadjuteur ibérique"[748]. Mit einer Verzögerung von elf Jahre wurde mittels der am 23. Dezember 1923 in Paris von den Bevollmächtigten Frankreichs, Großbritanniens und Spaniens unterzeichneten *Convention relative à l'organisation du statut de la zone de Tanger*[749] als dritte und letzte Protektoratszone noch die internationale Zone in der nord-marokkanischen Stadt Tanger (Ṭanǧa)

742 Siehe Rivière, Paul-Louis: Traités, codes et lois du Maroc, Bd. 1: Accords internationaux conclus par le Maroc avec les Puissances étrangères ou intervenus entre ces Puissances au sujet du Maroc de 1767 à 1923. Paris: Recueil Sirey, 1924, S. 120f.

743 Vgl. Pennell, C. Richard: Morocco since 1830. A History. New York: New York University Press, 2000, S. 148; Pennel: Morocco, S. 135.

744 Vgl. Albertini, Rudolf von; Wirz, Albert: Europäische Kolonialherrschaft 1880–1940. Stuttgart: Steiner, 1997, S. 215.

745 Ebd., S. 215.

746 Siehe Rivière: Traités, codes et lois, Bd. 1, S. 123–129.

747 Pennell: Morocco since 1830, S. 166.

748 Rivet, Daniel: Le Maghreb à l'épreuve de la colonisation. Paris: Hachette Littératures, 2002, S. 172.

749 Siehe Rivière: Traités, codes et lois, Bd. 1, S. 144–155.

festgeschrieben, welche somit der spanischen Einflusssphäre entzogen blieb.[750] Eine jede dieser drei Zonen verfügte über eigene, spezifische juristische Rahmenbedingungen.

Es gilt allerdings hervorzuheben, dass im Laufe der für 44 Jahre aufrecht erhaltenen Protektoratsherrschaft keine Kodifizierung des Familien- und Erbrechts für Marokkaner erfolgte. Während dieser Periode

> „[…] wurde die islamische Rechtstradition weitgehend zurückgedrängt und auf drei verbliebene Einflussbereiche reduziert: Das Familien- und Erbrecht (für die Muslime), einige Bestimmungen zum Grundbesitz (nicht registriertes Grundeigentum, islamische fromme Stiftungen *[aḥbās]*) sowie die Institution des traditionellen Notars *(ʿudūl)*.“[751]

Somit fungierte das Rechtsgebiet des Familien- und Erbrechts auf einmal als unangetastetes Refugium islamisch-rechtlicher Normen inmitten einer sowohl der Form als oftmals auch dem Inhalt nach durch französischen Rechtstransfer zunehmend umgestalteten Rechtslandschaft.

Die Nachfolge des von den Franzosen zur Abdankung gedrängten Sultans trat dessen Bruder Yūsuf V. (reg. 1912–1927) an.[752] Der neue Sultan verbrachte seine Amtszeit entsprechend dem Willen des französischen Generalresidenten weitestgehend isoliert in der von diesem neu gewählten Landeshauptstadt Rabat und verlieh mit seinem Siegel, und der ihm seinen Untertanen gegenüber zukommenden exekutiven und legislativen Funktion, den Vorlagen der Protektoratsmacht Gesetzescharakter in Form von Erlassen (*ẓahāʾir*).[753] Nach seinem Tod lancierten die Franzosen die Inthronisierung seines drittgeboren Sohnes, Muḥammad V. (reg. 1927–1961)[754], den sie als leicht lenkbar erachteten.[755] Der neue Sultan hingegen „[…] manifesta beaucoup plus d'indépendance et d'initiative que les autorités coloniales avaient pu le croire initialement.“[756] Ferner benötigte die von den

---

750 Vgl. Rivière: Traités, codes et lois, Bd. 1, S. 144 und 146.

751 Ebert, Hans-Georg: Das neue Personalstatut Marokkos: Normen, Methoden und Problemfelder. In: Orient – Deutsche Zeitschrift für Politik und Wirtschaft des Orients, Jg. 46, H. 4 (2005), S. 610. [Hervorhebungen im Original].

752 Vgl. Vermeren, Pierre: Histoire du Maroc depuis l'indépendance. Paris: La Découverte, 2016, S. 11.

753 Julien: Le Maroc, S. 108f. und 96 sowie Vermeren: Histoire du Maroc, S. 11.

754 Davon 1953 bis 1955 im Exil.

755 Vgl. Julien: Le Maroc, S. 141f.

756 Vermeren: Le Maroc, S. 21.

 © Frank & Timme Verlag für wissenschaftliche Literatur

Franzosen euphemistisch als „Befriedung" („*pacification*")[757] bezeichnete Unterwerfung des Landes insgesamt mehr als 20 Jahre der vierundvierzigjährigen Kolonialzeit und endete erst 1934 mit der erzwungenen Kapitulation der letzten Berberstämme des Hohen Atlas.[758]

Ohne im Rahmen der vorliegenden Schrift auf die Einzelheiten und Umstände der nationalen Befreiung (*libération nationale*)[759] Marokkos eingehen zu können, gilt es festzuhalten, dass der von den Franzosen wegen Unterstützung der neuen sich seit den 1930er Jahren formierenden Unabhängigkeitsbewegung zwischen August 1953 und November 1955 mit seinen Söhnen ins Exil verbannte Sultan Muḥammad V. nach mehrmonatigen Verhandlungen am 16. November 1955 in sein Land zurückkehrte.[760] Die Wiederherstellung der Unabhängigkeit wurde mit der Unterzeichnung der Unabhängigkeitsvereinbarung zwischen Frankreich und Marokko am 02. März 1956 eingeleitet, welcher sich am 07. April und 29. Oktober desselben Jahres die Rückgewinnung der Souveränität über die nördliche spanische Besatzungszone respektive über die Stadt Tanger anschloss.[761] Weitere Gebietsrestitutionen folgten, so z. B. 1958 die Region Tarfaya (Ṭarfāya) und 1969 die Region Ifni (Ifnī), während die bereits seit dem 15. Jahrhundert zunächst von Portugal bzw. direkt von Spanien eroberten Städte Ceuta (Sabta) und Melilla (Mlīlya / Malīla) nach wie vor unter spanischer Kontrolle stehen.[762]

6.1.1.2 Im Königreich Marokko: Das Personalstatut von 1957 / 1958

Bedeutende staatsrechtliche Veränderungen initiierte der Souverän kurz nach der Befreiung seines Landes. Muḥammad V. änderte am 14. August 1957 seinen Titel in König des Königreichs Marokko (*malik al-Mamlaka al-Maġribīya*), wodurch

757 Die Marokkaner sprechen stattdessen von „Widerstand" („*résistance*"), vgl. Lugan: Histoire du Maroc, S. 260, Fn. 1.

758 Vgl. Vermeren: Le Maroc, S. 20. Zum marokkanischen Widerstand siehe auch Lugan: Histoire du maroc, S. 260–269.

759 Siehe hierzu u. a. Julien: Le Maroc; Lugan: Histoire du Maroc; Madariage, de: Historia; Pennell: Morocco; Rivet: Histoire du Maroc; Rivet: Le Maghreb; Vermeren: Histoire du Maroc; Vermeren: Le Maroc; oder Willis: Politics and Power.

760 Vgl. Lugan: Histoire du Maroc, S. 306–311.

761 Vgl. ebd., S. 311f.

762 Vgl. Faath, Sigrid: Marokko. Die innen- und außenpolitische Entwicklung seit der Unabhängigkeit. Kommentar und Dokumentation, Bd. 1. Hamburg: Deutsches Orient-Institut, 1987, S. 84 und Madariaga, de: Historia, S. 62, 65 und 83.

das bisherige Sultanat zum aktuellen Königreich wurde.[763] Zuvor hatte er schon am 09. Juli desselben Jahres seinen Sohn Maulāy al-Ḥasan zum Thronfolger designiert, die dadurch eingeführte Erbmonarchie wurde später von selbigem in der ersten marokkanischen Verfassung aus dem Jahr 1962 festgeschrieben.[764] Seine Inthronisierung als Ḥasan II. fand, wenige Tage nach dem Tod seines am 26. Februar verstorbenen Vaters, am 03. März 1961 statt.[765]

Entscheidende Neuerungen zeichneten sich überdies kurz nach dem Wiedererlangen der Unabhängigkeit, noch während der Regierungszeit Muḥammad V., im Familien- und Erbrecht ab.

> „Au lendemain de l'indépendance, le Maroc a reconduit la majeure partie de la législation du Protectorat Français, et a étendu son application à tous les Marocains. Il a aussi codifié les règles de droit musulman se rapportant au statut personnel et au régime successoral."[766]

Dem Rechts- und Islamwissenschaftler Hans-Georg Ebert zufolge „[…] avancierte das Familien- und Erbrecht zum entscheidenden Feld postkolonialer Gesetzgebung und sollte insofern eine identitätsstiftende Funktion erhalten."[767] Neben der religiösen Legitimation der Monarchie und des Staatswesens zielte die Kodifikation (*at-taqnīn*) der entsprechenden islamisch-rechtlichen Bestimmungen auch auf die Überwindung des all die Jahrhunderte parallel überdauernden (heterogenen) amazighischen Gewohnheitsrechts und somit auf die Herstellung nationaler Einheit unter panarabistischen Vorzeichen ab.[768] Wie bereits zuvor aufgezeigt, herrschte schon im präkolonialen Sultanat ein gewisser Rechtspluralismus, dessen Überwindung [769] – nicht nur im Hinblick auf die koloniale

---

763 Vgl. Vermeren: Histoire du Maroc, S. 22.
764 Vgl. Faath: Marokko, Bd. 1, S. 59.
765 Vgl. Vermeren: Histoire du Maroc, S. 112.
766 Bellouch, Lahoussine: L'islam: source d'inspiration du droit marocain. In: Jurismat: Revista Jurídica, Sonderausgabe (2014), S. 21.
767 Ebert: Das neue Personalstatut Marokkos, S. 610.
768 Vgl. ebd., S. 610.
769 Die eigenständigen familien- und erbrechtlichen Regelungen der jüdischen Gemeinschaft Marokkos waren hiervon indes nicht betroffen, vgl. Nelle, Dietrich: Neue familienrechtliche Entwicklungen im Maghreb (Marokko, Algerien, Libyen, Mauretanien und Tunesien). In: Das Standesamt (StAZ), 57. Jg., Nr. 9 (Sep. 2004), S. 257; sowie Nelle, Dietrich: Marokko (Stand: 1.12.2009). In: Bergmann, Alexander; Ferid, Murad; Henrich, Dieter; Dutta, Anatol; Ebert, Hans-Georg (Hrsg.): Internationales Ehe- und Kindschaftsrecht mit Staatsangehörigkeitsrecht. Loseblattsammlung, 203. Lfg. Frankfurt a. M.: Verlag für Standesamtswesen, 2013, S. 23.

 © Frank & Timme Verlag für wissenschaftliche Literatur

Rechtsspaltung – nach der Wiedererlangung der Unabhängigkeit nachdrücklich forciert wurde.[770] Mit Hilfe des Gesetzes Nr. 3.64 vom 26. Januar 1965 wurde die Marokkanisierung, Arabisierung und Vereinheitlichung der Jurisdiktion etabliert.[771]

Das Familien- und Erbrecht wurde erstmalig im Königreich Marokko in den Jahren 1957 bis 1958 in Form der *Mudauwanat al-aḥwāl aš-šaḫṣīya*[772] kodifiziert. Somit entstand das erste marokkanische Personalstatut überhaupt erst nach der Wiedererlangung der Unabhängigkeit des Landes und bildete zugleich eine der ersten gesetzgeberischen Maßnahmen nach der Beendigung der kolonialen Abhängigkeit. In dem entsprechenden Scherifen-Erlass (*ad-dahīr*)[773] Nr. 1.57.190 vom 19. August 1957, welcher im Amtsblatt (*Al-ǧarīda ar-rasmīya*) Nr. 2341 vom 06. September 1957 veröffentlicht wurde, wurde unter der obersten Schirmherrschaft des Königs Muḥammad V., dem Ehrenvorsitz des Thronerben sowie dem Vorsitz des Justizministers bzw. seines Stellvertreters die Schaffung einer zehn Mitglieder umfassende Kommission zur Ausfertigung einer Gesetzessammlung der Vorschriften der islamischen Jurisprudenz (*laǧna li-waḍʿ mudauwana li-aḥkām al-fiqh al-islāmī*) verkündet, deren Mitglieder auf Vorschlag des Justizministers per Dekret (*al-marsūm*) ernannt wurden und die sich mit Zustimmung des Justizministers temporär und beratend weitere Mitglieder beiordnen können sollte.[774]

---

770 Vgl. Buskens: Sharia, S. 53.

771 Siehe Mamlaka al-Maġribīya, al-: Qānūn raqm 3.64 bi-tārīḫ 22 Ramaḍān 1384 (26. Yanāyir 1965) yataʿallaqu bi-tauḥīd al-maḥākim [Gesetz Nr. 3.64 vom Datum des 22. Ramaḍān 1384 (26. Januar 1965) zur Vereinheitlichung der Gerichte]. In: Al-ǧarīda ar-rasmīya, 54. Jg., Nr. 2727 (03. Januar 1965), S. 208–209, abrufbar unter: http://www.sgg.gov.ma/BO/AR/1965/BO_2727_ar.PDF (letzter Zugriff: 10.02.2021).

772 Zur *Mudauwanat al-aḥwāl aš-šaḫṣīya* in deutscher Sprache auf dem Stand von 2001siehe Scholz, Peter: Marokko (Stand: 1.1.2001). In: Ferid, Murad; Firsching, Karl; Hausmann, Rainer (Hrsg.): Internationales Erbrecht. Quellensammlung mit systematischen Darstellungen des materiellen Erbrechts sowie des Kollisionsrechts der wichtigsten Staaten, Bd. 5. Loseblattsammlung, Lfg. XLIV. München: C. H. Beck, 2022, S. 1–50. Eine Aktualisierung des Beitrags auf den Stand der aktuellen Legislation steht bislang noch aus. Jedoch haben sich, wie in UNTERKAPITEL 6.1.2 aufgezeigt wird, insbesondere in den Büchern zum Erbrecht und Vermächtnis vergleichsweise wenige Änderungen ergeben.

773 Hocharabisch: *aẓ-ẓahīr*.

774 Vgl. Mamlaka al-Maġribīya aš-Šarīfa, al-: Ẓahīr šarīf raqm 1.57.190 bi-iḥdāṯ laǧna li-waḍʿ mudauwana li-aḥkām al-fiqh al-islāmī [Scherifen-Erlass Nr. 1.57.190 zur Schaffung einer Kommission zur Ausfertigung einer Gesetzessammlung der Bestimmungen der islamischen Jurisprudenz]. In: Al-ǧarīda ar-rasmīya, 46. Jg., Nr. 2341 (06. September 1957), S.

Der *dahīr* wurde mit der Bemerkung eingeleitet, dass er angesichts einer Epoche voller Reformen auf allen Gebieten und insbesondere auf dem Gebiet der Gesetzgebung, welche das Königreich Marokko durchlaufe, sowie in Anbetracht dessen, dass die Betrachtung der Materie der islamischen Jurisprudenz mit ihrer Fülle, Subtilität und Verästelungen zu zahlreichen Interpretationen führen könne, und weil die unabweisbare Notwendigkeit, die Bestimmungen der islamischen Jurisprudenz in einer Gesetzessammlung zu kompilieren, welche ihre Lehre erleichtere, die Arbeit mit ihr und die Anwendung ihrer Erfordernisse leicht mache, unter Beachtung des daraus resultierenden Nutzens für die Streitparteien und der vortrefflichen Gewinns für die Sicherung des Ganges der Justiz, klar geworden sei, erlassen werde:

> „[…] *annahu naẓran li-l-marḥala al-ḥāfila bi-l-iṣlaḥāt fī sā'ir al-mayādīn allatī taǧtāzuhā al-mamlaka al-maġribīya aš-šarīfa wa-lā siyamā fī al-maidān at-tašrīʿī wa-ḥaitu anna māddat al-fiqh al-islāmī bi-ġazāratihā wa-diqqatihā wa-tašaʿʿubihā yumkinu an yu'addī an-naẓar fīhā ilā tāwīlāt ʿadīda wa-ḥaitu annahu aṣbaḥa min aḍ-ḍarūrī al-akīd ǧamʿ aḥkām al-fiqh al-islāmī fī mudauwana tuyassiru taʿlīmahu wa-tusahhula al-ʿamal bihi wa-taṭbīq muqtaḍayātihi wa-raʿyan limā fī ḏālika min al-fā'ida li-l-mutaḥākimīn wa-n-natīǧa al-ḥasana li-ḍamān sair al-qaḍā'* […].“[775]

Zu den im Dekret Nr. 2.57.1040 vom 21. August 1957, welches in der *Ǧarīda rasmīya* Nr. 2341 vom 06. September 1957 veröffentlicht wurde, berufenen Mitgliedern [776] zählten namenhafte Minister, Funktionäre, Juristen und

1980, Art. 1–2, abrufbar unter: http://www.sgg.gov.ma/BO/AR/1957/BO_2341_ar.PDF (letzter Zugriff: 10.02.2021).

775 Vgl. ebd., S. 1980.

776 Es handelt sich im Einzelnen um den Kronratsminister Muḥammad b. al-ʿArabī al-ʿAlawī, den Kronratsminister Sīdī al-Muḫtār as-Sūsī, Sīdī ʿAllāl al-Fāsī (ohne Funktionsbezeichnung), das Mitglied des Konsultationsrates Sīdī Muḥammad Dāwūd, den Vorsitzenden des *šarīʿa*-Appelationsgerichtshofes Sīdī Aḥmad al-Badrāwī, den stellvertretenden Vorsitzenden des *šarīʿa*-Appelationsgerichtshofes Sīdī ʿAbd ar-Raḥmān aš-Šafšāwnī, den Richter am *šarīʿa*-Appelatinsgerichtshof Maulāy al-Mahdī al-ʿAlawī, den Vorsitzenden der regionalen Appelationskammer für Urteile der Richter von Casablanca Maulāy ʿAbd al-Wāhid al-ʿAlawī, den Vorsitzenden der regionalen Appelationskammer für Urteile der Richter aus Fès Sīdī al-Ḥusain b. al-Bašīr und den, wie erwähnt, nur in der französischen Ausgabe des Amtsblattes angeführten Richter am Obersten Scherifengerichtshof Sīdī Ḥamad al-ʿIrāqī angehören, vgl. hierzu auch Heilen, Julia: Entwicklung strafrechtlicher Normen im Sultanat und Königreich Marokko. Berlin: Frank & Timme, 2021, S. 185f.

 © Frank & Timme Verlag für wissenschaftliche Literatur

Rechtsgelehrte, unter denen sich auch der islamische Gelehrte, Publizist und Politiker Allal El Fassi[777] (gest. 1974) befand.[778]

Das aus der Kommissionsarbeit resultierende Personalstatut umfasste 297 Artikel in insgesamt sechs Büchern (*kutub*), welche zwischen Dezember 1957 und April 1958 in fünf Erlassen (*ẓahāʾir*) und fünf verschiedenen Ausgaben des Amtsblattes (*Al-ǧarīda ar-rasmīya*) veröffentlicht wurden. Das erste Buch des Personalstatutes, welches sich in 43 Artikeln der Ehe (*az-zauwāǧ*) annimmt, wie auch das zweite Buch, in dem es in 39 Artikeln um die Auflösung des Ehevertrages und ihre Wirkung (*inḥilāl mīṯāq az-zauǧīya wa-āṯāruhu*) geht, wurden beide zeitgleich durch den Scherifen-Erlass Nr. 1.57.343 vom 22. November 1957 in Kraft gesetzt und in der *Ǧarīda rasmīya* Nr. 2354 vom 06. Dezember 1957 veröffentlicht.[779] Den anhängenden Gesetzestexten gehen vier Artikel des *dahīr* voraus. Im ersten Artikel wird die sukzessive Veröffentlichung mehrerer Bücher, welche insgesamt unter dem Namen *Mudauwanat al-aḥwāl as-šaḫṣīya* firmieren sollen, verkündet.[780] Die beiden Bücher des Personalstatutes gelangten, gemäß dem zweiten Artikel, vom 01. Januar 1958 an zur Anwendung und alle gegenteiligen Bestimmungen wurden entsprechend dem vierten Artikel dieses Erlasses abrogiert.[781] Ferner legt der *dahīr* dar, dass auf alle vor dem Erscheinen dieses Erlasses bei *qāḍī*-Gerichten (*maḥākim al-quḍāt*) anhängigen Rechtssachen bis zum Abschluss der

777 In DMG-Umschrift: ʿAllāl al-Fāsī.

778 Vgl. Mamlaka al-Maġribīya aš-Šarīfa, al-: Marsūm raqm 2.57.1040 bi-taʿyīn al-laǧna al-manṣūṣ ʿalaihā fi-ẓ-ẓahīr aš-šarīf raqm 1.57.190 aṣ-ṣādir fī 22 Muḥarram 1377 al-muwāfiq 19 Ġušt 1957 al-qāḍī bi-taʾsīs laǧna bi-wizārat al-ʿadl li-tadwīn al-qānūn al-islāmī [Dekret Nr. 2.57.1040 zur Ernennung der im Scherifen-Erlass Nr. 1.57.190, erlassen am 22. Muḥarram 1377 entsprechend dem 19. August 1957, über die Einrichtung einer Kommission im Justizministerium zur Niederschrift des islamischen Gesetzes bestimmten Kommission]. In: Al-ǧarīda ar-rasmīya, 46. Jg., Nr. 2341 (06. September 1957), S. 1980, abrufbar unter: http://www.sgg.gov.ma/BO/AR/1957/BO_2341_ar.PDF (letzter Zugriff: 10.02.2021).

779 Siehe Mamlaka al-Maġribīya aš-Šarīfa, al-: Ẓahīr šarīf raqm 1.57.343 tuṭabbaqu bi-mūǧibihi fī sāʾir al-mamlaka al-maġribīya muqtaḍayāt al-kitāb al-auwal wa-ṯ-ṯānī al-mutaʿalliq auwaluhumā bi-zauwāǧ wa-ṯānīhimā bi-nḥilāl mīṯāqihi [Scherifen-Erlass Nr. 1.57.343 mit dessen Inkraftsetzung im gesamten Königreich die Bestimmungen des ersten und zweiten Buches, das erste der beiden zur Ehe und das zweite der beiden zur Eheauflösung, angewendet werden]. In: Al-ǧarīda ar-rasmīya, 46. Jg., Nr. 2354 (06. Dezember 1957), S. 2633–2638, abrufbar unter: http://www.sgg.gov.ma/BO/bo_ar/1957/BO_2354_ar.PDF (10.04.2022).

780 Vgl. ebd. Art. 1.

781 Vgl. ebd., Art. 2 und 4.

Entscheidung im Prozess die sich vordem in Geltung befindlichen Bestimmungen der islamischen Jurisprudenz (*al-aḥkām al-fiqhīya*) angewendet werden.[782]

Das dritte Buch des Personalstatutes über die Geburt und ihre Folgen (*al-wilāda wa-natāʾiǧuhā*) umfasst 50 Artikel und erfuhr seine Inkraftsetzung durch den Scherifen-Erlass Nr. 1.57.379 vom 18. Dezember 1957, der im Amtsblatt Nr. 2358 vom 03. Januar 1958 publiziert wurde.[783] Auch hinsichtlich des dritten Buches gelten die in den vier einleitenden Artikeln des *dahīr* Nr. 1.57.343 dargelegten Bestimmungen, inklusive des identischen Datums der Zur-Anwendung-Gelangung.[784]

Die Rechtsfähigkeit und die rechtliche Vertretung (*al-ahlīya wa-n-niyāba aš-šarʿīya*) bilden den Gegenstand der 40 Artikel des vierten Buches des Personalstatuts, welches in Form des Scherifen-Erlasses Nr. 1.58.019 vom 25. Januar 1958 in der *Ǧarīda rasmīya* Nr. 2363 vom 07. Februar 1958 veröffentlicht wurde.[785] Es ist ab seiner Veröffentlichung im Amtsblatt in Kraft, ansonsten gelten jedoch auch für Buch IV dieselben Bestimmungen, die im *dahīr* Nr. 1.57.343 für seine Vorläufer festgehalten wurden.[786]

Das fünfte, aus 44 Artikeln bestehende Buch des Personalstatutes ist dem Vermächtnis (*al-waṣīya*) gewidmet; veröffentlicht wurde es durch den Scherifen-Erlass Nr. 1.58.073 vom 20. Februar 1958 im Amtsblatt Nr. 2367 vom 07. März 1958.[787] Wie schon das direkt vorausgegangene Buch, ist Buch V ebenfalls ab

---

782 Vgl. Mamlaka al-Maġribīya aš-Šarīfa, al-: Ẓahīr šarīf raqm 1.57.343, Art. 3.

783 Siehe Mamlaka al-Maġribīya aš-Šarīfa, al-: Ẓahīr šarīf raqm 1.57.379 tuṭabbaqu bi-mūǧibihi fī sāʾir al-mamlaka al-maġribīya muqtaḍayāt al-kitāb aṯ-ṯāliṯ al-mutaʿalliq bi-l-wilāda wa-natāʾiǧihā [Scherifen-Erlass Nr. 1.57.379 mit dessen Inkraftsetzung im gesamten Königreich die Bestimmungen des dritten Buches zur Geburt und ihren Folgen angewendet werden]. In: Al-ǧarīda ar-rasmīya, 47. Jg., Nr. 2358 (03. Januar 1958), S. 2–5, abrufbar unter: http://www.sgg.gov.ma/BO/bo_ar/1958/BO_2358_ar.PDF (letzter Zugriff: 10.04.2022).

784 Vgl. ebd. Art. 1.

785 Siehe Mamlaka al-Maġribīya aš-Šarīfa, al-: Ẓahīr šarīf raqm 1.58.019 tuṭabbaqu bi-mūǧibihi fī sāʾir al-mamlaka al-maġribīya muqtaḍayāt al-kitāb ar-rābiʿ al-mutaʿalliq bi-l-ahlīya wa-n-niyāba aš-šarʿīya [Scherifen-Erlass Nr. 1.58.019 mit dessen Inkraftsetzung im gesamten Königreich die Bestimmungen des vierten Buches zur Rechtsfähigkeit und zur rechtlichen Vertretung angewendet werden]. In: Al-ǧarīda ar-rasmīya, 47. Jg., Nr. 2363 (07. Februar 1958), S. 302–305, abrufbar unter: http://www.sgg.gov.ma/BO/bo_ar/1958/BO_2363_ar.PDF (10.04.2022).

786 Vgl. ebd., Art. 1.

787 Siehe Mamlaka al-Maġribīya aš-Šarīfa, al-: Ẓahīr šarīf raqm 1.58.073 tuṭabbaqu bi-mūǧibihi fī sāʾir al-mamlaka al-maġribīya muqtaḍayāt al-kitāb al-ḫāmis al-mutaʿalliq bi-l-

© Frank & Timme Verlag für wissenschaftliche Literatur

seiner Publikation in der *Ǧarīda rasmīya* in Kraft und folgt davon abgesehen denselben im *dahīr* Nr. 1.57.343 bestimmten Regelungen.[788]

Abgeschlossen wurde die *Mudauwanat al-aḥwāl as-šaḫṣīya* mit der Veröffentlichung des sechsten Buches über die Erbschaft (*al-mīrāṯ*), welches die finalen 81 Artikel des Personalstatutes beinhaltet und durch den Scherifen-Erlass Nr. 1.58.112 vom 03. April 1958 in der *Ǧarīda rasmīya* Nr. 2371 vom 04. April 1958 erschien.[789] Auch im sechsten *dahīr* wird vorab festgelegt, dass Buch VI ab seiner Veröffentlichung im Amtsblatt in Kraft ist und dass darauf ansonsten, wie auch auf die ersten fünf Bücher, gleichsam die Regelungen aus *dahīr* Nr. 1.57.343 anzuwenden sind.[790] Die arabischsprachigen Publikationen der sechs Bücher des ersten marokkanischen Personalstatutes erschienen somit innerhalb von nur vier Monaten in der arabischen Ausgabe des Amtsblattes. Sie gingen der französischsprachigen Publikation, was für die damalige Zeit noch eher ungewöhnlich[791] war, um mehrere Monate voraus.[792]

Der Ende der 1950er in Kraft gesetzte Gesetzestext der *Mudauwanat al-aḥwāl as-šaḫṣīya* blieb mehrere Jahrzehnte lang – bis auf eine Ausnahme – unverändert bestehen. Hierbei handelt es sich um die gemäß mālikitischer Jurisprudenz nicht vorgesehene Einführung der anteiligen Quotenerhöhung (*ar-radd*) zugunsten gesetzlicher Quotenerben beim Fehlen von Resterben durch den *dahīr* Nr. 11.62.154 vom 29. Oktober 1962, welcher im Amtsblatt (*Al-ǧarīda ar-rasmīya*) vom 16. November 1962 veröffentlicht wurde, so dass die marokkanische Staatskasse (*bait al-māl*) ihren Anspruch auf die Resterbschaft zum Vorteil der Quotenerben aufgibt und fortan nur noch beim Nichtvorhandensein jedweder Erben zum Zuge

waṣīya [Scherifen-Erlass Nr. 1.58.073 mit dessen Inkraftsetzung im gesamten Königreich die Bestimmungen des fünften Buches zum Vermächtnis angewendet werden]. In: Al-ǧarīda ar-rasmīya, 47. Jg., Nr. 2367 (07. März 1958), S. 570–573, abrufbar unter: http://www.sgg.gov.ma/BO/bo_ar/1958/BO_2367_ar.PDF (letzter Zugriff: 10.04.2022).

788 Vgl. Mamlaka al-Maġribīya aš-Šarīfa, al-: Ẓahīr šarīf raqm 1.58.073, Art. 1.

789 Siehe Mamlaka al-Maġribīya aš-Šarīfa, al-: Ẓahīr šarīf raqm 1.58.112 tuṭabbaqu bi-mūǧibihi fī sā᾽ir al-mamlaka al-maġribīya muqtaḍayāt al-kitāb as-sādis al-muta῾alliq bi-l-mīrāṯ [Scherifen-Erlass Nr. 1.58.112 mit dessen Inkraftsetzung im gesamten Königreich die Bestimmungen des sechsten Buches zur Erbschaft angewendet werden]. In: Al-ǧarīda ar-rasmīya, 47. Jg., Nr. 2371 (04. April 1958), S. 818–824, abrufbar unter: http://www.sgg.gov.ma/BO/bo_ar/1958/BO_2371_ar.PDF (letzter Zugriff: 10.04.2022).

790 Vgl. ebd., Art. 1.

791 Vgl. Heilen: Entwicklung strafrechtlicher Normen, S. 443f.

792 Für eine Übersicht der Publikationsdaten in der französischen Fassung des Amtsblattes siehe Ebert: Das neue Personalstatut Marokkos, S. 615, Tab. 2.

kommt.[793] Der mālikitische *fiqh*, auf dem das marokkanische Personalstatut fußt, verhindert eigentlich durch sein grundsätzliches Nichtanerkenntnis einer solchen Quotenerhöhung, dass Quotenerben zu Universalerben werden können. Denn selbst im Falle der Nichtausschöpfung der Hinterlassenschaft durch die Quotenerben bei gleichzeitigem Fehlen von agnatischen (und künstlichen) Resterben wird ein daraus resultierender Überschuss nicht an diese ausgeschüttet, sondern fällt stets an die Staatskasse. Die mālikitischen (wie auch die frühen šāfiʿitischen) Gelehrten folgen hierin der Rechtsauffassung des Prophetensekretärs Zaid b. Ṯābit (gest. 665), wohingegen andere sunnitische Rechtsschulen, zu denen die Ḥanafiten, Ḥanbaliten und tlw. auch die Šāfiʿiten zählen, unter Berufung auf die Kalifen ʿUmar (gest. 644) und ʿAlī (gest. 661) in derartigen Fällen eine Quotenerhöhung unter Ausschluss der Ehepartner gestatten; der Kalif ʿUṯmān (gest. 656) erlaubte dagegen *ar-radd* selbst zugunsten der Ehepartner, da diese im gegenteiligen Falle ebenso Quotenkürzungen hinzunehmen hätten.[794] „Die mālikitisch geprägten Länder Marokko und Tunesien haben durch den *ẓahīr* vom 29.10.1962 bzw. die Gesetzesänderung vom 19.6.1959 […] die mālikitische Position verlassen und sich der Variante des Kalifen ʿUṯmān angeschlossen."[795]

Bevor sich das UNTERKAPITEL 6.1.2 des aktuell gültigen, neuen Gesetzestextes annimmt, sollen fernerhin eine weitere, obgleich immer noch zaghafte Modifikation des ursprünglichen Personalstatutes zur Vervollständigung der historischen Kontextualisierung nicht unerwähnt bleiben. Die Kodifikation des marokkanischen Familien- und Erbrechts wurde, wie die Islamwissenschaftlerin Sonja Hegasy hervorhebt, von Beginn an in bestimmten Kreisen inhaltlich kritisiert:

> „Seit der Unabhängigkeit Marokkos kritisiert die Frauenrechtsbewegung, daß der Abhängigkeitsstatus von Frauen rechtlich festgeschrieben ist. Von der Allgemeinen Aufbruchsstimmung der Frauen nach 1956 findet sich in der Gesetzgebung nichts

---

[793] Vgl. Mamlaka al-Maġribīya, al-: Ẓahīr šarīf raqm 11.62.154 fī taḫallī bait al-māl ʿan ḥuqūqihi al-irṯīya li-fāʾidat šurakāʾihi fi-l-irṯ [Scherifen-Erlass Nr. 11.62.154 über die Aufgabe des erbrechtlichen Anspruchs der Staatskasse zugunsten ihrer Miterben]. In: Al-ǧarīda ar-rasmīya, 51. Jg., Nr. 2612 (16.11.1962), S. 2665, abrufbar unter: https://www.sgg.gov.ma/BO/bo_ar/1962/BO_2612_ar.PDF (letzter Zugriff: 14.05.2025); und Papi, Stéphane: La charīʿa et le droit français. Strasbourg: Presses universitaires de Strasbourg, 2023, Kap. 3: Abs.-Nr. 39 und Fn. 46, abrufbar unter: https://doi.org/10.4000/books.pus.33308 (letzter Zugriff: 21.04.2025).

[794] Vgl. Ebert, Hans-Georg: Das Erbrecht arabischer Länder. Frankfurt a. M.: Peter Lang, 2004, S. 119.

[795] Ebd., S. 119f. [Hervorhebung im Original].

 © Frank & Timme Verlag für wissenschaftliche Literatur

> mehr wieder. Aufgrund ihrer Teilnahme am Unabhängigkeitskampf hatten sie eine rechtliche Gleichstellung erwartet."[796]

So verweist gleichfalls die Politologin Houria Alami M'chichi darauf, dass die Anfänge der marokkanischen Frauenrechtsbewegung in die Zeit der nationalen Befreiung (*libération nationale*) sowie die Anfangsphase der Unabhängigkeit zurückreichen.[797]

> „Mais ce n'est qu'à partir du début des années quatre-vingt, période à laquelle les femmes ont pris conscience de la nécessité de se libérer de la tutelle des partis politiques pour exprimer leurs revendications, que les luttes féministes ont commencé véritablement de prendre corps."[798]

Ebert resümiert ergänzend dazu, dass es bis in die 1980er Jahre hinein zwar durchaus Reformanregungen seitens des Könighauses gegeben habe, welche jedoch lediglich in verschiedenen zu diesem Zwecke einberufenen Kommissionen debattiert wurden.[799] Doch „[e]ine Wende zeichnete sich vor allem mit dem persönlichen Engagement von Juristen und Intellektuellen ab, die ihrerseits über vielfältige Kontakte nach Westeuropa verfügten."[800] Als ein Beispiel dafür führt er das 1985 publizierte Werk *La condition de la femme au Maroc*[801] des Rechtswissenschaftlers Abderrazak Moulay Rchid an.[802] In seinem dazugehörigen Vorwort bezeichnet es der Rechtswissenschaftler Jean Deprez als „[...] un plaidoyer courageux en faveur del l'égalité des sexes au Maroc."[803] Moulay Rchid setzt sich in seinem Werk nicht nur mit Fragen der eherechtlichen Gleichstellung auseinander, sondern thematisiert auch bereits Ungleichheiten im Hinblick auf die erbrechtliche Stellung der Frau im positiven marokkanischen Erbrecht.[804]

---

796 Hegasy, Sonja: Staat, Öffentlichkeit und Zivilgesellschaft in Marokko. Die Potentiale der sozio-kulturellen Opposition. Hamburg: Deutsches Orient Institut, 1997, S. 190.

797 Vgl. Alami M'Chichi, Houria: Le féminisme d'État au Maroc. Jeux et enjeux politiques. Paris: L'Harmattan, 2010, S. 26.

798 Ebd., S. 26.

799 Vgl. Ebert: Das neue Personalstatut Marokkos, S. 616.

800 Ebd., S. 616.

801 Siehe Moulay Rchid, Abderrazak: La condition de la femme au Maroc. Préface de Jean Deprez. Rabat: Éditions de la Faculté des Sciences Juridique, Économiques et Sociales de Rabat, [1985].

802 Vgl. Ebert: Das neue Personalstatut Marokkos, S. 616.

803 Deprez, Jean: Préface. In: Moulay Rchid, Abderrazak: La condition de la femme au Maroc. Préface de Jean Deprez. Rabat: Éditions de la Faculté des Sciences Juridique, Économiques et Sociales de Rabat, [1985], S. [I].

804 Vgl. Moulay Rchid: La condition de la femme, S. 434–470.

Nachdem seitens marokkanischer Frauenrechtsorganisationen seit längerem Reformforderungen hinsichtlich des Personalstatutes – mit besonderem Fokus auf eherechtliche Fragen – artikuliert wurden, sah sich König Ḥasan II. (reg. 1961–1999) – wie im Folgenden zu zeigen sein wird – zu Beginn der 1990er Jahre erstmals zum Handeln veranlasst.[805] Die zweite Gesetzesänderung der *Mudauwanat al-aḥwāl aš-šaḫṣīya* seit ihrer Einführung Ende der 1950er Jahre erfolgte im Sommer 1992 in Form einer Herabsetzung der Volljährigkeit um ein Jahr auf 20 Jahre, was jedoch, wie Ebert betont, ohne Konsequenz für das damalige Mindestheiratsalter von 18 Jahren für Jungen und 15 Jahren für Mädchen blieb.[806] Zu Beginn des Jahres 1992 lösten aus dem zivilgesellschaftlichen Assoziationsmilieu stammende Reformvorschläge „[…] eine heftige Debatte zwischen Parteien, Integristen und den Frauenrechtsvereinen aus."[807] Die Unterstützungswelle in Form von einer eine Millionen Unterzeichner[808] umfassenden Unterschriftensammlung für die Reformbefürworter überraschte laut der Historikerin Fatima Harrak nicht nur die politischen Parteien, sondern auch die Religionsgelehrten (*ʿulamāʾ*) und den Souverän.[809]

> „It was significant that it was addressed to the Prime Minister, the head of government, rather than to the king, the Commander of the Faithful and politico-religious leader of the country, thus for the first time in Moroccan history gender issues were brought up for discussion in the political rather than the religious area."[810]

In Folge dessen lud der König im September 1992 eine Gruppe von Einzelpersonen, ohne Beteiligung von Repräsentanten der unabhängigen zivilgesellschaftlichen Vereine, zu Beratungsgesprächen ein.[811] Im Anschluss daran gab er die „[…] creation of a commission chaired by himself as amir al-mu'minin which was

805 Vgl. Lohlker, Rüdiger: Islamisches Familienrecht. Methodologische Studien zum Recht mālikitischer Schule in Vergangenheit und Gegenwart. Göttingen: Duehrkohp & Radicke, 2002, S. 2.

806 Vgl. Ebert: Das neue Personalstatut Marokkos, S. 616f.

807 Hegasy: Staat, Öffentlichkeit und Zivilgesellschaft, S. 190.

808 In Form von Unterschriften und Fingerabdrücken, vgl. ebd., S. 193.

809 Vgl. Harrak, Fatima: The History and Significance of the New Moroccan Familiy Code. In: The Roberta Buffett Center for International and Comparative Studies, Northwestern University, Institute for the Study of Islamic Thought in Africa (ISITA) Working Paper Series, Working Paper No. 09-002 (März 2009), S. 3, abrufbar unter: https://www.almendron.com/tribuna/wp-content/uploads/2017/02/the-history-and-significance-of-the-new-moroccan-family-code.pdf (letzter Zugriff: 02.07.2022).

810 Ebd., S. 3.

811 Vgl. Hegasy: Staat, Öffentlichkeit und Zivilgesellschaft, S. 191f.

 © Frank & Timme Verlag für wissenschaftliche Literatur

composed of twenty male and one female religious scholars and one representative of the Royal Court […]"[812] bekannt. Die Ergebnisse dieser Kommissionsarbeit wurden im Oktober 1993 veröffentlicht und fanden Eingang in die Novellierung der *Mudauwanat al-aḥwāl aš-šaḫṣīya.*[813] Diese wurde mittels königlichem Erlass promulgiert, während das Parlament im Hinblick auf die anstehenden Wahlen aufgelöst war.[814] „Bis zum Tod von König Ḥasan II. am 23. Juli 1999 wurden diese Veränderungen nicht weiter ergänzt, jedoch bemühten sich sowohl die Befürworter als auch die Gegner von Reformen um die Durchsetzung ihrer Vorstellungen."[815]

Die Modifikationen des Personalstatutes aus dem Jahr 1993 lösen in der wissenschaftlichen Bewertung keine enthusiastischen Reaktionen aus. Harrak bilanziert die Reformen aus Sicht der Frauenrechtsbewegungen als „[…] ‚superficial' but [they] were nevertheless a step forward."[816] Auch Nelle bescheinigt ihnen zwar, wichtige Änderungen zu sein, die allerdings die rechtliche Grundsubstanz keineswegs in Frage gestellt haben.[817] Als *„mini-réforme*" beurteilt der Jurist Jean-Philippe Bras sie.[818] Ähnlich äußert sich auch der Islamwissenschaftler Léon Buskens: „De wijzigingen die de koning in september 1993 afkondigde waren zeer bescheiden." [819] Indessen fällt die Bewertung des Politologen Mohammed Mouaquit noch zurückhaltender aus: Es sei eine „[…] révision, qui laissa les associations féministes sur leur faim."[820]

812 Harrak: The History and Significance, S. 3.
813 Vgl. Hegasy: Staat, Öffentlichkeit und Zivilgesellschaft, S. 192 und Lohlker: Islamisches Familienrecht, S. 3. Für einen Überblick der inhaltlichen Änderungen siehe Ebert: Das neue Personalstatut Marokkos, S. 617f.
814 Vgl. Harrak: The History and Significance, S. 3.
815 Ebert: Das neue Personalstatut Marokkos, S. 618.
816 Harrak: The History and Significance, S. 3.
817 Vgl. Nelle: Neue familienrechtliche Entwicklungen, S. 255.
818 Vgl. Bras: La réforme, S. 106.
819 Buskens, Léon: Sharia, S. 55.
820 Mouaqit, Mohammed: Droit et changement politique et social au Maroc. In: Dupret, Baudouin; Rhani, Zakaria; Boutaleb, Assia; Ferrie, Jean-Noel (Hrsg.): Le Maroc au présent. D'une époque a l'autre, une société en mutation. Neuauflage [online]. Casablanca: Centre Jacques-Berque, 2015, Abs.-Nr. 12, abrufbar unter: https://doi.org/10.4000/books.cjb.1125 (letzter Zugriff: 10.07.2022).

6.1.2 Das reformierte Familiengesetzbuch von 2004

Rund ein Jahrzehnt später wurde unter der Ägide des neuen Königs Muḥammad VI. (reg. seit 1999) eine weit umfangreichere Reform realisiert, deren Genese und Resultate im vorliegenden UNTERKAPITEL kurz umrissen werden sollen, bevor sich die weiteren Ausführungen des sechsten KAPITELS ausgewählten zeitgenössischen Reformforderungen sowie dem sich derzeit in Ausarbeitung befindlichen neuen Reformvorhaben zuwenden.

Das derzeitige marokkanische Familiengesetzbuch (Stand: Mitte Mai 2025) ist das Ergebnis einer Reform, welche sich bewusst in die rechtshistorische Tradition des Landes einreiht. „De nieuwe wet symboliseert zowel continuïteit met de traditie, als verandering."[821] Dies drückt sich, wie Buskens unterstreicht, bereits im Namen aus.[822] Die Beibehaltung des Terminus *mudauwana* (Aufzeichnung; Gesetzessammlung) knüpft nicht nur an die unmittelbare Vorgängerlegislation der *Mudauwanat al-aḥwāl aš-šaḫṣīya* an, sondern nimmt – ebenso wie diese – auch Anleihe bei der von dem bedeutenden mālikitischen Rechtsgelehrten Ṣaḥnūn (gest. 854) zusammengestellten und auf Ibn al-Qāsims (gest. ca. 806) Vermittlung zurückgehende Kompilation der Lehren des eponymen Rechtsschulgründervaters Mālik b. Anas (gest. ca. 795), welche als *Al-mudauwana* (Die Aufzeichnung) bzw. *Al-mudauwana al-kubrā* (Die große Aufzeichnung) bis zum heutigen Tag Berühmtheit und Prestige genießt. Verändert wurde indessen der zweite Teil der Benennung des Gesetzeswerkes; anstelle des aus dem Französischen abgeleiteten Neologismus des Personalstatutes (*al-aḥwāl aš-šaḫṣīya*)[823] tritt nun schlicht der Begriff der Familie (*al-usra*).

Neben der Thronbesteigung des neuen Königs am 30. Juli 1999, der sich bereits anlässlich seiner Inthronisierungsrede u. a. explizit zur Bedeutung von Frauenrechten bekannte, eröffneten auch die zu Beginn der 2000er Jahre verübten islamistischen Terroranschläge – insbesondere der Anschlag vom 16. Mai 2003 in Casablanca – ein Zeitfenster, welches sich für Reformbestrebungen im

[821] Buskens: Sharia, S. 61.

[822] Vgl. ebd., S. 61.

[823] Zu Begriffsgenese, -umfang und -abgrenzung siehe Ebert, Hans-Georg: Das Personalstatut arabischer Länder. Problemfelder, Methoden, Perspektiven. Frankfurt a. M.: Peter Lang, 1996, S. 11–14.

 © Frank & Timme Verlag für wissenschaftliche Literatur

Familienrecht als günstig erwies.[824] „Diese Entwicklungen förderten eine Abgrenzung selbst islamistischer Kreise gegenüber fundamentalistischen Strömungen und stärkten die mālikitische Interpretation des Islam mit dem König als gemeinsame Identifikationsfigur.“[825]

Nachdem noch zu Lebzeiten von Ḥasan II., am 19. März 1999, der *Plan d'action national pour l'intégration des femmes au développement*[826] ins Leben gerufen wurde, welcher u. a. Reformen des Personalstatutes zum Gegenstand haben sollte, gipfelten die daraus resultierenden Auseinandersetzungen von Reformbefürwortern und -gegnern am 12. März 2000 in Rabat respektive Casablanca in Massendemonstrationen.[827] Es sollte nicht außer Acht gelassen werden, dass das dem Debattengegenstand inhärente Mobilisierungspotential Befürworter und Kritiker gleichermaßen stimuliert. So entstand vorerst eine Pattsituation, welche die französisch-marokkanische Journalistin Zakya Daoud im Jahr 1999 wie folgt kommentierte: „Depuis le 12 mars, en tout cas, les choses n'ont pas bougé. Sur le plan d'intégration de la femme au développement, le Maroc avance en valsant, un pas en avant, un pas en arrière.“[828]

Der neue König reagierte auf diese gesellschaftliche Gemengelage gleichsam im neuen Stil. „Mit ‚kleinen Reformschritten' wurden verkrustete religiöse Strukturen nach und nach aufgebrochen, aber die königliche Dominanz im Bereich der Religion keinesfalls in Frage gestellt.“[829] So empfing der König u. a. am 05. März 2001 eine Delegation von Frauenrechtsaktivistinnen in seinem Palast in Rabat.

> „Moroccan observers noticed the difference in the new king of proceeding, compared to his father's handling of the reforms of 1993. Hassan II had received representatives of only a few parties and associated trade unions, and he had made a fatherly speech. His son Mohammed VI invited a much larger range of representatives, who were allowed to speak first. After listening to the speech made by Saâdia

[824] Vgl. Boum, Aomar; Park, Thomas Kerlin: Historical Dictionary of Morocco. Third Edition. Lanham: Rowman & Littlefield, 2016, S. 347 und Ixvii.
[825] Nelle: Neue familienrechtliche Entwicklungen, S. 255.
[826] Siehe dazu auch Daoud, Zakya: Le plan pour l'intégration des femmes. Une affaire révélatrice, un débat virtuel. In: Annuaire de l'Afrique du Nord, Bd. 38 (1999), S. 245–257.
[827] Vgl. Ebert: Das neue Personalstatut Marokkos, S. 618.
[828] Daoud: Le plan pour l'intégration, S. 254.
[829] Ebert: Das neue Personalstatut Marokkos, S. 618.

> Belmir, a Supreme Court judge and member of the Constitutional Council, the king himself reacted briefly.“[830]

Am 27. April 2001 gab Muḥammad VI. schließlich – unter Berufung darauf, dass er der *amīr al-muʾminīn* sei – die Einberufung einer beratende Kommission für die Reform des Personalstatutes (*al-lağna al-istišārīya li-taʿdīl mudauwanat al-aḥwāl aš-šaḫṣīya*) bekannt, welcher 16 Mitglieder[831], darunter drei Frauen, angehörten, und die initial unter dem Vorsitz des Präsidenten des Obersten Gerichtshofs Driss Dahak[832] (geb. 1939) stand.[833] Der Souverän forderte die Kommissionsmitglieder dazu auf, die gesetzlichen Vorschriften einzuhalten, die Intentionen des toleranten Islams im Blick zu behalten und sich um die selbständige Rechtsauslegung (*al-iğtihād*) zu bemühen, welche sich an den Erfordernissen des Zeitgeistes und der Entwicklung sowie an der Verpflichtung des Königreichs zur Achtung der universell gültigen Menschenrechte zu orientieren habe.[834] Die Arbeit dieser Kommission war, wie die deutsche Islamwissenschaftlerin Dörthe

830 Buskens, Léon: Recent Debates on Family Law Reform in Morocco: Islamic Law as Politics in an Emerging Public Sphere. In: Islamic Law and Society, Vol. 10, Nr. 1 (2003), S. 112, abrufbar unter: http://www.jstor.org/stable/3399220 (letzter Zugriff: 04.03.2025).

831 M'hamed Boucetta als (späterer) Kommissionsvorsitzender, der Vorsitzende des Conseil des Oulémas d'Oujda Mustapha Ben Hamza, der Vorsitzende des Conseil des Oulémas de Kénitra Chbihna Hamadati Maa El Ainain, der Direktor der Dār al-ḥadīṯ al-Ḥasanīya (in Rabat) Ahmed Kamlichi, der Vorsitzende der Ersten Kammer des Obersten Gerichtshofes Abdellâli Aboudi, den Vorsitzenden der Personalstatutskammer des Obersten Gerichtshofes Mohammed Derbabi, der Universitätsprofessor der Qarawīyīn Mohammed Lazrak, die Rektorin der Université Hassan II (in Mohammedia) Rahma Bourika, den Professor an der *šarīʿa*-Fakultät sowie an der Rechtswissenschaftlichen Fakultät Mohammed Ben Maajouz Mzaghani, der Professor an der *šarīʿa*-Fakultät (in Aït Melloul) Hassan Abbadi, die Vorsitzende des Erstinstanzengerichts von Aïn Chok (in Casablanca) Zohr Horr, die Professorin an der Medizinischen Fakultät von Casablanca Nezha Kessous, der ehemalige Vorsitzende der Personalstatutskammer am Obersten Gerichtshof Mohammed Skelli und der Lehrstuhlinhaber an der Qarawīyīn-Universität Mohammed Taouil, vgl. Tobich, Faïza: Les statuts personnels dans les pays arabes. Aix-en-Provence: Presses universitaires d'Aix-Marseille, 2008, Abs.-Nr. 67, Fn. 215, abrufbar unter: https://doi.org/10.4000/books.puam.1002 (letzter Zugriff: 05.03.2025).

832 In DMG-Umschrift: Idrīs aḍ-Ḍaḥāk.

833 Vgl. Ebert: Das neue Personalstatut Marokkos, S. 618; und Buskens: Recent Debates, S. 113.

834 Vgl. Mamlaka al-Maġribīya, al-; Wizārat al-ʿAdl wa-l-Ḥurrīyāt; Mudīrīyat at-Tašrīʿ: Mudauwanat al-usra. Ṣīġa muḥaiyana bi-tārīḫ 29 Yūlyū 2021 [Familiengesetzbuch. Geänderte Fassung vom 29. Juli 2021], S. 5 (Präambel), abrufbar unter: https://adala.justice.gov.ma/api/uploads/2024/07/22/%D9%85%D8%AF%D9%88%D9%86%D8%A9%20%D8%A7%D9%84%D8%A3%D8%B3%D8%B1%D8%A9-1721646687560.pdf#toolbar=0&statusbar=0 (letzter Zugriff: 05.03.2025).

 © Frank & Timme Verlag für wissenschaftliche Literatur

Engelcke betont, durchaus auch zivilgesellschaftlich inklusiv.[835] Da die Kommission aber aufgrund weiterhin verhärteter Fronten keinerlei signifikante Fortschritte erzielte, ernannte der König am 22. Januar 2003 den Istiqlāl-Politiker und Anwalt M'hamed Bucetta[836] (gest. 2017) zu ihrem neuen Vorsitzenden, dem somit die Vermittlerrolle zufiel.[837]

Die internationale wie auch die innenpolitische und gesellschaftliche Lage veränderte sich zu Beginn der 2000er Jahre im Zuge der islamistischen Anschläge in den Vereinigten Staaten von Amerika am 11. September 2001 sowie in Casablanca am 16. Mai 2003, so dass nunmehr unter direkter Ägide des Monarchen das Reformprojekt vorangetrieben wurde.[838] Anlässlich seiner Rede zur Parlamentseröffnung des zweiten Sitzungsjahres der siebten Legislaturperiode am 10. Oktober 2003 stellte Muḥammad VI. die Eckpfeiler dieses Reformvorhabens vor und führte dazu erläuternd u. a. Folgendes aus:

> „[...] Ces réformes dont Nous venons d'énoncer les plus importantes, ne doivent pas être perçues comme une victoire d'un camp sur un autre, mais plutôt comme des acquis au bénéfice de tous les Marocains. Nous avons veillé à ce qu'elles cadrent avec les principes et les références ci-après:
>
> - ❖ Je ne peux, en Ma qualité d'Amir Al Mouminine, autoriser ce que Dieu a prohibé, ni interdire ce que le Très-Haut a autorisé;
> - ❖ Il est nécessaire de s'inspirer des desseins de l'Islam tolérant qui honore l'Homme et prône la justice, l'égalité et la cohabitation harmonieuse, et de s'appuyer sur l'homogénéité du rite malékite, ainsi que sur l'Ijtihad qui fait de l'Islam une religion adaptée à tous les lieux et toutes les époques, en vue d'élaborer un Code moderne de la Famille, en parfaite adéquation avec l'esprit de notre religion tolérante.
> - ❖ Le Code ne devrait pas être considéré comme une loi édictée à l'intention exclusive de la femme, mais plutôt comme un dispositif destiné à toute la famille, père, mère et enfants. Il obéit au souci, à la fois, de lever l'iniquité qui pèse sur les femmes, de protéger les droits des enfants, et de préserver la dignité de l'Homme.
>
> Qui, parmi vous, accepterait que sa famille, sa femme et ses enfants soient jetés à la rue, ou que sa fille ou sa sœur soit maltraitée ?

835 Vgl. Engelcke, Dörthe: Reforming Family Law. Social and Political Change in Jordan and Morocco. Cambridge: Cambridge University Press, 2019, S. 141.
836 In DMG-Umschrift: Muḥammad Būsata.
837 Vgl. Ebert: Das neue Personalstatut Marokkos, S. 618.
838 Vgl. ebd., S. 618f.

❖ Roi de tous les Marocains, Nous ne légiférons pas en faveur de telle ou telle catégorie, telle ou telle partie. Nous incarnons la volonté collective de la Oumma, que Nous considérons comme Notre grande famille. […]"[839]

Ferner formulierte er bei diesem Anlass dem Parlament gegenüber die Erwartung, dass das neue Gesetz noch in derselben Sitzungsperiode verabschiedet werden solle; die Abgeordneten entsprachen diesem royalen Wunsch und nahmen rund vier Monate später den neuen Gesetzestext einstimmig an.[840] Die neue *Mudauwanat al-usra*[841] wurde anschließend durch den Scherifen-Erlass Nr. 1.04.22 als Gesetz Nr. 70.03 über das Familiengesetz am 03. Februar 2004 in Kraft gesetzt und am 05. Februar 2004 im Amtsblatt (*Al-ǧarīda ar-rasmīya*) in arabischer Sprache[842] veröffentlicht.[843]

---

839 Muḥammad VI.: Doscours [sic!] de S.M. Le Roi lors de l'ouverture de la 2eme année législative de la 7eme législature. Rabat: 10. Oktober 2003, o. S., abrufbar unter: https://www.collectivites-territoriales.gov.ma/fr/discours-et-messages-royaux/doscours-de-sm-le-roi-lors-de-louverture-de-la-2eme-annee-legislative (letzter Zugriff: 05.03.2025).
Die Rede ist gleichfalls auf Arabisch abrufbar, siehe Muḥammad VI.: Naṣṣ ḫiṭāb ǧalālat al-malik fi-ftitāḥ ad-daura al-ūlā min as-sana aṯ-ṯānīya min al-wilāya at-tašrīʿīya as-sābiʿa [Text der Rede Seiner Majestät des Königs anlässlich der Parlamentseröffnung des zweiten Sitzungsjahres der siebten Legislaturperiode]. Rabat: 10. Oktober 2003, o. S., abrufbar unter: https://collectivites-territoriales.gov.ma/ar/khtb-wrsayl-mlkyt/ns-khtab-jlalt-almlk-fy-afttah-aldwrt-alawly-mn-alsnt-althanyt-mn-alwlayt (letzter Zugriff: 05.03.2025).

840 Vgl. Ebert: Das neue Personalstatut Marokkos, S. 619.

841 Eine äußerst konzise Zusammenfassung der wichtigsten Kennzeichen des gegenwärtigen marokkanischen Erbrechts in französischer Sprache bietet der Notar Amin Fayçal Benjelloun, siehe Benjelloun, Amin Fayçal: Aspects de droit successoral marocain. In: Ancel-Lioger, Zoé; Calò, Emanuele (Hrsg.): Les successions en droit comparé. Allemagne, Angleterre et Pays De Galles, Belgique, France, Italie, Maroc, Pays-Bas, Suisse. Actes du colloque organisé par le Cridon-Lyon les 8, 9 et 10 avril 2015 (Strasbourg, Lyon, Marseille). Neapel: Edizioni Scientifiche Italiane, 2016, S. 243f. Siehe auch Ebert: Das neue Personalstatut Marokkos; und Engelcke: Reforming Family Law.

842 Die offizielle französische Übersetzung wurde hingegen erst rund anderthalb Jahre später, am 06. Oktober 2005, in der französischsprachigen Ausgabe des Amtsblattes (*Bulletin Officiell*) publiziert, siehe Royaume du Maroc: Dahir n° 1-04-22 du 12 hija 1424 (3 février 2004) portant promulgation de la loi n° 70.03 portant Code le la famille. In; Bulletin Officiell, 94. Jg., Nr. 5358 (06.10.2005), S. 667–701, Abrufbar unter: http://www.sgg.gov.ma/BO/bo_fr/2005/bo_5358_fr.pdf (letzter Zugriff: 05.03.2025).

843 Mamlaka al-Maġribīya, al-: Ẓahīr šarīf raqm 1.04.22 ṣādir fī 12 min Ḏī al-Ḥiǧǧa 1424 (3. Fibrāyir 2004) bi-tanfīḏ al-qānūn raqm 70.03 bi-maṯābat Mudauwanat al-usra [Am 12. Ḏū al-Ḥiǧǧa (3. Februar 2004) erlassener Scherifen-Erlass Nr. 1.04.22 zur Inkraftsetzung des Gesetzes Nr. 70.03 über das Familiengesetz]. In: Al-ǧarīda ar-rasmīya, 93. Jg., Nr. 5184 (05.02.2004), S. 418–452, abrufbar unter: http://www.sgg.gov.ma/BO/bo_ar/2004/BO_5184_ar.pdf (letzter Zugriff: 05.03.2025).

 © Frank & Timme Verlag für wissenschaftliche Literatur

Ihre derzeit gültige Fassung (auf Arabisch)[844] stammt vom 29. Juli 2021. Die *Mudauwanat al-usra* ist in sieben Bücher (*al-kutub*) strukturiert und umfasst insgesamt 400 Artikel (Sg.: *al-mādda*). Denen voraus geht eine sechseinhalbseitige Präambel (*ad-dībāǧa*)[845], auf die ein drei Artikel umfassendes einleitendes Kapitel mit allgemeinen Bestimmungen (*bāb tamhīdī: aḥkām ʿāmma*)[846] zur Benennung und Anwendung folgt. Das erste Buch über die Ehe (*az-zawāǧ*) erstreckt sich über 66 Artikel.[847] Im zweiten Buch geht es in 72 Artikeln um die Auflösung des Ehevertrages und deren Wirkung (*inḥilāl mīṯāq az-zauǧīya wa-āṯāruhu*).[848] Das dritte Buch wendet sich der Geburt und ihren Folgen (*al-wilāda wa-natāʾiǧuhā*) zu, die in 64 Artikeln behandelt werden.[849] Das vierte Buch nimmt sich in 71 Artikeln der Rechtsfähigkeit sowie der rechtlichen Vertretung (*al-ahlīya wa-n-niyāba aš-šarʿīya*) an.[850] Das fünfte Buch beinhaltet 44 Artikel mit Bestimmungen zum Vermächtnis (*al-waṣīya*).[851] Im sich anschließenden sechsten Buch greifen 75 Artikel Fragen der Erbschaft (*al-mīrāṯ*) auf.[852] Das siebte und letzte Buch präsentiert fünf Artikel zu den Übergangs- und Schlussbestimmungen (*aḥkām intiqālīya wa-ḫitāmīya*), welche u. a. konkurrierende Bestimmungen – insbesondere die sechs Bücher der vorherigen *Mudauwanat al-aḥwāl aš-šaḫṣīya* – aufheben.[853]

Seit ihrer Inkraftsetzung im Jahr 2004 erfuhr die neue *Mudauwanat al-usra* bisher lediglich drei Änderungen: So wurde Artikel 16 über die Eheurkunde sowohl im Jahr 2010 durch das Gesetz Nr. 08-09 als auch durch das Gesetz Nr. 102-15 aus dem Jahr 2016 modifiziert, und das Gesetz Nr. 65-21 aus dem Jahr 2021 änderte

[844] Siehe Mamlaka al-Maġribīya, al-: Mudauwanat al-usra 2021. Die offiziell übersetzte französische Fassung entspricht allerdings nicht diesem neusten Stand, sondern spiegelt den gesetzgeberischen Inhalt aus dem Jahr 2016 wider, siehe Royaume du Maroc; Ministère de la Justice; Direction de législation et des études: Code de la famille. Version consolidée en date du 4 février 2016, abrufbar unter: https://adala.justice.gov.ma/api/uploads/2024/02/29/Code%20de%20la%20Famille-1709214478462.pdf (letzter Zugriff: 06.03.2025).

[845] Vgl. Mamlaka al-Maġribīya, al-: Mudauwanat al-usra 2021, S. 4–10.

[846] Vgl. ebd., S. 10f.

[847] Vgl. ebd., S. 11–32.

[848] Vgl. ebd., S. 32–48.

[849] Vgl. ebd., S. 49–62.

[850] Vgl. ebd., S. 63–79.

[851] Vgl. ebd., S. 80–87.

[852] Vgl. ebd., S. 88–105.

[853] Vgl. ebd., S. 105–107.

© Frank & Timme Verlag für wissenschaftliche Literatur

und ergänzte Artikel 15 zur Beurkundung von Auslandsehen.[854] Vor einigen Jahren begann abermals eine Reformdebatte größeren Ausmaßes, deren Grundzüge in UNTERKAPITEL 6.3 umrissen werden.

Die Reform des marokkanischen Personalstatutes erregte im In- wie auch im Ausland großes Aufsehen und stieß schließlich – von vereinzelten expliziten Reformgegner abgesehen – auf breiten Zuspruch, selbst wenn sie zugleich manchem Reformbefürworter noch nicht weit genug ging. So reduzierte die reformierte *Mudauwanat al-usra* beispielsweise laut Bras im Vergleich zu ihrer Vorgängerin, der *Mudauwanat al-aḥwāl aš-šaḫṣīya*, die Ungleichheiten für Frauen in unterschiedlichem Ausmaß, ohne sie indes zu beseitigen.[855] Auch die deutsche Rechtswissenschaftlerin Sina Fontana vertritt die Auffassung, dass diese Reform nicht vollumfänglich internationalen Frauenrechtsstandards genüge, lobt zugleich allerdings das innerislamischen Reformen innewohnende Potential.[856] Deutlich kritischer äußert sich – obgleich retrospektiv – die marokkanische Rechtswissenschaftlerin Badreddine Lamaddeb:

> „Nombreux sont les universitaires qui ont manifesté des réserves quant au travail des rédacteurs de la Moudawana, leur reprochant de n'avoir fait qu'un travail de compilation, une mauvaise imitation des codes modernes qui se révèle, selon eux, un simple résumé de peu d'intérêt pratique."[857]

Das unmittelbare Echo fiel indes überwiegend positiv aus. Zum Beispiel resümiert die deutsche Juristin Gisela Wohlgemuth den Reformprozess und sein Ergebnis wie folgt:

> „Beachtlich ist, in welchem Ausmaß der frühere Text modernen gesellschaftlichen Erfordernissen und Vorstellungen angepasst worden ist. [...] Jedenfalls ist das Reformwerk ein bemerkenswerter Kraftakt, der ohne den engagierten Einsatz des Königs kaum gelungen wäre."[858]

---

[854] Vgl. Mamlaka al-Maġribīya, al-: Mudauwanat al-usra 2021, S. 2.

[855] Vgl. Bras: La réforme, S. 96.

[856] Vgl. Fontana, Sina: Universelle Frauenrechte und islamisches Recht. Zur Umsetzung von Menschenrechten in einer islamisch geprägten Rechtsordnung. Tübingen: Mohr Siebeck, 2017, S. 274.

[857] Lamaddeb, Badreddine: Le traditionel et le moderne en droit marocain de la famille. Thèse de doctorat en Droit privé et Sciences criminelles, Université Montpellier I et Université Mohammed V – Agdal Rabat, 20.12.2012. Montpellier: o. V., 2012, S. 17, abrufbar unter: http://www.theses.fr/2012MON10044 (letzter Zugriff: 07.03.2025).

[858] Wohlgemuth, Gisela: Die neue Moudawana – Ausblick auf das marokkanische Familienrecht und seine Reform. In: FamRZ – Zeitschrift für das gesamte Familienrecht, 53. Jg., Nr. 23 (2005), S. 1960.

 © Frank & Timme Verlag für wissenschaftliche Literatur

Die Reform der *Mudauwana* wird ebenfalls von Nelle – auch im Hinblick auf Anknüpfungspunkte an die tunesische Legislation wie auch auf den ihr aufgrund ihres islamisch fundierten und gesellschaftlich breit angelegten Entstehungskontexts beigemessenen inhärenten Vorbildcharakter für andere Länder der Region – positiv bewertet.[859] Lobenswert sei zudem, dass der Gesetzestext wenig Spielraum für gegenläufig interpretierbare Gesetzeslücken biete und dass die Reform durch eine Reihe flankierender Maßnahmen, wie z. B. Richterfortbildungen, nachhaltig in die Rechtspraxis umgesetzt werden könne.[860]

> „Die marokkanische Gesetzgebung weist – angesichts der sorgfältigen Einbindung breiter islamischer Kreise und des religiösen Amtes des Königs selber kaum bestreitbar – nach, dass das islamische Familienrecht, welches je bereits seit seiner Schöpfung einen zutiefst reformatorischen Kern hatte und welcher gerade in der mālikitischen Strömung mit seiner Betonung des gelebten Glaubens (amal) Fortentwicklung fand, auch in heutiger Zeit in der Lage ist, aus eigener Kraft notwendige Veränderungen vorzunehmen.“[861]

Deutlich wird bei genauerer Betrachtung wiederum, dass es im Zuge dieser einschneidenden Reform, mit der das „[…] ursprünglich stark vom traditionalistischen malikitischen Ritus geprägte Familien- und Erbrecht vor allem hinsichtlich seines familienrechtlichen Teils in bedeutendem Umfang liberalisiert und an die gesellschaftliche Entwicklung angepasst […]“[862] wurde, insbesondere im Erbrecht kaum zu Veränderungen gekommen ist. Vornehmlich die Ausweitung des sog. Pflichttestaments (*al-waṣīya al-wāǧiba*), im Sinne einer begrenzten Repräsentation, nicht mehr nur zugunsten der Sohneskinder, Sohnessohneskinder etc. vorverstorbener Söhne, auf die Tochterkinder vorverstorbener Töchter (nicht jedoch gleichfalls auch auf die Tochtertochterkinder etc.) stellt eine erbrechtliche Neuerung dar.[863] Buskens kommentiert ergänzend, dass die Gleichstellung von Frauen und Männern im Erbrecht zum damaligen Zeitpunkt noch keine besonders große Priorität auf der Agenda der Frauenrechtsbewegung genossen habe, da sie eher als ein Problem einer wohlhabenden Minderheit angesehen wurde:

---

[859] Vgl. Nelle: Neue familienrechtliche Entwicklungen, S. 269.
[860] Vgl. ebd., S. 268.
[861] Ebd., S. 269.
[862] Scholz, Peter: Erbrecht der maghrebinischen Staaten und deutscher ordre public. Hamburg: Verlag Dr. Kovač, 2006, S. 6.
[863] Vgl. Mamlaka al-Maġribīya, al-: Mudauwanat al-usra 2021, Art. 369–372; sowie Ebert: Das neue Personalstatut Marokkos, S. 629f.

© Frank & Timme Verlag für wissenschaftliche Literatur

„In de debatten hebben vrouwen de ongelijkheid wel aan de orde gesteld, maar geen hoge prioriteit gegeven. Voor velen was dit een kwestie die slechts voor een kleine groep van welgestelde vrouwen werkelijk van belang was. Juist in deze kringen weten vaders de middelen die het recht biedt om vrouwelijke verwanten te begunstigen over het algemeen wel te gebruiken.“[864]

Doch zeichnet sich inzwischen deutlich ab, wie die folgenden UNTERKAPITEL darlegen werden, dass die Debatte über die Reform der *Mudauwana* mit der Revision von 2004 noch keineswegs ihren Schlusspunkt gefunden hat. Diese bildet stattdessen, vielmehr einem Semikolon vergleichbar, eine wichtige Zäsur in der Fortentwicklung des Familien- und Erbrechts des Königreichs.

6.2 Ausgewählte Kritikpunkte von Reformbefürwortern

Das islamische Erbrecht bildet sowohl in seiner klassisch-islamischen als auch in seiner zeitgenössisch kodifizierten Form, ebenso wie das Familienrecht, den Gegenstand zugleich intensiver interner gesellschaftspolitischer Debatten sowie angeregter wissenschaftlicher Auseinandersetzungen innerhalb genauso wie jenseits des Königreichs Marokko. Letzteres ist im Kontext seines internationalen Bezugsrahmens mit Sicherheit auch darauf zurückzuführen, dass islamisch-rechtliche Bestimmungen zum Erbrecht im Gewande positiven Rechts unter gewissen Voraussetzungen im Rahmen des Internationalen Privatrechts (IPR) auch außerhalb der entsprechende Staaten zur Anwendung gelangen können.[865] Ersteres scheint – zumindest im Maghreb – dadurch erklärbar, dass in der zuvor jahrzehntelang umkämpften Reformdebatte über das Ehe- und Kindschaftsrecht von den Reformbefürwortern z. T. bereits signifikante Erfolge erzielt werden konnten, so

---

[864] Buskens: Sharia, S. 68.

[865] Siehe beispielsweise Ebert: Islamisches Familien- und Erbrecht, S. 45–48; Rohe, Mathias: Islamisierung des deutschen Rechts? In: JuristenZeitung (JZ), Jg. 62, Nr. 17 (7. Sep. 2007), S. 801–806; sowie Ancel-Lioger, Zoé: Avant-propos. In: Ancel-Lioger, Zoé; Calò, Emanuele (Hrsg.): Les successions en droit comparé. Allemagne, Angleterre et Pays De Galles, Belgique, France, Italie, Maroc, Pays-Bas, Suisse. Actes du colloque organisé par le Cridon-Lyon les 8, 9 et 10 avril 2015 (Strasbourg, Lyon, Marseille). Neapel: Edizioni Scientifiche Italiane, 2016, S. 8. Zum Verhältnis von islamisch inspiriertem Erbrecht und deutschem Ordre Public im Allgemeinen siehe Scholz: Erbrecht der maghrebinischen Staaten; und Pattar: Islamisch inspiriertes Erbrecht, S. 466–527.

 © Frank & Timme Verlag für wissenschaftliche Literatur

dass sich ihr Reformaktivismus inzwischen der zuvor nicht in den Mittelpunkt gerückten Frage nach egalitäreren Erbrechtsbestimmungen zugewandt hat.[866]

Die damit in Verbindung stehenden Fragestellungen sind indes keineswegs neu. So lenkte Ebert in seinem Beitrag zur *Rechtsfortbildung und Umgehung der gesetzlichen Erbfolge in arabischen Staaten* schon im Jahr 2000 die Aufmerksamkeit seiner Leser auf die folgenden fünf Fragestellungen:

> „a. Inwieweit bilden die erbrechtlichen Regelungen eine geeignete Grundlage, um das gesellschaftliche Bedürfnis nach einer eindeutigen und gerechten Lösung bei der Nachlassverwaltung (*tasfiyat at-tarika*) zu befriedigen?
> b. Welche Konsequenzen ergeben sich für islamisch-erbrechtliche Regelungen durch die Veränderung sozialer und wirtschaftlicher Verhältnisse?
> c. Welche Methoden und rechtlichen Instrumentarien können zur Rechtsfortbildung im Erbrecht unter Beachtung allgemeiner Prinzipien des islamischen Rechts genutzt werden?
> d. Kann eine wie auch immer geartete Kodifikation im islamischen Erbrecht die Rechtssicherheit erhöhen und gleichsam materiell-rechtliche oder formell-rechtliche Veränderungen herbeiführen?
> e. Welche einseitigen oder mehrseitigen Rechtsgeschäfte eignen sich zur Vermeidung von Nachteilen aus der Anwendung der gesetzlichen islamischen Erbfolge?“[867]

Doch auch mehr als zwei Jahrzehnte später sind diese Fragen noch nicht umfassend oder gar abschließend beantwortet. Illustriert wird dies für Marokko beispielsweise durch den im Jahr 2015 vom marokkanischen *Conseil National des Droits de l'Homme* (CNDH) veröffentlichten Bericht zum Stand der Gleichstellung und Gleichberechtigung im Lichte der Verfassungsvorgaben[868] oder durch einen von der marokkanischen auf Psychotherapie spezialisierten Medizinerin,

[866] Vgl. Mahfoudh: Le Collectif Maghreb-Égalité 95, S. 133.

[867] Ebert, Hans-Georg: Rechtsfortbildung und Umgehung der gesetzlichen islamischen Erbfolge in arabischen Ländern. In: Ebert, Hans-Georg (Hrsg.): Beiträge zum Islamischen Recht. Frankfurt a. M.: Peter Lang, 2000, S. 109. [Hervorhebungen im Original].

[868] Siehe Conseil National des Droit de l'Homme (CNHD); Naciri, Rabéa: État de l'égalité et de la parité au Maroc. Préserver et rendre effectifs les finalités et objectifs constitutionnels. Rapport thématique Nr. 6, 20. Oktober 2015, abrufbar unter: https://www.cndh.ma/sites/default/files/2024-01/cndh_-_etat_egalite_final22_compressed.pdf (letzter Zugriff: 13.03.2025).

Schriftstellerin und Aktivistin Siham Benchekroun[869] herausgegebenen Sammelband[870] zur Erbschaft von Frauen im Islam am Beispiel Marokkos.

Das vorliegende Unterkapitel ist bestrebt, die in den vorausgegangenen Kapiteln herausgearbeiteten mālikitischen Erbrechtsnormen anhand dreier zentraler Kritikpunkte der Reformbefürworter zu reflektieren. Ausgewählt wurden hierfür erstens die oftmals geschlechtsbasierte unterschiedliche Höhe von Erbteilen Erbberechtigter auf gleicher Erbstufe, zweitens die konstellationsabhängige Verteilung der Resterbschaft (*at-taʿṣīb*) außerhalb der Kernfamilie, insbesondere an Kollateralverwandte, sowie drittens das interreligiöse Erbverbot, welches in Anbetracht einer sich zunehmend global vernetzenden marokkanischen Gesellschaft an Bedeutung gewinnt, obgleich diese Frage im Vergleich zu den beiden erstgenannten sowie der gesamtgesellschaftlichen Situation von nachrangiger sozialer Relevanz sein mag.

Die gesamte Komplexität und Vielfalt der Argumentationen der Reformaktivistinnen und -aktivisten kann in einer derartig konzisen und pointierten Darstellung indessen nicht adäquat wiedergegeben werden. Für weitere Details und vertiefende Argumente sei daher exemplarisch auf die in den folgenden Unterkapiteln angeführte Literatur verwiesen.

6.2.1 Geschlechtsbasierte Ungleichverteilung

Im Zentrum der Reformdebatte um das kodifizierte marokkanische Erbrecht steht die auf gleicher Erbstufe häufig auftretende geschlechtsbasierte Ungleichheit, bei der männlichen Erben i. d. R. ein doppelt so hoher Anteil – oder anders ausgedrückt: Frauen die hälftige Erbquote – zuteilwird. Die dem zugrunde liegenden mālikitischen Rechtsbestimmungen wurden detailliert im vierten Kapitel dieser Untersuchung ausgeführt. Ihren Ursprung haben sie, wie eingangs erwähnt, in

[869] In DMG-Umschrift: Sihām Binšiqrūn.

[870] Siehe Benchekroun, Siham (Hrsg.): L'héritage des femmes en islam. Exemple du Maroc. Paris: L'Harmattan, 2021. Hierbei handelt es sich um die Re-Edition der erstmals 2017 bei Empreintes in Casablanca erschienenen französischsprachigen Ausgabe, die im selben Jahr auch auf Arabisch publiziert wurde und ein Jahr später ebenfalls auf Englisch erschien.

© Frank & Timme Verlag für wissenschaftliche Literatur

einer Reihe von Koranversen[871], welche durch Prophetenüberlieferungen und Entscheidungen der ersten Kalifen präzisiert und ergänzt wurden.[872] Diese mitunter äußerst expliziten koranischen und prophetischen Bestimmungen erschweren Reformabsichten für ein kodifiziertes modernes Familiengesetzbuch, das sich diesen islamischen Normen mālikitischer Provenienz ausdrücklich verpflichtet fühlt.

Einige Reformaktivistinnen und -aktivisten treten daher sogar explizit für die völlige Loslösung des Familienrechts von dessen bisherigen religiösen Grundlagen ein. So äußert die Frauenrechtlerin Ghizlane Mamouni der Organisation *Kif Mama, Kif Baba* gegenüber dem Internetportal Qantara.de: „Wir möchten, dass der zukünftige Familienkodex von religiösen Überlegungen unabhängig ist, wie es bei den meisten Gesetzestexten in Marokko bereits der Fall ist.“[873] Insbesondere der finale Artikel 400 der *Mudauwanat al-usra* erregt ihr Missfallen, denn er sei

> „[...] die Wurzel der rückständigen Familiengesetzgebung in Marokko. Er erlaubt Richtern religiöse Argumentationen und macht koranische Prinzipien zur Rechtsgrundlage. Auch deswegen ist die Abschaffung des Artikels eine zentrale Forderung von *Kif Mama, Kif Baba* und anderen Organisationen.“[874]

Durch diesen Artikel wird zum Abschluss des Familiengesetzbuches bestimmt, dass für alles, was nicht durch den Text der *Mudauwana* beantwortet wird, auf die mālikitische Rechtsschule sowie die selbstständige Rechtsinterpretation (*al-iǧtihād*), welche die Werte des Islam hinsichtlich Gerechtigkeit, Gleichheit und gedeihlichem Miteinander beachtet, zurückzugreifen ist.[875] Doch derartige Maximalforderungen teilen bei Weitem nicht alle Reformbefürworter. Sie repräsentieren das eine Ende des Meinungsspektrums, dem gegenüber am anderen Ende die rigorose grundsätzliche Ablehnung jeglicher Reformideen seitens kategorischer Reformgegner steht. Zwischen diesen beiden Polen bewegen sich – wie in der Folge aufzuzeigen sein wird – die übrigen Reformbefürworter und -gegner in einem durchaus nuancenreichen Spektrum. So fällt etwa die Beurteilung der Juristin

---

[871] Insbesondere Sure 2, Verse 180–182 und 240; Sure 4 Verse 7–8, 10, 11–12, 32–33 und 176; Sure 5, Vers 106; Sure 8, Vers 75; und Sure 33, Vers 6, vgl. Ebert: Das Erbrecht, S. 10–13; sowie Benchekroun (Hrsg.): L’héritage, S. 335–337.

[872] Für ausgewählte Beispiele siehe z. B. Ebert: Das Erbrecht, S. 13–16.

[873] Barisch, Vanessa: Das Ringen um koranische Prinzipen. In: Qantara.de, (13.09.2024), o. S., abrufbar unter: https://qantara.de/node/44160 (letzter Zugriff: 07.03.2025).

[874] Ebd., o. S. [Hervorhebungen im Original].

[875] Vgl. Mamlaka al-Maġribīya, al-: Mudauwanat al-usra 2021, Art. 400.

Hakima Fassi Fihri gänzlich anders aus: „Il est important de souligner que le corpus des textes religieux musulmans offre au Maroc les outils lui permettant de construire sa propre modernité. Il appartient aux Marocains musulmans de les connaître et de pourvoir les utiliser […].“[876]

Rufe nach einer Gleichstellung der Geschlechter im marokkanischen Erbrecht erklangen bereits vor der ersten großen Reform der *Mudauwana* im Jahr 2004, wie ein Positionspapier der pan-maghrebinischen Nichtregierungsorganisation *Collectif 95 Maghreb-Egalité* aus dem Jahr 2003 belegt, welches noch nach der Implementierung dieser Reform ins Englische übertragen wurde.[877] Der vormalige Fokus der Menschen- und Frauenrechtsaktivistinnen und -aktivisten richtete sich freilich zuvor nicht primär auf das Erbrecht, denn – so die Politologin und Soziologin Meriame Yafout – „[…] d'autres sujets paraissaient plus urgents mais aussi plus faciles à aborder car ils relevaient moins des questions ‚taboues'.“[878] Nach dem Erreichen so mancher Ziele auf dem angrenzenden Gebiet des Ehe- und Familienrechts verwundert es somit nicht, dass das Erbrecht erst in der Folge dieser Reform verstärkt in den Mittelpunkt ihres Aktivismus rückte.[879]

So kritisiert Benchekroun beispielsweise die oben erwähnte häufig greifende Grundregel, nach der Männer einen doppelt so hohen Anteil wie Frauen auf gleicher Erbstufe erhalten, so u. a. auch der Ehemann und die Ehefrau.[880] Die seltenen Ausnahmen von dieser Regel wiegen in ihren Augen nicht schwer:

> „Certes, il y a des éventualités où la femme hérite autant que l'homme (4 cas), plus que l'homme (10 cas) ou seule (4 cas). Mais ces situations représentent des exceptions. Les règles consacrent l'inégalité en matière d'héritage sont bien plus nombreuses et les *fuqahā* [sic!] ne les dénombrent pas.“[881]

---

876 Fassi Fihri, Hakima: Evolution de la famille, statut des femmes et héritage au Maroc. In: Benchekroun, Siham (Hrsg.): L'héritage des femmes en islam. Exemple du Maroc. Paris: L'Harmattan, 2021, S. 250.

877 Siehe Collectif 95 Maghreb-Egalité (Hrsg.): Guide to equality in the familiy in the Maghreb. Authorized translation of Dalil pour l'égalité dans la famille au Maghreb (2003). Bethesda, MD: Women's Learning Partnership for Rights, Development and Peace, 2005, abrufbar unter: https://learningpartnership.org/sites/default/files/resources/pdfs/Final%20Guide%20to%20Equality%20-%20English.pdf (letzter Zugriff: 02.01.2025).

878 Yafout, Merieme: Le débat autour de l'héritage au Maroc: Stratégies d'argumentation religieuse et séculière. In: Rachik, Hassan (Hrsg.): Contester le droit. Communautés, familles et héritage au Maroc. Casablanca: Éditions la Croisée des Chemins, 2016, S. 302.

879 Siehe z. B. ebd., S. 301.

880 Vgl. Benchekroun: En chemin, S. 319.

881 Ebd., S. 319. [Hervorhebung im Original].

 © Frank & Timme Verlag für wissenschaftliche Literatur

Eine der prominentesten Ausnahmen bildet der Fall der Mutter, deren Quote neben Kindern des Erblassers bzw. mindestens zwei Geschwistern ein Sechstel beträgt. Ebenfalls ein Sechstel steht dem Vater neben einem männlichen Kind bzw. Sohneskind zu. Ohne Kinder und ohne mehr als einem Geschwisterteil des Erblassers steht der Mutter ein Drittel als Quote zu, der Vater erbt ohne männliches (Sohnes-)Kind ein Sechstel als Quotenerbe, ist aber zugleich noch als Resterbe berufen; beim Fehlen anderweitiger Erben wird er sogar zum universalen Resterben. Die Ausführungen in UNTERKAPITEL 4.2 haben allerdings auch gezeigt, dass die Mālikiten sie in konstellationsbedingten Sonderfällen, in denen die Mutter mit ihrer Eindrittelquote mehr als der Vater erhielte, nur noch mit einem Drittel der Resterbschaft versehen, so dass dem Vater in diesen Fällen ein doppelt so hoher Anteil zufällt.

Die Debatte um eine etwaige Reform des marokkanischen Erbrechts war – wie vorgenannt – nie vollständig zum Erliegen gekommen und gewann durch die in der im Jahre 2011 erlassenen neuen Verfassung festgeschriebene Gleichheit von Mann und Frau an Aufwind.[882] Sie war daher seitens der Reformbefürworter und -gegner bereits öffentlich in Gange, bevor König Muḥammad VI. im Sommer 2022 das derzeitige Reformprojekt zur Revision des Familiengesetzbuches offiziell lancierte (siehe dazu UNTERKAPITEL 6.3).

Neben aus dem salafistischen Predigerspektrum stammenden Reformgegnern, die eine derartige Debatte kategorisch unterbinden wollten, räumten andere, angesehene muslimische Rechts- und Religionsgelehrte aus staatlichen Gremien und Universitäten sowie manche von den der moderat-islamistischen PJD[883] nahe stehenden Gelehrten ein, dass die Bestimmungen des Erbrechts zwar nicht egalitär, aber in Anbetracht der den Männern obliegenden finanziellen Verpflichtungen – wie dem Unterhalt (*an-nafaqa*), dem Brautgeld (*aṣ-ṣadāq / al-mahr*) usw. –

[882] Vgl. Yafout: Le débat autour de l'héritage, S. 302; und Mamlaka al-Maġribīya, al-; al-Amāna al-ʿĀmma li-l-Ḥukūma (Mudīrīyat al-Maṭbaʿa ar-Rasmīya): Ad-dustūr. Ṭabʿa 2011 [Die Verfassung. Edition 2011], Art. 19, abrufbar unter: http://www.sgg.gov.ma/Portals/1/lois/constitution_2011_Ar.pdf (letzter Zugriff: 15.03.2025).

[883] Parti de la Justice et du Développement (*Ḥizb al-ʿadāla wa-t-tanmiya*).

trotzdem gerecht seien.[884] Eine zentrale Rolle spielt hierbei das aus Sure 4, Vers 34 abgeleitete Konzept der *qiwāma* (Vormundschaft) des Mannes über die Frau.[885]

> „C'est la *qiwâma*, dans son sens élargi d'autorité des hommes sur les femmes qui, aux yeux des savants traditionalistes, explique la double part de l'héritage des frères et qui constitue, de ce fait, la pierre angulaire de l'argumentation religieux quant à cette question."[886]

Für eine angemessene Kontextualisierung dieses Verses hingegen tritt die Laboratoriumsmedizinerin und muslimische Feministin Asma Lamrabet ein und weist darauf hin, dass sich bereits die erste große Reform der *Mudauwana* aus dem Jahr 2004 einer Dekonstruktion seiner abusiven Auslegung angenommen habe.[887] Aus Sicht Mamounis drückt sich in der Berufung auf das *qiwāma*-Konzept

> „[…] eine selektive Anwendung koranischer Prinzipien [aus]. ‚Nur der Teil der Regel, der den Männern am besten passt, wurde übertragen: die Ungleichheit beim Erben. Die Bedingung dafür, ebenfalls aus der *qiwama*, jedoch nicht: Kein Gesetz erlaubt mir, meinen Bruder, meinen Onkel oder den Staat zu verklagen, wenn er nicht für alle meine Bedürfnisse sorgt', erläutert sie. ‚Dies zeugt von einer eklatanten intellektuellen Unehrlichkeit zum Nachteil der Frauen, die heute nicht mehr akzeptabel ist.'"[888]

Andere Reformbefürworter, wie u. a. die Politologin und Juristin Fatiha Daoudi, betonen in ihrer Gegenargumentation zu den o. g. Reformgegnern die veränderte gesellschaftliche Realität, in der Frauen aufgrund verbesserter Bildung und Zugängen zum Arbeitsmarkt zunehmend zum Haushaltseinkommen beitragen und mitunter gar – auch bedingt durch soziale oder ökonomische Zwänge – als Alleinverdiener die Rolle des Familienoberhauptes einnehmen; ebenfalls die voranschreitende Urbanisierung sowie die Verbreitung des Kernfamilien-Modells

884 Vgl. Yafout, Meriam; Benchekroun, Siham: L'impossible débat sur l'inégalité dans l'héritage. In: Benchekroun, Siham (Hrsg.): L'héritage des femmes en islam. Exemple du Maroc. Paris: L'Harmattan, 2021, S. 25f.

885 Sure 4, Vers 34: „Die Männer stehen über den Frauen, weil Gott sie (von Natur vor diesen) ausgezeichnet hat und wegen der Ausgaben, die sie von ihrem Vermögen (als Morgengabe für die Frauen?) gemacht haben. […]." Paret, Rudi (Übers.): Der Koran. Stuttgart: Kohlhammer, 2014, S. 64.

886 Lamrabet, Asma: L'exigence de justice entre les hommes et les femmes en islam. Cas de l'héritage. In: Benchekroun, Siham (Hrsg.): L'héritage des femmes en islam. Exemple du Maroc. Paris: L'Harmattan, 2021, S. 55. [Hervorhebung im Original].

887 Vgl. ebd., S. 53f.

888 Barisch: Das Ringen, o. S. [Hervorhebungen im Original].

 © Frank & Timme Verlag für wissenschaftliche Literatur

tragen zu diesem Wandel bei.[889] „En effet, dans la structure sociétale actuelle, les femmes sont rarement prises en charge financièrement et contribuent d'une manière parfois conséquente aux revenus de la famille."[890] Wie Yafout berichtet, fühlen sich die o. g. Reformgegner durch derartige Argumente jedoch vielmehr darin bestärkt, einen Wandel der sozio-ökonomischen Situation und eine Rückkehr zum hergebrachten patriarchalen Familien- und Gesellschaftsmodell zu fordern.[891]

Aus dem von Yafout und Benchekroun geschilderten Lager der religiös motivierten Reformgegner heißt es zudem, die Vorwürfe der Ungerechtigkeit der doppelten Erbteilhöhe wären Verkürzungen der Reformaktivisten, um den Islam als diskriminierend zu diskreditieren; bei genauer Betrachtung stelle diese Regel nämlich eine Ausnahme dar, da Frauen ganzheitlich betrachtet häufiger gleichviel, mehr oder sogar alleine erben würden.[892] Dieses quantitative Argument erscheint indes wenig überzeugend, da es nicht die gleiche Erbstufe als qualitatives Kriterium berücksichtigt, ohne welches ein solcher Vergleich jedoch an Aussagekraft verliert.[893] Die Grundregel der doppelten Erbteilhöhe für Männer gegenüber Frauen auf gleicher Erbstufe wurde im vierten KAPITEL in vielfältiger Weise demonstriert. Sie greift z. B. für die stets weiblichen agnatischen Resterben durch

889 Vgl. Daoudi, Fatiha: Accès des femmes à la propriété immobilière au Maroc: La voie successorale. In: Benchekroun, Siham (Hrsg.): L'héritage des femmes en islam. Exemple du Maroc. Paris: L'Harmattan, 2021, S. 166.

890 Ebd., S. 166.

891 Vgl. Yafout: Le débat autour de l'héritage, S. 311.

892 Vgl. Yafout; Benchekroun: L'impossible débat, S. 26.

893 Dieselben Fallazien finden sich e. c. auch bei der Reformbefürworterin Asma Lamrabet, wenn sie zur Illustration der Aussage, dass „[...] there are several possible scenarios regarding inheritance outlined in the Qur'an in which women inherit a greater portion than men (in over ten cases), cases where the woman inherits and the man doesn't, and several cases where the woman inherits the same amount as the man!" (Lamrabet, Asma: Women in the Qur'an. An Emancipatory Reading. La Vergne: Kube Publishing Limited, 2016, S. 149), den Beispiel-Fall anführt, dass ein Erblasser beide Eltern wie auch eine Tochter hinterlässt, wobei der Tochter eine Erbquote in Höhe der Hälfte zukommt und beide Eltern jeweils ein Sechstel erhalten; und sie daraufhin schlussfolgert, dass die Tochter als Frau mehr erhält als der Vater, der – so Lamrabet – im Übrigen ebenso viel erhalte wie die Mutter, vgl. Lamrabet: Women in the Qur'an, S. 149. Letzteres übersieht jedoch, dass dem Vater in dieser Konstellation zugleich die Rolle des agnatischen Resterben zufällt, so dass er in diesem Falle insgesamt ein Drittel erbt, während die Mutter ein Sechstel erhält und die Tochter die Hälfte. Da die Tochter (als Deszendentin) sich jedoch nicht auf derselben Erbstufe wie der Vater (als Aszendent) befindet, eignet sich dieser Fall schlecht zur Demonstration weiblicher Gleichberechtigung oder gar Bevorzugung, wofür der Vergleich von Vater und Mutter dezisiv wäre, der korrekt berechnet, allerdings eine Ungleichheit ausweist.

andere (*al-ʿaṣaba bi-l-ġair*), die durch das Vorhandensein eines Mannes auf selber oder niedrigerer Erbstufe agnatisiert werden und dabei unter Verlust ihrer koranischen Erbquote dann den halben Bruder- bzw. Cousinteil väterlicherseits erhalten. Somit ist diese Regel insbesondere für Töchter, Sohnestöchter etc., aber ggf. auch für voll- und halbbürtige Schwestern väterlicherseits, sofern sie nicht anderweitig ausgeschlossen bzw. agnatisiert werden, relevant. Doch auch in der Systematik der Quotenerben trifft dieses Schema auf die Erbteilproportionen der männlichen und weiblichen Ehepartner zu, und wird in Sonderfällen – wie bereits erwähnt – sogar auf die Mutter angewandt. Innerhalb der Seitenverwandtschaft bilden einzig die egalitär erbquotenberechtigten Halbgeschwister mütterlicherseits eine Ausnahmc. Sie werden allerdings in einer Vielzahl der Fälle faktisch ganz vom Erbe ausgeschlossen und sind – wie noch die Großmutter mütterlicherseits – außerdem die einzigen kognatischen Verwandten, die aus mālikitischer Sicht überhaupt zum Erbe berufen werden können, also grundsätzlich bereits eine quasi exotische Besonderheit. Ihre kognatische egalitäre Aufteilungslogik greift lediglich im oben geschilderten Sonderfall der *muštarika* ausnahmsweise auch auf die sonst von der nicht-paritätischen agnatischen Logik bestimmten vollbürtigen Geschwister über. Auch sollten theoretisch identische Erbquoten, wie exempli causa das Sechstel der Großmutter und des Großvaters, nicht darüber hinwegtäuschen, dass einerseits zugleich berufene Großmütter sich diese Quote ggf. zu teilen haben, und andererseits der Großvater alternativ oder ergänzend auch als agnatischer Resterbe auftreten kann, wodurch sich die scheinbare Egalität ihrer beider Quoten in der Praxis rasch relativieren kann.

Darauf, dass die religiös legitimierte Regel der doppelten Höhe der Erbteile von Söhnen gegenüber Töchtern des Erblassers allerdings nach wie vor auf breite gesellschaftliche Akzeptanz stößt und dass es insofern eine zivilgesellschaftliche Debatte ist, die sich v. a. im Kreise von Menschen- und Frauenrechtsorganisationen, islamistischen Assoziationen, Intellektuellen, Predigern, Religionsgelehrten und Politikern darum entspinnt, verweist Yafout.[894] Ihre Feststellung korrespondiert im Übrigen mit den in UNTERKAPITEL 6.3 angeführten Ergebnissen einer repräsentativen Meinungsumfrage aus dem Jahr 2022.[895] Einige Reformbefürworter

---

[894] Vgl. Yafout: Le débat autour de l'héritage, S. 303f.

[895] Siehe Fn. 960.

© Frank & Timme Verlag für wissenschaftliche Literatur

treten daher verstärkt für neue religiöse Interpretationen ein. So plädiert Lamrabet für eine hermeneutische Neuauslegung (*relecture*) der koranischen Erbrechtsverse im Lichte der Gerechtigkeitsethik des Korans und der Zweckbestimmtheit seiner Botschaft.[896] Dabei seien sowohl den spezifischen Offenbarungskontexten als auch dem grundsätzlich sozial-revolutionären Charakter der Einführung eines Frauen-Erbrechts durch den Islam auf der Arabischen Halbinsel im 7. Jahrhundert Aufmerksamkeit zu schenken.[897] Insbesondere eine Re-Evaluation des Verhältnisses der Verse zum Vermächtnis, zum Erbe und zur Schenkung wird von ihr als zielführend erachtet.[898]

Auch der marokkanische Rechtswissenschaftler Alhassan Rhou Aljarrari identifiziert das Vermächtnis als einen Ansatz für mögliche Reformen des marokkanischen Erbrechts; so verweist er z. B. auf die imāmitische, sc. die 12er schiitische, Auffassung, die im Übrigen ebenso vom ägyptischen Gesetzgeber vertreten wird, dass ein Vermächtnis grundsätzlich auch zugunsten gesetzlicher Erben zulässig sei.[899] Wie das dritte KAPITEL zum Vermächtnis gemäß mālikitischer Rechtsauffassung, aufgezeigt hat, lehnt dieser *maḏhab* – unter Rekurs auf eine Prophetenüberlieferung – die Errichtung eines Vermächtnisses (*waṣīya*) mit einem gesetzlichen Erben (*wāriṯ*) als Vermächtnisnehmer kategorisch ab. So sei diese auch nicht durch die übrigen gesetzlichen Erben zu autorisieren, wie es in der ḥanafitischen und der Mehrheit der ḥanbalitischen Rechtsschule der Fall ist, und wie es auch mehrheitlich die Zaiditen (5er Schiiten) sowie einige Šāfiʿiten praktizieren.[900] Die derzeitige kodifizierte marokkanische Gesetzeslage sieht davon abweichend bereits vor, dass ein solches Vermächtnis zugunsten eines gesetzlichen Erbens durch die übrigen Erben autorisiert werden kann.[901] Eine weiterreichende Reform der gesetzlichen Bestimmungen, welche die Entscheidung darüber einzig dem Vermächtnisgeber anheimstellte, würde ein Familienmitglied individuell in die Lage versetzen, darüber zu befinden, ob es die gesetzliche Verankerung der

896 Siehe Lamrabet: L'exigence de justice, S. 45–62.
897 Vgl. ebd., S. 57.
898 Vgl. ebd., S. 55–60.
899 Vgl. Rhou Aljarrari, Alhassan: Entre testament et héritage: Le passé comme introduction pour libérer l'avenir. Approche à la lumière du droit marocain. In: Benchekroun, Siham (Hrsg.): L'héritage des femmes en islam. Exemple du Maroc. Paris: L'Harmattan, 2021, S. 106–108.
900 Vgl. Ebert: Das Erbrecht, S. 141.
901 Vgl. Mamlaka al-Maġribīya, al-: Mudauwanat al-usra 2021, Art. 280.

oftmals vorgeschriebenen Doppelten-Erbteil-Regelung für Männer auf gleicher Erbstufe mit Frauen zur Anwendung gelangen lassen möchte, oder ob es mithilfe im Einzelfall errichteter Vermächtnisse etwaige soziale Härten abzufedern für opportun hält. Die gesetzlichen, von manchen als ungerecht empfundenen Bestimmungen blieben somit in Kraft, und die Entscheidung zu ihrer Umgehung läge (wie auch jetzt schon)[902] bei den Individuen und Familien, denen hierzu jedoch ein rechtssicherer und vergleichsweise unkomplizierter Weg geebnet werden würde. Das ägyptische Beispiel unterstreicht zudem, dass eine derartige Regelung nicht auf schiitische Gesellschaften beschränkt sein muss.

Andere Reformaktivisten rekurrieren in ihrer Kritik an der geschlechtsbasierten Ungleichverteilung beim Erbe stärker auf die universellen Menschenrechte. So postuliert beispielsweise das *Collectif 95 Maghreb-Egalité*:

> „On the international level, discrimination in inheritance is contrary to all the moral and legal principles of equality between women and men affirmed in the declarations, covenants and conventions on universal human rights. The principle that humans are born free and equal requires that there be equal access to inheritance."[903]

Ebenso werden konkrete durch Marokko ratifizierte internationale Abkommen und Gesetze zur Grundlage ihrer Argumentation. Yafout beschreibt diese von ihr als „*sécularistes*" charakterisierten Akteure, wie z. B. die *Association Démocratique des Femmes du Maroc* (ADFM) oder die *Organisation des droits humaines* (OMDH), und deren Strategie wie folgt:

> „Ces derniers passent d'une sphère juridique nationale à une sphère des droits universels tout en évitant d'évoquer la sphère religieuse. [...] En outre, ils adoptent, à l'instar des ‚religieux', une stratégie d'influence sur le décideur en lui rappelant son engagement depuis l'indépendance à s'adapter à la légitimité internationale et aux conventions des droits humains."[904]

Zu deren Referenzrahmen zählen u. a. das ebenfalls als Frauenrechtskonvention firmierende Übereinkommen der Vereinten Nationen zur Beseitigung jeder Form von Diskriminierung der Frau (*Convention on the Elimination of All Forms of Discrimination Against Women*, CEDAW)[905], welches Marokko im Jahr 1993

[902] Vgl. Conseil National des Droit de l'Homme (CNHD); Naciri: État de l'égalité et de la parité, S. 15.
[903] Collectif 95 Maghreb-Egalité (Hrsg.): Guide to equality, S. 138.
[904] Yafout: Le débat autour de l'héritage, S. 314.
[905] Siehe UN Women Deutschland: Convention on the Elimination of All Forms of Discrimination against Women. Adopted and opened for signature, ratification and accession by

 © Frank & Timme Verlag für wissenschaftliche Literatur

unter Vorbehalt der Artikel 2 und 16 ratifiziert hat, oder die neue marokkanische Verfassung[906] aus dem Jahr 2011, aber desgleichen das marokkanische Familiengesetzbuch *Mudawanat al-usra* von 2004 selbst.[907]

So kommt denn auch der bereits erwähnte Nationale Menschenrechtsrat CNDH in seinem Bericht aus dem Jahr 2015 zu dem Schluss, dass die verfassungsrechtlich garantierte Gleichheit von Frauen und Männern durch die aus dem derzeitigen Familiengesetzbuch resultierende erbrechtliche Ungleichbehandlung in Mitleidenschaft gezogen werde:

> „[…] l'héritage inégalitaire est produit et reproduit par le Code de la famille, faisant de telle sorte que les activités effectuées par les femmes (notamment dans la sphère domestique et au bénéfice de leur famille) sont, abstraction faite de leur valeur et de leur nature, considérées comme le juste prix que les femmes doivent payer en contrepartie de leur entretien par leurs époux, même si telle n'est souvent pas la réalité.“[908]

Ferner kritisiert der Bericht, dass ein Zirkelschluss entstehe, wenn Frauen mit der Begründung, sie hätten nicht die Verantwortung für die Haushaltskosten zu tragen, der Zugang zu wirtschaftlichen, sozialen und politischen Ressourcen verwehrt werden würde, da gerade das Fehlen eines solch gleichberechtigten Ressourcenzugangs, den Frauen eine gleichwertige Beteiligung an derartigen Kosten erschwere.[909] Der CNDH konstatiert des Weiteren, dass „[l]es règles successorales participent à augmenter la vulnérabilité des filles et des femmes à la pauvreté.“[910] Doch auch jenseits der gesetzlichen Bestimmungen erwachsen Frauen beim Erbe Nachteile. So überlassen sie ihren Erbteil zur Besitzwahrung innerhalb der Familie häufig männlichen Verwandten, desgleichen können gewisse gewohnheits-

General Assembly resolution 34/180 of 18 December 1979. Entry into force 3 September 1981, in accordance with article 27(1), abrufbar unter: https://unwomen.de/tcl-content/uploads/2022/03/cedaw.pdf (letzter Zugriff: 16.03.2025).

906 Siehe Mamlaka al-Maġribīya, al-: Ad-dustūr (2011).

907 Vgl. Yafout: Le débat autour de l'héritage, S. 313f.

908 Conseil National des Droit de l'Homme (CNHD); Naciri: État de l'égalité et de la parité, S. 15.

909 Vgl. ebd., S. 15.

910 Ebd., S. 15.

rechtliche[911] Praktiken, die Errichtung von Religiösen Stiftungen (*al-ḥubūs*) oder Kollektivland sie um ihr Erbe bzw. ihren Landbesitz bringen.[912]

Ungleiche ökonomische Ressourcenverteilung resultiert somit auch, aber nicht ausschließlich aus den gesetzlichen Bestimmungen des Erbrechts. Mitunter erweist sich die Nichteinhaltung bestehender islamisch geprägter gesetzlicher Regelungen gar als nachteilhafter für Frauen.

6.2.2 Resterbschaft jenseits der Kernfamilie

Die agnatische Resterbschaft (*at-taʿṣīb*) wird indes nicht nur im Hinblick auf den für Männer doppelt so hohen Erbteil bei der Agnatisierung von Frauen durch Reformbefürworter problematisiert. Besondere Schwierigkeiten erwachsen für moderne Kernfamilien beim Fehlen männlicher Nachkommen in männlicher Linie. So zitiert Daoudi einen Notar aus Casablanca mit den Worten: „[…] le recours au contournement des règles successorales a souvent lieu quand un couple n'a qu'une fille ou des filles afin d'éviter que des parents éloignés ne viennent hériter avec elles."[913] Wie im vierten KAPITEL detailliert ausgeführt, gibt es agnatische Resterben durch sich selbst, zu denen ausschließlich Männer aus der männlichen Verwandtschaftslinie zählen; priorisiert werden dabei Deszendenten vor Aszendenten, welche ihrerseits den Vorzug vor Seitenverwandten genießen, und unter denen primär die Verwandtschaftsnähe und sekundär die Verwandtschaftsstärke entscheidet. Frauen aus der agnatischen Verwandtschaft erhalten – konstellationsabhängig – entweder eine koranische Erbquote oder sie werden (ggf. mit einem halben Männerteil) agnatisiert, und manche von ihnen in einigen Fällen auch gänzlich ausgeschlossen. Bei rein weiblicher agnatischer Deszendenz und ohne männliche agnatische Aszendenz fällt die Resterbschaft somit an die männliche agnatische Seitenverwandtschaft, seien es vollbürtige bzw. halbbürtige Brüder, Neffen, Onkel oder Cousins väterlicherseits des Erblassers.

---

911 Nicht gemeint ist hiermit die o. g. *tamazzalt*. Gewohnheitsrecht existiert in Marokko in verschieden lokalen oder tribalen Facetten, von denen die *tamazzalt* nur eine Ausdrucksform unter vielen ist.

912 Vgl. Conseil National des Droit de l'Homme (CNHD); Naciri: État de l'égalité et de la parité, S. 15; sowie Daoudi: Accès des femmes, S. 167–169.

913 Daoudi: Accès des femmes, S. 171.

 © Frank & Timme Verlag für wissenschaftliche Literatur

Infolgedessen kann es unversehens geschehen, dass entfernte Verwandte einen nicht unerheblichen Anteil der Erbschaft beanspruchen, ohne dass im Gegenzug den hinterbliebenen Frauen seitens ihrer männlichen Verwandtschaft die eigentlich islamisch-rechtlich ebenfalls vorgesehene Unterstützung zu teil werden würde. Verstirbt beispielsweise ein Vater eine einzige Tochter, seine Ehefrau sowie männliche agnatische Seitenverwandtschaft hinterlassend, ohne dass er Söhne oder lebende Eltern hat, erhält die Tochter die Hälfte und die Ehefrau ein Achtel, wohingegen die verbleibende Resterbschaft in Höhe von 37,5 % dann seinem Bruder, Neffen, Onkel oder Cousin zufällt. Die Psychotherapeutin Siham Benchekroun referiert eine Reihe von Fällen aus ihrer Beratungspraxis, welche dies eindrucksvoll unterstreichen.[914] Zur Illustration der Problemlage sei exemplarisch einer aufgegriffen, von dem ihr eine dreiunddreißigjährige Friseurangestellte aus Casablanca aus deren Kindheit berichtete:

> „‚[…] *Nous habitons, mes parent, mes deux sœurs et moi, un petit appartement dans le quartier Derb Seltane. Mon père était commerçant. Nous n'étions pas riches, mais nous ne manquions de rien* […]. *Et puis il y a eu le drame: une crise cardiaque qui a emporté mon père. C'était terrible. Comme il était fils unique et avait perdu ses parents assez jeunes, il n'y avait plus que nous pour le pleurer, et la famille de ma mère. Mais au 3ème jours de l'enterrement, un homme et son épouse sont arrivés. C'était un cousin de mon père, qui vivait à Tanger. Je ne le connaissais pas. Il a dit à ma mère qu'il fallait faire l'inventaire des biens de la maison, et se préparer à la vendre parce qu'il était le plus proche héritier mâle et que c'était shar'. Un vrai cauchemar. Ma mère a protesté, s'est accrochée à notre lieu et nos souvenirs. Nous n'avons rien pu faire, c'était leur droit. Nous avons dû tout vendre et déménagé dans un autre quartier populaire car notre part de l'argent de la vente n'a pas suffi à acheter une autre maison dans notre quartier habituel. Et en quelques mois, nous sommes devenues à la fois orpheline* [sic!] *et pauvres …*‘.“[915]

Ebenso gut vorstellbar wäre, dass die nicht zur Kernfamilie gehörenden Resterben in einem solchen Fall sogar in Europa leben, sich ihr Resterbe auszahlen lassen und zugleich noch unerreichbarer sind, wenn es darum geht ihren ebenfalls religiös begründeten Unterstützungs- und Unterhaltsverpflichtungen gegenüber der weiblichen Verwandtschaft nachzukommen. Dahin gehend berichtet Benchek-

---

914 Vgl. Benchekroun, Siham: En chemin vers l'égalité. In: Benchekroun, Siham (Hrsg.): L'héritage des femmes en islam. Exemple du Maroc. Paris: L'Harmattan, 2021, S. 220–222.

915 Ebd., S. 220f. [Hervorhebungen im Original].

roun u. a. von einem ihr kolportierten Fall, in dem eine Ehefrau und Mutter nach dem Tod ihres Mannes mit ihrer Erbquote von einem Achtel alleingelassen wurde, nachdem ihre allesamt außerhalb Marokkos lebenden Söhne ihre Erbteile eingefordert hatten und zu ihren Ehefrauen ins Ausland zurückgekehrt sind.[916]

Einer Analyse statistischer Daten des Wirtschaftsmathematikers Fouzi Mourji und des Wirtschaftswissenschaftlers Abdeljaouad Ezzrari zufolge kann nicht nur konstatiert werden, dass die ökonomische Lage der Frau in Marokko prekärer als die des Mannes ist, sondern dass Frauen insbesondere im Scheidungs- oder Verwitwungsfall, anders als oftmals behauptet, häufig keine finanzielle Unterstützung mehr durch männliche Familienangehörige erhalten.[917]

> „L'analyse des données réunis nous ont aussi révélé qu'au même titre que les hommes, les femmes sont conduites à s'assumer, notamment en situation de divorce ou veuvage, car elles ne sont en majorité pas incorporées dans d'autres ménages. De ce fait, les prétendues prises en charges par les ‚mâle' de la famille ne sont pas effectives."[918]

Mit einer Erwerbstätigenquote von über 30 % gehören die marokkanischen Frauen im Vergleich zu den übrigen Staaten der sog. Arabischen Welt zu den Spitzenreitern.[919] Benchekroun weist ergänzend darauf hin, dass nicht nur immer weniger Männer es sich leisten können (oder wollen), unverheiratete, verwitwete oder geschiedene weibliche Verwandte mit zu unterhalten, sondern dass Frauen gar immer häufiger für den Unterhalt von Männern aufkämen, so beispielsweise Töchter im ländlichen wie aber auch im städtischen Milieu für ihre Väter.[920] Auch nehmen Frauen, so Hakima Fassi Fihri, immer öfter die Rolle des Haushaltsvorstandes ein:

> „Il est édifiant de noter que le nombre de cellules familiales marocaines totalement prises en charge par des femmes (femmes chef de ménage), que ce soit en milieu rural ou en milieu urbain, connaît une croissance considérable d'année en année depuis les trente dernières années."[921]

---

916 Vgl. Benchekroun: L'inégalité dans l'héritage, S. 225.

917 Vgl. Mourji, Fouzi; Ezzrari, Abdeljaouad: Analyse économique de la situation de la femme au Maroc. In: Benchekroun, Siham (Hrsg.): L'héritage des femmes en islam. Exemple du Maroc. Paris: L'Harmattan, 2021, S. 207.

918 Ebd., S. 207.

919 Vgl. Fassi Fihri, Hakima: Evolution de la famille, S. 244.

920 Vgl. Benchekroun: L'inégalité dans l'héritage, S. 213–216.

921 Fassi Fihri: Evolution de la famille, S. 245.

© Frank & Timme Verlag für wissenschaftliche Literatur

Die Autoren der o. g. Studie richten ihr Augenmerk indes nicht auf eine Reform des Familien- und Erbrechts zur Lösung des von ihnen konstatierten strukturellen Problems. Sie plädieren stattdessen für die Förderung der (Aus-)Bildung von Frauen, um ihnen die Entscheidung für den Eintritt in den Arbeitsmarkt zu erleichtern und gleichzeitig das Gehaltsgefälle zwischen Männern und Frauen auf selbigem abzuschwächen.[922] Zugleich betonen sie die Notwendigkeit in künftigen Untersuchungen, den Wert der von Frauen im Haushalt erbrachten Arbeitsleistung gleichfalls zu evaluieren.[923] Ein solcher Ansatz entspräche im Übrigen dem Geiste der *tamazzalt* (bzw. von *al-kadd wa-s-siʿāya*) und wäre nicht nur für die sozio-ökonomische Betrachtung, sondern auch für die Evaluation der weiblichen Haus- und Hofarbeit – ganz im Sinne der historischen Rechtsgelehrten des Ġumāra-Gebietes – im Kontext ehe- und erbrechtlicher Aufteilungsfragen durchaus berücksichtigenswert. Die Anthropologin Saadia Radi adressiert denn auch interessanterweise den *taqnīn* als modernes Anpassungshemmnis der Erbrechtsnormen an gewandelte gesellschaftliche Realitäten im Vergleich zu früheren Zeiten, in denen – wie es in UNTERKAPITEL 5.2 geschildert wurde – Rechtsfortbildung durch den *iǧtihād* gewisser Rechtsgutachter betrieben wurde: „La loi sur l'héritage est inscrite dans le droit positif, ce qui rend impossible une évolution coutumière et quasiment impossible une évolution du fait des jurisconsultes."[924]

Doch wie begegnet die marokkanische Gesellschaft heutzutage den zuweilen aus dem *taʿṣīb* resultierenden sozialen Härten? Wie Benchekroun aus ihren Interviews berichtet, ist eine Infragestellung der islamischen Erbrechtsnormen nicht die Regel:

> „Hormis quelques rares exceptions, […] aucune des femmes […] ne remet en question la légitimité des règles d'héritage actuelles. Cette absence de contestation est motivée par l'idée que les lois marocaines de succession obéissent à la volonté divine et que cette volonté ne peut pas faire l'objet de débat lorsqu'on est musulman."[925]

922 Vgl. Mourji; Ezzrari: Analyse économique, S. 207.
923 Vgl. ebd., S. 208.
924 Vgl. Radi, Saadia: Comment faire pour préserver le patrimoine de ses filles? Le contournement de la loi et ses aléas. In: Benchekroun, Siham (Hrsg.): L'héritage des femmes en islam. Exemple du Maroc. Paris: L'Harmattan, 2021, S. 258.
925 Benchekroun: L'inégalité dans l'héritage, S. 227.

Nichtsdestotrotz sei in Erinnerung gerufen, dass der eingangs zitierte Notar anzeigte, dass insbesondere Familien ohne männliche Nachkommen zunehmend nach Wegen suchen, das geltende, mālikitisch geprägte Erbrecht zu umgehen. Denn, so beobachtet es Radi, obzwar viele Eltern sich nicht daran stören, dass ihre Söhne doppelt so viel erben wie ihre Töchter, wird die Tatsache, dass Kollateralverwandte oder Aszendenten ihren (weiblichen) Nachkommen die Erbschaft beschneiden, durchaus als negativ empfunden.[926] Eltern umgehen daher unliebsame Erbrechtsnormen beispielsweise dadurch, dass sie zu Lebzeit eine Schenkung vornehmen, bei der sie das mit einem Nießbrauch belastete Eigentum (*nue-propriété*) verschenken und den Nießbrauch (*usufruit*) zu Lebzeiten behalten oder sie verschenken einen Teil ihres Eigentums unbeschränkt, falls sie z. B. über mehrere Immobilien verfügen.[927] Daneben besteht die Möglichkeit, dass beim Grundbesitzerwerb durch den Mann die Ehefrau und / oder die Tochter mit in den Kaufvertrag aufgenommen werden, wobei der Grundbesitz in die *nue-propriété* für die Tochter bzw. Töchter und den *usufruit* für den Vater und / oder die Mutter aufgeteilt wird.[928]

> „Le droit du père ou de la mère ou parfois des deux est ainsi préservé jusqu'au décès. À ce moment-là, l'usufruit s'éteint et s'associe à la nue-propriété ce qui engendre le retour à la pleine propriété au profit de la ou des filles. Ainsi, lors du décès du parent ou des parents […] la ou les propriétés en question ne rentrent pas dans la succession et donc ne peuvent obéir aux règles successorales."[929]

Da ein Vermächtnis gemäß klassischer mālikitischer Auffassung nicht zugunsten eines gesetzlichen Erbens, wie zum Beispiel der Tochter, errichtet werden kann, und der marokkanische Gesetzgeber – in modifizierter Form – ein solches von der Zustimmung aller gesetzlichen Erben abhängig macht, können betroffene Familien nicht rechtssicher hierauf ausweichen.[930] Doch auch die zuvor geschilderten gängigen Umgehungsgeschäfte sind mit gewissen Risiken behaftet. Radi spitzt

926 Vgl. Radi: Comment faire pour préserver le patrimoine de ses filles?, S. 254.
927 Vgl. Daoudi: Accès des femmes, S. 171.
928 Vgl. ebd., S. 171.
929 Ebd., S. 171.
930 Vgl. Ibn Abī Zaid al-Qairawānī, Abū Muḥammad ʿAbd Allāh: Ar-risāla fī fiqh al-imām Mālik. Taʾlīf al-imām Abī Muḥammad ʿAbd Allāh b. Abī Zaid al-Qairawānī, al-mutawaffā sanat 386 H. [Die Epistel über die Jurisprudenz des Imām Mālik. Verfasst vom Imām Abī Muḥammad ʿAbd Allāh b. Abī Zaid al-Qairawānī, gestorben im Jahr 386 H.]. Vokalisiert und korrigiert von aš-Šaiḫ ʿAbd al-Wāriṯ Muḥammad ʿAlī. Beirut: Dār al-Kutub al-ʿIlmīya, o. J., S. 82f.; sowie Mamlaka al-Maġribīya, al-: Mudauwanat al-usra 2021, Art. 280.

© Frank & Timme Verlag für wissenschaftliche Literatur

das Dilemma, vor dem Eltern ohne männliche Nachkommen stehen, die Eigentumsübertragungen zu Lebzeiten vornehmen, entsprechend zu: „[…] on pourrait dire qu'ils sont contraints de se dépouiller pour éviter que leurs filles ne le soient."[931] Einer ihrer Interviewpartner, ein leitender Angestellter aus Marrakesch, begründet seine Weigerung, seine Vermögenswerte zu Lebzeiten an seine Ehefrau sowie die weibliche Nachkommenschaft zu übertragen, u. a. mit folgenden Sorgen:

> „[…] *Si je mets ma maison aux noms de mes filles et si mes filles se marient, peut-être le mari de l'une ou de l'autre va l'influencer pour vendre. Tu sais, quand la femme est amoureuse, elle ne va pas penser à ses parents. Il n'y a pas de garantie et c'est pour ça qu'il faut laisser les choses comme elles sont. Imagine, si je mets la maison au nom de ma femme et si elle meurt la première, je ne veux pas que son voyou de frère hérite ma maison.*"[932]

Den dennoch zunehmenden Rückgriff auf derlei Umgehungsgeschäfte sieht Daoudi als deutliches Symptom für Missstände im Erbrechtssystem, welche ein Eingreifen des Staates erforderlich machen.[933] Die Ergebnisse einer nicht-repräsentativen Feldforschung Radis legen zudem den bemerkenswerten Schluss nahe, dass die Bereitschaft zur Umgehung unabhängig davon, ob die Befragten praktizierende Gläubige waren oder dem Glauben indifferent gegenüberstehen, verbreitet ist.[934] Exemplifiziert werden kann dies anhand der Aussage einer nach ihrer Selbstauskunft nach praktizierenden, Kopftuch tragenden Muslimin, die als Assistentin der Geschäftsleitung in Casablanca arbeitet, gegenüber Radi:

> „*Le côté religieux me dérange pas, ça fait 1400 ans et les choses ont changé. Avant la femme ne travaillait pas. Avant les gens habitaient dans des tentes, si on fait sortir une femme d'une tente, elle peut aller s'installer dans une autre. Maintenant, qu'est-ce que tu vas faire si on te sort de ta maison? Tu vas t'installer sur le palier de la porte?* […] *Tout ce qui est donné à mes filles n'est pas haram. Ceux qui disent que c'est haram, ils ont des garçons, s'ils avaient uniquement des filles, ils n'aurai-ent jamais dit que c'est haram.* […]."[935]

Der Blick marokkanischer Reformbefürworter richtet sich mitunter auch nach Tunesien, da der tunesische Gesetzgeber, also eines Landes, dessen Rechtsgeschich-

931 Radi: Comment faire pour préserver le patrimoine de ses filles?, S. 256.
932 Ebd., S. 257. [Hervorhebungen im Original].
933 Vgl. Daoudi: Accès des femmes, S. 172.
934 Vgl. Radi: Comment faire pour préserver le patrimoine de ses filles?, S. 255.
935 Ebd., S. 259. [Hervorhebungen im Original].

te mālikitisch mit gewissen ḥanafitischen Einflüssen geprägt ist, bereits im Jahr 1959 eine Gesetzesänderung verabschiedet hat, nach der Töchtern, Sohnestöchtern usw. selbst dann eine Quotenerhöhung in Form der Resterbschaft zugestanden wird, wenn agnatische Seitenverwandte vorhanden sind.[936] Für eine analoge Novellierung plädieren im benachbarten Königreich denn auch manche Reformaktivistinnen und -aktivisten. So lobt das Collectif 95 Maghreb-Egalité explizit die tunesische Vorgehensweise in Anbetracht der gesellschaftlichen Veränderungen unter Berücksichtigung der neuen, die Kernfamilie in den Mittelpunkt rückenden predominanten Familienstruktur:

> „Proof can be seen in the *radd* technique used by a Tunisian legislator in 1959. This technique excludes collateral heirs (uncles, cousins, etc.) from the estate to the exclusive benefit of daughters. The legislator in this case was circumventing an inheritance rule that was clearly stated in the Quran. Yet, this infringement did not stir up any opposition because it was in keeping with social evolution. This Tunisian man preferred to leave all of his assets to his daughters rather than his brothers. This confirms the change in mentalities linked to the changes in family structure and the transition from the extended family to the smaller, modern nuclear family."[937]

Desgleichen hält der in Medina und Fès ausgebildete ehemals salafistische Prediger Mohamed Abdelouhab Rafiki den tunesischen Ansatz für durchaus bedenkenswert: „L'*ijtihâd* du législateur tunisien est basé sur le fait que la descendance du défunt lui est proche plus que tout héritier agnat. À cela s'ajoute la faiblesse du système des agnats et l'évolution de la famille. C'est un *ijtihâd* qui mérite d'être considéré."[938]

Die Reformaktivistin Benchekroun beklagt hingegen zu Unrecht, dass in Marokko lediglich (einige) männliche Erben als Universalerben berufen sein können.[939] Zwar trifft es gemäß mālikitischer Jurisprudenz zu, dass der stets

936 Vgl. Ebert: Das Erbrecht, S. S. 108, Fn. 398; und Ǧumhūrīya at-Tūnisīya al-: Maǧallat al-aḥwāl aš-šaḫṣīya 2019. Manšūrāt al-maṭbaʿa ar-rasmīya li-l-Ǧumhūrīya at-Tūnisīya. [Personalstatutsgesetzbuch der Republik Tunesien. Veröffentlichungen der Staatsdruckerei der Republik Tunesien]. Radès: Al-Maṭbaʿa ar-Rasmīya li-l-Ǧumhūrīya at-Tūnisīya, 2017, Art. 143bis, abrufbar unter: https://www.justice.gov.tn/fileadmin/medias/references_juridiques/codes_juridiques/StatutpersonnelArabe.pdf (letzter Zugriff: 21.04.2025).

937 Collectif 95 Maghreb-Egalité (Hrsg.): Guide to equality, S. 137f. [Hervorhebung im Original].

938 Rafiki, Mohamed Abdelouahab: L'islam: Une révolution pour instaurer l'égalité entre l'homme et la femme. In: Benchekroun, Siham (Hrsg.): L'héritage des femmes en islam. Exemple du Maroc. Paris: L'Harmattan, 2021, S. 75. [Hervorhebungen im Original].

939 Vgl. Benchekroun: En chemin vers l'égalité, S. 319.

© Frank & Timme Verlag für wissenschaftliche Literatur

männliche agnatische Resterbe durch sich selbst (*al-ʿaṣaba bi-n-nafs*), falls es neben ihm keine koranischen Quotenerben gibt, die Universalsukzession antritt, und dass einzig der Vater sowie der Großvater väterlicherseits etc. zudem als Erben die besondere Fähigkeit besitzen, konstellationsbedingt zugleich als Quoten- und agnatische Resterben berufen sein zu können (siehe KAPITEL 4), doch wurde bereits in UNTERKAPITEL 6.1.1.2 aufgezeigt, dass seit einer Gesetzesänderung Ende des Jahres 1962 jedweder Quotenerbe, sei er männlich oder weiblich, beim Fehlen von Resterben mittels Quotenerhöhung (*ar-radd*) seinen Anteil aufstockt und ein etwaiger Rest somit in diesem Fall nicht mehr der Staatskasse zufällt. Diese Neuregelung wurde gleichfalls in der *Mudauwanat al-usra* aus dem Jahr 2004 festgeschrieben, in der es in Artikel 349 dazu heißt, dass es das Finanzamt (*bait al-māl*) ist, dem die für die Staatsdomänen (*amlāk ad-daula*) zuständige Autorität die Erlangung des Besitzrechtes (*ḥiyāza*) an der Erbschaft (*al-mīrāṯ*) anvertraut hat, falls es keinen Erben (*wāriṯ*) gibt; doch bei der Existenz auch nur eines einzigen Quotenerbens (*wāriṯ wāḥid bi-l-farḍ*) erhöht sich für ihn sein Anteil um den Rest, und bei mehreren Quotenerben (*taʿaddud al-waraṯa bi-l-farḍ*), sofern die Erbquoten (*al-furūḍ*) die Hinterlassenschaft nicht erschöpfen, erhöht sich für sie ihre jeweilige Quote um den Rest gemäß ihres Anteils an der Erbschaft.[940] Entscheidend ist hierbei im Unterschied zum tunesischen Modell allerdings, dass es keine – seien sie noch so entfernten – männlichen Agnaten geben darf, die zum Resterbe berufen wären.

6.2.3 Interreligiöses Erbverbot

Sowohl die mālikitische Rechtstradition als auch das kodifizierte marokkanische Recht gestatten interreligiöse Ehen insofern, als dass dem muslimischen Mann – abgesehen von der Eheschließung mit einer Muslimin – ebenfalls die Ehe mit der Anhängerin einer sog. Buchreligion (*al-kitābīya*), d. h. Christinnen und Jüdinnen, offen steht; die muslimische Frau kann allerdings eine Ehe grundsätzlich einzig mit einem muslimischen Mann eingehen.[941] Somit können gemischtreligiöse

[940] Vgl. Mamlaka al-Maġribīya, al-: Mudauwanat al-usra 2021, Art. 349 VI.

[941] Für den klassischen mālikitischen *fiqh* vgl. Ibn Abī Zaid al-Qairawānī, Abū Muḥammad ʿAbd Allāh: Ar-risāla fī fiqh al-imām Mālik. Taʾlīf al-imām Abī Muḥammad ʿAbd Allāh b. Abī Zaid al-Qairawānī, al-mutawaffā sanat 386 H. [Die Epistel über die Jurisprudenz des Imām Mālik. Verfasst vom Imām Abī Muḥammad ʿAbd Allāh b. Abī Zaid al-Qairawānī,

Familienkonstellationen entstehen, welche sich im Todesfall eines Familienmitglieds mit dem der mālikitischen Jurisprudenz entwachsenden Erbhindernis der Religionsverschiedenheit bei der Frage des Eintritts in die Rechtsnachfolge in das Vermögen der verstorbenen Person konfrontiert sehen. So beerbt – wie anhand der *Risāla* aufgezeigt – weder der Muslim den Nichtmuslim, noch der Nichtmuslim den Muslim.[942] Und auch die *Mudauwanat al-usra* bekräftigt in Artikel 332 dieses interreligiöse Erbverbot.[943]

Benchekroun leitet hieraus eine Ungleichstellung der nichtmuslimischen gegenüber der muslimischen Ehefrau ab, verweist zugleich aber auch auf die sich daraus gleichermaßen ergebende Schlechterstellung des muslimischen Ehemannes: „Les épouses non musulmanes (comme leurs époux musulmans) ne bénéficient d'aucun droit de succession et subissent ainsi une inégalité par rapport aux épouses musulmanes."[944] Beide Argumente verdienen eine getrennte Betrachtung.

Die Ungleichstellung muslimischer und nichtmuslimischer Ehefrauen ist aus der Perspektive der nichtmuslimischen Ehefrau auf den ersten Blick ein eher theoretisches Konstrukt. Sofern die Eheleute ein diesbezügliches Problembewusstsein bei voller Gesundheit zu Lebzeiten haben, ist es gemäß mālikitischer Jurisprudenz dem muslimischen Ehemann, wie auch der nichtmuslimischen Ehefrau, freigestellt ein Vermächtnis zugunsten des Ehepartners zu errichten, welches wirksam ist, da es in diesem Fall eben nicht zugunsten eines gesetzlichen Erben verfasst wird.[945] Ein solches Vermächtnis kann gemäß mālikitischer Jurisprudenz wie auch geltendem marokkanischen Recht bis zu maximal einem Drittel der Hinterlassenschaft umfassen.[946] Dadurch könnte die nichtmuslimische Ehefrau faktisch sogar bessergestellt werden als die muslimische Ehefrau, der im Falle der Kinderlosigkeit ihres Ehemannes ein Viertel und neben Kindern ein Achtel als

gestorben im Jahr 386 H.]. Vokalisiert und korrigiert von aš-Šaiḫ ʿAbd al-Wāriṯ Muḥammad ʿAlī. Beirut: Dār al-Kutub al-ʿIlmīya, o. J., S. 67; für das geltende Recht vgl. Mamlaka al-Maġribīya, al-: Mudauwanat al-usra 2021, Art. 39 IV.

942 Vgl. Ibn Abī Zaid al-Qairawānī: Ar-risāla, S. 104.

943 Vgl. Mamlaka al-Maġribīya, al-: Mudauwanat al-usra 2021, Art. 332.

944 Vgl. Benchekroun: En chemin vers l'égalité, S. 320.

945 Vgl. Ḫalīl b. Isḥāq al-Mālikī: Muḫtaṣar al-ʿallāma Ḫalīl [Kompendium des hochgelehrten Ḫalīl]. Ediert von Aḥmad Ǧād. Kairo: Dār al-Ḥadīṯ, 2005, S. 256.

946 Vgl. Ibn Abī Zaid al-Qairawānī: Ar-risāla, S. 83; sowie Mamlaka al-Maġribīya, al-: Mudauwanat al-usra 2021, Art. 277.

 © Frank & Timme Verlag für wissenschaftliche Literatur

gesetzliche Erbquote zusteht, welche sie ggf. mit weiteren Ehefrauen noch zu teilen hat.[947] Eine Ungleichheit wäre in diesem Fall, anders als Benchekroun es in ihrer Kritik vermutlich intendiert hat, daher vielmehr aus der Perspektive der muslimischen Ehefrau zu konstatieren. Während sie von Gesetzes wegen auf vergleichsweise geringe Erbquoten ohne realistische Aussicht auf vetofreie zusätzliche Vermächtnisse festgelegt ist, kann die nichterbberechtigte nichtmuslimische Ehefrau durch ihren Mann mit einem deutlich höheren Anteil seiner Hinterlassenschaft bedacht werden. Problematisch bleibt hingegen, dass die muslimische Ehefrau einen Rechtsanspruch auf ihr Erbe hat, während eine nichtmuslimische Ehefrau auf die aktive und rechtzeitige Vorsorge durch ihren Ehemann angewiesen ist und eben keinen solchen Rechtsanspruch gegen ihn bzw. seine gesetzlichen Erben durchsetzen kann.

Im umgekehrten Falle des Ehemannes führt die Vermächtnislösung bei Kinderlosigkeit seiner Frau hingegen in der Tat zu einer Schlechterstellung, denn als Ehemann einer Muslimin erhielte er in diesem Falle eine Erbquote in Höhe der Hälfte.[948] Dies ist mit einem auf höchstens ein Drittel begrenzten Vermächtnis keinesfalls zu realisieren; sofern denn auf die nichtmuslimische Ehefrau die Bestimmungen der *Mudauwanat al-usra* zur Begrenzung der Vermächtnishöhe anwendbar[949] sind, was jedoch in der Mehrheit der Fälle zutreffen wird. Falls seine Frau Kinder hinterlässt, stünde ihm als Quotenerbe wiederum nur ein Viertel

[947] Vgl. Ibn Abī Zaid al-Qairawānī: Ar-risāla, S. 101; sowie Mamlaka al-Maġribīya, al-: Mudauwanat al-usra 2021, Art. 343 und 344.

[948] Vgl. Ibn Abī Zaid al-Qairawānī: Ar-risāla, S. 101; sowie Mamlaka al-Maġribīya, al-: Mudauwanat al-usra 2021, Art. 342.

[949] In Artikel 2 der *Mudauwanat al-usra* wird ihre Anwendbarkeit (1.) für alle Marokkaner, auch für jene mit einer zusätzlichen fremden Staatsbürgerschaft, (2.) alle, auch staatenlose Flüchtlinge gemäß Genfer Flüchtlingskonvention, (3.) jedwede Beziehung zwischen zwei Personen, von denen eine Marokkaner ist, (4.) jedwede Beziehung zwischen zwei Marokkanern, von denen einer Muslim ist, festgesetzt; auf marokkanische Juden sind die Bestimmungen des hebräisch-marokkanischen Personalstatutes anzuwenden, vgl. Mamlaka al-Maġribīya, al-: Mudauwanat al-usra 2021, Art. 2. Zum Internationalen Privatrecht (IPR) in Marokko siehe beispielsweise Essadik, Sayf Eddine: The Pecularity of the Conflict of Laws in Morocco: The Inversed Case of the Statute of Foreigners. In: Indonesia Private Law Review, Vol. 3, Nr. 1 (Jun. 2022), S. 11–22, abrufbar unter: https://doi.org/10.25041/iplr.v3i1.2461 (letzter Zugriff: 21.04.2025). Für eine ergänzende Betrachtung im Lichte des deutschen *ordre public* siehe z. B. Scholz: Erbrecht der maghrebinischen Staaten, S. 282–289.

zu.[950] In diesem Fall würde die zulässige Vermächtnisobergrenze nicht ausgeschöpft und er könnte theoretisch sogar mit einem größeren Anteil bedacht werden.

Ein zentraler und besonders weitreichender Aspekt der Ungleichheit gerät bei der Fokussierung auf die interreligiösen Ehepartner dagegen aus dem Blickfeld. Das Erbhindernis der Religionsverschiedenheit wirkt sich innerhalb einer aus einer solchen religionsübergreifenden Ehe erwachsenden Familie, auf sämtliche Familienmitglieder aus. So beerbt die nichtmuslimische Mutter beispielsweise auch nicht ihre muslimischen Kinder, und diese beerben ihrerseits nicht ihre Mutter usw. Da nun das islamische Erbrecht, wie im vierten KAPITEL dargestellt, ein komplexes und ausdifferenziertes System ist, welches – selbstverständlich konstellationsbedingt – gleichzeitig in verschiedene Richtungen zugleich, d. h. genealogisch auf- und absteigend sowie mitunter auch in die Seitenlinien hinein, vererbt, speisen sich die im Laufe eines Lebens durch Erbschaft zu erwerbenden Vermögenswerte aus diversen Quellen. Wenn nun ein nichtmuslimisches Familienmitglied – die Anwendbarkeit der *Mudauwanat al-usra* für es vorausgesetzt – in dem, was es vermacht bekommen und seinerseits vermachen kann im Einzelfall stets auf maximal ein Drittel festgelegt ist, entstehen dadurch Ungerechtigkeiten von deutlich größerer Tragweite, als wenn ausschließlich die Ehepartner betrachtet werden. So beliefe sich z. B. die Erbquote der einzigen Tochter auf die Hälfte, welche nicht durch das Vermächtnisdrittel simuliert werden könnte. Auch die sonst übliche Resterbschaft des Sohnes oder der Söhne würde in vielen Fällen durch das Vermächtnisdrittel beschnitten. Ein Kind aus einer solchen Ehe könnte hingegen die Mutter analog zur gesetzlichen Erbquote von maximal einem Drittel problemlos durch ein Vermächtnis in selber Höhe bedenken. Materielle Nachteile erwachsen also hierbei vor allem den muslimischen Familienmitgliedern der nichtmuslimischen Ehefrau. Im Übrigen sei daran erinnert, dass beide Seiten – im Unterschied zum gesetzlichen Erbanspruch – keinen Rechtsanspruch auf ein derartiges Vermächtnis geltend machen können. Ferner gilt es zu bedenken, dass die Gesamtheit der möglichen Vermächtnisse auf ein Drittel begrenzt ist, und diese Summe daher nicht für jedes einzelne Familienmitglied zur Verfügung steht.

---

950 Vgl. Ibn Abī Zaid al-Qairawānī: Ar-risāla, S. 101; sowie Mamlaka al-Maġribīya, al-: Mudauwanat al-usra 2021, Art. 343.

© Frank & Timme Verlag für wissenschaftliche Literatur

Es stellt sich ferner die Frage nach dem gesellschaftlichen Stellenwert einer diesbezüglichen Reformforderung im Vergleich zur Relevanz der zuvor ausgeführten Innovationsdesiderata der Reformaktivistinnen und -aktivisten. Vom Standpunkt der Quantität aus betrachtet, betreffen die vorherigen Reformforderungen die Gesamtgesellschaft, wohingegen eine etwaige Novellierung des Erbrechts bezüglich des interreligiösen Erbverbotes für einen begrenzteren Adressatenkreis von direktem Interesse ist. Dabei sollte nicht außer Acht gelassen werden, dass sich die marokkanische Gesellschaft aufgrund von Immigration und Emigration zunehmend internationalisiert, und dass das Erbhindernis der Religionsverschiedenheit gerade innerhalb der davon mutmaßlich proportional stärker betroffenen wohlhabenden Mittel- und Oberschicht des Landes durchaus Fragen aufwirft. „En effet, les mariages mixtes sont considérablement en hausse, du fait de l'ouverture résultant des changements socio-économiques et culturels.“[951]

Die vergleichende Religionswissenschaftlerin Nadia Charkaoui plädiert in diesem Zusammenhang für eine intensivere Auseinandersetzung mit den koranischen Bestimmungen, welche nach ihrem Verständnis die Erbberechtigung einer den Buchreligionen angehörenden Ehefrau nicht eindeutig untersagen; sie weist außerdem darauf hin, dass laut Koran dem Muslim nicht nur die Ehe mit einer *kitābīya* gestattet ist, sondern sich für ihn ihr gegenüber daraus unbestreitbar ebenfalls finanzielle Verpflichtungen wie die Zahlung des Brautgeldes (*al-mahr*) und des Unterhaltes (*an-nafaqa*) ableiten.[952] Ferner gebe es in Sure 4, Vers 12 keinerlei Hinweis darauf, dass die Erbberechtigung der Frau nur auf Musliminnen zu beschränken sei.[953] Sie resümiert daher, dass „[...] les conclusions sur lesquelles se basent les jurisconsultes pour interdire à l'épouse kitâbiyah d'hériter de son époux musulman manquent de preuves provenant des textes coraniques explicites.“[954] Die Ablehnung der Erbberechtigung der buchreligiösen Ehefrau durch die Rechtsgelehrten stütze sich, so Charkaoui, vielmehr auf verschiedene Prophetenüberlieferungen, die jedoch, wie sie darlegt, älter als die fragliche koranische

951 Charkaoui, Nadia: La controverse autour de l'héritage de l'épouse kitâbiyah. In: Benchekroun, Siham (Hrsg.): L'héritage des femmes en islam. Exemple du Maroc. Paris: L'Harmattan, 2021, S. 119.

952 Vgl. ebd., S. 120–124.

953 Vgl. ebd., S. 123f.

954 Ebd., S. 130.

Bestimmung zur Erbschaft der Ehefrau und somit durch diese abrogiert seien.[955] Ergänzend führt sie an, dass eine Mehrheit der nicht-mālikitischen Rechtsgelehrten Ausnahmen vom Erbverbot zugunsten von Muslimen im Falle von Apostasie oder jüdischen und christlichen Erblassern durchaus zuließe.[956] Auf der Basis weiterer Auseinandersetzungen mit den koranischen Bestimmungen kommt Charkaoui zu folgender Conclusio:

> „[…] il est impératif de trancher cette question de l'héritage de l'épouse *kitâbiyah* en se basant sur la comparaison entre les textes coraniques et les textes produits par la jurisprudence, et en faisant arbitrer les textes coraniques qui représentent et dépassent la contradiction irrationnelle.“[957]

Grundsätzlich bestehen bereits durch die Möglichkeit zur Errichtung eines Vermächtnisses – oder durch Schenkungen zu Lebzeit – gangbare Möglichkeiten zur Umgehung bzw. Abmilderung dieser Problematik. Das eigentliche Problem ist somit der fehlende Rechtsanspruch der nicht-muslimischen Ehefrau gegen ihren muslimischen Mann und andere Familienmitglieder bzw. ihrer Angehörigen gegen sie. Diesem könnte womöglich mit der Einführung eines sog. Pflichttestaments, welches ja bereits im Falle der Absicherung von Enkeln eines vorverstorbenen Nachkommen des Erblassers praktiziert wird, auf kreative Weise begegnet werden.

6.3 Ausblick auf das neue Reformvorhaben

Nach dem vorausgegangenen würdigenden Überblick über die Kodifikation und die bisherigen Reformen des marokkanischen Familienrechts sowie einiger, speziell im Hinblick auf das Erbrecht formulierter Kritikpunkte der Reformbefürworter soll aufgezeigt werden, dass es sich hierbei um einen dynamischen und noch keinesfalls abgeschlossenen Prozess handelt. Spätestens seit den ausgehenden 2010er Jahre werben marokkanische Frauen- und Menschenrechtsaktivistinnen und -aktivisten mit Nachdruck für eine abermalige, noch weitreichendere Reform des marokkanischen Familiengesetzbuches.[958] Gefordert werden dieses Mal nicht nur Nachbesserungen im Ehe- und Familienrecht, sondern dezidiert auch

955 Vgl. Charkaoui: La controverse autour de l'héritage, S. 125–127.
956 Vgl. ebd., S. 127–130.
957 Ebd., S. 131. [Hervorhebung im Original].
958 Vgl. Barisch: Das Ringen, o. S.

 © Frank & Timme Verlag für wissenschaftliche Literatur

Nachbesserungen im Hinblick auf das Erbrecht von Frauen. In diesen Kontext reiht sich auch der oben erwähnte von Benchekroun herausgegebene Sammelband, der erstmals 2017 / 2018 gleich in drei Sprachen editiert wurde, ein.[959]

Doch wie bereits im Zuge des letzten Reformprozesses rund 20 Jahre zuvor repräsentieren die reformorientierten Kräfte alleine nicht die gesamtgesellschaftliche Stimmungslage. Auch konservative Reformgegner erheben wieder ihre Stimmen. Einer Mitte Juni 2022 veröffentlichten repräsentativen Studie im Auftrag der *Association des femmes marocaines pour la recherche et le développement* (AFEMARD) und der *Organisation marocaine des droits humains* (OMDH) – unterstützt durch die deutsche *Friedrich-Ebert-Stiftung* (FES) – zufolge sprachen sich von den 1.200 Befragten aus dem ländlichen und urbanen Milieu 36 % für eine Reform des Erbrechts zugunsten der Frauen aus, wohingegen 44 % eine derartige Reform kategorisch ablehnten und rund 20 % sich zu dieser Frage nicht positionieren wollten.[960] Während sich die Reformgegner darauf berufen, dass die *Mudauwana* auf den Bestimmungen des Islam beruhe und die eindeutigen Koranstellen zum Erbrecht nicht modifizierbar seien, argumentieren die Befürworter u. a. mit der Verfassung, internationalen Abkommen sowie dem gesellschaftlichen Wandel und der damit einhergehenden ökonomischen Rolle der Frau.[961] Wie hingegen u. a. die von Benchekroun zusammengetragenen Beiträge belegen, führt auch so mancher Reformaktivist religionsbasierte Argumente an.[962]

Aber erst König Muḥammad VI. legte mit seiner Rede an die Nation anlässlich des 23. Jahrestages seiner Inthronisierung am 30. Juli 2022 – noch inmitten der weltweiten Corona-Pandemie – den Grundstein für eine neue Reform der *Mudauwana*:

---

959 Siehe Fn. 870.

960 Vgl. Benadad, Hassan: Lois sur l'héritage: 44% des Marocains contre tout changement. In: Le360, (14.06.2022), o. S., abrufbar unter: https://fr.le360.ma/politique/lois-sur-lheritage-44-des-marocains-contre-tout-changement-261851/ (letzter Zugriff: 08.03.2025); ergänzend für mehr Details siehe Benradi, Malika; Khazzani, Anissa; Rhou, El Hassan; Talioua, Samira; Fazouane, Abdeslam; AFEMARD; OMDH: Le système successoral au Maroc. Qu'en pensent les Marocains et les Marocaines? Rabat: Friedrich-Ebert-Stiftung, Maroc, 2022, abrufbar unter: https://library.fes.de/pdf-files/bueros/maroc/19447.pdf (letzter Zugriff: 08.03.2025).

961 Vgl. ebd., o. S.

962 Siehe Benchekroun (Hrsg.): L'héritage.

„[…] De fait, depuis Notre Accession au Trône, Nous avons veillé à la promotion de la condition de la femme, en lui offrant toutes les possibilités d'épanouissement et en lui accordant la place qui lui revient de droit.
Ainsi, parmi les réformes majeures engagées sous Notre impulsion, figurent la promulgation du Code de la Famille et l'adoption de la Constitution de 2011 qui consacre l'égalité homme-femme en droits et en obligations et, par conséquent, érige le principe de parité en objectif que l'Etat doit chercher à atteindre.
L'esprit de la réforme ne consiste pas à octroyer à la femme des privilèges gracieux, mais, bien plus précisément à lui assurer la pleine jouissance des droits légitimes que lui confère la Loi. Dans le Maroc d'aujourd'hui, il n'est en effet plus possible qu'elle en soit privée. […]
Dans un premier temps, le Code de la Famille a représenté un véritable bond en avant; désormais il ne suffit plus en tant que tel. L'expérience a en effet mis en évidence certains obstacles qui empêchent de parfaire la réforme initiée et d'atteindre les objectifs escomptés. […]
La réalité est autre: le Code n'est spécifique ni aux hommes, ni aux femmes: il est dédié à la famille entière. Fondé sur la notion d'équilibre, il donne aux hommes et aux femmes les droits qui leur échoient respectivement et il tient compte de l'intérêt des enfants. […]
Il convient aussi de dépasser les défaillances et les aspects négatifs révélés par l'expérience menée sur le terrain et, le cas échéant, de refondre certaines dispositions qui ont été détournées de leur destination première.
En qualité d'Amir Al-Mouminine, et comme Je l'ai affirmé en 2003 dans le Discours de présentation du Code devant le parlement, Je ne peux autoriser ce que Dieu a prohibé, ni interdire ce que le Très-Haut a autorisé, en particulier sur les points encadrés par des textes coraniques formels.
A cet égard, Nous nous attachons à ce que cet élan réformateur soit mené en parfaite concordance avec les desseins ultimes de la Loi islamique (Charia) et les spécificités de la société marocaine. Nous veillons aussi à ce qu'il soit empreint de modération, d'ouverture d'esprit dans l'interprétation des textes, de volonté de concertation et de dialogue, et qu'il puisse compter sur le concours de l'ensemble des institutions et des acteurs concernés. […]
Par ailleurs, rappelons une vérité essentielle: quand les femmes accèdent pleinement à leurs droits, elles ne portent aucun préjudice aux hommes, pas plus qu'elles ne se font tort. De fait, la condition sine qua non pour que le Maroc continue de progresser est qu'elles occupent la place qui leur échoit et qu'elles apportent leur concours efficient à toutes les filières de développement. […]"[963]

---

[963] Muḥammad VI.: SM le Roi adresse un Discours à la Nation à l'occasion de la Fête du Trône. Rabat: 30. Juli 2022, o. S., abrufbar unter: https://www.collectivites-territoriales.gov.ma/fr/

© Frank & Timme Verlag für wissenschaftliche Literatur

Wie bereits anlässlich der ersten Reform des Personalstatutes betont der Souverän auch in dieser Ankündigung seine Rolle als Anführer der Gläubigen (*amīr al-mu ʾminīn*), der an die göttlichen Gebote und Verbote gebunden ist und eindeutige koranische Texte nicht ignorieren kann, daneben streicht er die Notwendigkeit hervor, eine Reform, welche zutage getretene rechtliche Defizite beseitigen, die *Mudauwana* mit der progressiven Verfassung aus dem Jahr 2011 harmonisieren sowie dem gesellschaftspolitischen Wandel und der Zukunftsfähigkeit des Landes Rechnung tragen soll, im Einklang mit den Intentionen der *šarī ʿa* wie auch den Besonderheiten der marokkanischen Gesellschaft zu gestalten.

Bedingt durch Uneinigkeiten innerhalb der seit 2021 regierenden Koalition aus RNI[964], PAM[965] und Istiqlal[966] unter Premierminister Aziz Akhannouch[967] (geb. 1961) folgten auf die Ansprache des Königs allerdings zunächst keine konkreten Schritte, was den Monarchen dazu veranlasste, seiner Forderung in einem Schreiben[968] vom 27. September 2023 an seinen Premierminister Nachdruck zu verleihen und diesem eine Frist von maximal sechs Monaten zur Ausarbeitung von Reformvorschlägen zu setzen.[969] Daraufhin nahm am 01. November 2023 eine Kommission unter Führung des Justizministeriums (*wizārat al- ʿadl*), des Obersten Rates der Judikative (*al-mağlis al-a ʿlā li-s-sulṭa al-qaḍā ʾīya*) und des

discours-et-messages-royaux/sm-le-roi-adresse-un-discours-la-nation-loccasion-de-la-fete-du-trone-1 (letzter Zugriff: 07.03.2025).
Die Rede ist ebenfalls auf Arabisch abrufbar, siehe Muḥammad VI.: Ğalālat al-Malik yuwağğihu ḫiṭāban ilā al-umma bi-munāsabat ʿīd al-ʿarš al-mağīd [Seine Majestät der König hält anlässlich des Thronjubiläums eine Rede an die Nation]. Rabat: 30. Juli 2022, o. S., abrufbar unter: https://www.collectivites-territoriales.gov.ma/index.php/ar/discours-et-messages-royaux/jlalt-almlk-ywjh-khtaba-aly-alamt-bmnasbt-yd-alrsh-almjyd-0 (letzter Zugriff: 05.03.2025).

964 Rassemblement National des Indépendants (*At-tağammu ʿ al-waṭanī li-l-aḥrār*).

965 Parti Authenticité et Modernité (*Ḥizb al-aṣāla al-l-mu ʿāṣara*).

966 Parti de l'Istiqlal (*Ḥizb al-istiqlāl*).

967 In DMG-Umschrift: ʿAzīz Aḫannūš.

968 Eine inoffizielle französische Übersetzung wurde vom marokkanischen Wirtschaftsnachrichten-Portal Medias24 am 01. Oktober 2023 online veröffentlicht, siehe Rédaction Medias24: Document. Le text intégral de la lettre royal sur la réforme de la Moudawana. In: Medias24. Le numéro un de l'information économique marocaine, (01. / 02.10.2023), o. S., abrufbar unter: https://medias24.com/2023/10/01/document-le-texte-integral-de-la-lettre-royale-sur-la-reforme-de-la-moudawana/ (letzter Zugriff: 10.03.2025).

969 Vgl. Vagt, Sebastian: Ein kleiner Schritt für die Frauenrechte, ein großer Schritt für Marokko. In: Internetauftritt der Friedrich Naumann Stiftung für die Freiheit, (09.04.2024), o. S., abrufbar unter: https://www.freiheit.org/de/marokko/ein-kleiner-schritt-fuer-die-frauenrechte-ein-grosser-schritt-fuer-marokko (letzter Zugriff: 08.03.2025).

Präsidiums der Generalstaatsanwaltschaft (*ri'asat an-niyāba al-'āmma*) und unter Einbeziehung des Generalsekretärs der Mohammedanischen Liga der Religionsgelehrten (*ar-rābiṭa al-muḥammadīya li-l-'ulamā'*) Ahmed Abbadi[970] (geb. 1960), des Obersten Rates der Religionsgelehrten (*al-maǧlis al-'ilmī al-a'lā*), des Nationalen Rates für Menschenrechte (*al-maǧlis al-waṭanī li-ḥuqūq al-insān*) und der für Solidarität, soziale Integration und Familie zuständigen Regierungsbehörde (*as-sulṭa al-ḥukumīya al-mukallafa bi-t-taḍāmun wa-l-idmāǧ al-iǧtimā'ī wa-l-usra*) in Rabat ihre Arbeit auf.[971]

Der König hatte zudem ausdrücklich einen partizipatorischen, Vertreter aus Zivilgesellschaft, Wissenschaft und Rechtspraxis – insbesondere auch Aktivisten für Menschen-, Frauen- und Kinderrechte – in den Reformprozess integrierenden Ansatz gefordert.[972] Daher konnten in den folgenden Monaten aus der Zivilgesellschaft heraus Petitionen und Meinungen an diese Kommission heran- und teilweise sogar persönlich vorgetragen werden.[973] So wurden 130 Anhörungen von Vertreterinnen und Vertretern politischer Parteien und Gewerkschaften sowie aus der Wissenschaft und der Zivilgesellschaft abgehalten.[974] Der marokkanische Soziologe Abdessamad Dialmy, der eigenen Angaben zufolge weder offiziell noch als Privatperson an diesen Konsultationen teilgenommen hat, erläutert dazu in einem Ende Juni 2024 gegebenen Interview: „Es gab einen Link, unter dem jeder Marokkaner und jede Marokkanerin eine Meinung zum Familienrecht und seiner Reform einreichen konnte."[975] Ferner hebt er hervor, dass ein derart breiter Meinungsbildungsprozess in Marokko in einer solchen Frage erstmalig realisiert wurde.[976] Desgleichen betont der Büroleiter der deutschen Friedrich Naumann

970 In DMG-Umschrift: Aḥmad al-'Abbadī.

971 Vgl. Mamlaka al-Maġribīya, al-; Wizārat al-'Adl: Al-hai'a al-mukallafa bi-ta'dīl Mudauwanat al-usra tudaššin istišārātahā ma'a muḫtalaf al-fā'ilīn al-ma'anīyīn [Die mit der Änderung des Familiengesetzes beauftragte Kommission leitet Konsultationen mit verschiedenen Interessengruppen ein], 01. November 2023, o. S., abrufbar unter: https://justice.gov.ma/2023/11/01/11688/ (letzter Zugriff: 09.03.2025).

972 Vgl. ebd., o. S.

973 Vgl. Vagt: Ein kleiner Schritt, o. S.

974 Vgl. Barisch: Das Ringen, o. S.

975 Mende, Claudia (Interviewerin); Dialmy, Abdessamad (Interviewter): „Wir müssen den Islam vom Patriarchat befreien". In: Qantara.de, (27.06.2024), o. S., abrufbar unter: https://qantara.de/node/44092 (letzter Zugriff: 08.03.2025).

976 Vgl. ebd., o. S.

 © Frank & Timme Verlag für wissenschaftliche Literatur

Stiftung in Rabat die Bedeutung dieser noch nie da gewesenen pluralitären Vorgehensweise:

> „Was auch immer das Ergebnis sein wird, der Reformprozess und die damit einhergehende gesellschaftliche Debatte in Marokko sind bemerkenswert und zeugen vom aufrichtigen Willen des Landes, seine außerordentlich erfolgreiche Entwicklung der vergangenen Jahre nicht nur wirtschaftlich, sondern auch gesellschaftlich weiter voranzutreiben.“[977]

Im März 2024 unterbreitete die Kommission schließlich ihre – noch nicht öffentlichen – Reformvorschläge durch Premierminister Akhannouch dem König, welcher sie in der Folge prüfte.[978] Der Monarch selbst präsidierte daraufhin am 23. Dezember 2024 im königlichen Palast in Casablanca einer Arbeitssitzung dieses Gremiums, an der neben dem Regierungschef Akhannouch noch der Justizminister Abdellatif Ouahbi[979] (geb. 1961), der Minister für Religiöse Stiftungen und islamische Angelegenheiten Ahmed Toufiq[980] (geb. 1943) und die Ministerin für Solidarität, soziale Integration und Familie Naima Ben Yahia[981] teilnahmen.[982] Anberaumt wurde diese Sitzung, nachdem die Kommission dem König im Frühjahr fristgemäß einen mehr als 100 Änderungsvorschläge umfassenden Bericht vorgelegt hatte und dieser zwischenzeitlich in seiner Funktion als *amīr al-muʾminīn* bezüglich einiger Vorschläge den Obersten Rat der Religionsgelehrten angehört und in Fragen, in denen das Gremium sich uneins gewesen war, oder die einen schariatrechtlichen Rat erforderten, als Arbitrator fungiert hatte.[983] Im Zuge dieser Arbeitssitzung legte der Justizminister ihm die Arbeitsweise der Kommission dar und der Minister Toufiq, der zugleich auch Mitglied des Obersten Rates der Religionsgelehrten ist, erläuterte danach die Ergebnisse der Gutachten dieses Rates,

> „[…] qui ont établi le fondement légal essentiel de certaines propositions de l’Instance et pris en compte le principe de la Maslaha (l’intérêt) pour trouver des

977 Vagt: Ein kleiner Schritt, o. S.

978 Vgl. Barisch: Das Ringen, o. S.; sowie Mende; Dialmy: „Wir müssen …“, o. S.

979 In DMG-Umschrift: ʿAbd al-Laṭīf Wahbī.

980 In DMG-Umschrift: Aḥmad Taufīq.

981 In DMG-Umschrift: Naʿīma b. Yaḥyā.

982 Vgl. Royaume du Maroc; Ministère des Affaires Etrangères de la Coopération Africaine et des Marocains Résidant à l'Étranger: Communiqué du Cabinet Royal, lundi 23 Décembre 2024, o. S., abrufbar unter: https://diplomatie.ma/fr/communiqu%C3%A9-du-cabinet-royal-29 (letzter Zugriff: 08.03.2025).

983 Vgl. ebd., o. S.

© Frank & Timme Verlag für wissenschaftliche Literatur

> solutions conformes à la Charia concernant d'autres propositions. Ceci a représenté une occasion de mettre en valeur la capacité de l'Ijtihad constructif dans la déduction des règles de la Charia, le juste milieu et la modération de l'Ecole marocaine du Fiqh, qui puise ses fondements dans les constantes religieuses du Royaume."[984]

Der König hielt anschließend den Obersten Rat der Religionsgelehrten dazu an, dessen Reflexionen fortzusetzen, einen konstruktiven *iğtihād*[985] zur Anwendung zu bringen und innerhalb des Rates einen angemessenen Rahmen zu schaffen, um die Untersuchung der Fragestellungen zum *fiqh* und zur Evolution der marokkanischen Familie, welche innovative und zeitgemäße Antworten erforderlich machen, weiter zu vertiefen.[986]

Ferner beauftragte er seinen Regierungschef und seine Minister, die Öffentlichkeit über die Novellierung informiert und auf dem Laufenden zu halten, und er trug der Regierung auf, innerhalb eines angemessenen zeitlichen Rahmens eine im Einklang mit den verfassungsrechtlichen Bestimmungen stehende Gesetzesinitiative zu erarbeiten und auszuformulieren.[987] Mit Blick auf die sich daran anschließende Phase der legislativen Billigung der *Mudauwana*-Revision rief er den dafür vorgesehenen Referenzrahmen in Erinnerung: „Il s'agit des principes de justice, d'égalité, de solidarité et de cohérence prônés par la Sainte religion de l'Islam, ainsi que des valeurs universelles émanant des conventions internationales ratifiées par le Maroc."[988] Auch mahnte er u. a. Reformwillen, Fortschrittsorientierung, Ausgewogenheit sowie unzweideutige Formulierungen an.[989]

Der marokkanischen Presse sind in der Folge dieser Sitzung eine Reihe von Reformvorschlägen zu entnehmen, welche jedoch – wie betont werden muss – noch nicht das endgültige Reformvorhaben repräsentieren, da der Reformprozess (Stand: Mitte Mai 2025) noch nicht abgeschlossen ist. Es handelt sich also bei den hier wiedergegebenen Informationen lediglich um Bausteine dieser Reformdebatte, die keineswegs die endgültigen Reformergebnisse vorwegnehmen. Das marokkanische Wirtschaftsnachrichten-Portal Medias24 berichtet unter Berufung auf die im Anschluss an die Arbeitssitzung erfolgte Ansprache des Justizministers

---

[984] Royaume du Maroc: Communiqué du Cabinet Royal (23.12.2024), o. S.
[985] D. h. die selbständige islamische Rechtsinterpretation.
[986] Vgl. Royaume du Maroc: Communiqué du Cabinet Royal (23.12.2024), o. S.
[987] Vgl. ebd., o. S.
[988] Ebd., o. S.
[989] Vgl. ebd., o. S.

 © Frank & Timme Verlag für wissenschaftliche Literatur

Ouahbi von 16 Reformideen: Vier davon beziehen sich auf die Eheschließung, vier weitere stehen im Zusammenhang mit der Scheidung, eine davon weist, wie noch zu zeigen sein wird, impliziten Bezug zu *al-kadd wa-s-si ʿāya* auf, zwei weitere nehmen Bezug zur tatsächlichen Personensorge im Scheidungsfall, ein anderer Vorschlag adressiert den Unterhalt, zwei weitere das Kindschaftsrecht und die letzten drei Reformideen fokussieren das Erbrecht.[990] Ferner berichtet die Redaktion, dass der Minister auch eine verbesserte Personalausstattung, eine Revision des einschlägigen Verfahrensrechts wie auch Zugangserleichterungen zur Jurisdiktion als flankierende Maßnahmen in Aussicht gestellt habe.[991]

Vier dieser nun publik gewordenen Reformvorschläge sind im Rahmen der vorliegenden Schrift von besonderem Interesse. Im Kontext der Revisionsvorschläge zur Eheauflösung heißt es in der Presse: „Le travail à domicile de la femme sera pris en considération pour l'évaluation des biens acquis ensemble […]“[992]. Ein einordnender Pressebeitrag der Journalistin Sara Ibriz auf derselben Online-Plattform von Anfang Januar 2025 expliziert dazu, dass im Scheidungsfalle, sollte die Frau während der Dauer der Ehe ganz oder teilweise nicht gearbeitet haben und durch die Eheleute gleichzeitig neue Vermögenswerte erworben worden sein, diese zwischen ihnen beiden aufzuteilen sind; unberührt davon bleiben hingegen jedwede vor der Eheschließung erworbenen Güter.[993] Genauere Einzelheiten über die geplante Aufteilung sind noch nicht bekannt.[994] Diese geplante Neuregelung verfolge, laut Ibriz, den Zweck,

> „[…] de protéger les femmes, parfois contraintes à se consacrer aux tâches ménagères qui, au moment du divorce, se retrouvent sans aucun bien matériel malgré leurs sacrifices et leur dévouement au foyer familiale. Beaucoup de militants des droits de femmes estiment que si les époux ont pu développer leur patrimoine

990 Vgl. Rédaction Medias24: Moudawana: voici les principaux axes au cœur de la réforme. In: Medias24. Le numéro un de l'information économique marocaine, (24. / 25.12.2024), o. S., abrufbar unter: https://medias24.com/2024/12/24/moudawana-voici-les-principaux-axes-au-coeur-de-la-reforme-ouahbi/ (letzter Zugriff: 13.03.2025).

991 Vgl. ebd., o. S.

992 Ebd., o. S.

993 Vgl. Ibriz, Sara: Comprendre les propositions de la réforme de la Moudawana: mariage, divorce, polygamie et héritage. In: Medias24. Le numéro un de l'information économique marocaine, (11.01.2025), o. S., abrufbar unter: https://medias24.com/2025/01/11/comprendre-les-propositions-de-reforme-de-la-moudawana-mariage-divorce-polygamie-et-heritage/ (letzter Zugriff: 13.03.2025).

994 Vgl. ebd., o. S.

pendant la période du mariage, c'est aussi grâce au rôle joué par leurs épouses au niveau de la gestion du foyer."[995]

Dieser Vorschlag würde eine Art der – wie in KAPITEL 5 dieses Buches bereits ausgeführt klassisch islamisch-rechtlich nicht vorgesehenen – ehelichen Zugewinngemeinschaft im Familiengesetzbuch des Königreiches verankern. Und er wäre damit – ob expliziert oder nicht – ein Rückgriff auf das in der Sprache der islamischen Rechtsgelehrten *al-kadd wa-s-si ʿāya* genannte Phänomen, welches im amazighischen Gewohnheitsrecht bereits zuvor als *tamazzalt* firmierte. Allerdings würde es lediglich den Teil dieser Rechtspraxis inkorporieren, der sich auf die Beziehung zwischen lebenden (Ex-)Ehepartnern bezieht, und bliebe somit noch hinter der *fatwā* des mālikitischen Rechtsgelehrten Ibn ʿArdūn aṣ-Ṣaġīr (gest. gest. 1604) zurück, der dasselbe amazighisch-stämmige Prinzip auch auf die Witwe anwandte. Wie jedoch schon aufgezeigt, blieb ein solches Rechtsgutachten bereits in der Vergangenheit nicht unangefochten.

Die weiteren drei an dieser Stelle beachtlichen Reformideen beziehen sich unmittelbar auf das Erbrecht, das ja durch die erste Reform der *Mudauwana* im Jahr 2004 noch so gut wie gar nicht betroffen war. Dementsprechend steht erstens zur Debatte, dass dem überlebenden Ehepartner unter gewissen noch nicht genauer spezifizierten gesetzlich ausformulierten Bedingungen bis zu seinem eigenen Tode die Beibehaltung des ehelichen Domizil zuerkannt werden könnte: „Au décès de l'un des époux, le survivant aura le droit de garder le domicile conjugale, selon des règles qui seront définies par la loi [...]."[996]

Zweitens wird eine Konkretisierung des Vorschlages des Obersten Rates der Religionsgelehrten zur Erbschaft von Töchtern, nach der die Eheleute zugunsten ihrer Töchter zu Lebzeiten Schenkungen vornehmen können, erwogen: „Concrétisation de la proposition de Conseil supérieur des Oulémas au sujet des filles: de leur vivant, les époux pourront leur faire des donations qu'ils souhaitent [...]."[997] Töchter verlieren nämlich – wie bereits oben ausgeführt – mittels Agnatisierung durch bestimmte männliche agnatische Resterben ihre koranische Erbquote, und teilen mit ihnen zu ihren eigenen Ungunsten die Resterbschaft dann im Verhältnis 1 : 2. Voll- oder halbbürtigen Töchter väterlicherseits des Erblassers werden stets

995 Ibriz: Comprendre les propositions, o. S.
996 Rédaction Medias24: Moudawana, o. S.
997 Ebd., o. S.

 © Frank & Timme Verlag für wissenschaftliche Literatur

durch ihre voll- bzw. halbbürtigen Brüder väterlicherseits, d. h. den voll- oder halbbürtigen Söhnen väterlicherseits des Erblassers, agnatisiert; bei deren Fehlen bewirken andere männliche Agnaten zwar keine Agnatisierung der Töchter, erhalten mit der Resterbschaft jedoch einen signifikanten Anteil der Erbmasse, die daraufhin außerhalb der modernen Kernfamilie verteilt wird. Der medial kolportierten Aussagen von Justizminister Ouahbi zufolge solle eine derartige Schenkung künftig nicht mehr an die tatsächliche Inbesitznahme[998] geknüpft werden.[999]

> „Cette dernière étant une condition actuellement exigée pour la validité de la donation. Aujourd'hui, la donation n'a lieu que s'il y a possession effective du bien par le donataire. Or, lorsque le père, par exemple, fait une donation à ses filles mineures et qu'il décède sans que ses filles n'aient pris possession du bien, la validité de cette donation est parfois remise en question par les autres héritiers. Ce qui conduit à son annulation."[1000]

Die dritte erbrechtliche Reformidee adressiert das aus dem Erbhindernis der Religionsverschiedenheit resultierende Problem: „Les époux auront le choix entre donations et testaments en cas de différence des confessions."[1001] Dies betrifft faktisch nur nicht-muslimische Ehefrauen und ihre muslimischen Männer sowie ggf. ihre Nachkommenschaft, da gemäß Artikel 39 IV der *Mudauwanat al-usra* eine Muslimin ausschließlich einen Muslim ehelichen kann, doch einem Muslim darüber hinaus ebenfalls die Ehe mit einer Angehörigen einer Buchreligion möglich ist.[1002] Diese sollen in Anbetracht ihrer gegenseitigen religionsbedingten Erbunwürdigkeit zu Lebzeiten entweder – in den Grenzen des dafür zulässigen Drittels der Hinterlassenschaft – ein Vermächtnis (*waṣīya*) errichten oder eine der Höhe nach unbegrenzte Schenkung (*hiba*) vornehmen. Dieser Vorschlag stellt jedoch streng genommen keine Reform dar, da bereits in Unterkapitel 3.1 der vorliegenden Untersuchung unter Rekurs auf den hochangesehenen mālikitischen Rechtsgelehrten Sīdī Ḫalīl (gest. ca. 1374) aufgezeigt wurde, dass die mālikitische Rechtsschule die Errichtung eines Vermächtnisses durch den muslimischen Ehemann zugunsten seiner nicht-muslimischen Ehefrau aus dem Kreise der Angehö-

[998] Siehe zu dieser Problematik auch die Antwort des Rechtsgutachters Abū ʿAbd Allāh Muḥammad b. al-Ḥasan b. ʿArdūn (gest. 1604) hinsichtlich der Aufteilung durch den Vater zugunsten seiner Kinder in Unterkapitel 5.2.
[999] Vgl. Ibriz: Comprendre les propositions, o. S.
[1000] Ebd., o. S.
[1001] Vgl. Rédaction Medias24: Moudawana, o. S.
[1002] Vgl. Mamlaka al-Maġribīya, al-: Mudauwanat al-usra 2021, Art. 39 IV.

© Frank & Timme Verlag für wissenschaftliche Literatur

rigen der Buchreligionen – und vice versa – akzeptiert; und auch Schenkungen unterliegen keiner Religionsbindung. So stellt sich Mitte Mai 2025 der öffentlich bekannte Stand zu den in Hinblick auf die erbrechtlichen und für die vorliegende Schrift relevanten Reformvorschlägen dar, welche – wie bereits betont – noch nicht zwangsläufig die finalen Reforminhalte reflektieren müssen.

Am 16. Januar 2025 kündigte der Regierungssprecher und Minister für die Beziehungen zum Parlament (*al-wazīr al-mukallaf bi-l-ʿalāqāt maʿa al-barlamān*) Mustapha Baitas[1003] (geb. 1977) auf einer Pressekonferenz im Anschluss an eine Sitzung des Kabinetts (*maǧlis al-ḥukūma*) an, dass ein Redaktionsausschuss zur Revision des Familiengesetzbuches aus den unmittelbar beteiligten Ministerien[1004] sowie dem Generalsekretariat der Regierung (*al-amāna al-ʿamma li-l-ḥukūma*) gebildet wird.[1005] Dieses Gremium soll juristische, justizielle und islamisch-rechtliche Experten umfassen, die ggf. weitere Experten aus anderen Sachgebieten konsultieren können.[1006] Der Regierungssprecher und Minister betonte ferner, dass die Regierung die Debatte um die Reform der *Mudauwana* in ihren wöchentlichen Sitzungen mit großer Aufmerksamkeit verfolge, seit der Justizminister in der Kabinettssitzung am 26. Dezember 2024 die Grundzüge der Reformvorschläge und die Schlussfolgerungen aus den dazu eingeholten Rechtsgutachten

1003 In DMG-Umschrift: Muṣṭafā Baittas.

1004 D. h. dem Justizministerium, dem Ministerium für Religiöse Stiftungen und religöse Angelegenheiten und dem Ministerium für Solidarität, soziale Integration und Familie.

1005 Vgl. Mamlaka al-Maġribīya, al-; Wizārat aš-Šabāb wa-ṯ-Ṯaqāfa wa-t-Tawāṣul: Al-ḥukūma tuqarriru taškīl laǧna min al-qiṭāʿāt al-wazīrīya al-maʿnīya, wa-kaḏā al-amāna al-ʿāmma li-l-ḥukūma, li-ṣiyāġat muqtaraḥāt murāǧaʿat Mudauwanat al-usra [Die Regierung beschließt die Bildung einer Kommission aus den zuständigen Ministerien und dem Generalsekretariat der Regierung zur Erarbeitung von Vorschläge zur Revision des Familiengesetzes], Donnerstag 16. Januar 2025, o. S., abrufbar unter: https://maroc.ma/ar/%D8%A7%D9%84%D8%A3%D8%AE%D8%A8%D8%A7%D8%B1/%D8%A7%D9%84%D8%AD%D9%83%D9%88%D9%85%D8%A9-%D8%AA%D9%82%D8%B1%D8%B1-%D8%AA%D8%B4%D9%83%D9%8A%D9%84-%D9%84%D8%AC%D9%86%D8%A9-%D9%85%D9%86-%D8%A7%D9%84%D9%82%D8%B7%D8%A7%D8%B9%D8%A7%D8%AA-%D8%A7%D9%84%D9%88%D8%B2%D8%A7%D8%B1%D9%8A%D8%A9-%D8%A7%D9%84%D9%85%D8%B9%D9%86%D9%8A%D8%A9%D8%8C-%D9%88%D9%83%D8%B0%D8%A7-%D8%A7%D9%84%D8%A3%D9%85%D8%A7%D9%86%D8%A9-%D8%A7%D9%84%D8%B9%D8%A7%D9%85%D8%A9-%D9%84%D9%84%D8%AD%D9%83%D9%88%D9%85%D8%A9%D8%8C-%D9%84%D8%B5%D9%8A%D8%A7%D8%BA%D8%A9-%D9%85%D9%82%D8%AA%D8%B1%D8%AD%D8%A7%D8%AA (letzter Zugriff: 09.03.2025).

1006 Vgl. ebd., o. S.

 © Frank & Timme Verlag für wissenschaftliche Literatur

skizziert habe.[1007] Angesichts der laufenden Ausarbeitung sei es allerdings noch verfrüht, zu konkreten Aspekten oder Schwierigkeiten Stellung zu beziehen, so Baitas weiter, doch die Regierung werde die Öffentlichkeit unter Berücksichtigung des Entwurfscharakters sowie des laufenden Ausarbeitungsprozesses informiert halten.[1008] Neben Lob für die bisherige gesellschaftliche Debatte äußerte er jedoch auch mahnende Worte:

> „*Wa-aḍāfa al-wazīr anna al-ḥukūma tuʿabbiru ʿan istinkārihā li-muḥāwalat al-isāʾa li-l-maǧlis al-ʿilmī al-aʿlā, wa-taqdīr al-wāǧib li-s-saiyidāt wa-s-sāda al-ʿulamāʾ, wa-kaḏā at-tanqīṣ min qīmat wa-asānīd raʾyihi fī baʿḍ al-qaḍāyā aš-šarʿīya dūna ai murāʿāt li-ḫtiṣāṣ hāḏihi al-muʾasassa, bi-iʿtibʿārihā ‚al-ǧiha al-waḥīda al-muʾahhala li-iṣdār al-fatāwā al-muʿtamada rasmīyan‘, ṭibqan li-l-faṣl* 41 *min ad-dustūr.*“[1009]

So sei der Oberste Rat der Religionsgelehrten nicht zu beleidigen, seine Mitglieder seien zu respektieren und die Meinungen des Rates zu einigen schariatrechtlichen Fragen sei nicht herabzusetzen, da dieser Rat verfassungsrechtlich gemäß Artikel 41 das einzige Organ ist, das zur Erteilung offiziell anerkannter islamischer Rechtsgutachten (*fatāwā*) befugt ist.

Die gesellschaftspolitische Debatte über die Reform des Familiengesetzbuches in Marokko hält indes weiter an und die Arbeit der Redaktionskommission ist derzeit (Stand: Mitte Mai 2025) noch nicht abgeschlossen; zudem muss auch noch die anschließend erforderliche Zustimmung des Parlamentes eingeholt werden. Doch obwohl die finalen Ergebnisse des laufenden Reformprozesses zum Familien- und Erbrecht im Königreich bislang noch ausstehen, zeichnet es sich dennoch deutlich ab, dass das kodifizierte Familien- und Erbrecht in Marokko, nach der erstmaligen Kodifikation Ende der 1950er Jahre und der großen Reform der *Mudauwana* im Jahr 2004, wohl in Kürze in eine neue, dritte Phase eintreten wird.

[1007] Vgl. Mamlaka al-Maġribīya, al-: Al-ḥukūma tuqarriru, o. S.
[1008] Vgl. ebd., o. S.
[1009] Ebd., o. S.

EPILOG

Das Anliegen der vorliegenden Schrift ist es nicht, eine etwaige diachrone Entwicklung erbrechtlicher Normen in Marokko vom amazighischen Gewohnheitsrecht, über mālikitisch-jurisprudentielle zu modernen kodifizierten Normen aufzuzeigen. Ganz im Gegenteil sollen drei verschiedene und sich in der Vergangenheit wie auch in der Gegenwart immer wieder unterschiedlich superponierende Felder skizziert werden, aus denen sich Normen zur Regelung des Eintritts in das Vermögen einer verstorbenen Person speisen. Der besondere Fokus richtet sich dabei auf den darüber gegenwärtig noch anhaltenden, neuerlichen gesellschaftlichen Aushandlungsprozess, für den sowohl der mālikitische *fiqh*, als auch der amazighische *azerf* sowie die Kodifikation (*at-taqnīn*) derartiger Normen von eminenter Bedeutung sind. Dabei scheint insbesondere die Rolle noch unterschätzt zu werden, die amazighisches Gewohnheitsrecht[1010] spielen kann, welches bereits in der Vergangenheit bewiesen hat, dass es im Rahmen der mālikitischen Jurisprudenz gemeinwohlorientierte Beiträge zur Adaption der islamisch-rechtlichen Bestimmungen an die gesellschaftliche Realität zu leisten in der Lage ist. Dies gilt sowohl für die gesellschaftspolitische Debatte innerhalb des Königreichs als auch für den transnationalen wissenschaftlichen Diskurs.

Vielmehr geht es um eine Annäherung an die Vielschichtigkeit vermeintlich rein islamisch-rechtlicher Normen am Beispiel der Erbschaft in Marokko. Rechtshistorisch betrachtet fällt dabei auf, dass sich insbesondere muslimische Rechtsgutachter aus einschlägigen amazighischen Stammesgebieten einer lokalen Rechtspraxis wie der *tamazzalt* gegenüber aufgeschlossener zeigten, als es Gelehrte aus Fès (Fās) ohne entsprechende Wurzeln waren, insbesondere wenn sie einen andalusischen (Re-)Migrationshintergrund aufwiesen. Dies veranschaulicht der im

[1010] Die vorliegende Schrift fokussiert sich einzig auf die Rechtspraxis der *tamazzalt* in diesem Zusammenhang. Wie bereits oben erwähnt sind die *izerfan* (Sg.: *azerf*) wie auch das Gewohnheitsrecht (*al-ʿurf*) im Allgemeinen heterogen, weshalb nicht per se eine jede gewohnheitsrechtliche Regelung für Frauen bezogen auf die Erbschaft vorteilhafter als die entsprechenden Bestimmungen des mālikitischen *fiqh* ausfallen muss. Nicht selten führt die Anwendung von lokalem Gewohnheitsrecht auch zu ihrer Schlechterstellung, vgl. Daoudi, Fatiha: Accès des femmes à la propriété immobilière au Maroc: La voie successorale. In: Benchekroun, Siham (Hrsg.): L’héritage des femmes en islam. Exemple du Maroc. Paris: L’Harmattan, 2021, S. 167–169.

ersten KAPITEL vorgenommene biographische Überblick, welcher sich als geeignet erwiesen hat, Strukturen eines transhistorischen Netzwerkes aus Lehrern, Schülern und Verwandtschaft anzudeuten. Im Lichte der sich zunehmend selbstbewusst artikulierenden amazighischen Identitätsbewegung, die unter der Regentschaft des derzeitigen Monarchen gekonnt politisch, gesellschaftlich und rechtlich in die nationale Identität integriert wird, verdienen derartige Phänomene besondere Beachtung.

Weiterhin bedeutsam ist, dass die im fünften KAPITEL ausführlich dargestellte *tamazzalt* keine genuin erbrechtliche Praxis, ebenso wenig wie eine eherechtliche, darstellt, sondern von den mit ihr vertrauten *fuqahāʾ* in dem Bereich der *muʿāmalāt*, welcher dem Zivil- und Handelsrecht zuzuordnen ist, verortet wird, genauer gesagt in dessen Subkategorie der Teilung (*al-qisma*). Daraus ergibt sich, dass die innerfamiliäre bzw. innermatrimoniale Umverteilung von Vermögenswerten von ihnen nicht durch eine Modifikation der islamischen Bestimmungen zum Erbrecht – wie sie für die mālikitische Rechtsschule exemplarisch im zweiten, dritten und vierten KAPITEL herausgearbeitet worden sind – erwirkt wurde, stattdessen setzt diese auf amazighisches Gewohnheitsrecht (*azerf*) zurückzuführende Praxis islamisch-rechtlich betrachtet bei den Schulden des Erblassers an, welche der Aufteilung seiner Hinterlassenschaft vorgelagert zu begleichen sind (siehe Abb. 1). Dabei kam es, wie in UNTERKAPITEL 5.2 aufgezeigt, jedoch bereits in der Vergangenheit zu Missverständnissen unter den Gelehrten über die *tamazzalt* bzw. *al-kadd wa-s-siʿāya*, insbesondere im Hinblick auf deren Wirkung für die Ehefrau.

Nichtsdestotrotz konnten am Gemeinwohl (*al-maṣlaḥa*) orientierte Korrekturen vorgenommen werden, um auf lokaler Ebene einer vom klassischen islamischen Familienmodell abweichenden sozialen Realität Rechnung zu tragen. So wich denn in den Ġumāra-Gebieten mit Sicherheit aus wirtschaftlicher Notwendigkeit heraus und womöglich auch kulturell bedingt die damalige amazighische Lebenspraxis deutlich von dem Konzept der islamisch vorgesehenen Versorgungsehe, bei der die Ehefrau – wie im Übrigen auch die minderjährigen Nachkommen – exklusiv durch den Ehemann und Familienvater zu versorgen ist, ab. Bei, wie von manchen früheren Gelehrten ohne Bezug zu dieser Lebenswelt geforderter, stringenter Anwendung der islamisch-rechtlichen Erbrechtsbestimmungen, ohne die gerade bei den Mālikiten unkompliziert mögliche Einbeziehung des Ge-

 © Frank & Timme Verlag für wissenschaftliche Literatur

wohnheitsrechts (*al-ʿurf*), des Rechtsbrauchs (*al-ʿamal*) oder des Für-Nützlich-Haltens (*al-istiṣlāḥ*), erwüchsen im konkreten Fall daraus Ungerechtigkeiten und soziale Härten zum Nachteil von Frauen und anderen Familienmitgliedern, denen der *iftāʾ* lokaler muslimischer Rechtsgelehrter entgegenwirkte. Diese Situation weist interessante Parallelen zur heutigen, im sechsten KAPITEL geschilderten, in Marokko verbreiteten Lebenswirklichkeit auf, in der Frauen zunehmend aktiv in das Erwerbsleben eingebunden sind und zugleich der soziale Rückhalt, insbesondere für ledige Frauen, im Rahmen der einstigen Großfamilie, welche immer mehr dem Kernfamilienmodell weicht, schwindet. Doch trägt die Rechtspraxis der *tamazzalt* bzw. von *al-kadd wa-s-siʿāya* darüber hinaus auch dem Beitrag der Ehefrau, welchen sie im eigenen Haushalt zur Mehrung des familiären Wohlstands leistet, Rechnung. Gerade diese Tatsache macht sie gegenwärtig zu einem attraktiven Ansatzpunkt für Reformüberlegungen.

Durch die erst seit Mitte des 20. Jahrhunderts praktizierte und somit neuartige Kodifikation (*at-taqnīn*) von Normen zur Regelung der Erbschaft ist es, wie Saadia Radi oben erwähnt zurecht feststellt, nicht mehr möglich mit lokal angewandtem *iftāʾ* notwendige Anpassungen vorzunehmen. Eine gesamtgesellschaftliche Debatte über etwaige Reformen des in seiner heutigen Fassung im Jahr 2004 in Kraft gesetzten Familiengesetzbuches (*Mudauwanat al-usra*) sowie entsprechendes staatliches Austarieren der verschiedenen Interessen und Meinungen ist daher unumgänglich.

Den Reformgegnern, die nicht im Mittelpunkt der hiesigen Ausführungen stehen, gelten die religiösen, v. a. die im vorliegenden Falle auf den Koran zurückgeführten, Vorschriften als unveränderbar. Und viele von ihnen erachten, gerade im Hinblick auf die zahlreichen in mehr als den letzten hundert Jahren erfolgten Veränderungsprozesse auf anderen Rechtsgebieten, das Erbrecht scheinbar als etwas wie die ‚letzte Bastion' gegen die von ihnen apperzipierte ‚Verwestlichung'.

Aus Perspektive der Reformbefürworter hat das kodifizierte Erbrecht hingegen den geänderten gesellschaftlichen Rahmenbedingungen Rechnung zu tragen. Von manchen wird ergänzend auf eine Neuinterpretation der religiös-rechtlichen Quellen zuvörderst – doch nicht ausschließlich – unter dem Aspekt der Intentionen der *šarīʿa* (*maqāṣid aš-šarīʿa*) gedrungen. Andere Argumentationsstränge betonen verstärkt die aus international geschlossenen Verträgen resultierenden Verpflichtungen des Königreiches.

Der moderne Gesetzgeber muss angesichts dieser polarisierten Debatte abwägen, ab wann der gesellschaftliche Druck aus der einen wie auch aus der anderen Richtung zu groß wird. Reflektiert das marokkanische Erbrecht noch die gesellschaftliche Realität und verwirklicht es somit eine als solche wahrgenommene Gerechtigkeit? Und welchen Ermessensspielraum für Reformen gibt es, ohne den staatspolitisch vorgegebenen und gesellschaftlich zudem nach wie vor mehrheitlich befürworteten religiösen Rahmen zu verlassen? Es wird sich in der näheren Zukunft zeigen, ob es gelingt, darüber einen neuen gesellschaftlichen Konsens herzustellen. Ein Rückgriff auf innovative oder aber in der Vergangenheit bereits erfolgreich praktizierte religiöse Rechtfertigungsmuster scheint dabei möglich, und wird auch von Reformbefürwortern z. T. erarbeitet und angeboten. Der marokkanische Monarch befindet sich somit in einem Spannungsfeld zwischen religiöser Legitimation als *amīr al-muʾminīn* sowie in- und ausländischem zivilgesellschaftlichen Reform- und Modernisierungsdruck. Dennoch hat er gut zwei Jahrzehnte nach der unter seiner Ägide vollzogenen ersten großen Reform der *Mudauwana* einen abermaligen Reformprozess angestoßen und seitdem aktiv über dessen Fortentwicklung gewacht.

Wie in UNTERKAPITEL 6.2 vorgestellt, bildet die bislang im Erbrecht generell noch nicht verwirklichte Gleichbehandlung von Frauen und Männern auf gleicher Erbstufe ein zentrales Anliegen der Reformaktivistinnen und -aktivisten. Ebenso stellt die Verteilung der agnatischen Resterbschaft außerhalb der Kernfamilie beim Fehlen agnatischer männlicher Deszendenten ein häufig adressiertes Problem dar. Des Weiteren erregt das Erbhindernis der Religionsverschiedenheit in Anbetracht einer sich zunehmend global verflechtenden marokkanischen Gesellschaft verstärkt kritische Aufmerksamkeit. Für diese für die vorliegende Schrift exemplarisch ausgewählten Reformdesiderata bestehen zwar bereits jetzt schon gewisse, doch zugleich limitierte Umgehungsmöglichkeiten, welche allerdings nicht nur exakte Kenntnisse der Rechtslage und der damit verbundenen Konsequenzen im Einzelfall voraussetzen, sondern auch mit einem bestimmten Aufwand zu Lebzeiten sowie mit manchen Risiken verbunden sind. Fernerhin fehlt potentiell benachteiligten Frauen bislang der Rechtsanspruch darauf, dass ihre

 © Frank & Timme Verlag für wissenschaftliche Literatur

Benachteiligung behoben werden kann, so dass die Nutzung derlei Rechtskniffe stets vom Wohlwollen der jeweiligen Familienmitglieder abhängt.

Die sich abzeichnende Reform, deren Prozess vom König Muḥammad VI. im Jahr 2022 angestoßen wurde, wird voraussichtlich hinter den Erwartungen vieler Reformbefürworter zurückbleiben und gleichzeitig so manchen Reformgegnern zu weit gehen. Doch vielleicht zeichnet sich ein wohl austarierter Kompromiss gerade dadurch aus, dass keines der beiden gesellschaftspolitischen Lager triumphiert? Der Monarch initiierte diesen Reformprozess nicht nur, er drängte die verantwortlichen Politiker und Religionsgelehrten aktiv zu seiner – beachtlich partizipativen und zivilgesellschaftlich inklusiven – Umsetzung und moderierte, wie die von ihm in UNTERKAPITEL 6.3 zitierten Äußerungen belegen, in beide Richtungen. Es ist daher keineswegs rechtliche oder zivilgesellschaftliche Stagnation in Marokko in dieser Frage zu konstatieren. Vielmehr handelt es sich um einen anhaltenden dynamischen Prozess, der sich mittel- und längerfristig höchstwahrscheinlich in den nächsten Jahrzehnten noch fortsetzen wird. Aus westlicher Perspektive sollte dabei keinesfalls außer Acht gelassen werden, dass, wie die zitierte von der Friedrich-Ebert-Stiftung mitrealisierte repräsentative Meinungsumfrage zu einer Reform des bestehenden marokkanischen Erbrechts aus dem Jahr 2022 deutlich gemacht hat, in der marokkanischen Gesellschaft – des großen zivilgesellschaftlichen Engagements von Frauen- und Menschenrechtlern ungeachtet – derzeit keine Mehrheit für einen Bruch mit den etablierten mālikitischen Erbrechtsnormen vorhanden zu sein scheint.

Vielleicht lotet das sich abzeichnende gegenwärtige behutsame Reformprojekt – auch in Anbetracht der im fünften KAPITEL vorgestellten Überlegungen zur Praxis der *tamazzalt* bzw. von *al-kadd wa-s-siʿāya* – hinsichtlich des Erbrechts noch nicht vollständig die Grenzen des Machbaren im Rahmen der mālikitischen und speziell der lokalen marokkanischen Rechtstradition aus, doch belegt es zugleich den Willen des Monarchen, der gesellschaftlichen Entwicklung im Lande Rechnung zu tragen und rechtliche Stagnation nicht hinzunehmen. Er schenkt reformorientierten Kreisen Gehör und wirkt zugleich in seiner Rolle als religiöses Oberhaupt (*amīr al-muʾminīn*) als Sachwalter der religionsrechtlichen Traditionen und Bestimmungen. In Anlehnung an den französischen Historiker Pierre Vermeren, der den Großvater des Königs, Muḥammad V. (gest. 1961), unter dem Marokko sich weitestgehend von der kolonialen Fremdherrschaft befreite, als den „*libérateur*" und den Vater des Königs, Ḥasan II. (gest. 1999), der durch den von ihm 1975 initiierten friedlichen Grünen Marsch in den südlichen Sahara-Provinzen weitere Überbleibsel der spanischen Besatzung beseitigte, als den „*réunificateur*" bezeichnet,[1011] kann der gegenwärtige König Muḥammad VI. wohl in Anbetracht seiner Reformen, insbesondere des Familiengesetzbuches von 2004 und ihrer aktuellen Fortentwicklung, treffend als der *réformateur* des Landes charakterisiert werden.

[1011] Vgl. Vermeren, Pierre: Histoire du Maroc depuis l'indépendance. Paris: La Découverte, 2016, S. 70.

 © Frank & Timme Verlag für wissenschaftliche Literatur

ABKÜRZUNGSVERZEICHNIS

a. M.	am Main
Abb.	Abbildung
Abs.	Absatz
Abs.-Nr.	Absatz-Nummer [bei entsprechenden Online-Dokumenten ohne Seitenzählung]
ADFM	Association Démocratique des Femmes du Maroc
AFEMARD	Association des femmes marocaines pour la recherche et le développement
Art.	Artikel
b.	*bnu* / *bni* [= Sohn von]
Bd. / Bde.	Band / Bände
BGB	Bürgerliches Gesetzbuch
bzw.	beziehungsweise
ca.	*circa* [= ungefähr]
CE	*Common Era* [= vor unserer Zeitrechnung]
CEDAW	Convention on the Elimination of All Forms of Discrimination Against Women
d.	*death* [= gest.]
DDR	Deutsche Demokratische Republik
d. h.	das heißt
Dez.	Dezember
DMG	Deutsche Morgenländische Gesellschaft
Dr.	Doktor
e. c.	*exempli causa* [= beispielshalber]
ebd.	ebenda
etc.	*et cetera* [= und so weiter]
f.	folgende [Seite]
FamRZ	Zeitschrift für das gesamte Familienrecht
Fasc.	*fasciculus* / Faszikel
FES	Friedrich-Ebert-Stiftung
Fn.	Fußnote(n)

geb.	geboren
gest.	gestorben
ggf.	gegebenenfalls
H.	[im Jahre der] *Hiğra*
H.	Heft
habil.	*habilitatus*
Hrsg.	Herausgeber; herausgegeben [von]
insbes.	insbesondere
i. d. R.	in der Regel
IPR	Internationales Privatrecht
IRCAM	Institut Royal de la Culture Amazighe / *al-Maʿhad al-Malakī li-t-Taqāfa al-Amāzīġīya* / ⴰⵙⵉⵏⴰⴳ ⴰⴳⵍⴷⴰⵏ ⵏ ⵜⵓⵙⵙⵏⴰ ⵜⴰⵎⴰⵣⵉⵖⵜ [= Königliches Institut für Amazighische Kultur]
i. S. v.	im Sinne von
ILS	Islamic Law and Society
Jg.	Jahrgang
Jh.	Jahrhundert
JSAI	Jerusalem Studies in Arabic and Islam
Jun.	Juni
JZ	JuristenZeitung
Kap.	Kapitel
Lfg.	Lieferung
M.	*Monsieur* [= Herr]
m.	*muerto* [= gest.]
n. Chr.	nach Christus
n°	*numéro* [= Nummer]
Nr.	Nummer
o. ä.	oder ähnlich
o. Ä.	oder Ähnliche[s]
o. g.	oben genannt
o. J.	ohne Jahr
Okt.	Oktober
OMDH	Organisation marocaine des droits humains
o. S.	ohne Seite(n)

© Frank & Timme Verlag für wissenschaftliche Literatur

o. V.	ohne Verfasser
o. V.	ohne Verlag
PAM	Parti Authenticité et Modernité / *Ḥizb al-aṣāla al-muʿāṣara* [=Partei der Authentizität und Modernität]
phil.	philosophiae
PJD	Parti de la Justice et du Développement / *Ḥizb al-ʿadāla wa-t-tanmiya* [= Partei für Gerechtigkeit und Entwicklung]
Pl.	Plural
Prof.	Professor
reg.	regiert(e)
RNI	Rassemblement National des Indépendants / *At-taǧammuʿ al-waṭanī li-l-aḥrār* [= Nationale Sammlung der Unabhängigen]
S.	Seite(n)
sc.	*scilicet* [= man höre! / das heißt]
Sep.	September
SER	Senri Ethological Reports
Sg.	Singular
SI	Studia Islamica
sic!	sic erat scriptum [= so wurde es geschrieben]
S. M.	*Sa Majesté* [= Ihre Majestät]
s. o.	siehe oben
sog.	sogenannt
s. u.	siehe unten
StAZ	Das Standesamt. Zeitschrift für Standesamtswesen, Familienrecht, Staatsangehörigkeitsrecht. Personenstandsrecht, internationales Privatrecht des In- und Auslands
Tab.	Tabelle
tlw.	teilweise
u. a.	unter anderem
u. ä.	und ähnliche
u. g.	unten genannt
usw.	und so weiter

u. U.	unter Umständen
Übers.	Übersetzer
URL	*Uniform Resource Locator* [= einheitlicher Resourcenzeiger]
usw.	und so weiter
v. a.	vor allem
vgl.	vergleiche
Vol.	Volumen (Band, Bände)
z. B.	zum Beispiel
z. T.	zum Teil

© Frank & Timme Verlag für wissenschaftliche Literatur

Abbildungs- und Tabellenverzeichnis

Abbildungen

Tabellen

Quellen- und Literaturverzeichnis

Primär- und Sekundärquellen

☙ A ❧

Ābī al-Azharī, Ṣāliḥ ʿAbd as-Samīʿ al-: Aṯ-ṯamar ad-dānī. Šarḥ Risālat Ibn Abī Zaid al-Qairawānī [Die nähergebrachte Frucht. Kommentar der Risāla des Ibn Abī Zaid al-Qairawānī]. Beirut: Dār al-Fikr, 2014.

Abou Zahra, Mohammad: L'imam Mâlik. Sa vie et son époque, ses opinions et son fiqh. Traduction de Michel Galloux. Paris: Alqalam Livres, 2016.

Abrous, Dahbia: *Qanun* (kabylie). In: Encyclopédie berbère, Bd. 39 (Protohistoire-Quinquegentanei). Aix-en-Provence: Online-Edition (document Q04, mis en ligne le 20 février 2024), 2015, S. 6661-6667 (Abs.-Nr. 1–21), abrufbar unter: https://doi.org/10.4000/encyclopedieberbere.4019 (03.04.2025).

Abu Zahra, Muhammad: The Four Imams. Their Lives, Works and their Schools of Thought. London: Dar Al Taqwa, 2001.

Adghirni, Ahmed; Afulay, A.; Fouad, Lahbib: Amawal azerfan. Lexique juridique: Français – Amazighe. Rabat: Imprial, 1996.

Alami M'Chichi, Houria: Le féminisme d'État au Maroc. Jeux et enjeux politiques. Paris: L'Harmattan, 2010.

Alami M'Chichi, Houria: Les féminismes marocains contemporains. Pluralité et nouveaux défis. In: Nouvelles Questions Féministes, Vol. 33, Nr. 2 [Féminismes au Maghreb] (2014), S. 65–79, abrufbar unter: https://www.jstor.org/stable/24586411 (letzter Zugriff: 29.04.2022).

ʿAlamī, ʿĪsā b. ʿAlī al-Ḥasanī al-: Kitāb an-nawāzil [Das Buch der Rechtsfälle], 3 Bde. Herausgegeben von al-Maǧlis al-ʿIlmī bi-Fās. [Rabat]: Wizārat al-Auqāf wa-š-Šuʾūn al-Islāmīya, 1983 / 1986 / 1989.

Albertini, Rudolf von; Wirz, Albert: Europäische Kolonialherrschaft 1880–1940. Stuttgart: Steiner, 1997.

Ancel-Lioger, Zoé: Avant-propos. In: Ancel-Lioger, Zoé; Calò, Emanuele (Hrsg.): Les successions en droit comparé. Allemagne, Angleterre et Pays De Galles, Belgique, France, Italie, Maroc, Pays-Bas, Suisse. Actes du colloque organisé par le Cridon-Lyon les 8, 9 et 10 avril 2015 (Strasbourg, Lyon, Marseille). Neapel: Edizioni Scientifiche Italiane, 2016, S. 7–9.

Azhar, al-: Glimpses on the Fatwa on Al-Kadd Wa Al-Sa'ayah. Kairo: 22. Februar 2022, o. S., abrufbar unter: https://www.azhar.eg/observer-en/details/ArtMID/1153/ArticleID/58933/Glimpses-on-the-Fatwa-on-Al-Kadd-Wa-Al-Sa%E2%80%99ayah (letzter Zugriff: 11.05.2024).

Azziman, Omar: Les institutions judiciaires. In: Sehimi, Mustapha (Hrsg.): La Grande Encyclopédie du Maroc, Bd. 1 Les institutions politiques, administratives, judiciaires. Rabat: GEI, 1986, S. 152–169.

B

Barisch, Vanessa: Das Ringen um koranische Prinzipen. In: Qantara.de, (13.09.2024), o. S., abrufbar unter: https://qantara.de/node/44160 (letzter Zugriff: 07.03.2025).

Barthel, Günter; Stock, Kristina (Hrsg.): Lexikon Arabische Welt. Kultur, Lebensweise, Wirtschaft, Politik und Natur im Nahen Osten und Nordafrika. Wiesbaden: Reichert, 1994.

Bauer, Thomas: Die Kultur der Ambiguität. Eine andere Geschichte des Islams. Berlin: Verlag der Weltreligionen, 2011.

Bellouch, Lahoussine: L'islam: source d'inspiration du droit marocain. In: Jurismat: Revista Jurídica, Sonderausgabe (2014), S. 15–31.

Ben Cheneb, Mohammed: Ibn Abī Zaid. In: Houtsma, Martijn Theodoor; Wensinck, Arent Jan; Heffening, William; Arnold, Thomas Walker; Lévi-Provençal, Évariste (Hrsg.): Enzyklopaedie des Islām. Geographisches, ethnographisches und biographisches Wörterbuch der Muhammedanischen Völker im Verein mit hervorragenden Orientalisten, Bd. II. Leiden: Brill, 1927, S. 380

Benadad, Hassan: Lois sur l'héritage: 44% des Marocains contre tout changement. In: Le360, (14.06.2022), o. S., abrufbar unter: https://fr.le360.ma/politique/lois-sur-lheritage-44-des-marocains-contre-tout-changement-261851/ (letzter Zugriff: 08.03.2025).

Benchekroun, Siham (Hrsg.): L'héritage des femmes en islam. Exemple du Maroc. Paris: L'Harmattan, 2021.

Benchekroun, Siham: En chemin vers l'égalité. In: Benchekroun, Siham (Hrsg.): L'héritage des femmes en islam. Exemple du Maroc. Paris: L'Harmattan, 2021, S. 319–331.

Benchekroun, Siham: L'inégalité dans l'héritage, une vue de l'intérieur. In: Benchekroun, Siham (Hrsg.): L'héritage des femmes en islam. Exemple du Maroc. Paris: L'Harmattan, 2021, S. 211–228.

Benjelloun, Amin Fayçal: Aspects de droit successoral marocain. In: Ancel-Lioger, Zoé; Calò, Emanuele (Hrsg.): Les successions en droit comparé. Allemagne, Angleterre et Pays De Galles, Belgique, France, Italie, Maroc, Pays-Bas, Suisse. Actes du colloque organisé par le Cridon-Lyon les 8, 9 et 10 avril 2015 (Strasbourg, Lyon, Marseille). Neapel: Edizioni Scientifiche Italiane, 2016, S. 235–249.

Benradi, Malika; Khazzani, Anissa; Rhou, El Hassan; Talioua, Samira; Fazouane, Abdeslam; AFEMARD; OMDH: Le système successoral au Maroc. Qu'en pensent les Marocains et les

 © Frank & Timme Verlag für wissenschaftliche Literatur

Marocaines? Rabat: Friedrich-Ebert-Stiftung, Maroc, 2022, abrufbar unter: https://library.fes.de/pdf-files/bueros/maroc/19447.pdf (letzter Zugriff: 08.03.2025).

Bercher, Léon: Avant-propos du traducteur. In: Ibn Abî Zayd al-Qayrawânî; Bercher, Léon (Übers.): La Risâla ou Epître sur les éléments du dogme et de la loi de l'Islâm selon le rite mâlikite. Texte arabe et traduction française avec un avant-propos, des notes et trois index par Léon Bercher. Algier: Éditions Populaires de l'Armée, 1975, S. 7–11.

Berque, Jacques: Les Nawâzil el muzâraʿa du Miʿyâr Al Wazzânî étude et traduction. Préface de R. Maunier de l'Académie des Sciences Coloniales, Professeur à l'Université de Paris. Rabat: Édition Félix Moncho, 1940.

Berque, Jacques: Ville et université. Aperçu sur l'histoire de l'École des Fes. In: Revue Historique de Droit Français et Étranger, 27. Jg. (1949), S. 64–117.

Botte, Roger: Esclavages et abolitions en terres d'islam. Tunisie, Arabie saoudite, Maroc, Mauritanie, Soudan. Brüssel: André Versaille Éditeur, 2010.

Boudjemaa, Rym; Clément, Camille: Les femmes vont, et les tatouages racontent. De l'inestimable valeur des femmes dans la société amazighe. Villejuife: Taszuri Créations, 2022.

Boum, Aomar; Park, Thomas Kerlin: Historical Dictionary of Morocco. Third Edition. Lanham: Rowman & Littlefield, 2016.

Bras, Jean-Philippe: La réforme du code de la famille au Maroc et en Algérie: quelles avancées pour la démocratie? In: Critique international, Nr. 37 (Okt.–Dez. 2007), S. 93–125, abrufbar unter: https://www.jstor.org/stable/24565009 (letzter Zugriff: 29.04.2022).

Brockelmann, Carl; Fischer, August; Heffening, Willi; Taeschner, Franz (Hrsg.): Die Transliteration der arabischen Schrift in ihrer Anwendung auf die Hauptsprachen der islamischen Welt. Denkschrift dem 19. internationalen Orientalistenkongreß in Rom vorgelegt von der Transkriptionskommission der Deutschen Morgenländischen Gesellschaft. Wiesbaden: Kommissionsverlag Franz Steiner, 1969, abrufbar unter: http://www.dmg-web.de/page/transliteration_de/denkschrift.pdf (letzter Zugriff: 10.02.2021).

Brockopp, Jonathan Eugene: Saḥnūn b. Saʿīd (d. 240/854). In: Arabi, Oussama; Powers, David Stephan; Spectorsky, Susan Ann (Hrsg.): Islamic Legal Thought. A compendium of Muslim Jurists. Leiden: Brill, 2013, S. 65–84.

Bundesrepublik Deutschland, Bundesministeriums der Justiz und Bundesamts für Justiz: Bürgerliches Gesetzbuch in der Fassung der Bekanntmachung vom 2. Januar 2002 (BGBl. I S. 42, 2909; 2003 I S. 738), das zuletzt durch Artikel 9 des Gesetzes vom 16. Juli 2024 (BGBl. 2024 I Nr. 240) geändert worden ist, abrufbar unter: https://www.gesetze-im-internet.de/bgb/ (letzter Zugriff: 22.08.2024).

Buresi, Pascal; Ghouirgate, Mehdi: Histoire du Maghreb médiéval. XIe–XVe siècle. Paris: Armand Colin, 2014.

Buskens, Léon: Berber Customs as Heritage: The Discovery and Rediscovery of Customary Law in Morocco. In: Casajus, Dominique; Nishio, Tetsuo; Pouillon, François; Saito, Tsuyoshi (Hrsg.): Senri Ethological Reports (SER), Nr. 152: Sur la notion de culture populaire au Moyen-Orient. Approches franco-japonaises croisées. Osaka: National Museum of Ethnology, 2021, S. 73–105.

Buskens, Léon: Recent Debates on Family Law Reform in Morocco: Islamic Law as Politics in an Emerging Public Sphere. In: Islamic Law and Society, Vol. 10, Nr. 1 (2003), S. 70–131, abrufbar unter: http://www.jstor.org/stable/3399220 (letzter Zugriff: 04.03.2025).

Buskens, Léon: Sharia en nationaal recht in Marokko. In: Otto, Jan Michiel; Dekker, Albert; Soest-Zuurdeeg, Liesbeth J. van (Hrsg.): Sharia en nationaal recht in twaalf moslimlanden. Amsterdam / Den Haag: Amsterdam University Press / WRR, 2006, S. 53, abrufbar unter: http://oapen.org/search?identifier=340160 (letzter Zugriff: 10.02.2021).

C

Camps, Gabriel; Vignet-Zunz, Jacques: Ghomâra. In: Encyclopédie berbère, Bd. 20 (Gauda – Girrei). Aix-en-Provence: Online-Edition (document G44, mis en ligne le 01 juin 2011,), 1998, S. 3110–3119 [Abs.-Nr. 1–22], abrufbar unter: https://doi.org/10.4000/encyclopedieberbere.1923 (letzter Zugriff: 02.03.2025).

Chaker, Salem: Amaziɣ (le/un Berbère). In: Encyclopédie berbère, Bd. 4 (Alger – Amzwar). Aix-en-Provence: Online-Edition (document A183, mis en ligne le 01 décembre 2012), 1986, 562–568 [Abs.-Nr.: 1–49], abrufbar unter: https://doi.org/10.4000/encyclopedieberbere.2465 (letzter Zugriff: 03.04.2025).

Chaker, Salem: Azref: „droit coutumier". In: Encyclopédie berbère, Bd. 8. Aix-en-Provence: Online-Edition (document A350, mis en ligne le 20 avril 2011), 1990, S. 1223 [Abs.-Nr. 1–3], abrufbar unter: https://doi.org/10.4000/encyclopedieberbere.227 (letzter Zugriff: 02.03.2025).

Chaker, Salem: Chleuh. In: Encyclopédie berbère, Bd. 13 (Chèvre – Columnatien). Aix-en-Provence: Online-Edition (document C57, mis en ligne le 01 mars 2012), 1994, S. 1926–1933 [Abs.-Nr.: 1–15], abrufbar unter: https://doi.org/10.4000/encyclopedieberbere.2270 (letzter Zugriff: 02.03.2025).

Chaker, Salem: Mythe d'origine des Berberes. In: Encyclopédie berbère, Bd. 32 (Mgild – Mzab). Aix-en-Provence: Online-Edition (document M152b, mis en ligne le 11 novembre 2020), 2010, S. 5170–5172 [Abs.-Nr. 1–11], abrufbar unter: https://doi.org/10.4000/encyclopedieberbere.675 (letzter Zugriff: 02.03.2025).

Charkaoui, Nadia: La controverse autour de l'héritage de l'épouse kitâbiyah. In: Benchekroun, Siham (Hrsg.): L'héritage des femmes en islam. Exemple du Maroc. Paris: L'Harmattan, 2021, S. 119–131.

 © Frank & Timme Verlag für wissenschaftliche Literatur

Cilardo, Agostino: Diritto ereditario islamico delle scuole giuridiche sunnite (ḥanafita, mālikita, šāfiʿita e ḥanbalita) e delle scuole giuridiche zaydita, ẓāhirita e ibāḍita. Casistica. Rom / Neapel: Instituto per l'Oriente C. A. Nallino / Instituto Universitario Orientale, 1993.

Cilardo, Agostino: Historical Development of the Legal Doctrine Relative to the Position of the Hermaphrodite in the Islamic Law. In: The Search. Journal for Arab and Islamic Studies, Vol. 7 (Winter 1986), S. 128–170.

Cilardo, Agostino: Studies on the Islamic Law of Inheritance. Neapel: Instituto Universitario Orientale, 1990.

Collectif 95 Maghreb-Egalité (Hrsg.): Guide to equality in the familiy in the Maghreb. Authorized translation of Dalil pour l'égalité dans la famille au Maghreb (2003). Bethesda, MD: Women's Learning Partnership for Rights, Development and Peace, 2005, abrufbar unter: https://learningpartnership.org/sites/default/files/resources/pdfs/Final%20Guide%20to%20Equality%20-%20English.pdf (letzter Zugriff: 02.01.2025).

Conseil National des Droit de l'Homme (CNHD); Naciri, Rabéa: État de l'égalité et de la parité au Maroc. Préserver et rendre effectifs les finalités et objectifs constitutionnels. Rapport thématique Nr. 6, 20. Oktober 2015, abrufbar unter: https://www.cndh.ma/sites/default/files/2024-01/cndh_-_etat_egalite_final22_compressed.pdf (letzter Zugriff: 13.03.2025).

Coulson, Noel James: A History of Islamic Law. London: AldineTransaction, 2011.

D

Daoud, Zakya: Le plan pour l'intégration des femmes. Une affaire révélatrice, un débat virtuel. In: Annuaire de l'Afrique du Nord, Bd. 38 (1999), S. 245–257.

Daoudi, Fatiha: Accès des femmes à la propriété immobilière au Maroc: La voie successorale. In: Benchekroun, Siham (Hrsg.): L'héritage des femmes en islam. Exemple du Maroc. Paris: L'Harmattan, 2021, S. 163–172.

Darqāš, al-Hādī ad-: Abū Muḥammad ʿAbdallāh Ibn Abī Zaid al-Qairawānī. Ḥayātuhu wa-āṯāruhu, wa-Kitāb an-Nawādir wa-z-ziyādāt [Abū Muḥammad ʿAbdallāh Ibn Abī Zaid al-Qairawānī. Sein Leben, seine Werke und das Buch An-nawādir wa-z-ziyādāt]. Beirut: Dār al-Qutaiba li-ṭ-Ṭibāʿa wa-n-Našr wa-t-Tauzīʿ, 1989.

Dennerlein, Bettina: Islamisches Recht und sozialer Wandel in Algerien. Zur Entwicklung des Personalstatuts seit 1962. Berlin: Klaus Schwarz, 1998, abrufbar unter: https://menadoc.bibliothek.uni-halle.de/download/pdf/359156?name=Islamisches%20Recht%20und%20sozialer%20Wandel%20in%20Algerien (letzter Zugriff: 29.04.2022).

Deprez, Jean: Préface. In: Moulay Rchid, Abderrazak: La condition de la femme au Maroc. Préface de Jean Deprez. Rabat: Éditions de la Faculté des Sciences Juridique, Économiques et Sociales de Rabat, [1985], S. [I–VIII].

Deverdun, Gaston: Ḥasanī. In: Bearman, Peri (Hrsg.): Encyclopaedia of Islam New Edition Online. Leiden: Brill, 2012, o. S., abrufbar unter: https://doi.org/10.1163/1573-3912_islam_SIM_2780 (letzter Zugriff: 30.03.2025).

Dupret, Baudouin: Positive Law from the Muslim World. Jurisprudence, History, Practice. Cambridge: Cambridge University Press, 2021.

E

Ebert, Hans-Georg: Das Erbrecht arabischer Länder. Frankfurt a. M.: Peter Lang, 2004.

Ebert, Hans-Georg: Das neue Personalstatut Marokkos: Normen, Methoden und Problemfelder. In: Orient – Deutsche Zeitschrift für Politik und Wirtschaft des Orients, Jg. 46, H. 4 (2005), S. 609–631.

Ebert, Hans-Georg: Das Personalstatut arabischer Länder. Problemfelder, Methoden, Perspektiven. Frankfurt a. M.: Peter Lang, 1996.

Ebert, Hans-Georg: Die Qadrî-Pâshâ-Kodifikation. Islamisches Personalstatut der hanafitischen Rechtsschule. Frankfurt a. M.: Peter Lang, 2010.

Ebert, Hans-Georg: Islamisches Familien- und Erbrecht der arabischen Länder. Herausforderungen und Reformen. Berlin: Frank & Timme, 2020.

Ebert, Hans-Georg: Rechtsfortbildung und Umgehung der gesetzlichen islamischen Erbfolge in arabischen Ländern. In: Ebert, Hans-Georg (Hrsg.): Beiträge zum Islamischen Recht. Frankfurt a. M.: Peter Lang, 2000, S. 109–134.

Ebert, Hans-Georg; Forian-Szabo, Viktor; Oucharah, Mohamed: Berberstudien, Islamwissenschaft und Arabistik in Leipzig. Die Korrespondenz von Hans Stumme (1864–1936) an Ignaz Goldziher (1850–1921). Berlin: Frank & Timme, 2024.

Ebert, Hans-Georg; Heilen, Julia: Islamisches Recht. Ein Lehrbuch. Leipzig: Hamouda, 2016.

Egypt's Dar Al-Ifta: What are the rights of a divorcée to the house, furniture, car etc., if they are owned by the husband? Fatwa Nr. 8238 (19. März 2015), abrufbar unter: https://www.dar-alifta.org/en/fatwa/details/8238/what-are-the-rights-of-a-divorcee-to-the-house-furniture-car-etc-if-they-are (letzter Zugriff: 19.04.2025).

El Baradie, Adel: Gottes-Recht und Menschen-Recht. Grundlagenprobleme der islamischen Strafrechtslehre. Baden-Baden: Nomos Verlagsgesellschaft, 1983.

El Guabli, Brahim: Amazigh Indigeneity and the Remaking of Tamazgha. In: Current History, Vol. 123, Nr. 857 (Dez. 2024), S. 347–53, abrufbar unter: https://doi.org/10.1525/curh.2024.123.857.347 (letzter Zugriff: 19.04.2025).

Ellyas, Akram; Stora, Benjamin: Les 100 portes du Maghreb. L'Algérie, le Maroc, la Tunisie, trois voies singulières pour allier l'islam et modernité. Paris: Les Éditions de l'Atelier / Éditions Ouvrières, 1999.

 © Frank & Timme Verlag für wissenschaftliche Literatur

Engelcke, Dörthe: Reforming Family Law. Social and Political Change in Jordan and Morocco. Cambridge: Cambridge University Press, 2019.

Essadik, Sayf Eddine: The Pecularity of the Conflict of Laws in Morocco: The Inversed Case of the Statute of Foreigners. In: Indonesia Private Law Review, Vol. 3, Nr. 1 (Jun. 2022), S. 11–22, abrufbar unter: https://doi.org/10.25041/iplr.v3i1.2461 (letzter Zugriff: 21.04.2025).

F

Faath, Sigrid: Marokko. Die innen- und außenpolitische Entwicklung seit der Unabhängigkeit. Kommentar und Dokumentation, 2 Bde. Hamburg: Deutsches Orient-Institut, 1987.

Fassi Fihri, Hakima: Evolution de la famille, statut des femmes et héritage au Maroc. In: Benchekroun, Siham (Hrsg.): L'héritage des femmes en islam. Exemple du Maroc. Paris: L'Harmattan, 2021, S. 241–252.

Fassi Fihri, Mohamed El Habib: L'itinéraire de la Justice marocaine. Rabat: Imprimerie Omnia, 1997.

Filālī Amīn, al-Hāšimī al-: Taṣdīr [Vorrede]. In: ʿAlamī, ʿĪsā b. ʿAlī al-Ḥasanī al-: Kitāb an-nawāzil [Das Buch der Rechtsfälle], Bd. 1. Herausgegeben von al-Mağlis al-ʿIlmī bi-Fās. [Rabat]: Wizārat al-Auqāf wa-š-Šuʾūn al-Islāmīya, 1983, S. 3–4.

Fontana, Sina: Universelle Frauenrechte und islamisches Recht. Zur Umsetzung von Menschenrechten in einer islamisch geprägten Rechtsordnung. Tübingen: Mohr Siebeck, 2017.

G

Ğabartī az-Zailaʿī, Ibrāhīm al-Muḫtār Aḥmad ʿUmar al-: Al-madḫal al-wağīz fī iṣṭilāḥāt maḏhab as-sāda al-mālikīya li-š-Šaiḫ Ibrāhīm al-Muḫtār Aḥmad ʿUmar al-Ğabartī az-Zailaʿī min ʿulamāʾ at-taḫaṣṣuṣ bi-kullīyat aš-šarīʿa bi-l-Ğāmiʿ al-Azhar [Die kurze Einführung in die Begrifflichkeiten der Rechtsschule der verehrten Mālikiten des Šaiḫs Ibrāhīm al-Muḫtār Aḥmad ʿUmar al-Ğabartī az-Zailaʿī, einem der Experten an der šarīʿa-Fakultät der Azhar-Universität]. Hrsg. von Doktor ʿAbd Allāh Taufīq aṣ-Ṣabbāġ. [Kairo]: [Maktabat an-Nūr], [1993].

Ghazali, Ahmed: Femmes et héritage en droit musulman: Quel cheminement vers l'équité au Maroc. In: Benchekroun, Siham (Hrsg.): L'héritage des femmes en islam. Exemple du Maroc. Paris: L'Harmattan, 2021, S. 135–144.

Ğīdī, ʿUmar al-: Ibn ʿArḍūn al-Kabīr. Ḥayātuhu wa-āṯāruhu, ārāʾuhu wa-fiqhuhu [Ibn ʿArḍūn al-Kabīr. Sein Leben und seine Werke, seine Meinungen und seine Jurisprudenz]. O. O.: Manšūrāt ʿUkāẓ, 1987.

Ğīdī, ʿUmar al-: Izraf [Gewohnheitsrecht]. In: Al-Ḥağğī, Muḥammad; at-Taufīq, Aḥmad; al-Ğamʿīya al-Maġribīya li-t-Taʾlīf wa-t-Tarğama wa-n-Našr (Hrsg): Maʿlamat al-Maġrib. Qāmūs murattab ʿalā ḥurūf al-hiğāʾ yuḥīṭu bi-l-maʿārif al-mutaʿalliqa bi-muḫtalaf al-ǧawānib at-tārīḫīya wa-l- ǧuġrāfīya wa-l-bašarīya wa-l-ḥaḍārīya li-l-Maġrib al-aqṣā [Die Enzyklopädie Marokkos. Ein alphabetisch geordnetes Lexikon zur Bewahrung des Wissens verschiedener historischer, geographischer, anthropologischer und zeitgenössischer Aspekte Marokkos], Bd. 1. Salé: Maṭbaʿ Salā, 1989, S. 334–336.

Ǧīdī, ʿUmar b. ʿAbd al-Karīm al-: Al-ʿurf wa-l-ʿamal fi-l-maḏhab al-mālikī. Wa-Mafhūmuhumā laḏā ʿulamāʾ al-Maġrib [Das Gewohnheitsrecht und der Rechtsbrauch in der mālikitischen Rechtsschule. Und ihrer beider Verständnis bei den Religionsgelehrten des Maghreb]. Rabat: Al-Laǧna al-Muštaraka li-Našr Iḥyāʾ at-Turāṯ al-Islāmī baina Ḥukūmat al-Mamlaka al-Maġribīya wa-Ḥukūmat Daulat al-Imārāt al-ʿArabīya al-Muttaḥida, 1984.

Ġumārī, Abū-l-Faiḍ Aḥmad b. Muḥammad b. aṣ-Ṣiddīq al-: Masālik ad-dalāla fī šarḥ masāʾil ar-Risāla. [Die Wegweiser für den Kommentar der Angelegenheiten der Risāla]. Vokalisiert und korrigiert von ʿAbd al-Ǧalīl ʿAbd as-Salām. Beirut: Dār al-Kutub al-ʿIlmīya, 2015.

Ǧumhūrīya at-Tūnisīya al-: Maǧallat al-aḥwāl aš-šaḫṣīya 2019. Manšūrāt al-maṭbaʿa ar-rasmīya li-l-Ǧumhūrīya at-Tūnisīya. [Personalstatutsgesetzbuch der Republik Tunesien. Veröffentlichungen der Staatsdruckerei der Republik Tunesien]. Radès: Al-Maṭbaʿa ar-Rasmīya li-l-Ǧumhūrīya at-Tūnisīya, 2017, abrufbar unter: https://www.justice.gov.tn/fileadmin/medias/references_juridiques/codes_juridiques/StatutpersonnelArabe.pdf (letzter Zugriff: 21.04.2025).

H

Ḫalīl b. Isḥāq al-Mālikī: Muḫtaṣar al-ʿallāma Ḫalīl [Kompendium des hochgelehrten Ḫalīl]. Ediert von Aḥmad Ǧād. Kairo: Dār al-Ḥadīṯ, 2005.

Ḫalīl b. Isḥāq; Perron, Nicolas (Übers.): Précis de jurisprudence musulmane ou principes de législation musulmane civile et religieuse selon le rite mâlékite par Khalîl Ibn-Ish´âk´. Traduit de l'arabe par M. Perron, chevalier de la Légion d'Honneur, membre de la Société Asiatique de Paris, etc., 6 Bde. + Table analytique et alphabétique. Paris: Langlois et Leclercq, Victor Masson, 1848–1852 + 1854.

Harrak, Fatima: The History and Significance of the New Moroccan Familiy Code. In: The Roberta Buffett Center for International and Comparative Studies, Northwestern University, Institute for the Study of Islamic Thought in Africa (ISITA) Working Paper Series, Working Paper No. 09-002 (März 2009), 10 S., abrufbar unter: https://www.almendron.com/tribuna/wp-content/uploads/2017/02/the-history-and-significance-of-the-new-moroccan-family-code.pdf (letzter Zugriff: 02.07.2022).

Hegasy, Sonja: Staat, Öffentlichkeit und Zivilgesellschaft in Marokko. Die Potentiale der soziokulturellen Opposition. Hamburg: Deutsches Orient Institut, 1997.

Heilen, Julia: Entwicklung strafrechtlicher Normen im Sultanat und Königreich Marokko. Berlin: Frank & Timme, 2021.

 © Frank & Timme Verlag für wissenschaftliche Literatur

Heilen, Julia: Islamisches Recht. Beständigkeit und Wandel. In: Sinder, Rike (Hrsg.): Die Neuvermessung der Säkularität. Zum Selbstverständnis des Staates im Angesicht islamischen Rechts. Baden-Baden: Nomos, 2023, S. 41–72.

Himmich, Bensalem: Ijtihâd. La face voilée de l'Islam. Préface de Maxime Rodinson. Postface de M. A. Lahbabi. Rabat: Editions Marsam, 2006.

Hoebink, Michel: Two Halves of the Same Truth. Schacht, Hallaq, and the Gate of Ijtihad. An Inquiry into Definitions. Amsterdam: MERA, Middle East Research Associates (Occasional Paper No. 24), 1994.

Ḥusain, al-Mīlkī al-: Niẓām al-kadd wa-s-siʿāya, 2 Bde. Rabat: Maṭbaʿat Dār as-Salām, 1999 / 2000.

I

Ibn Abī Zaid al-Qairawānī, Abū Muḥammad ʿAbd Allāh: Ar-risāla fī fiqh al-imām Mālik. Taʾlīf al-imām Abī Muḥammad ʿAbd Allāh b. Abī Zaid al-Qairawānī, al-mutawaffā sanat 386 H. [Die Epistel über die Jurisprudenz des Imām Mālik. Verfasst vom Imām Abī Muḥammad ʿAbd Allāh b. Abī Zaid al-Qairawānī, gestorben im Jahr 386 H.]. Vokalisiert und korrigiert von aš-Šaiḫ ʿAbd al-Wāriṯ Muḥammad ʿAlī. Beirut: Dār al-Kutub al-ʿIlmīya, o. J.

Ibn Abi Zayd al-Qayrawani; Aisha Bewley (Übers.): The Risalah. Arabic-English Edition. Bradford: Diwan Press, 2019.

Ibn Abî Zayd al-Qayrawânî; Bercher, Léon (Übers.): La Risâla ou Epître sur les éléments du dogme et de la loi de l'Islâm selon le rite mâlikite. Texte arabe et traduction française avec un avant-propos, des notes et trois index par Léon Bercher. Algier: Éditions Populaires de l'Armée, 1975.

Ibn Abou Zeyd Kayrawani; Fagnan, Edmond (Übers.): Risala ou traité abrégé de droit malékite et morale musulmane. Traduction avec commentaire analytique par E. Fagnan. Paris: Librairie Paul Geuthner, 1914, abrufbar unter: https://gallica.bnf.fr/ark:/12148/bpt6k5813421p.texteImage (letzter Zugriff: 10.02.2021).

Ibn al-Qāḍī al-Miknāsī, Aḥmad: Ǧiḏwat al-iqtibās fī ḏikr man ḥalla min al-aʿlām madīnat Fās. Rabat: Dār al-Manṣūr, 1973.

Ibn al-Qāḍī, Abū al-ʿAbbās Aḥmad b. Muḥammad al-Miknāsī: Durrat al-ḥiǧāl fī asmāʾ ar-riǧāl. Ḏail Wafayāt al-aʿyān [Die Perle der Brautzelte über das Ansehen der Männer. Supplement zum Wafayāt al-aʿyān], 3 Bde. Hrsg. von Muḥammad al-Aḥmadī Abū an-Nūr. Kairo: Dār at-Turāṯ, 1971.

Ibn ʿArḍūn, Abū al-ʿAbbās Aḥmad b. al-Ḥasan: Muqniʿ al-muḥtāǧ fī ādāb al-azwāǧ [Die Beratung der Bedürftigen über das gute Benehmen der Ehepartner], 2 Bde. Hrsg. von ʿAbd as-Salām az-Zayānī. Beirut: Dār Ibn Ḥazm, 2010.

Ibn Sūda, ʿAbd as-Salām b. ʿAbd al-Qādir: Sall an-niṣāl li-n-niḍāl bi-l-ašyāḫ wa-ahl al-kamāl. Fihris aš-šuyūḫ [Zücken der Speerspitzen für den Wettstreit der Scheichs und der Vollkommenen. Index der Scheichs], Teil 1. In: Ḥağğī, Muḥammad (Hrsg.): Mausūʿat aʿlām al-Maġrib (Dictionnaire des Célébrités Marocaines), Bd. 8 von 10 (1301–1360 H. / 1884–1941). Beirut: Dār al-Ġarb al-Islāmī, 1996.

Ibn-Abî-Zayd al-Qayrawânî, ‘Abdallâh; Kenny, Joseph (Übers.): The Risâla. Treatise on Mâlikî Law of ‘Abdallâh Ibn-Abî-Zayd al-Qayrawânî (922–996). An annotated translation by Joseph Kenny. Minna: Islamic Education Trust, 1992.

Ibriz, Sara: Comprendre les propositions de la réforme de la Moudawana: mariage, divorce, polygamie et héritage. In: Medias24. Le numéro un de l’information économique marocaine, (11.01.2025), o. S., abrufbar unter: ircam

Idris, Hady Roger: Deux juristes kairouanais de l’époque zîrîde: Ibn Abî Zaid et Al-Qâbisî (X^e^–XIe siècle). In: Annales de l’Institut d’Études Orientales, Bd. XII (1954), S. 122–198.

Idris, Hady Roger: L’aube du mālikisme ifrīqiyen. In: Studia Islamica (SI), Nr. 33 (1971), S. 40, abrufbar unter: https://www.jstor.org/stable/1595026 (letzter Zugriff: 29.03.2025).

Idris, Hady Roger: La Berbérie Orientale sous les Zīrīdes. X^e^–XIIe siècle, 2 Bde. Thèse pour le doctorat ès Lettres présentée à la Faculté des Lettres et Sciences Humaines de l’Université de Paris. Paris: Adrien-Maisonneuve, 1959.

Idris, Hady Roger: Note sur l’identification du dédicaire de la Risâla d’Ibn Abî Zaid al-Qairawânî. In: Les Cahiers de Tunisie, Vol. 1, Nr. 1 (1953), S. 63–68.

Institut Royal de la Culture Amazighe (IRCAM): Alphabet Tifinaghe, abrufbar unter: https://www.ircam.ma/fr/alphabet-tifinaghe (letzter Zugriff: 02.03.2025).

J

Julien, Charles-André: Le Maroc face aux impérialismes 1415–1956. Paris: Editions J. A., 1978.

Juynboll, Theodoor Willem: Akdarīya. In: Houtsma, Martijn Theodoor; Arnold, Thomas Walker; Basset, René; Hartmann, Richard (Hrsg.): Enzyklopaedie des Islām. Geographisches, ethnographisches und biographisches Wörterbuch der Muhammedanischen Völker im Verein mit hervorragenden Orientalisten, Bd. I. Leiden: Brill, 1913, S. 242.

K

Kaʿwās, al-Mīlūd: Ḥaqq az-zauğa fi-l-kadd wa-s-siʿāya. Dirāsa fi-t-turāṯ al-fiqhī al-mālikī. Rabat: Dār al-Amān li-n-Našr wa-t-Tauzīʿ, 2009.

Kenny, Joseph: Mālikī Law and the Risāla of Ibn Abī Zayd al-Qayrawānī. In: Hamdard Islamicus, Vol. VI, Nr. 3 (1983), S. 63–71.

 © Frank & Timme Verlag für wissenschaftliche Literatur

Kettani, Zineb; Bouhlal, Radia: Concepts, intérêts et valeurs dans l'interprétation du droit de la famille. Rapport (Séance 2: Droit de la famille) Journées internationales italiennes 2017 – Concepts, intérêts et valeurs dans l'interprétation du droit positif de l'Association Henri Capitant, 22.–26. Mai 2017, Turin und Como, S. 2, abrufbar unter: https://www.henricapitant.org/wp-content/uploads/2022/05/2017-JI-Italiennes-Maroc-Famille.pdf (letzter Zugriff: 02.01.2025).

☙ L ❧

Lahcen, Ouhmane: Introduction au Droit Musulman. Marrakesch: Almaarifa, 2015.

Lalami, Feriel: Algérie, pause dans les mobilisations féministes? In: Nouvelles Questions Féministes, Vol. 33, Nr. 2 [Féminismes au Maghreb] (2014), S. 34–42, abrufbar unter: https://www.jstor.org/stable/24586409 (letzter Zugriff: 29.04.2022).

Lamaddeb, Badreddine: Le traditionel et le moderne en droit marocain de la famille. Thèse de doctorat en Droit privé et Sciences criminelles, Université Montpellier I et Université Mohammed V – Agdal Rabat, 20.12.2012. Montpellier: o. V., 2012, S. 17, abrufbar unter: http://www.theses.fr/2012MON10044 (letzter Zugriff: 07.03.2025).

Lamrabet, Asma: L'exigence de justice entre les hommes et les femmes en islam. Cas de l'héritage. In: Benchekroun, Siham (Hrsg.): L'héritage des femmes en islam. Exemple du Maroc. Paris: L'Harmattan, 2021, S. 45–62.

Lamrabet, Asma: Women in the Qur'an. An Emancipatory Reading. La Vergne: Kube Publishing Limited, 2016.

Latham, John Derek: Bardalla, Abū ʿAbd Allāh Muḥammad. In: Bearman, Peri (Hrsg.): Encyclopaedia of Islam New Edition Online. Leiden: Brill, 2012, abrufbar unter: https://doi.org/10.1163/1573-3912_islam_SIM_8402 (letzter Zugriff: 01.04.2025).

Lemu, Ahmed: Foreword. In: Ibn-Abî-Zayd al-Qayrawânî, 'Abdallâh; Kenny, Joseph (Übers.): The Risâla. Treatise on Mâlikî Law of 'Abdallâh Ibn-Abî-Zayd al-Qayrawânî (922–996). An annotated translation by Joseph Kenny. Minna: Islamic Education Trust, 1992.

Lohlker, Rüdiger: Islamisches Familienrecht. Methodologische Studien zum Recht mālikitischer Schule in Vergangenheit und Gegenwart. Göttingen: Duehrkohp & Radicke, 2002.

Lugan, Bernard: Histoire du Maroc. Des Origines à nos jours. Paris: Ellipses, 2011.

☙ M ❧

Madariaga, María Rosa de: Historia de Marruecos. Madrid: Catarata, 2017.

Maǧlis al-ʿIlmī bi-Fās, al-: Muqaddima [Vorwort]. In: ʿAlamī, ʿĪsā b. ʿAlī al-Ḥasanī al-: Kitāb an-nawāzil [Das Buch der Rechtsfälle], Bd. 1. Herausgegeben von al-Maǧlis al-ʿIlmī bi-Fās. [Rabat]: Wizārat al-Auqāf wa-š-Šuʾūn al-Islāmīya, 1983, S. 5–11.

Maǧlis al-ʿIlmī bi-Fās, al-: Nubḏa min ḥayāt al-muʾallif [Traktat über das Leben des Verfassers]. In: ʿAlamī, ʿĪsā b. ʿAlī al-Ḥasanī al-: Kitāb an-nawāzil [Das Buch der Rechtsfälle], Bd. 1. Herausgegeben von al-Maǧlis al-ʿIlmī bi-Fās. [Rabat]: Wizārat al-Auqāf wa-š-Šuʾūn al-Islāmīya, 1983, S. 12–16.

Mahfoudh, Dorra: Le Collectif Maghreb-Égalité 95: pour un mouvement féministe maghrébin. In: Nouvelles Questions Féministes, Vol. 33, Nr. 2 [Féminismes au Maghreb] (2014), S. 132–135, abrufbar unter: https://www.jstor.org/stable/24586419 (letzter Zugriff: 29.04. 2022).

Mahfoudh, Dorra; Mahfoudh, Amel: Mobilisations des femmes et mouvement féministe en Tunisie. In: Nouvelles Questions Féministes, Vol. 33, Nr. 2 [Féminismes au Maghreb] (2014), S. 14–33, abrufbar unter: https://www.jstor.org/stable/24586408 (letzter Zugriff: 29.04.2022).

Maḫlūf, Muḥammad b. Muḥammad b. ʿUmar b. Qāsim: Šaǧarat an-nūr az-zakīya fī ṭabaqāt al-mālikīya [Der reine Baum des Lichts in den mālikitischen Biographie-Klassen], 2 Bde. Annotiert und kommentiert von ʿAbd al-Maǧīd Ḫayālī (gest. 1360 H.). Beirut: Dār al-Kutub al-ʿIlmīya, 2003.

Mālik b. Anas: Kitāb al-muwaṭṭaʾ li-l-imām Mālik b. Anas 179-95 H. Bi-riwāyat Yaḥyā b. Yaḥyā b. Kaṯīr al-Laiṯī al-Qurṭubī al-mutawaffā sanat 243 H. [Buch des geebneten Pfades des Imams Mālik b. Anas 179–95 H. In der Überlieferung von Yaḥyā b. Yaḥyā b. Kaṯīr al-Laiṯī al-Qurṭubī gest. im Jahr 243 H.]. Hrsg. von Naǧīb Māǧidī. Beirut: Al-Maktaba al-ʿAṣrīya, 2012.

Mamlaka al-Maġribīya aš-Šarīfa, al-: Marsūm raqm 2.57.1040 bi-taʿyīn al-laǧna al-manṣūṣ ʿalaihā fi-ẓ-ẓahīr aš-šarīf raqm 1.57.190 aṣ-ṣādir fī 22 Muḥarram 1377 al-muwāfiq 19 Ġušt 1957 al-qāḍī bi-taʾsīs laǧna bi-wizārat al-ʿadl li-tadwīn al-qānūn al-islāmī [Dekret Nr. 2.57.1040 zur Ernennung der im Scherifen-Erlass Nr. 1.57.190, erlassen am 22. Muḥarram 1377 entsprechend dem 19. August 1957, über die Einrichtung einer Kommission im Justizministerium zur Niederschrift des islamischen Gesetzes bestimmten Kommission]. In: Al-ǧarīda ar-rasmīya, 46. Jg., Nr. 2341 (06. September 1957), S. 1980, abrufbar unter: http://www.sgg.gov.ma/BO/AR/1957/BO_2341_ar.PDF (letzter Zugriff: 10.02.2021).

Mamlaka al-Maġribīya aš-Šarīfa, al-: Ẓahīr šarīf raqm 1.57.190 bi-iḥdāṯ laǧna li-waḍʿ mudauwana li-aḥkām al-fiqh al-islāmī [Scherifen-Erlass Nr. 1.57.190 zur Schaffung einer Kommission zur Ausfertigung einer Gesetzessammlung der Bestimmungen der islamischen Jurisprudenz]. In: Al-ǧarīda ar-rasmīya, 46. Jg., Nr. 2341 (06. September 1957), S. 1980, abrufbar unter: http://www.sgg.gov.ma/BO/AR/1957/BO_2341_ar.PDF (letzter Zugriff: 10.02.2021).

Mamlaka al-Maġribīya aš-Šarīfa, al-: Ẓahīr šarīf raqm 1.57.343 tuṭabbaqu bi-mūǧibihi fī sāʾir al-mamlaka al-maġribīya muqtaḍayāt al-kitāb al-auwal wa-ṯ-ṯānī al-mutaʿalliq auwaluhumā

 © Frank & Timme Verlag für wissenschaftliche Literatur

bi-zauwāǧ wa-ṯānīhimā bi-nḥilāl mīṯāqihi [Scherifen-Erlass Nr. 1.57.343 mit dessen Inkraftsetzung im gesamten Königreich die Bestimmungen des ersten und zweiten Buches, das erste der beiden zur Ehe und das zweite der beiden zur Eheauflösung, angewendet werden]. In: Al-ǧarīda ar-rasmīya, 46. Jg., Nr. 2354 (06. Dezember 1957), S. 2633–2638, abrufbar unter: http://www.sgg.gov.ma/BO/bo_ar/1957/BO_2354_ar.PDF (10.04.2022).

Mamlaka al-Maġribīya aš-Šarīfa, al-: Ẓahīr šarīf raqm 1.57.379 tuṭabbaqu bi-mūǧibihi fī sāʾir al-mamlaka al-maġribīya muqtaḍayāt al-kitāb aṯ-ṯāliṯ al-mutaʿalliq bi-l-wilāda wa-natāʾiǧihā [Scherifen-Erlass Nr. 1.57.379 mit dessen Inkraftsetzung im gesamten Königreich die Bestimmungen des dritten Buches zur Geburt und ihren Folgen angewendet werden]. In: Al-ǧarīda ar-rasmīya, 47. Jg., Nr. 2358 (03. Januar 1958), S. 2–5, abrufbar unter: http://www.sgg.gov.ma/BO/bo_ar/1958/BO_2358_ar.PDF (letzter Zugriff: 10.04.2022).

Mamlaka al-Maġribīya aš-Šarīfa, al-: Ẓahīr šarīf raqm 1.58.019 tuṭabbaqu bi-mūǧibihi fī sāʾir al-mamlaka al-maġribīya muqtaḍayāt al-kitāb ar-rābiʿ al-mutaʿalliq bi-l-ahlīya wa-n-niyāba aš-šarʿīya [Scherifen-Erlass Nr. 1.58.019 mit dessen Inkraftsetzung im gesamten Königreich die Bestimmungen des vierten Buches zur Geschäftsfähigkeit und zur gesetzlichen Vertretung angewendet werden]. In: Al-ǧarīda ar-rasmīya, 47. Jg., Nr. 2363 (07. Februar 1958), S. 302–305, abrufbar unter: http://www.sgg.gov.ma/BO/bo_ar/1958/BO_2363_ar.PDF (letzter Zugriff: 10.04.2022).

Mamlaka al-Maġribīya aš-Šarīfa, al-: Ẓahīr šarīf raqm 1.58.073 tuṭabbaqu bi-mūǧibihi fī sāʾir al-mamlaka al-maġribīya muqtaḍayāt al-kitāb al-ḫāmis al-mutaʿalliq bi-l-waṣīya [Scherifen-Erlass Nr. 1.58.073 mit dessen Inkraftsetzung im gesamten Königreich die Bestimmungen des fünften Buches zum Vermächtnis angewendet werden]. In: Al-ǧarīda ar-rasmīya, 47. Jg., Nr. 2367 (07. März 1958), S. 570–573, abrufbar unter: http://www.sgg.gov.ma/BO/bo_ar/1958/BO_2367_ar.PDF (letzter Zugriff: 10.04.2022).

Mamlaka al-Maġribīya aš-Šarīfa, al-: Ẓahīr šarīf raqm 1.58.112 tuṭabbaqu bi-mūǧibihi fī sāʾir al-mamlaka al-maġribīya muqtaḍayāt al-kitāb as-sādis al-mutaʿalliq bi-l-mīrāṯ [Scherifen-Erlass Nr. 1.58.112 mit dessen Inkraftsetzung im gesamten Königreich die Bestimmungen des sechsten Buches zur Erbschaft angewendet werden]. In: Al-ǧarīda ar-rasmīya, 47. Jg., Nr. 2371 (04. April 1958), S. 818–824, abrufbar unter: http://www.sgg.gov.ma/BO/bo_ar/1958/BO_2371_ar.PDF (letzter Zugriff: 10.04.2022).

Mamlaka al-Maġribīya, al-: Qānūn raqm 3.64 bi-tārīḫ 22 Ramaḍān 1384 (26. Yanāyir 1965) yataʿallaqu bi-tauḥīd al-maḥākim [Gesetz Nr. 3.64 vom Datum des 22. Ramaḍān 1384 (26. Januar 1965) zur Vereinheitlichung der Gerichte]. In: Al-ǧarīda ar-rasmīya, 54. Jg., Nr. 2727 (03. Januar 1965), S. 208–209, abrufbar unter: http://www.sgg.gov.ma/BO/AR/1965/BO_2727_ar.PDF (letzter Zugriff: 10.02.2021).

Mamlaka al-Maġribīya, al-: Ẓahīr šarīf raqm 1.04.22 ṣādir fī 12 min Ḏī al-Ḥiǧǧa 1424 (3. Fibrāyir 2004) bi-tanfīḏ al-qānūn raqm 70.03 bi-maṯābat Mudauwanat al-usra [Am 12. Ḏū al-Ḥiǧǧa (3. Februar 2004) erlassener Scherifen-Erlass Nr. 1.04.22 zur Inkraftsetzung des

Gesetzes Nr. 70.03 über das Familiengesetz]. In: Al-ǧarīda ar-rasmīya, 93. Jg., Nr. 5184 (05.02.2004), S. 418–452, abrufbar unter: http://www.sgg.gov.ma/BO/bo_ar/2004/BO_5184_ar.pdf (letzter Zugriff: 05.03.2025).

Mamlaka al-Maġribīya, al-: Ẓahīr šarīf raqm 11.62.154 fī taḫallī bait al-māl ʿan ḥuqūqihi al-irṯīya li-fāʾidat šurakāʾihi fi-l-irṯ [Scherifen-Erlass Nr. 11.62.154 über die Aufgabe des erbrechtlichen Anspruchs der Staatskasse zugunsten ihrer Miterben]. In: Al-ǧarīda ar-rasmīya, 51. Jg., Nr. 2612 (16.11.1962), S. 2665, abrufbar unter: https://www.sgg.gov.ma/BO/bo_ar/1962/BO_2612_ar.PDF (letzter Zugriff: 14.05.2025).

Mamlaka al-Maġribīya, al-; al-Amāna al-ʿĀmma li-l-Ḥukūma (Mudīrīyat al-Maṭbaʿa ar-Rasmīya): Ad-dustūr. Ṭabʿa 2011 [Die Verfassung. Edition 2011], abrufbar unter: http://www.sgg.gov.ma/Portals/1/lois/constitution_2011_Ar.pdf (letzter Zugriff: 15.03.2025).

Mamlaka al-Maġribīya, al-; Wizārat al-ʿAdl wa-l-Ḥurrīyāt; Mudīrīyat at-Tašrīʿ: Mudauwanat al-usra. Ṣīġa muḥaiyana bi-tārīḫ 29 Yūlyū 2021 [Familiengesetzbuch. Geänderte Fassung vom 29. Juli 2021], abrufbar unter: https://adala.justice.gov.ma/api/uploads/2024/07/22/%D9%85%D8%AF%D9%88%D9%86%D8%A9%20%D8%A7%D9%84%D8%A3%D8%B3%D8%B1%D8%A9-1721646687560.pdf#toolbar=0&statusbar=0 (letzter Zugriff: 05.03.2025).

Mamlaka al-Maġribīya, al-; Wizārat al-ʿAdl: Al-haiʾa al-mukallafa bi-taʿdīl Mudauwanat al-usra tudaššin istišārātahā maʿa muḫtalaf al-fāʿilīn al-maʿanīyīn [Die mit der Änderung des Familiengesetzes beauftragte Kommission leitet Konsultationen mit verschiedenen Interessengruppen ein], 01. November 2023, abrufbar unter: https://justice.gov.ma/2023/11/01/11688/ (letzter Zugriff: 09.03.2025).

Mamlaka al-Maġribīya, al-; Wizārat aš-Šabāb wa-ṯ-Ṯaqāfa wa-t-Tawāṣul: Al-ḥukūma tuqarriru taškīl laǧna min al-qiṭāʿāt al-wazīrīya al-maʿnīya, wa-kaḏā al-amāna al-ʿāmma li-l-ḥukūma, li-ṣiyāġat muqtaraḥāt murāǧaʿat Mudauwanat al-usra [Die Regierung beschließt die Bildung einer Kommission aus den zuständigen Ministerien und dem Generalsekretariat der Regierung zur Erarbeitung von Vorschläge zur Revision des Familiengesetzes], Donnerstag 16. Januar 2025, o. S., abrufbar unter: https://maroc.ma/ar/%D8%A7%D9%84%D8%A3%D8%AE%D8%A8%D8%A7%D8%B1/%D8%A7%D9%84%D8%AD%D9%83%D9%88%D9%85%D8%A9-%D8%AA%D9%82%D8%B1%D8%B1-%D8%AA%D8%B4%D9%83%D9%8A%D9%84-%D9%84%D8%AC%D9%86%D8%A9-%D9%85%D9%86-%D8%A7%D9%84%D9%82%D8%B7%D8%A7%D8%B9%D8%A7%D8%AA-%D8%A7%D9%84%D9%88%D8%B2%D8%A7%D8%B1%D9%8A%D8%A9-%D8%A7%D9%84%D9%85%D8%B9%D9%86%D9%8A%D8%A9%D8%8C-%D9%88%D9%83%D8%B0%D8%A7-%D8%A7%D9%84%D8%A3%D9%85%D8%A7%D9%86%D8%A9-%D8%A7%D9%84%D8%B9%D8%A7%D9%85%D8%A9-%D9%84%D9%84%D8%AD%D9%83%D9%88%D9%85%D8%A9%D8%8C-%D9%84%D8%B5%D9%8A%D8%A7%D8%BA%D8

 © Frank & Timme Verlag für wissenschaftliche Literatur

%A9-%D9%85%D9%82%D8%AA%D8%B1%D8%AD%D8%A7%D8%AA (letzter Zugriff: 09.03.2025).

Mansour, Mansour Hasan: The Maliki School of Law: Spread and Domination in North and West Africa 8th to 14th Centuries C.E. San Francisco: Austin & Winfield, 1995.

Masud, Muhammad Khalid: Abū Isḥāq al-Shāṭibī (d. 790 / 1388). In: Arabi, Oussama; Powers, David Stephan; Spectorsky, Susan Ann (Hrsg.): Islamic Legal Thought. A compendium of Muslim Jurists. Leiden: Brill, 2013, S. 353–374.

Mende, Claudia (Interviewerin); Dialmy, Abdessamad (Interviewter): „Wir müssen den Islam vom Patriarchat befreien“. In: Qantara.de, (27.06.2024), o. S., abrufbar unter: https://qantara.de/node/44092 (letzter Zugriff: 08.03.2025).

Mezzine, Mohamed: Le passé médiéval du Rif Ghmara, Jbala. Variances et récurrences. Paris: L'Harmattan, 2021.

Mispoulet, Pierre: Al-Mîʿyâr al-Djadîd „La nouvelle Pierre de touche des Fatwâs“ du Faqîh Al-Mahdî Al-Ouazzânî Al-ʿImrânî. In: Revue du Monde Musulman, 7. Jg., Vol. XXIV (Sep. 1913), S. 298–310.

Mouaqit, Mohammed: Droit et changement politique et social au Maroc. In: Dupret, Baudouin; Rhani, Zakaria; Boutaleb, Assia; Ferrie, Jean-Noel (Hrsg.): Le Maroc au présent. D'une époque a l'autre, une société en mutation. Neuauflage [online]. Casablanca: Centre Jacques-Berque, 2015, S. 815–840[1012], abrufbar unter: https://doi.org/10.4000/books.cjb.1125 (letzter Zugriff: 10.07.2022).

Mouaqit, Mohammed: Le droit de kad wa si'aya. Anthropologie d'une règle coutumière au Maroc. In: Rachik, Hassan (Hrsg.): Contester le droit. Communautés, familles et héritage au Maroc. Casablanca: Éditions la Croisée des Chemins, 2016, S. 207–329.

Moulay Rchid, Abderrazak: La condition de la femme au Maroc. Préface de Jean Deprez. Rabat: Éditions de la Faculté des Sciences Juridique, Économiques et Sociales de Rabat, [1985].

Mourji, Fouzi; Ezzrari, Abdeljaouad: Analyse économique de la situation de la femme au Maroc. In: Benchekroun, Siham (Hrsg.): L'héritage des femmes en islam. Exemple du Maroc. Paris: L'Harmattan, 2021, S. 187–209.

Muḥammad VI.: Ǧalālat al-Malik yuwaǧǧihu ḫiṭāban ilā al-umma bi-munāsabat ʿīd al-ʿarš al-maǧīd [Seine Majestät der König hält anlässlich des Thronjubiläums eine Rede an die Nation]. Rabat: 30. Juli 2022, o. S., abrufbar unter: https://www.collectivites-territoriales.gov.ma/index.php/ar/discours-et-messages-royaux/jlalt-almlk-ywjh-khtaba-aly-alamt-bmnasbt-yd-alrsh-almjyd-0 (letzter Zugriff: 05.03.2025).

[1012] Die frei verfügbare Online-Ausgabe verfügt lediglich über eine Absatznummerierung und weist insgesamt 15 Absätze auf. In Ermangelung von Seitenangaben, wird bei Zitationen daher auf diese Nummerierung verwiesen.

© Frank & Timme Verlag für wissenschaftliche Literatur

Muḥammad VI.: Naṣṣ ḫiṭāb ǧalālat al-malik fi-ftitāḥ ad-daura al-ūlā min as-sana aṯ-ṯānīya min al-wilāya at-tašrīʿīya as-sābiʿa [Text der Rede Seiner Majestät des Königs anlässlich der Parlamentseröffnung des zweiten Sitzungsjahres der siebten Legislaturperiode]. Rabat: 10. Oktober 2003, o. S., abrufbar unter: https://collectivites-territoriales.gov.ma/ar/khtb-wrsayl-mlkyt/ns-khtab-jlalt-almlk-fy-afttah-aldwrt-alawly-mn-alsnt-althanyt-mn-alwlayt (letzter Zugriff: 05.03.2025).

Muḥammad VI.: SM le Roi adresse un Discours à la Nation à l'occasion de la Fête du Trône. Rabat: 30. Juli 2022, o. S., abrufbar unter: https://www.collectivites-territoriales.gov.ma/fr/discours-et-messages-royaux/sm-le-roi-adresse-un-discours-la-nation-loccasion-de-la-fete-du-trone-1 (letzter Zugriff: 07.03.2025).

Muḥammad VI: Doscours [sic!] de S.M. Le Roi lors de l'ouverture de la 2eme année législative de la 7eme législature. Rabat: 10. Oktober 2003, o. S., abrufbar unter: https://www.collectivites-territoriales.gov.ma/fr/discours-et-messages-royaux/doscours-de-sm-le-roi-lors-de-louverture-de-la-2eme-annee-legislative (letzter Zugriff: 05.03.2025).

Müller, Christian: Gerichtspraxis im Stadtstaat Córdoba. Zum Recht der Gesellschaft in einer mālikitisch-islamischen Rechtstradition des 5./11. Jahrhunderts. Leiden: Brill, 1999.

N

Naciri, Rabéa: Le mouvement des femmes au Maroc. In: Nouvelles Questions Féministes, Vol. 33, Nr. 2 [Féminismes au Maghreb] (2014), S. 43–64, abrufbar unter: https://www.jstor.org/stable/24586410 (letzter Zugriff: 29.04.2022).

Nelle, Dietrich: Algerien (Stand: 1.5.2011) In: Bergmann, Alexander; Ferid, Murad; Henrich, Dieter; Dutta, Anatol; Ebert, Hans-Georg (Hrsg.): Internationales Ehe- und Kindschaftsrecht mit Staatsangehörigkeitsrecht. Loseblattsammlung, 192. Lfg. Frankfurt a. M.: Verlag für Standesamtswesen, 2011, S. 1–75.

Nelle, Dietrich: Algerien (Stand: April 2014). In: Ferid, Murad; Firsching, Karl; Hausmann, Rainer (Hrsg.): Internationales Erbrecht. Quellensammlung mit systematischen Darstellungen des materiellen Erbrechts sowie des Kollisionsrechts der wichtigsten Staaten, Bd. 1. Loseblattsammlung, Lfg. XCII. München: C. H. Beck, 2022, S. 1–49.

Nelle, Dietrich: Marokko (Stand: 1.12.2009). In: Bergmann, Alexander; Ferid, Murad; Henrich, Dieter; Dutta, Anatol; Ebert, Hans-Georg (Hrsg.): Internationales Ehe- und Kindschaftsrecht mit Staatsangehörigkeitsrecht. Loseblattsammlung, 203. Lfg. Frankfurt a. M.: Verlag für Standesamtswesen, 2013, S. 1–107.

Nelle, Dietrich: Neue familienrechtliche Entwicklungen im Maghreb (Marokko, Algerien, Libyen, Mauretanien und Tunesien). In: Das Standesamt (StAZ), 57. Jg., Nr. 9 (Sep. 2004), S. 253–269.

 © Frank & Timme Verlag für wissenschaftliche Literatur

☙ O ❧

Oßwald, Rainer: Das islamische Sklavenrecht. Würzburg: Ergon Verlag, 2017.

Oßwald, Rainer: Sklavenhandel und Sklavenleben zwischen Senegal und Atlas. Würzburg: Ergon, 2016.

☙ P ❧

Papi, Stéphane: L'influence juridique islamique au Maghreb. Algérie – Libye – Maroc – Mauritanie – Tunisie. Préface de Robert Charvin. Paris: L'Harmattan, 2009.

Papi, Stéphane: La charīʿa et le droit français. Strasbourg: Presses universitaires de Strasbourg, 2023, abrufbar unter: https://doi.org/10.4000/books.pus.33308 (letzter Zugriff: 21.04.2025).

Paret, Rudi (Übers.): Der Koran. Stuttgart: Kohlhammer, 2014.

Pattar, Andreas Kurt: Islamisch inspiriertes Erbrecht und deutscher Ordre public. Die Erbrechtsordnungen von Ägypten, Tunesien und Marokko und ihre Anwendbarkeit im Inland. Berlin: Duncker & Humblot, 2007.

Pennell, C. Richard: Morocco. From Empire to Independence. Oxford: Oneworld, 2003.

Powers, David Stephan: Law, Society, and Culture in the Maghrib 1300-1500. Cambridge: Cambridge University Press, 2002.

Powers, David Stephan; Terem, Etty: From the *Miʿyār* of al-Wansharīsī to the New *Miʿyār* of al-Wazzānī: Continuity and Change. In: Jerusalem Studies in Arabic and Islam (JSAI), Vol. 33 (2007), S. 235–260.

Pröbster, Edgar: Streifzüge durch das maghribinische Recht. In: Islamica, Bd. 3, Fasc. 3 (1927), S. 342–362, abrufbar unter: http://www.digizeitschriften.de/download/PPN864009399_0003/PPN864009399_0003___LOG_0038.pdf (letzter Zugriff: 10.02.2021).

☙ R ❧

Radi, Saadia: Comment faire pour préserver le patrimoine de ses filles? Le contournement de la loi et ses aléas. In: Benchekroun, Siham (Hrsg.): L'héritage des femmes en islam. Exemple du Maroc. Paris: L'Harmattan, 2021, S. 253–264.

Rafiki, Mohamed Abdelouahab: L'islam: Une révolution pour instaurer l'égalité entre l'homme et la femme. In: Benchekroun, Siham (Hrsg.): L'héritage des femmes en islam. Exemple du Maroc. Paris: L'Harmattan, 2021, S. 63–80.

Rašīd, Muḥammad b. ʿAbd Allāh ar-: Al-iʿlām bi-taṣḥīḥ kitāb al-aʿlām [Unterrichtung über die kritische Revision des Buchs der Koryphäen]. Beirut: Dār Ibn Ḥazm, 2001.

Rédaction Medias24: Document. Le text intégral de la lettre royal sur la réforme de la Moudawana. In: Medias24. Le numéro un de l'information économique marocaine, (01. / 02.10.2023), o. S., abrufbar unter: https://medias24.com/2023/10/01/document-le-texte-integral-de-la-lettre-royale-sur-la-reforme-de-la-moudawana/ (letzter Zugriff: 10.03.2025).

Rédaction Medias24: Moudawana: voici les principaux axes au cœur de la réforme. In: Medias24. Le numéro un de l'information économique marocaine, (24. / 25.12.2024), o. S., abrufbar unter: https://medias24.com/2024/12/24/moudawana-voici-les-principaux-axes-au-coeur-de-la-reforme-ouahbi/ (letzter Zugriff: 13.03.2025).

Rhou Aljarrari, Alhassan: Entre testament et héritage: Le passé comme introduction pour libérer l'avenir. Approche à la lumière du droit marocain. In: Benchekroun, Siham (Hrsg.): L'héritage des femmes en islam. Exemple du Maroc. Paris: L'Harmattan, 2021, S. 105–118.

Ricard, Robert: Une description du Habt en 1648. In: Hespéris – Archives berbères et Bulletin de l'Institut des Hautes Études Marocaines, Bd. XXIV, 3. Trimester (1937), S. 193–199.

Rivet, Daniel: Histoire du Maroc de Moulay Idrîs à Mohammed VI. [Paris]: Fayard, 2012.

Rivet, Daniel: Le Maghreb à l'épreuve de la colonisation. Paris: Hachette Littératures, 2002.

Rivière, Paul-Louis: Traités, codes et lois du Maroc, Bd. 1: Accords internationaux conclus par le Maroc avec les Puissances étrangères ou intervenus entre ces Puissances au sujet du Maroc de 1767 à 1923. Paris: Recueil Sirey, 1924.

Roberts, Robert: Das Familien-, Sklaven- und Erbrecht im Qorân. Unveränderter Nachdruck. Leipzig: Zentralantiquariat der DDR, 1968.

Rodríguez Mediano, Fernando: ʿAbd al-Qādir b. ʿAlī b. Yūsuf al-Fāsī. In: Fleet, Kate; Krämer, Gudrun; Matringe, Denis; Nawas, John Abdallah; Stewart, Devin J. (Hrsg.): Encyclopaedia of Islam Three Online. Leiden: Brill, 2009, o. S., abrufbar unter: https://doi.org/10.1163/1573-3912_ei3_COM_22591 (letzter Zugriff: 29.03.2025).

R[odríguez] Mediano, Fernando: Familias de Fez (SS. XV–XVII). Madrid: Consejo Superior de Investigaciones Cientificas, 1995.[1013]

Rohe, Mathias: Das islamische Recht. Geschichte und Gegenwart. München: C. H. Beck, 2011.

Rohe, Mathias: Islamisierung des deutschen Rechts? In: JuristenZeitung (JZ), Jg. 62, Nr. 17 (7. Sep. 2007), S. 801–806.

Royaume du Maroc: Dahir n° 1-04-22 du 12 hija 1424 (3 février 2004) portant promulgation de la loi n° 70.03 portant Code le la famille. In; Bulletin Officiell, 94. Jg., Nr. 5358 (06.10.2005), S. 667–701, Abrufbar unter: http://www.sgg.gov.ma/BO/bo_fr/2005/bo_5358_fr.pdf (letzter Zugriff: 05.03.2025).

[1013] Dem spanischen Namensrecht entsprechend führen Personen zwei Nachnamen. In bibliographischen Angaben führt dies jedoch mitunter zu Konfusionen; im vorliegenden Fall lauten die Nachnahmen des Autors „Rodríguez Gonzales", obwohl die Titelei hier den ersten Nachnamen irrtümlich wie einen zweiten Vornamen behandelt und als „R." abkürzt.

 © Frank & Timme Verlag für wissenschaftliche Literatur

Royaume du Maroc; Ministère de la Justice; Direction de législation et des études: Code de la famille. Version consolidée en date du 4 février 2016, abrufbar unter: https://adala.justice.gov.ma/api/uploads/2024/02/29/Code%20de%20la%20Famille-1709214478462.pdf (letzter Zugriff: 06.03.2025).

Royaume du Maroc; Ministère des Affaires Etrangères de la Coopération Africaine et des Marocains Résidant à l'Étranger: Communiqué du Cabinet Royal, lundi 23 Décembre 2024, abrufbar unter: https://diplomatie.ma/fr/communiqu%C3%A9-du-cabinet-royal-29 (letzter Zugriff: 08.03.2025).

Rüthers; Bernd; Fischer, Christian; Birk, Axel: Rechtstheorie mit Juristischer Methodenlehre. München: C. H. Beck, 2020.

S

Sachau, Eduard: Muhammedanisches Recht nach schafiitischer Lehre. Stuttgart: W. Spemann, 1897.

Schacht, Joseph: An Introduction to Islamic Law. Oxford: Clarendon Press, 1993.

Scholz, Peter: Erbrecht der maghrebinischen Staaten und deutscher ordre public. Hamburg: Verlag Dr. Kovač, 2006.

Scholz, Peter: Marokko (Stand: 1.1.2001). In: Ferid, Murad; Firsching, Karl; Hausmann, Rainer (Hrsg.): Internationales Erbrecht. Quellensammlung mit systematischen Darstellungen des materiellen Erbrechts sowie des Kollisionsrechts der wichtigsten Staaten, Bd. 5. Loseblattsammlung, Lfg. XLIV. München: C. H. Beck, 2022, S. 1–50.

Schönberger, Simone: Tunesien (Stand: 1.12.2011). In: Bergmann, Alexander; Ferid, Murad; Henrich, Dieter; Dutta, Anatol; Ebert, Hans-Georg (Hrsg.): Internationales Ehe- und Kindschaftsrecht mit Staatsangehörigkeitsrecht. Loseblattsammlung, 195. Lfg. Frankfurt a. M.: Verlag für Standesamtswesen, 2012, S. 1–66.

Schriber, Ari: Judicial Practice as Islamic Law: The *ʿAmal* of Fez in Post-Classical Mālikī Legal Tradition. In: Asiatische Studien – Études Asiatiques, Vol. 78, Nr. 1, (2024), S. 173–217, abrufbar unter: https://doi.org/10.1515/asia-2024-0012 (letzter Zugriff: 29.03.2025).

Seesemann, Rüdiger: Sufismus und Volksreligion. In: Brunner, Rainer (Hrsg.): Islam. Einheit und Vielfalt einer Weltreligion. Stuttgart: Kohlhammer, 2016, S. 294–309.

Serrano Ruano, Delfina: Ibn Rushd al-Jadd (d. 520/1126). In: Arabi, Oussama; Powers, David Stephan; Spectorsky, Susan Ann (Hrsg.): Islamic Legal Thought. A compendium of Muslim Jurists. Leiden: Brill, 2013, S. 295–322.

Silini, Naila: Les successions dans le Code du Statut Personnel tunisien: Problèmes et solutions. In: Benchekroun, Siham (Hrsg.): L'héritage des femmes en islam. Exemple du Maroc. Paris: L'Harmattan, 2021, S. S. 293–311.

Spies, Otto; Pritsch, Erwin: Klassisches islamisches Recht. In: Spuler, Berthold (Hrsg.): Handbuch der Orientalistik. Erste Abteilung: Der Nahe und Mittlere Osten, Ergänzungsband III: Orientalisches Recht. Leiden: Brill, 1964, S. 220–343.

T

Terem, Etty: Al-Mahdī al-Wazzānī (d. 1342/1923). In: Arabi, Oussama; Powers, David Stephan; Spectorsky, Susan Ann (Hrsg.): Islamic Legal Thought. A compendium of Muslim Jurists. Leiden: Brill, 2013, S. 435–455.

Terem, Etty: Old Texts New Practices. Islamic Reform in Modern Morocco. Stanford: Stanford University Press, 2014.

Terem, Etty: Redefining Islamic Tradition: Legal Interpretation as a Medium for Innovation in the Making of Modern Morocco. In: Islamic Law and Society (ILS), Vol. 20, Nr. 4 (2013), S. 425–475, abrufbar unter: https://www.jstor.org/stable/43304504 (letzter Zugriff: 10.02.2021).

Tobich, Faïza: Les statuts personnels dans les pays arabes. Aix-en-Provence: Presses universitaires d'Aix-Marseille, 2008, abrufbar unter: https://doi.org/10.4000/books.puam.1002 (letzter Zugriff: 05.03.2025).

Tourneau, Roger le: ʿAbd al-Salām b. Ma<u>sh</u>ī<u>sh</u>. In: Bearman, Peri (Hrsg.): Encyclopaedia of Islam New Edition Online. Leiden: Brill, 2012, o. S., abrufbar unter: https://doi.org/10.1163/1573-3912_islam_SIM_0127 (letzter Zugriff: 30.03.2025).

U

UN Women Deutschland: Convention on the Elimination of All Forms of Discrimination against Women. Adopted and opened for signature, ratification and accession by General Assembly resolution 34/180 of 18 December 1979. Entry into force 3 September 1981, in accordance with article 27(1), abrufbar unter: https://unwomen.de/tcl-content/uploads/2022/03/cedaw.pdf (letzter Zugriff: 16.03.2025).

V

Vagt, Sebastian: Ein kleiner Schritt für die Frauenrechte, ein großer Schritt für Marokko. In: Internetauftritt der Friedrich Naumann Stiftung für die Freiheit, (09.04.2024), o. S., abrufbar unter: https://www.freiheit.org/de/marokko/ein-kleiner-schritt-fuer-die-frauenrechte-ein-grosser-schritt-fuer-marokko (letzter Zugriff: 08.03.2025).

Vermeren, Pierre: Histoire du Maroc depuis l'indépendance. Paris: La Découverte, 2016.

Vermeren, Pierre: Le Maroc en transition. Paris: La Découverte, 2001.

Vidal Castro, Francisco: ʿAbd al-Wāḥid al-Wanḫšarīsī (m. 1549): adul, cadí y muftí de Fez. In: Escobedo Rodríguez, Antonio (Hrsg.): Homenaje a la profesora Elena Pezzi. Granada: Universidad de Granada, 1993, S. 141–157.

 © Frank & Timme Verlag für wissenschaftliche Literatur

Vikør, Knut Sigurdsson: Between God and the Sultan. A History of Islamic Law. London: Hurst & Company, 2012.

Vimercati Sanseverino, Ruggero: Fès et sainteté, de la fondation à l'avènement du Protectorat (808–1912). Hagiographie, tradition spirituelle et héritage prophétique dans la ville de Mawlāy Idrīs. Rabat: Centre Jacques-Berque, 2014, o. S., abrufbar unter: https://doi.org/10.4000/books.cjb.498 (letzter Zugriff: 29.03.2025).

Vincent, Benjamin: Études sur la loi musulmane (Rit [sic!] de Malek). Législation criminelle. Paris: Joubert, 1842.

∞ W ∞

Waletzki, Stephanie: Ehe und Ehescheidung in Tunesien. Zur Stellung der Frau in Recht und Gesellschaft. Berlin: Klaus Schwarz, 2001, abrufbar unter: https://menadoc.bibliothek.uni-halle.de/download/pdf/365075?name=Ehe%20und%20Ehescheidung%20in%20Tunesien (letzter Zugriff: 29.04.2022).

Wanšarīsī, Abū al-ʿAbbās Aḥmad b. Yaḥyā al-: Al-miʿyār al-muʿrib wa-l-ǧāmiʿ al-muġrib ʿan fatāwā ahl Ifrīqiya wa-l-Andalus wa-l-Maġrib [Das aussagekräftige Eichmaß und die Sonderbares sagende Sammlung von Rechtsgutachten der Leute aus Ifrīqiya, al-Andalus und dem Maghreb], 13 Bde. Hrsg. von mehreren Gelehrten unter Leitung von Muḥammad Ḥaǧǧī. Beirut: Dār al-Ġarb al-Islāmī, 1981.

Wazzānī, Abū ʿĪsā al-Mahdī al-: An-nawāzil al-ǧadīda al-kubrā fīmā li-ahl Fās wa-ġairihim min al-badw wa-l-qurā. Al-miʿyār al-ǧadīd al-ǧāmiʿ al-muʿrib ʿan fatāwā al-mutaʾaḫḫirīn min ʿulamāʾ al-Maġrib [Die neuen großen, die Leute aus Fès und andere, Beduinen wie Sesshafte, betreffenden Fälle. Das neue gesammelte aussagekräftige Eichmaß von Rechtsgutachten der späteren Gelehrten des Maghreb], 12 Bde. Hrsg. von ʿUmar b. ʿAbbād. Mohammedia: Maṭbaʿat Faḍāla, 1996–2000.[1014]

Wehr, Hans: Arabisches Wörterbuch für die Schriftsprache der Gegenwart. Und Supplement. Unter Mitarbeit mehrerer Fachgenossen. Beirut: Librairie du Liban, 1976.

Willis, Michael J.: Politics and Power in the Maghreb. Algeria, Tunisia and Morocco from Independence to the Arab Spring. London: Hurst & Company, 2012.

[1014] Der Verfasserin waren Band 5 und 12 dieser Ausgabe bedauerlicherweise nicht zugänglich, stattdessen lagen diese Bände aus der folgenden Edition vor: Wazzānī, Abū ʿĪsā al- Mahdī al-: An-nawāzil al-ǧadīda al-kubrā. Al-musammāt bi-l-miʿyār al-ǧadīd al-ǧāmiʿ al-muʿrib ʿan fatāwā al-mutaʾaḫḫirīn min ʿulamāʾ al-Maġrib [Die neuen großen Fälle. Bekannt als das neue gesammelte aussagekräftige Eichmaß von Rechtsgutachten der späteren Gelehrten des Maghreb], 12 Bde. Ediert von Muḥammad as-Saiyid ʿUṯmān. Beirut: Dār al-Kutub al-ʿIlmīya, 2014.

Wohlgemuth, Gisela: Die neue Moudawana – Ausblick auf das marokkanische Familienrecht und seine Reform. In: FamRZ – Zeitschrift für das gesamte Familienrecht, 53. Jg., Nr. 23 (2005), S. 1949–1960.

Y

Yafout, Meriam; Benchekroun, Siham: L'impossible débat sur l'inégalité dans l'héritage. In: Benchekroun, Siham (Hrsg.): L'héritage des femmes en islam. Exemple du Maroc. Paris: L'Harmattan, 2021, S. 17–28.

Yafout, Merieme: Le débat autour de l'héritage au Maroc: Stratégies d'argumentation religieuse et séculière. In: Rachik, Hassan (Hrsg.): Contester le droit. Communautés, familles et héritage au Maroc. Casablanca: Éditions la Croisée des Chemins, 2016, S. 301–329.

Z

Zain al-ʿĀbidīn Ḥammād, Suhaila: Ḥaqq al-kadd wa-s-siʿāya li-z-zauǧa. Riyad: Onlineversion, 2022, abrufbar unter: https://www.docdroid.net/NMfFqtX/ktab-hk-alkd-oalsaaay-llzog9-pdf#page=2 (letzter Zugriff: 23.06.2024).

Zayānī, ʿAbd as-Salām az-: Dirāsa [Studie]. In: Ibn ʿArḍūn, Abū al-ʿAbbās Aḥmad b. al-Ḥasan: Muqniʿ al-muḥtāǧ fī ādāb al-azwāǧ [Die Beratung der Bedürftigen über das gute Benehmen der Ehepartner], Bd. 1. Hrsg. von ʿAbd as-Salām az-Zayānī. Beirut: Dār Ibn Ḥazm, 2010, S. 5–142.

Ziriklī, Ḫair ad-Dīn az-: Al-aʿlām. Qāmūs tarāǧim li-ašhar ar-riǧāl wa-n-nisāʾ min al-ʿarab wa-l-mustaʿribīn wa-l-mustašriqīn [Die Koryphäen. Lexikon der Biographien der bekanntesten Männer und Frauen der Araber, Arabisierten und Orientalisten], 8 Bde. Beirut: Dār al-ʿIlm li-l-Malāyīn, 2002.

Überblick über die verwendeten URLs

http://adala.justice.gov.ma/production/legislation/ar/Nouveautes/%D9%85%D8%AF%D9%88%D9%86%D8%A9%20%D8%A7%D9%84%D8%A3%D8%B3%D8%B1%D8%A9.pdf (letzter Zugriff: 19.03.2022).

http://oapen.org/search?identifier=340160 (letzter Zugriff: 10.02.2021).

http://www.digizeitschriften.de/download/PPN864009399_0003/PPN864009399_0003___LOG_0038.pdf (letzter Zugriff: 10.02.2021).

http://www.dmg-web.de/page/transliteration_de/denkschrift.pdf (letzter Zugriff: 10.02.2021).

http://www.jstor.org/stable/3399220 (letzter Zugriff: 04.03.2025).

http://www.sgg.gov.ma/BO/AR/1957/BO_2341_ar.PDF (letzter Zugriff: 10.02.2021).

http://www.sgg.gov.ma/BO/AR/1965/BO_2727_ar.PDF (letzter Zugriff: 10.02.2021).

© Frank & Timme Verlag für wissenschaftliche Literatur

http://www.sgg.gov.ma/BO/bo_ar/1957/BO_2354_ar.PDF (10.04.2022).

http://www.sgg.gov.ma/BO/bo_ar/1958/BO_2358_ar.PDF (letzter Zugriff: 10.04.2022).

http://www.sgg.gov.ma/BO/bo_ar/1958/BO_2363_ar.PDF (letzter Zugriff: 10.04.2022).

http://www.sgg.gov.ma/BO/bo_ar/1958/BO_2367_ar.PDF (letzter Zugriff: 10.04.2022).

http://www.sgg.gov.ma/BO/bo_ar/1958/BO_2371_ar.PDF (letzter Zugriff: 10.04.2022).

http://www.sgg.gov.ma/BO/bo_ar/2004/BO_5184_ar.pdf (letzter Zugriff: 05.03.2025).

http://www.sgg.gov.ma/BO/bo_fr/2005/bo_5358_fr.pdf (letzter Zugriff: 05.03.2025).

http://www.sgg.gov.ma/Portals/1/lois/constitution_2011_Ar.pdf (letzter Zugriff: 15.03.2025).

http://www.theses.fr/2012MON10044 (letzter Zugriff: 07.03.2025).

https://adala.justice.gov.ma/api/uploads/2024/02/29/Code%20de%20la%20Famille-1709214478462.pdf (letzter Zugriff: 06.03.2025).

https://adala.justice.gov.ma/api/uploads/2024/07/22/%D9%85%D8%AF%D9%88%D9%86%D8%A9%20%D8%A7%D9%84%D8%A3%D8%B3%D8%B1%D8%A9-1721646687560.pdf#toolbar=0&statusbar=0 (letzter Zugriff: 05.03.2025).

https://collectivites-territoriales.gov.ma/ar/khtb-wrsayl-mlkyt/ns-khtab-jlalt-almlk-fy-afttah-aldwrt-alawly-mn-alsnt-althanyt-mn-alwlayt (letzter Zugriff: 05.03.2025).

https://diplomatie.ma/fr/communiqu%C3%A9-du-cabinet-royal-29 (letzter Zugriff: 08.03.2025).

https://doi.org/10.1163/1573-3912_ei3_COM_22591 (letzter Zugriff: 29.03.2025).

https://doi.org/10.1163/1573-3912_islam_SIM_0127 (letzter Zugriff: 30.03.2025).

https://doi.org/10.1163/1573-3912_islam_SIM_2780 (letzter Zugriff: 30.03.2025).

https://doi.org/10.1163/1573-3912_islam_SIM_8402 (letzter Zugriff: 01.04.2025).

https://doi.org/10.1515/asia-2024-0012 (letzter Zugriff: 29.03.2025).

https://doi.org/10.1525/curh.2024.123.857.347 (letzter Zugriff: 19.04.2025).

https://doi.org/10.25041/iplr.v3i1.2461 (letzter Zugriff: 21.04.2025).

https://doi.org/10.4000/books.cjb.1125 (letzter Zugriff: 10.07.2022).

https://doi.org/10.4000/books.cjb.498 (letzter Zugriff: 29.03.2025).

https://doi.org/10.4000/books.puam.1002 (letzter Zugriff: 05.03.2025).

https://doi.org/10.4000/books.pus.33308 (letzter Zugriff: 21.04.2025).

https://doi.org/10.4000/encyclopedieberbere.1923 (letzter Zugriff: 02.03.2025).

https://doi.org/10.4000/encyclopedieberbere.227 (letzter Zugriff: 02.03.2025).

https://doi.org/10.4000/encyclopedieberbere.2270 (letzter Zugriff: 02.03.2025).

https://doi.org/10.4000/encyclopedieberbere.2465 (letzter Zugriff: 03.04.2025).

https://doi.org/10.4000/encyclopedieberbere.4019 (03.04.2025).

https://doi.org/10.4000/encyclopedieberbere.675 (letzter Zugriff: 02.03.2025).

https://fr.le360.ma/politique/lois-sur-lheritage-44-des-marocains-contre-tout-changement-261851/ (letzter Zugriff: 08.03.2025).

https://gallica.bnf.fr/ark:/12148/bpt6k5813421p.texteImage (letzter Zugriff: 10.02.2021).

https://justice.gov.ma/2023/11/01/11688/ (letzter Zugriff: 09.03.2025).

https://learningpartnership.org/sites/default/files/resources/pdfs/Final%20Guide%20to%20Equality%20-%20English.pdf (letzter Zugriff: 02.01.2025).

https://library.fes.de/pdf-files/bueros/maroc/19447.pdf (letzter Zugriff: 08.03.2025).

https://maroc.ma/ar/%D8%A7%D9%84%D8%A3%D8%AE%D8%A8%D8%A7%D8%B1/%D8%A7%D9%84%D8%AD%D9%83%D9%88%D9%85%D8%A9-%D8%AA%D9%82%D8%B1%D8%B1-%D8%AA%D8%B4%D9%83%D9%8A%D9%84-%D9%84%D8%AC%D9%86%D8%A9-%D9%85%D9%86-%D8%A7%D9%84%D9%82%D8%B7%D8%A7%D8%B9%D8%A7%D8%AA-%D8%A7%D9%84%D9%88%D8%B2%D8%A7%D8%B1%D9%8A%D8%A9-%D8%A7%D9%84%D9%85%D8%B9%D9%86%D9%8A%D8%A9%D8%8C-%D9%88%D9%83%D8%B0%D8%A7-%D8%A7%D9%84%D8%A3%D9%85%D8%A7%D9%86%D8%A9-%D8%A7%D9%84%D8%B9%D8%A7%D9%85%D8%A9-%D9%84%D9%84%D8%AD%D9%83%D9%88%D9%85%D8%A9%D8%8C-%D9%84%D8%B5%D9%8A%D8%A7%D8%BA%D8%A9-%D9%85%D9%82%D8%AA%D8%B1%D8%AD%D8%A7%D8%AA (letzter Zugriff: 09.03.2025).

https://medias24.com/2023/10/01/document-le-texte-integral-de-la-lettre-royale-sur-la-reforme-de-la-moudawana/ (letzter Zugriff: 10.03.2025).

https://medias24.com/2024/12/24/moudawana-voici-les-principaux-axes-au-coeur-de-la-reforme-ouahbi/ (letzter Zugriff: 13.03.2025).

https://medias24.com/2025/01/11/comprendre-les-propositions-de-reforme-de-la-moudawana-mariage-divorce-polygamie-et-heritage/ (letzter Zugriff: 13.03.2025).

https://menadoc.bibliothek.uni-halle.de/download/pdf/359156?name=Islamisches%20Recht%20und%20sozialer%20Wandel%20in%20Algerien (letzter Zugriff: 29.04.2022).

https://menadoc.bibliothek.uni-halle.de/download/pdf/365075?name=Ehe%20und%20Ehescheidung%20in%20Tunesien (letzter Zugriff: 29.04.2022).

https://qantara.de/node/44092 (letzter Zugriff: 08.03.2025).

https://qantara.de/node/44160 (letzter Zugriff: 07.03.2025).

 © Frank & Timme Verlag für wissenschaftliche Literatur

https://unwomen.de/tcl-content/uploads/2022/03/cedaw.pdf (letzter Zugriff: 16.03.2025).

https://www.almendron.com/tribuna/wp-content/uploads/2017/02/the-history-and-significance-of-the-new-moroccan-family-code.pdf (letzter Zugriff: 02.07.2022).

https://www.azhar.eg/observer-en/details/ArtMID/1153/ArticleID/58933/Glimpses-on-the-Fatwa-on-Al-Kadd-Wa-Al-Sa%E2%80%99ayah (letzter Zugriff: 11.05.2024).

https://www.cndh.ma/sites/default/files/2024-01/cndh_-_etat_egalite_final22_compressed.pdf (letzter Zugriff: 13.03.2025).

https://www.collectivites-territoriales.gov.ma/fr/discours-et-messages-royaux/sm-le-roi-adresse-un-discours-la-nation-loccasion-de-la-fete-du-trone-1 (letzter Zugriff: 07.03.2025).

https://www.collectivites-territoriales.gov.ma/fr/discours-et-messages-royaux/doscours-de-sm-le-roi-lors-de-louverture-de-la-2eme-annee-legislative (letzter Zugriff: 05.03.2025).

https://www.collectivites-territoriales.gov.ma/index.php/ar/discours-et-messages-royaux/jlalt-almlk-ywjh-khtaba-aly-alamt-bmnasbt-yd-alrsh-almjyd-0 (letzter Zugriff: 05.03.2025).

https://www.dar-alifta.org/en/fatwa/details/8238/what-are-the-rights-of-a-divorcee-to-the-house-furniture-car-etc-if-they-are (letzter Zugriff: 19.04.2025).

https://www.docdroid.net/NMfFqtX/ktab-hk-alkd-oalsaaay-llzog9-pdf#page=2 (letzter Zugriff: 23.06.2024).

https://www.docdroid.net/NMfFqtX/ktab-hk-alkd-oalsaaay-llzog9-pdf#page=2

https://www.freiheit.org/de/marokko/ein-kleiner-schritt-fuer-die-frauenrechte-ein-grosser-schritt-fuer-marokko (letzter Zugriff: 08.03.2025).

https://www.gesetze-im-internet.de/bgb/ (letzter Zugriff: 22.08.2024).

https://www.henricapitant.org/wp-content/uploads/2022/05/2017-JI-Italiennes-Maroc-Famille.pdf (letzter Zugriff: 02.01.2025).

https://www.ircam.ma/fr/alphabet-tifinaghe (letzter Zugriff: 02.03.2025).

https://www.jstor.org/stable/1595026 (letzter Zugriff: 29.03.2025).

https://www.jstor.org/stable/24565009 (letzter Zugriff: 29.04.2022).

https://www.jstor.org/stable/24586408 (letzter Zugriff: 29.04.2022).

https://www.jstor.org/stable/24586409 (letzter Zugriff: 29.04.2022).

https://www.jstor.org/stable/24586410 (letzter Zugriff: 29.04.2022).

https://www.jstor.org/stable/24586411 (letzter Zugriff: 29.04.2022).

https://www.jstor.org/stable/24586419 (letzter Zugriff: 29.04.2022).

https://www.jstor.org/stable/43304504 (letzter Zugriff: 10.02.2021).

https://www.justice.gov.tn/fileadmin/medias/references_juridiques/codes_juridiques/Statut-personnelArabe.pdf (letzter Zugriff: 21.04.2025).

https://www.sgg.gov.ma/BO/bo_ar/1962/BO_2612_ar.PDF (letzter Zugriff: 14.05.2025).

BILDQUELLEN

Abb. 1, S. 58:	Eigene Darstellung.
Abb. 2, S. 114:	Eigene Darstellung.
Abb. 3, S. 117:	Eigene Darstellung.
Abb. 4, S. 133:	Eigene Darstellung.
Abb. 5, S. 148:	Eigene Darstellung.
Tab. 1, S. 109:	Eigene Darstellung.

© Frank & Timme Verlag für wissenschaftliche Literatur

LEIPZIG MIDDLE EAST STUDIES

Bd. 1 Hans-Georg Ebert: Islamisches Familien- und Erbrecht der arabischen Länder. Herausforderungen und Reformen. 210 Seiten. ISBN 978-3-7329-0633-8

Bd. 2 Charlotte Schmidt: Mabrūk 2.0 – Glückwünsche in arabischen Facebook-Postings. Eine netnographische Gattungsanalyse. 424 Seiten. ISBN 978-3-7329-0637-6

Bd. 3 David E. Long/Sebastian Maisel: From Slavery to Independence. The Global Military March of Southern Sudanese Troops in the 1860s. Centered on a Translation of Umar Tusun's *Heroism of the Egyptian-Sudanese Battalion in the War of Mexico.* 138 Seiten. ISBN 978-3-7329-0734-2

Bd. 4 Julia Heilen: Entwicklung strafrechtlicher Normen im Sultanat und Königreich Marokko am Beispiel von Sexual- und Sittlichkeitsdelikten. 522 Seiten. ISBN 978-3-7329-0787-8

Bd. 5 Johannes Frische: Urbane Ungleichheit, Informalität und Prekarität in Tunesien. Zwischen Teilhabe und Ausgrenzung. 332 Seiten. ISBN 978-3-7329-0810-3

Bd. 6 Hans-Georg Ebert/Viktor Forian-Szabo/Mohamed Oucharah: Berberstudien, Islamwissenschaft und Arabistik in Leipzig. Die Korrespondenz von Hans Stumme (1864–1936) an Ignaz Goldziher (1850–1921). 256 Seiten. ISBN 978-3-7329-1067-0

Bd. 7 Viktor Forian-Szabo: Risiko und Unsicherheit in der modernen islamischen Praxis. Das Versicherungswesen im Iran vom 19. Jahrhundert bis in die Gegenwart. 448 Seiten. ISBN 978-3-7329-1079-3

Bd. 8 Ahmed Ibrahim Abdallah Mohmmed: Übersetzung als interkultureller Dialog. Sudanesische Romane in deutscher Übersetzung. 308 Seiten. ISBN 978-3-7329-1087-8

Bd. 9 Charlotte Schmidt (Hg.): Kulturkompetenz vermitteln. Kultur und Landeskunde im Arabischunterricht. 216 Seiten. ISBN 978-3-7329-1045-8

Frank & Timme

LEIPZIG MIDDLE EAST STUDIES

Bd. 10 Alif Cahya Setiyadi: Jussive Particles and Nouns in Classical Arabic (CA) and Modern Standard Arabic (MSA) Conditional Sentences.
458 Seiten. ISBN 978-3-7329-1103-5

Bd. 11 Hedvig Ujvári (Hg.): Ex Oriente Lux – Orienti Reddenda Lux. Der 8. Internationale Orientalistenkongress (1889) in Feuilletons von Ignaz Goldziher im *Pester Lloyd*. Herausgegeben, eingeleitet, kommentiert und mit einem Nachwort von Hedvig Ujvári.
132 Seiten. ISBN 978-3-7329-1149-3

Bd. 12 Julia Heilen: Erbschaft in Marokko zwischen mālikitischem *fiqh*, amazighischem *azerf* und *taqnīn*.
280 Seiten. ISBN 978-3-7329-1162-2

Frank & Timme

FSC
www.fsc.org
MIX
Papier | Fördert gute Waldnutzung
FSC® C083411

Kolibri 360 GmbH
Ferdinand-Jühlke-Straße 7
99095 Erfurt, Deutschland
produktsicherheit@kolibri360.de

Druck:
CPI Druckdienstleistungen GmbH
im Auftrag der
Kolibri 360 GmbH
Ferdinand-Jühlke-Str. 7
99095 Erfurt